"十三五"国家重点出版物出版规划项目

经济科学译丛

经济地理学

区域和国家一体化

皮埃尔-菲利普·库姆斯（Pierre-Philippe Combes）

蒂里·迈耶 （Thierry Mayer）　　　　　　著

雅克-弗朗索瓦·蒂斯（Jacques-François Thisse）

安虎森　颜银根　徐　杨　吴艳红　何　文　蒲业潇　等　译
安虎森　校

Economic Geography
The Integration of Regions and Nations

中国人民大学出版社
·北京·

《经济科学译丛》总序

  中国是一个文明古国，有着几千年的辉煌历史。近百年来，中国由盛而衰，一度成为世界上最贫穷、落后的国家之一。1949年中国共产党领导的革命，把中国从饥饿、贫困、被欺侮、被奴役的境地中解放出来。1978年以来的改革开放，使中国真正走上了通向繁荣富强的道路。

  中国改革开放的目标是建立一个有效的社会主义市场经济体制，加速发展经济，提高人民生活水平。但是，要完成这一历史使命绝非易事，我们不仅要从自己的实践中总结教训，也要从别人的实践中获取经验，还要用理论来指导我们的改革。市场经济虽然对我们这个共和国来说是全新的，但市场经济的运行在发达国家已有几百年的历史，市场经济的理论亦在不断发展完善，并形成了一个现代经济学理论体系。虽然许多经济学名著出自西方学者之手，研究的是西方国家的经济问题，但他们归纳出来的许多经济学理论反映的是人类社会的普遍行为，这些理论是全人类的共同财富。要想迅速稳定地改革和发展我国的经济，我们必须学习和借鉴世界各国包括西方国家在内的先进经济学的理论与知识。

本着这一目的，我们组织翻译了这套经济学教科书系列。这套译丛的特点是：第一，全面系统。除了经济学、宏观经济学、微观经济学等基本原理之外，这套译丛还包括了产业组织理论、国际经济学、发展经济学、货币金融学、财政学、劳动经济学、计量经济学等重要领域。第二，简明通俗。与经济学的经典名著不同，这套丛书都是国外大学通用的经济学教科书，大部分都已发行了几版或十几版。作者尽可能地用简明通俗的语言来阐述深奥的经济学原理，并附有案例与习题，对于初学者来说，更容易理解与掌握。

经济学是一门社会科学，许多基本原理的应用受各种不同的社会、政治或经济体制的影响，许多经济学理论是建立在一定的假设条件上的，假设条件不同，结论也就不一定成立。因此，正确理解和掌握经济分析的方法而不是生搬硬套某些不同条件下产生的结论，才是我们学习当代经济学的正确方法。

本套译丛于 1995 年春由中国人民大学出版社发起筹备并成立了由许多经济学专家学者组织的编辑委员会。中国留美经济学会的许多学者参与了原著的推荐工作。中国人民大学出版社向所有原著的出版社购买了翻译版权。北京大学、中国人民大学、复旦大学以及中国社会科学院的许多专家教授参与了翻译工作。前任策划编辑梁晶女士为本套译丛的出版做出了重要贡献，在此表示衷心的感谢。在中国经济体制转轨的历史时期，我们把这套译丛献给读者，希望为中国经济的深入改革与发展做出贡献。

《经济科学译丛》编辑委员会

中文版序言

长期以来，主流经济学家很少关注空间问题，而克鲁格曼对被我们称为新经济地理学的空间研究领域赋予了新的生命力。

这种对空间问题的全新的关注，部分来源于欧盟或者北美自由贸易区这种贸易集团内部的国际经济一体化，因为这种一体化削弱了国家边界的影响。从此，贸易理论和产业组织理论研究者利用不完全竞争和规模收益递增模型，为经济地理学的发展做出了重要的贡献。特别是某一区域范围内的地理越来越多地依赖于当地厂商经营活动的组织方式。因而，新经济地理学也就成了第一个能够解释空间经济不平衡现象的经济学学科，而空间经济不平衡现象的存在是成熟的一般均衡模型的必然结果。这种空间经济不平衡现象不仅在发达国家和发展中国家之间存在，在发达国家内部和发展中国家内部也同样存在，这种空间不平衡现象也成了当代诸多争论中的核心问题。近来经济地理学的主要特征之一为，它强调与近来迅速发展起来的现代经济学其他领域的密切联系。经济地理学领域近来的另一个独特之处为大量实证研究的展开，这些实证研究主要利用现代计量经济学方法检验各种理论。从此，理论和实证研究的相互促进，使得这一新的研究领域获得了快速的发展。

新经济地理学更适合用于研究像中国这种快速增长且规模巨大的经济体。此前中国一直在经历着区际不平衡扩大过程，比如在 2007 年，占中国 13.5％

的土地、占中国42.8%的人口就生产了占中国67.9%的GDP。但自中共十八大以来，这一不平衡趋势已有所缓和。与此同时，中国也正经历着快速的城镇化过程，到2018年末中国的城镇化率已经达到59.58%。这两方面的进程正在或将要影响中国整个空间经济的经济活动方式，并将产生重大的社会和政治影响。中国作为一个经济区域是过大还是过小？中国国内区际贸易壁垒是否仍然很大？大型交通基础设施的建设是促进中国省际的趋同还是趋异？这些只是中国学者和国外同行需要共同研究的部分内容。我们希望这本书能够激励中国的同行与我们一道共同探索新经济地理学这一新的研究领域，这将有助于我们更好地把握中国和世界其他地区的未来。

最后，感谢南开大学经济研究所安虎森教授等为翻译本书所付出的辛勤劳动，以及中国人民大学出版社的鼎力支持，正因为他们的努力才使得本书得以与广大中国读者见面。

比利时卢万基督教大学教授　雅克-弗朗索瓦·蒂斯

绪 论

作为新的研究领域的经济地理学

经济地理学试图揭开空间不平衡发展之谜。自人类文明出现以来,人类活动和生活水平在不同大陆以及大陆内部的分布一直是很不均衡的。戴蒙德(Diamond,1997)把这种空间不平衡与不同的动物区系和植物区系联系起来了。他认为,在资源禀赋方面的区际差异,如在含有丰富营养物的可食用的植物方面,以及在为人类的农耕和运输活动提供畜力的可以驯养的野生动物等方面,可以解释为什么只有少数地区成为世界独立的食物生产中心。由于这些食物生产中心能够生产剩余食物,因而可以抚养大量技工,进而可以开发新的技能和知识。而对这些技能而言,文字起了极其重要的作用,因为文字可以记录下来在历史过程中重复进行的农耕活动和进行这些农耕活动的地区,而这些地区看起来是农耕活动最初开始的地方。现在,我们可以很容易地进行总结了,即经济和社会发展的空间扩散是很不平衡的,过去如此,现在也如此。本书的目的就是提供给读者一些经济理论和经验检测方法,这些理论和方法可以解释经济活动为什么聚集在相对有限的地区。实际上，在那些人员、商品和信息的交流越来越容易的社会，也同样存在经济活动的空间聚集现象。虽然经济学中的任何结论都取决于具体情况，然而本书呈献给读者的结论将包含经济地理学独特的新的元素，这就是，对所有区位而言，近者的影响均大于远者。

主要概念

社会发展的空间扩散是很不平衡的，这种现象自然使人们把人类发展史想象为人类社会反对"距离专制"的斗争史。商品和人口流动总是涉及空间中的转移问题，因此我们首先要确定所要参照的空间单位。促使某一空间范围内要素转移的因素不一定等于促使另一空间范围内要素转移的因素，但许多经济学家并没有充分理解这种区别。例如，某种阐述与某种范围的空间（如城市）有关，而与另一种范围的空间（如国家）无关。实际上，对每一个层次的空间而言，某些特定的基本原理决定了各自经济活动的空间结构，但这并不意味着对所有空间范围都成立。不同的经济空间并不是像俄罗斯套娃玩具那样除了存在大小差异外别无二致，而是都具有自身特有的性质，这种经济空间是不能相互组合的。

所参照的空间单位 工业化更多的是区域现象而不是国家现象，一国内部的经济发展是不平衡的。尽管我们经常把国际化视为影响国家经济发展的过程，但它对国家内部不同地区的经济发展也有重要影响。另外，一些信手拈来的数据也表明，在国家内部，经济活动聚集在几个大都市区，这些都市区正经历城市的扩张过程。此外，地方政府的作用不断得到强化，地区数量也不断增加，这些促进了经济的分散化过程。鉴于上述多方面的考虑，我们定义基本的空间单位为区域。我们定义区域为对外开放贸易但内部贸易占主导的一种空间。相对于具有不规则但固定的边界的行政区域而言，这种定义是很模糊的。经济区域既是相对的，又是经常变化的（Isard，1956）。

区域是相对的，因为区域属于某种经济空间中的一部分。更确切地说，应从某种关联性角度去理解区域，也就是因为存在某种关联性，所以可以把一些地区视为具有完全相同的特征，进而可以把它们整合成某一空间实体，这就是区域。因此，这些被整合成某一区域的所有地区在整体上就取决于某种关联性，根据这种关联性也可以进行这些地区之间的比较。由于我们可以先验地提出各种关联性，因此，如果关联性发生变化，则整合成的区域也就发生了变化。另外，经济区域是经常变化的，因为区域界线随时间推移而发生变化，这种界线是随着商品和人员流动成本的不同而发生变化的。因此，区域轮廓是模糊且很不稳定的。然而，尽管区域轮廓模糊不清，但若把区域作为基本的空间单位，则它会明确地告诉我们本研究中的空间层次是宏观的，且我们的经济分析必须解释眼前的不同区域层次。

生产要素的流动性 选择这些标题，就意味着本书的主要目的就是掌握如

经济地理学：区域和国家一体化

下问题，即在不断提高经济开放度的世界中，区域和它们的居民是如何受到商品以及经济代理人（企业和消费者或生产者）的流动性的影响的。换言之，国际贸易理论强调商品交易，但假定生产要素是不可流动的，而经济地理学把要素（资本或劳动力）流动性整合起来了。换句话说，经济代理人的区位是内生的，而传统经济理论将它视为外生的。从本书中我们可以看到，这种改动并不是对原有理论的轻微改动，而得出的结论常常完全不同于许多传统的规范化的结论。而且，不同于原先的比较优势假设，我们将会看到，这些优势是如何内生于企业和消费者的区位决策的。上述两个特征是经济地理学区别于其他学科的特征。

第一天性和第二天性　在本书中做出的另一个假设是不考虑区域之间天生的差异，如在原料、气候特性、地表的崎岖不平程度、天然的运输方式等方面的差异。克罗农（Cronon，1991）称这些天生差异为第一天性。第一天性是相对于第二天性而言的，第二天性是指人类活动改变第一天性后的差异。尽管我们不认同天生决定论的观点，但我们还是认同兰德斯（Landes，1998，pp. 4 - 5）的主张。他指出："地理学告诉我们的是很不愉快的事实，即像生命这种天性是不公平、不平衡的；而且，那些天生的不公平是不容易补救的。"因此，从方法论角度来看，我们强调要确定那些能够解释发达国家区域差异的微观经济机制，发达国家的区域差异来源于克罗农的第二天性。在运输成本不断下降的世界中，我们相信，至少对欧盟这种相对同质的区域而言，空间发展不平衡的原因可以在商品交换的各种关联性、生产要素的流动性以及市场运行中找到。[①]　相对而言，如果要回答为什么所有大陆上的人类没有按相同的速率进行演化，那么自然地理学的观点，也就是克罗农的第一天性是至关重要的（Diamond，1997）。

聚集力和分散力之间的相互作用　经济学家和地理学家一开始就强调，经济空间是方向相反的力量角逐的结果，有些力量促使人类活动聚集（向心力），而有些力量促使人类活动分散（离心力）。由于作用力的强度不尽相同，经济景观也展现出不同程度的差异性。经济地理学就是要研究这些作用力的性质以及这些作用力相互作用的方式。形成经济空间时的一个重要的特征，就是原因常常变成结果，结果又变成原因，因此，正如阿林·扬（Allyn Young）和冈纳·缪尔达尔（Gunnar Myrdal）在几十年前所指出的那样，在这种过程中常形成循环因果关系，出现发展进程的不断累积过程。例如，在某一区域大量聚集的经济活动将大量吸引人口，而这些反过来又创造新的就业机会，等等。这可以视为上述过程中的额外的"红利"，它让我们知道许多区域发展规划和当地经济发展规划中的缺陷，即当原因和结果如此紧密地联系在一起时，如何才能使得政府或私人的干预活动发挥作用。

规模收益递增和不完全竞争　尽管促使经济聚集和造成区域差异的作用力本来就很多且各不相同，但我们选择区域为基本的空间单位，因此我们主要分析两种作用力。从供给角度看，社会科学共享如下思想，即人口的集中可以提

---

① 值得记住的是，那些空间不平衡可能是随机过程的结果，因为对这种随机过程而言，均匀分布的概率为零。

高贸易、产业以及经营领域的效率，使得这些效率达到在人口分散情况下无法达到的水平。更确切地说，人口增长可以使经济活动以更大比例增长，也就是生产包含了规模收益递增的特征，至少在总量水平上是这样的。

从需求角度看，经济地理学认为厂商和家庭接近大量商品和就业机会集中的地区，就是存在经济聚集区的主要原因。正因为这样，我们可以把聚集看成差异化的商品、服务以及多样化就业的聚合体。①② 差异化生产赋予生产商某种控制市场的力量，故我们在本书中假定市场是不完全竞争的。

聚集机制

我们将在本书中看到，交易成本、规模收益递增以及多样化偏好之间的相互作用将导致核心-边缘结构的形成。核心区形成于某一区域内，核心区提供大量的差异化产品和多样化产品，而该区域的边缘区专业化生产某种标准化的产品。因此，可以直接说，经济地理学的工具箱能够解释经济空间的极化现象。此外，交易成本相对较低时形成了核心-边缘结构，也就是说，此时距离在分析经济代理人行为中的权重下降了。

不管怎样，由于运输和通信领域的技术进步，与距离有关的各种成本大大下降，这又促使经济活动分散，因为此时经济高密度地区的拥挤度提高了。这可以以美国的经济空间为例，美国的区际差异远小于欧盟（Puga，2002）。我们无意对卡尔·马克思的"对欠发达国家而言，那些工业发达国家只是这些国家将来的影像罢了"（《资本论》，德文版第一版序）的主张进行更多的评论。然而，我们认为马克思的这种主张包含了那些值得考虑的美国经济和社会的大量现实。我们回想一下，那些人均国内生产总值（人均GDP）低于欧盟平均值75％的区域，可以从欧盟的"结构性基金"中得到补助。但在2002年，十多个国家加入欧盟以后，生活在该临界值以下地区的居民数量占了欧盟居民总数的四分之一，而在欧盟扩大以前，这些居民数量只占居民总数的18％。然而在美国，生活在低于该门槛值以下地区的居民总数只占美国人口总数的2％。由于美国一开始就把经济空间构建为一体化的经济空间，因此美国不同地区之间的商品、生产要素以及各种思想的交流是相当频繁的。因此，欧盟一体化的逐渐加深最终使得整个大陆变成更加均衡的组织，这种说法是有道理的。

事实上，正如我们将要看到的那样，近来的大量研究都指出，经济活动的空间演化过程可以用钟状曲线来描述：由于商品和人口转移成本的下降，从空

---

① 这种思想并不是新的。蒙田（Montaigne）称赞了巴黎的缤纷多彩的生活，笛卡儿（Descartes）把阿姆斯特丹描写为"在世界上，人们的所有嗜好以及好奇心在本地就能得到满足的地方"［摘自布劳德尔（Braudel，1979）的英译本第20页］。

② 近来，商品种类的增长速度是惊人的，例如，美国进口的产品种类从1972年的7 731种增加到2001年的16 390种，而同期这些商品种类总数从74 667种增加到259 215种（Broda and Weinstein，2006）。

间角度来看市场进一步一体化了，因而经济活动开始聚集在少数几个大城市区域；在第二阶段，经济活动大量向周围地区分散，形成中小型城市。不过，相对于美国劳动力的空间流动性，欧洲劳动力的流动性很低，因此这种经济活动空间演化过程对欧洲而言是不确定的。而且，经济活动扩散不可能涉及所有地区，甚至在美国也存在一些比较贫穷的地区。此外，只有有限数量的大城市参与"无限制博弈"，也就是在此种博弈中，每个大城市尽可能吸引大量的高技术产业。最后，核心区也有一些贫困区域，就像高收入城市与低收入城市相邻一样。这再次表明，世上无新事。正如费尔南德·布劳德尔（Fernand Braudel）在研究社会经济要素在人类发展史中的作用时所提到的那样，"贫困区并非只在边缘区分布，核心区也有点状分布，它们常常囊中羞涩"［摘自布劳德尔（Braudel，1979）的英译本第 42 页］。

总的来说，我们所选择的宏观空间范围并不要求我们仔细分析聚集体内部的结构。实际上，聚集体内部相互作用的特性意味着，这种相互作用在区域之间的层面上被忽略了。至今，一般认为区域发展依赖没有被市场控制的微观要素（Scott and Storper，2003）。然而，这些在本书中没有得到证实。更确切地说，尽管区域利益是无可争议的，但我们并没有研究增长极或产业集群内的非市场化交易活动，因为这种研究需要那些不同于曾使用过的分析工具的新的工具箱。看来，集成这些不同的研究思路，目前是无法实现的。[①] 类似地，我们也没能揭示出家庭在聚集体中的空间分布状况，尽管这是很重要的研究领域，在此领域中，常表述为邻居效应的另一种类型的空间外部性起决定性作用。尽管在本书中研究的许多模型有助于人们进一步了解城市化过程的方方面面，然而我们没有详细验证城市的形成以及城市结构问题，因为我们没有把重点放在研究土地市场和通勤成本上。这种选择并不意味着我们具有某种倾向性，事实或许恰恰相反。如果说我们的研究忽略微观领域而偏爱宏观领域，那么这可能是因为我们的目标就是要重点研究那些能够解释宏观空间经济不平衡的基本原理的缘故。

相比之下，因这些方法论问题，我们可以把研究领域扩大到国际层面，因而也就可以研究全球化问题。这种全球化可以表述为国家和区域经济的逐步一体化，以及这种一体化所导致的经济活动的重新布局。因此，我们建议分析一些国际组织自然的反应和一些反国际化组织截然不同的观点之间的分歧。说到这里，值得重温一下如下主张：稳态的社会经常经历的商品、思想的交换和人口转移，通常只是一次次冲击，却很少带来正向效应。

最后，本书也尽可能系统地用经验分析来检验主要的理论成果。遗憾的是，尽管近来的理论进展使我们可以展现出相对综合的研究方法，然而就常使用的分析方法和数据而言，空间不平衡的度量方法仍然是很不统一的。实证研究也只限定在少数能够获得丰富而高质量的数据的地区或国家。为说明近来在经济地理学领域里建立起来的各种模型，需要有众多的实证方法。利用这些实证方法，我们可以解释主要目的在于估测区际差异水平和聚集对生产率的总效

---

① 对区际层次而言，可以假定大量的经济代理人之间的相互作用可以由市场来进行调节。

应的描述性研究，以及直接用数据来检验特定模型的结构性研究的各种问题。

本书的计划

本书由三个部分组成。第1篇包括了两个章节，强调了基于史学角度的研究。第1章展现了产业革命以来欧洲经济空间演化的整个概貌，第2章专门讨论了经济思想中的区位问题。第2篇讨论了理论问题，重点讨论了贸易、一体化以及空间经济结构之间的相互关系问题。在很大程度上，这一部分涵盖了"新经济地理学"的所有理论问题，也许相当冒昧，但这意味着过去界定经济地理学的思想相当陈旧了（Ottaviano and Thisse, 2005）。最后，第3篇重点讨论了实证研究，而这种实证研究与经济地理学的复兴是并驾齐驱的。

事实和理论

在产业革命以前，各地的经济活动以低水平、总体上的均衡为主要特征，此时运输成本很高，因而很少发生区际贸易。第1章为有关产业革命开始后经济空间形成的一些格式化的表述。在此部分，我们一方面强调了运输成本的显著降低，另一方面强调了大规模的城市化过程以及经济空间的强有力的极化过程。与此同时，我们简要概述了欧盟和美国的经济地理学，以及长期以来法国的区域问题。

第2章讨论了与经济思想中的空间相联系的区位问题。在主流经济学中，相对缺乏对空间的研究，这可能是由长期占主导地位的经济理论的缺陷所导致的，即新古典的完全竞争和规模收益不变的范式。如果生产要素以从回报率较低地区向回报率较高地区转移的方式对空间不平衡做出反应，或者如新古典模型所假设的那样，生产技术是规模收益不变的以及市场是完全竞争的，那么实现均衡时不同地区的生活水平是相同的。距离一直被视为商品流动的传统障碍，故在距离的影响逐渐消失的情况下，等候上述预期的实现是很诱人的。然而，上面框架中的第二个结论是难以解释的，由于每个区域只生产满足本地市场需求的产出量，因此在均衡时，每个区域都是自给自足的区域。也就是说，如果标准的新古典模型的假设得到满足，那么区际生产要素的转移就抑制了贸易需求。这种结论是很难令人接受的。在第2章，我们将以严格的方式给出标准的新古典模型不适用于研究商品和经济代理人同时转移现象的原因。

空间、贸易和聚集

由于空间、贸易和聚集在经济地理学中占据着极其重要的位置，我们在第3章讨论了垄断竞争的主要模型。接着，根据在经济地理学领域开展研究的先后顺序，本书专门讨论了近来在理论方面的进展。在第4章，我们分析了迪克西特（Dixit）和斯蒂格利茨（Stiglitz）垄断竞争模型在空间领域的版本。该版本可以被看成是"新国际贸易理论"的标志性模型，当然，这应归功于保罗·克鲁格曼（Paul Krugman），但不同于经济地理学包含生产要素的区际流动，新贸易理论没有包含生产要素的区际流动。因此，在这种情况下，国际贸易并不会导致福利水平的提升，尽管此时看起来贸易对所有涉及的代理人都有好处。我们同样也可以讨论此种思想，即在规模较大的市场区，具有规模收益递增特征的企业可以更大比例地放大其产出（我们称之为本地市场效应）。本章的目的就是要强调两个重要的结论：一是当企业的生产区位是外生决定或内生决定的时，不断提高区域经济或国际经济一体化程度的结果是完全不同的，当然，其结果远不止这些；二是当生产要素自由流动时，区际微小的差异可能被进一步放大。

第5章研究了在实证研究中大量利用的引力模型的微观经济基础。我们应记住，引力模型是以牛顿物理学为基础的，两个区域或者两个国家相互交换商品，这种商品交换总量与它们各自的经济权重成正比，与它们之间距离的平方成反比。尽管该模型可以很好地解释和预测国家之间的商品流，但这种关系长期以来一直是很神秘的。垄断竞争的空间模型可以解释这种关系，同时也可以进一步完善之。

聚集现象的出现可以被视为对称结构遭到破坏的过程，这是大多数经济地理学模型的共同特性。换句话说，我们的目的就是要寻找经济活动的均匀分布得以维持或者遭到破坏的一种渠道（Papageorgiou and Smith，1983）。不同于本领域的早期研究，吸引力和离心力的作用都以市场为基础，同时它们又是内生决定的。从这个角度出发，第6章讨论了由克鲁格曼建立的核心-边缘模型，这也是经济学家重新对经济地理学感兴趣的核心所在。第8章讨论了以第3章提到的垄断竞争模型为基础的另一种模型。

核心-边缘模型的结论是比较熟悉的，但争议也较多。不同于新贸易理论不考虑生产要素的流动性，如果允许劳动力转移，那么必然导致经济聚集的内生过程。具体地说，核心-边缘模型认为，经济一体化触发了区际差异加大的过程。从该结论于政治和社会学的寓意而言，重要的是对这种结论稳健性的评估。尤其是，核心-边缘模型抛弃了一些重要的因素，例如在生产中使用的中间投入品或欧洲劳动力较低的空间流动性等，但正如在第7章中的迪克西特-斯蒂格利茨-克鲁格曼框架部分以及在第8章中的线性模型部分所显示的那样，上述两个要素很少导致很悲观的结论。如果经济一体化确实强化了经济活动的进一步聚集，那么持续的一体化可能导致经济活动的重新配置，而经济活动的重新配置可能会导致地理上的均衡。简言之，可以预料到的是，空间发展过程可以展现为钟状曲线。

第4～8章讨论的所有经济地理学模型都来源于现实中的需要，且都是摸索着把国际贸易理论与生产要素以及商品流动性结合起来的结果。这些模型关注的是整个经济。第9章分析了区位理论，但重点放在具体市场的分析上，而这种市场分析非常类似于产业组织理论中的市场分析。我们改变过去讨论大量厂商和少数几个区位的做法，转而讨论几个领头的厂商，这样就考虑了少数几个厂商和大量区位。在这种情况下，每个厂商都采取战略性行为，因而不存在垄断竞争。另外，由于寡头垄断的一般均衡模型尚未建立，因此模型也就失去了一般均衡的特征，变成了局部均衡模型。也就是说，既有得，也有失。尽管如此，这种做法将不负所做的努力。上述两种方法是截然不同的，因此，如果所得出的结论在本质上完全相同，则我们有理由推测那些结论在尚未深入研究的更一般化的情况下仍然成立。

空间聚集程度和决定要素

一开始我们要指出的是，在经济地理学中的事实和理论的比较研究还处于萌芽期。一方面，几乎所有的理论模型都假定两个区域、两个部门。我们知道，满足这种两区域、两部门条件的结论，在多区域、多部门情况下是不成立的，这就要求不断补充新的理论。另一方面，区域的数据通常很缺乏，因此，尽管国家并不是我们进行研究时的基本单位，但是我们不得不利用国家的数据。不过，我们还是从这些研究中得出了一些重要的结论，它同时还要求我们很好地把握得出这些重要结论的方法的基本结构，因为这些方法还应用在其他方面（当然，在能够得到数据的情况下）。

一个问题突然闪现在我们的脑海中：如何度量经济活动的空间聚集？该问题在第10章进行了讨论，在那里我们提供了许多度量方法。尽管一些方法因各种各样的缺陷遭到冷遇，但近来开发的一些方法可以得出比较满意的结果。第11章给出了利用前面的估测方法和可信度较大的计量经济学的估测方法估测的空间聚集的决定要素。正如第2篇所揭示的那样，经济地理学着手揭示的主要问题就是不同区位对经济活动的不同吸引力。在第12章和第13章，我们讨论了决定厂商流动性的主要因素。这些研究中的第一节内容涉及方法论问题，在大多数情况下，简化形式的估测过于简化事实，而结构性方法反过来要求对事实的更精确的解释。此外，经验性检测根据预测类型的不同发生了很大的变化，多少降低了检验的精度。不过，那些正掀起研究高潮的领域的发展，有可能解决在经验策略中许多不尽如人意的部分。

最后是一些评论。在许多出版物中，经济专栏的编辑们已经宣告了"距离的死亡""失重的经济""变平的世界"。但在本书中我们可以看到，目前的实证研究并不能支持上述预测。许多研究结论与上述观点完全相反，空间接近仍然发挥重要作用，但空间接近方式发生了很大的变化。尤其是，新的信息技术和通信技术并不是取代交通运输，而是进一步补充交通运输。这样，我们容易进行总结：在经济地理学领域里所提出的诸多疑问，将使得经济地理学理论及政策含义更贴近现实。

读者指南

本书以那些对经济地理学感兴趣的学生和研究工作者为主要对象。可以把第1、3、4、5~7、11~13章作为教学用书的核心内容，而其余章节的内容较有深度。不过，在编写本书的时候我们已经考虑到，可以把本书的不同章节组合成几个不同的部分，作为讲授其他课程时的参考。把第3~7章以及第12章和第13章的内容组合起来，可以作为讲授国际贸易时的参考，而第3、6、8、9章可以作为讲授产业组织理论时的参考。同时，第1、6、7、10、11章可以作为讲授发展经济学时的参考，第11~13章可以作为讲授应用计量经济学时的参考。最后，第2章可以作为经济思想史的讲授内容。

目 录

经济地理学:区域和国家一体化

第 1 篇
事实与理论

第1章 空间不平衡：简要的历史回顾

3   在第二个千年期间，全世界人口增长了 22 倍，而收入却增长了 300 倍。但世界的这种发展并不是很均衡的，也不是对所有国家都以相同方式施与了影响。在 1000 年到 1820 年期间，西欧国家人均收入的年均增长率很低，仅有 0.15％。而后，年均增长率提高到 1.5％，比前 8 个世纪整整提高了 9 倍。这种发展速度的变化，导致了国家之间的经济差异。的确，在人均收入年均增长率为 0.15％时，人均收入在 25 年间（大约为一代时间）只增长了不到 4％，而当人均收入年均增长率达到 1.5％时，人均收入增长了 45％。换个角度说，当人均收入的年均增长率为 1.5％时，人均收入翻一番需要 46 年，而当年均增长率为 0.15％时，人均收入翻一番需要 463 年。因此，尽管在第二个千年之时，欧洲的人均收入与地球其他地区居民的人均收入并无多大差异，但目前欧洲人均收入已经达到了后者的 7 倍（Maddison，2001，chapter 1）。人们都很清楚，这种剧变由产业革命所致。

在本章，我们简要地讨论改变欧洲经济空间的产业革命的两个重要特征：(1) 劳动生产率的极大提高以及运输成本的大幅降低；(2) 农业和乡村社会向工业和城市社会的深刻转化。因此，我们将看到，正因为产业革命，空间不平衡逐渐显现出来了，空间不平衡不仅在国家之间存在，在国家内部也同样存在。

我们的历史回顾原则上只涉及欧洲、美国和日本。但为了进行富有意义的比较，我们还得考虑那些具有同样边界的经济空间。另外，我们的目的并非是详细地讨论产业革命对经济空间的所有影响，而是要讨论那些直接影响经济地

4

图的一些要素。因此，我们主要关注欧洲历史，但并非只关注欧洲。

1.1 空间经济与产业革命

18 世纪下半叶，英国发生了产业革命，随后欧洲大陆和北美相继发生了产业革命。从此，生产率迅速提高，而且生产率的累积导致了相当大的乘数效应。[①] 这些经济发展同时伴随了运输成本的惊人下降以及大量人口从农村向城市的转移，过去的农业经济转变为工业经济，而到了 20 世纪，服务行业又成了主要的经济部门。

1.1.1 生产率的提高与运输成本的降低

产业革命最突出的特性为生产率的极大提高，对此贝罗奇（Bairoch）叙述如下：

> 在 1700 年到 1990 年期间，就西方发达国家整体而言，全要素生产率平均提高了 40～45 倍。实际上，如果只考虑从 1000 年到 1700 年期间，该期间对整个欧洲来说是一个发展时期，可以粗略地估测出整个经济的生产率提高了 2 倍左右。
>
> Bairoch（1997，volume 1，pp. 97 - 98）［译文］

生产率的提高必然带来个人收入水平的提高。[②] 至今，历史学家仍然争论在产业革命以前欧洲国家是否比其他国家更富裕的问题，然而这种争论很少能改写整个世界的经济版图。例如，尽管贝罗奇（1993）认为 16 世纪时中国和其他亚洲国家的文明比西欧国家的文明更先进，但他同时主张"不同文明国家在工业化以前达到其顶峰时，它们在收入水平方面的差异是很难看出的"（p. 106）。不管这种差异在学术上的价值如何，可以毫无疑问地说，产业革命导致了不同国家和区域在收入水平方面的巨大差异，而这种收入差异的性质是完全不同的，差距之大也是史无前例的。

在产业革命期间，运输部门经历了诸多令人震惊的变化。尤其当所有与距离有关的成本均大幅度地、史无前例地下降时，国家之间出现了巨大差异。对于运输成本的下降，西伯勒（Cipolla）评论说：

---

① 这并不意味着产业革命以前并没有技术进步，但似乎产业革命导致了人口的增长，而非生活水平的提高（Kremer，1993）。

② 尽管一些历史学家仍然争论有关产业革命术语的准确性和意义，但我们认为应承认产业革命后出现了全新的经济趋势。历史学家的上述争论可以举乔尔·莫基尔（Joel Mokyr）的主张进行说明。按 1990 年的美元计算，1890 年英国的人均收入为 4 100 美元。而 1590 年的人均收入只有 63 美元，远远低于生存所需的收入水平。这意味着在此前的 300 年间，英国的人均收入每年以 1.5% 的速度递增。事实上，1990 年世界上最贫穷的 5 个国家的人均收入只有 500 美元。

快速和廉价的交通运输是产业革命的主要成果之一。距离惊人地变短了，世界在一天天变小，几千年来互不往来的社会突然间来往了，或突然间发生冲突了。

Cipolla（1962，p. 13）

贝罗奇后来在评论运输方式的巨大变化时进一步强调说：

大体上，可以估算出从1800年到1910年期间实际运输价格（加权平均值）大约下降了90%。

Bairoch（1997，volume 2，p. 26）［译文］

19世纪海上货物运输成本的急剧下降，导致了国际市场上一些商品价格的趋同和国际市场渐进的一体化过程。一个例子就是小麦，1870年利物浦的小麦价格高出芝加哥小麦价格57.6%，但到了1913年仅仅高出15.6%；1870年伦敦的钢铁价格高出费城的钢铁价格75%，但到了1913年仅仅高出20.6%；利物浦和孟买的棉花价格差由1873年的57%下降到1913年的20%，而在该期间，伦敦和加尔各答的黄麻价格差从35%下降到了4%（Findlay and O'Rourke，2003）。

19世纪上半期，陆上运输成本很高，而这种很高的运输成本又大大提高了商品价格。法国是一个很好的例子，如把煤从圣艾蒂安运到离圣艾蒂安545公里的香槟钢铁厂后的售价为原地的5倍。煤在萨尔布鲁克当地的售价为每吨9.50法郎，但在离萨尔布鲁克220公里的圣迪济耶的售价为每吨51.50法郎，售价的82%为运输成本（Léon，1976）。

6　　　铁路出现后，发生了戏剧性的变化。例如，在产业革命以前，陆上运输谷物时每吨公里的平均成本相当于购买4~5千克谷物的价格，但到了1910年，由于实现了长距离的铁路运输，陆上吨公里的运输成本只相当于购买0.1千克谷物的价格。我们曾经把谷物价格的大幅下降解释为农业技术进步所致，但实际上运输成本下降所起的作用也很大，各自的作用近似地各占一半（Bairoch，1997，chapter 4）。在美国，如果按2001年美元计算，则1890年每吨公里的平均运输成本为18.5美分，而今天只有2.3美分。同时，卡车运输成本也从1980年开始每年平均下降了2%（Glaeser and Kohlhase，2004）。

此外，海运的实际成本还包括时间成本，当然也包括存货成本和贬值成本。在这里，我们讨论降低运输成本的另一个维度，也就是缩短运输时间而导致的运输成本的下降问题。到1910年，横渡大西洋的轮船的速度为17世纪帆船速度的5倍，装载量为17世纪的20多倍。而现在，额外增加一天运输时间的成本大概为船上制成品的价值的0.5%。由于运输时间的缩短，实际运输成本的下降程度比只考虑货物运输时的成本下降还要大。这种运输成本节约在陆上运输情况下也是相当大的，例如巴黎到马赛的货物运输，在1650年需要358个小时，在1854年需要38个小时，但到了2002年只需要3个小时。

这种史无前例的运输成本的下降，加快了世界市场一体化进程，并因此形成了工业化国家和初级产品专业化国家之间的劳动的国际分工。至今，关税壁垒没有像运输成本那样大幅度下降。如表1.1所示，拿破仑战争结束时（直到

1875 年）初步显现出了贸易自由化方面的进展，但随后贸易保护主义开始抬头，到 20 世纪 30 年代达到了顶峰。另外，从 1950 年开始，关税壁垒一直持续下降，关税税率达到了历史上的最低水平。

表 1.1　发达国家制造业产品关税税率

	年份							
	1820	1875	1913	1925	1930	1950	1987	1998
平均关税税率（%）	22	11～14	17	19	32	16	7	4.6

资料来源：World Bank, 1991；World Trade Organization, 2001.

尽管影响国家经济开放程度的要素有很多，但通过观察出口在国内生产总值（GDP）中所占比重的变化，可以估测出运输成本和关税壁垒的降低对开放程度的影响。麦迪逊（2001）指出，出口占世界 GDP 的比重，在 1820 年到 1998 年期间平均每年递增 17%。如果从各个国家的角度来看，大体上也相同。

表 1.2 显示的是很有意思且鲜为人知的事实，即在工业化国家经济中，1913 年国际贸易所占的比重远大于 1950 年时它所占的比重。更加出乎意料的是，第二次世界大战前夕，在总产出中国际贸易所占的比重退回到一个世纪多以前即 1840 年的水平。贸易保护主义政策、卡特尔的限制、运输过程中劳动力

表 1.2　主要发达国家出口占国内生产总值的比重（%）

国家	1870 年	1913 年	1950 年	1973 年	1987 年	2000 年
比利时	7.0	17.5	13.4	40.3	52.5	86.3
巴西						10.8
中国						25.9
法国	3.4	6.0	5.6	11.2	14.3	28.5
德国	7.4	12.2	4.4	17.2	23.7	33.7
意大利	3.3	3.6	2.6	9.0	11.5	28.4
日本	0.2	2.1	2.0	6.8	10.6	10.8
墨西哥						31.1
荷兰	14.6	14.5	10.2	34.1	40.9	67.2
波兰						29.3
俄罗斯						44.5
英国	10.3	14.7	9.5	11.5	15.3	28.1
美国	2.8	4.1	3.3	5.8	6.3	11.2

资料来源：O'Rourke and Williamson, 1999.

的使用以及金本位制的瓦解是贸易量大幅下降的主要原因（Estevadeordal et al.，2003）。第一次世界大战以前国际贸易的巨大发展说明，运输成本的下降正好抵消了在1875年到1913年期间的高关税。许多经济史学家都强调，在19世纪后半期出现的全球化的第一阶段于1914年结束，而这种全球化趋势的主要原因在于运输成本的急剧下降（O'Rourke and Williamson，1999）。

与此相反，1950年后国际贸易的大幅度增加，主要是因为关税壁垒的逐步消除而不是运输成本的下降。[①] 在1950年到2000年期间，世界商品的总产量增长了6倍（世界商品的总产量不同于世界的GDP，因为它不包括服务行业和建筑业），而商品出口额增长了17倍（World Trade Organization，2000）。

通信、电报以及电话的发明大大缩短了传递信息的时间。回忆一下，在文艺复兴时期，从阿维尼翁寄出的一封信到达巴黎平均需要15～16天，从佛罗伦萨到伦敦需要25～30天，而从佛罗伦萨到巴黎需要20～22天（Verdon，2003，p.245）。在紧接着的三个世纪期间，在信息传递方面并没有什么进展，正如贝罗奇（1997，chapter 18）所指出的那样，在19世纪初，英格兰和印度之间函件往来需要两年的时间，甚至在苏伊士运河开通后也需要几个月的时间。因此，很容易得出，在互联网出现以前的较长期间，正因为电报和电话的发明，各种信息才得以以无法想象的速度得到传递，而信息的快速传递深刻地影响了社会的运行方式和人们的生活方式。

下面的引文摘自斯蒂芬·兹韦格（Stefan Zweig）的自传《世界的昨天》（*The World of Yesterday*）中的一个段落，相对于其他学术著作，该自传更好地描述了通信手段的第一次革命对人们生活方式和心态的影响。

> 与过去时代的人一样，我们这一代人也无法逃避现实，也不能总身处局外。因新的瞬间传递信息的机构的出现，接收信息的时间不断缩短。当扔下的炸弹炸毁亚洲某处的房屋时，在伤员被送往医院以前，我们就已经在欧洲自己的房屋中知道了这些事情的发生。这些发生在隔海几千英里外的事件，通过照片的形式，活生生地展现在我们面前。我们无法摆脱这些，也不可避免地不断接触新的事物并不断被它们所吸引。没有一个国家可以让你逍遥在外，也没有一个地方可以让你获得安宁；无论何时何地，命运之手总是捉弄我们，总想把我们拖回到贪得无厌的游戏之中。
>
> Zweig（1944，p.8，英文译文）

20世纪后半叶，运输成本加速下降。表1.3比较了运输成本和通信成本的相对下降情况。在表1.3中，我们用100来表示第一个观察年份的成本。在最近的几十年间，运输成本持续下降，不过没有19世纪时下降得那么快，而通信成本的下降我们则可以用令人瞠目来形容。例如，通信成本在最后的20年间下降了90%以上。

---

① 根据贝尔和伯格斯特兰（Baier and Bergstrand，2001）的估算，关税的下降可以解释1960年至1990年期间经济合作与发展组织（OECD）国家之间贸易增加量的22%，而运输成本的降低可以解释这些国家之间贸易增加量的8%。根据他们的研究，收入的提高是增加商品流通量的主要解释变量，它可以解释商品流通增加量的67%。反过来，赫梅尔斯（Hummels，2007）主张，空运技术的变化以及城市高铁交通成本的下降是20世纪下半叶促进贸易增长的关键因素。

表 1.3　运输成本和通信成本指数

	年份							
	1920	1930	1940	1950	1960	1970	1980	1990
海上运输	100	65	67	48	28	29	25	30
航空运输	—	100	70	45	38	25	18	15
跨大西洋电话	—	—	100	30	28	18	3	1
卫星通信	—	—	—	—	—	100	15	8

资料来源：World Bank，1995.

总之，目前的经济全球化所提出的主张，并没有比大众出版物所坚持的观点更加新鲜。凯恩斯（Keynes，1919）精妙地描述了第一次世界大战以前的全球化给同代人在生活方式和消费习俗方面带来的变化。下面的引文可能较长，然而它与本部分的讨论密切相关：

> 那个时代人类经济发展过程中异乎寻常的事件，在 1914 年 8 月底结束了！……生活以低廉的价格轻易地为人们提供了超出以往那些富裕阶层和大多数王公贵族才能获得的便利、舒适和愉悦。伦敦的居民可以一边躺在床上品尝着早茶，一边用电话预订世界各地生产的不同产品，根据自己的需求进行预订并可以要求他们直接送到家门口；同时可以用相同的方式将个人财富投资于自然资源、世界各个角落的新厂商以及股票，当然，在分享预期收益和优势方面不存在麻烦也不费力气；或者可以把自己财富的安全直接与任何大陆、任何自治市市民的善意行为联系起来，显然这些市民是指那些能够接受各种想象力和信息的市民。如果愿意，他可以立即通过无护照或无任何正式函件的成本很低且很方便的方式经由任何国家或气候区。……要是遇到一丁点干预，他会认为受到很大的伤害并感到出乎意料。但重要的是他认为这种状况是正常的、确定的和持久的，除了需要进一步改进的地方以外，他认为任何偏离上述状况的情况都是异常地令人愤慨的事，应避免之。

Keynes（1919，p. 4）

1.1.2　运输的机械化与城市化

10　　　欧洲经济发展的第二个特征就是，由于机械化运输（蒸汽船、铁路以及汽车）的出现，城市化几乎与产业革命同时发生。最早的蒸汽船运输始于 1807 年的美国，最早的铁路线于 1825 年在英格兰建设。尽管 1800 年时欧洲城市人口（俄罗斯除外）相当于当时欧洲人口总数的 12％，然而 1910 年达到了 41％，目前已达到了 75％。在美国也发生了类似的变化。1800 年美国的城市人口只有

5%，然而 1910 年达到了 42%，2005 年达到了 75%（Bairoch，1988，chapter 13）。从历史角度来说，这些数字表明了城市化是爆炸式地发展的。[1]

产业革命的开始就意味着，各国农业部门的就业不得不经历普遍的大幅下降，整个欧盟 15 国农业部门的就业人数达到了历史上的最低水平，当时欧盟 15 国的农民数量为 630 万人，而美国 2003 年的农民数量只有 230 万人。相对于其他工业化国家，法国的农业部门得到了长期的保护且是很重要的部门，但它的农业劳动力目前也只占总劳动力的 2.5%。同时值得注意的是，如果没有上面提到的运输成本的急剧下降，人口的聚集是不可能发生的，除非像伦敦和巴黎等一些大城市那样，得益于自然禀赋、皇权以及密集的通航网络，否则这种人口的聚集需要几个世纪来完成。的确，运输成本的大幅下降对城市人口的急剧增长是很有必要的，因为大量的食品需要从越来越远的地方运过来。

就业结构和经济空间结构之间的联系在任何地方都是相同的。最初，我们看到工业城市的兴起以及大的工业城市的迅速发展（例如，曼彻斯特、圣艾蒂安、沙勒罗瓦）。对此，贝罗奇指出：

> 在 1910 年，在发达国家（日本除外）中居民超过 10 万的城市共有 228 个，但在 19 世纪初期（对英格兰而言，是 18 世纪中叶），其中大约 98% 的城市根本不存在或仍是简陋的村庄。
>
> Bairoch（1997，volume 2，p.196）［译文］

11　　在产业革命初期，原材料的运输成本仍然很高，因此接近自然资源就成了主要的区位要素，这就解释了为何在发现自然资源的地方建立新的城市的原因。而且，当农业劳动生产率大大提高时，农业部门可以释放大量的劳动力，因此工业部门可以大量使用这些从农业部门释放出来的非技能劳动力（Bairoch，1997，chapter 4）。这样，在农业部门的就业逐渐被工业部门的就业所替代，这就解释了所有受到产业革命影响的国家人口从农村向城市的迁移，英国也许是最典型的国家。历史学家已经重新展现了从 1776 年到 1871 年期间英国的人口转移情形，而在这一期间英国经历了产业革命的两个阶段（Williamson，1990，chapter 1）。在英国，1776 年的城市化率为 25.9%，而 1871 年的城市化率为 65.2%，是当时世界上城市化最发达的国家。一个多世纪后的今天，英国城市人口的年均增长率惊人地稳定，年均增长率很少超过 2%。[2]

由于运输成本的下降，厂商逐渐摆脱了区位选择时自然要素的约束，也就是摆脱了原料产地或能源产地的约束，因而逐渐变成了所谓的"自由厂商"。接着，出现了决定厂商空间策略的新的区位要素。新的经济活动需要比从前更

---

① 西伯勒（1962）主张，以严格的经济学标准来衡量，则正如我们所熟悉的那样，城市是产业革命的产物。在传统社会的经济活动中，农业占主导地位，因此传统社会中的城市"只不过是农业租金的收集中心罢了"。不过，这种观点也许过于极端，因为一些城市在银行业以及金融机构发展方面发挥了极其重要的作用。这些城市也接纳了中世纪的最初产业，尽管这些产业后来转向了农村地区（Hohenberg，2004）。

② 和一般的看法不同，这种人口迁移并非仅仅限制在国内经济。相反，这种迁移越来越多地具有国际含义。在区别对待本国人和外国人的福利制度形成之前，非规范的欧洲劳动力市场从 19 世纪末期开始发展起来了，而对这种劳动力市场而言，劳动者跨越国境比商品跨越国境更容易（Bade，2002）。

具有技能的劳动力以及更多的专业化服务。而这些生产要素大部分可以从城市，尤其是古老的大城市获得，因为许多因产业革命而发展起来的城市，并不能像古老的大城市那样具有各种各样的经济部门。这样，就形成了反向的因果关系，即城市更有利于产业的发展。前期开始的快速的城市化进一步增强了城市本身的吸引力，因为城市为新的工业品的生产提供了越来越大的市场。

在 20 世纪后半叶，由于生产率与先进技术联系紧密，现代经济中工业部门的劳动力就业数量逐渐下降。与此同时，城市中的土地和劳动力价格很高，因此工厂开始从城市迁出去，而这种迁移同时也因通信成本的下降而得到加快。这种迁移促进了厂商的垂直分散化，因此厂商越来越专业化并在空间上分散为独立的单元。在大城市中，工业逐渐被各种服务行业所替代，而这又成了城市化共有的特征。另外，由于城市提供多种多样的商品和服务，当代的城市又类似于巨大的公共物品供给者，因此把城市看成是消费者城市，因为生活在这些城市里的人从城市提供的商业和文化设施中获益，但为城市做出的劳动很少（Glaeser et al.，2001）。另外，对老工业区而言，城市又成了非技能劳动力聚集区的同义词，因而重新开发城市区域仍然是议事日程中的重要事项。这些城市的经济结构过分单一，因而很难把这些城市转变成消费者城市。

不过，运输成本和通信成本的大幅下降，通过商品和思想在空间上的大范围配置，可以促进经济和社会的发展，但商品和思想在空间上的这种配置仍然是很不平衡的。特别地，19 世纪欧洲经济发展所展示的特征看起来是自相矛盾的：与商品配置和思想交流相关的各种成本急剧下降，然而它没能导致地区间经济的共同繁荣。相反，与距离有关的成本的下降，进一步增强了经济空间的极化过程，也就是说，因通信和运输成本的下降而出现的本地化的经济增长过程只能出现在一些特定区域，且很少把这些增长势头传递给其他区域，因此就加大了区际经济发展差异。这种观点得到了英国历史学家悉尼·波拉德（Sidney Pollard）的支持。他认为，在讨论产业革命扩散问题时，把英格兰和欧洲大陆说成一体是错误的，而把这些扩散问题看成是兰开夏郡与桑布尔流域和默兹河流域之间的关系可能更合适一些（Pollard，1981，chapter 1）。

很明确，在经济发展、运输成本、部门间变化以及空间不平衡之间的这种复杂关系，就是本书第 2 篇中的经济地理学模型所要描述和把握的东西。此前，我们先整理本章讨论的那些公认的事实以及那些解释空间不平衡与贸易障碍之间关系的数据。

1.2 区域差异：古老的现象何时可以估测

巨大的区域差异并不是现在才有的。在每一个重大的历史阶段，在欧洲和亚洲的传统社会中，那些比平均水平更富有的繁荣的城市及小规模区域与贫穷地区同时存在。对费尔南德·布劳德尔（Fernand Braudel）而言，"世界经济"至少是由三种空间类型组成的：

中心或者核，拥有所有最先进的和极其丰富的事物。中间地带尽管也拥有部分中心地带所拥有的事物，但是它只能享有其部分收益，中间地带是"第二位"的地带。广大的边缘地带，伴随着分散的人口，集中体现了落后、过时以及其他地区对其的剥夺。这种差异化的地理学，甚至在今天，仍是对世界历史的一种解释，同时也是编写世界史时的一个陷阱，而编写历史时的默许常造成这种陷阱。

Braudel（1979，p. 39 of the English translation）

因此，虽然在工业化以前，大经济体之间的这种发展差距是很小的，但这些经济体内部的区域差异却是相当大的。

虽然缺乏可靠数据使得我们无法把这些同现在的情况进行比较，但社会科学家之间已经达成了广泛的共识，认为"区位专制"是导致区域差异的主要原因。这些区位要素包括各种通航方式的存在与否、土壤的肥沃程度以及气候带特征，所有这些区位要素几乎都是自然要素。这些自然要素决定了几个世纪的区位选择过程，然而随着运输革命的出现，这种情况发生了翻天覆地的变化。

1.2.1 19 世纪欧洲的空间差异

人均 GDP（国内生产总值）是表征地区或国家经济发展绩效的标准指标。保罗·贝罗奇估算了 1800 年至 1913 年期间的人均 GDP，而该时期是长期政治动乱发生以前的技术大发展时期。该估算结果反映在表 1.4 中。

尽管这些数字揭示了很清晰的变化趋势，但利用这些数字时仍要小心。首先，已经证实，在 19 世纪，所有欧洲国家都获得了很大的发展。尽管欧洲国家的初始发展水平基本相同，围绕平均水平上下波动 10％左右（除荷兰以外，在一定程度上也可以排除英国），然而，不同国家受到的产业革命的影响大不相同，产业革命带来了不同国家之间的相当大的收入水平差距。事实上，经济发展水平的国际差异逐渐变大，在 1913 年富裕国家和贫穷国家之间的差距比达到了 1∶4。尽管欧洲平均的人均 GDP 从 199 美元增长到了 550 美元，也就是增长了 1.76 倍，但国家之间的标准差迅速扩大，从 1800 年的 24 扩大到了1913 年的 229，扩大了近 9 倍。

表 1.4　按 1960 年美元价格计算的欧洲国家人均 GDP

	1800 年	1830 年	1850 年	1870 年	1890 年	1900 年	1913 年
奥匈帝国	200	240	275	310	370	425	510
比利时	200	240	335	450	555	650	815
保加利亚	175	185	205	225	260	275	285
丹麦	205	225	280	365	525	655	885

14

	1800 年	1830 年	1850 年	1870 年	1890 年	1900 年	1913 年
芬兰	180	190	230	300	370	430	525
法国	205	275	345	450	525	610	670
德国	200	240	305	425	540	645	790
希腊	190	195	220	255	300	310	335
意大利	220	240	260	300	315	345	455
荷兰	270	320	385	470	570	610	740
挪威	185	225	285	340	430	475	615
葡萄牙	230	250	275	290	295	320	335
罗马尼亚	190	195	205	225	265	300	370
俄罗斯	170	180	190	220	210	260	340
塞尔维亚	185	200	215	235	260	270	300
西班牙	210	250	295	315	325	365	400
瑞典	195	235	270	315	405	495	705
瑞士	190	240	340	485	645	730	895
英国	240	355	470	650	815	915	1 035
平均值	199	240	285	350	400	465	550
标准差	24	43	68	110	155	182	229
美国	240	325	465	580	875	1 070	1 350

资料来源：Bairoch，1997，volume 2，pp. 252 - 253.

换言之，产业革命带来了所有欧洲国家福利水平的普遍提高，然而不同国家受到的这种发展过程的影响大不相同。事实上，国家之间的差距是以更大比例扩大的，变差系数从 1800 年的 0.12 增至 1913 年的 0.42。照例，这种整体上的估算常常掩盖了国家间的悬殊差异，英国的人均 GDP 增长了 4 倍多，而巴尔干半岛国家（保加利亚、希腊以及塞尔维亚）仅仅增长了 50% 左右。同时可以看到，美国自从 19 世纪末开始引领世界工业生产的发展，并且在整个期间比欧洲国家表现得更好。

这种发展过程中的另一个方面也值得强调。那些在该期间经历了强劲增长的国家（比利时、法国、德国、荷兰、瑞典以及瑞士），尽管它们经济起飞的时间各不相同，但所有国家几乎都接近当时新的欧洲中心，即英国。因此，从更一般意义上说，离英国距离的远近直接影响了这些国家的经济增长率，离英国越远，GDP 增长率越低。

为了更加清晰地说明，根据表 1.4 中的每个年份和国家，我们利用普通最小二乘法，估算了某国离英国的距离对该国人均 GDP 的影响。[①] 表 1.5 表示的是该回归分析的总结果，证实了我们最初的直觉。首先，该表表明离英国的距离对经济发展的影响是负向的，回归结果表明，无论何时，离英国的距离越远，人均 GDP 越低。其次，如果用绝对值来表示，那么可以发现距离的影响是有规律地递增的，从 1800 年的 0.090 扩大到 1890 年的 0.426，而后相对保持稳定。也就是，在产业革命波及整个大陆以前，如果离英国的距离减少10%，则人均 GDP 提高 0.9%。在第一次世界大战前夕，该弹性值的绝对值扩大了将近 5 倍。这就是说，某国离英国的距离从 1 000 公里减小到 900 公里，那么到了 1913 年，该国的人均 GDP 提高了 4.4%，而在 1800 年时，人均 GDP只提高了 0.9%。这样，我们可以容易得出如下结论：在 19 世纪，欧洲国家之间的经济差异进一步扩大了，对于一国经济发展而言，到新的经济中心的距离的远近越来越重要。表 1.5 中的数据很清晰地描述了经济的差异化过程，而经济的这种差异化过程造就了中心和边缘。

表 1.5　人均 GDP 与离英国的距离之间的弹性值（欧洲国家）

	1800 年	1830 年	1850 年	1870 年	1890 年	1900 年	1913 年
弹性	−0.090	−0.195	−0.283	−0.371	−0.426	−0.437	−0.436
标准差	0.028	0.029	0.028	0.032	0.052	0.058	0.078
R^2	0.376	0.717	0.857	0.883	0.796	0.764	0.647

注：所有弹性值均在 1% 的水平上显著且不等于零。

目前的经济一体化是否会促使欧洲经济空间变得更加不平衡？这是西科·曼肖尔特（Sicco Mansholt）早在 1964 年提出的问题。曼肖尔特是共同市场农业政策的设计者，他指出：

> 如果我们不能在一些国家内部实行积极的政策，那么我们将会看到欧洲的统一将得到更大的刺激和强有力的扩展，而这种趋势使得那些最发达的地区获得最快的发展且从中获得最大的利益，那些边缘地区将变成更加边缘化的地区。

Quoted in Husson（2002，p. 28）［译文］

虽然区域问题与欧盟内部的特性密切相关，但我们将会看到，回答这些问

---

① 在回归分析中，我们可以对两组变量取对数，这样两组变量之间的相关系数可以直接用弹性值来表示。

题仍需要一些限定性条件。

1.2.2　区域问题

目前的生活水平在发达国家之间是类似的。这些发达国家已经到达了技术进步的类似阶段，而且受到类似的社会规则和行为规范的支配。这些社会规则和行为规范，不仅在这些国家之间类似，而且与过去它们自身的规范也很类似。另外一个无法否认的事实是，在每一个国家内部或国家集团内部都存在明显的区际差异。

图1.1表示了欧盟27国269个NUTS 2地区以及挪威和瑞士2004年的人均GDP。[①]该图表明，欧洲存在"蓝色香蕉"（从伦敦开始，经过德国西部和

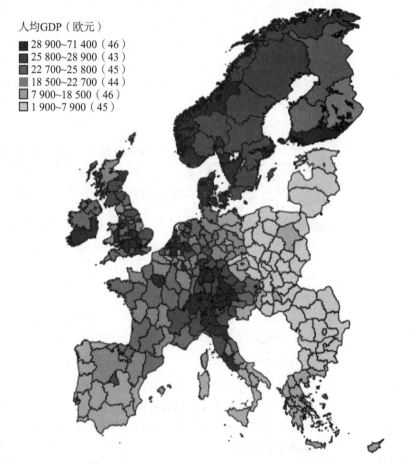

人均GDP（欧元）

■ 28 900~71 400（46）
■ 25 800~28 900（43）
■ 22 700~25 800（45）
■ 18 500~22 700（44）
■ 7 900~18 500（46）
□ 1 900~7 900（45）

图 1.1　2004 年欧盟 NUTS 2 地区的人均 GDP（括弧内数字为地区数量）

---

① NUTS，单位领土（领海）统计汇总表，是欧洲统计局使用的区域分类。它通常根据每个国家内部现存的区域边界来划分，根据地理特征可以分类为从 NUTS 0（国家）到 NUTS 5 不等，后者包括原欧盟 15 国的 100 000 个地区。

比荷卢联盟国家到意大利北部的狭长地带）和以北欧国家为中心的两中心结构。同时还值得一提的是，希腊、葡萄牙以及新加入欧盟的东欧国家都属于欧洲经济的边缘区。而且，一些国家内部经济发展差距非常明显，例如意大利北部和南部常形成鲜明的对照，这在教科书中经常以意大利南部地区这种大字标题出现。意大利北部的米兰地区和瑞士同属于很富有的地区，而意大利南部的人均收入水平和希腊是同一级别的。从较广的范围来讲，这种区际发展差距在英国、西班牙、比利时和德国同样存在，在这些国家，西部和东部"大陆人"之间的差距仍然是很大的。要注意的是，那些新加入欧盟的国家，大多数成了新的边缘区，而希腊、爱尔兰、葡萄牙、西班牙和意大利等老边缘区的部分地区，最终赶上了核心区。

17

最后，人均 GDP 分布图最显著的特征是，区域的富有程度显示出"空间传染"特性，即那些接近富有地区的地区不可能是很贫穷的地区，这种现象在一国内部和国家之间都存在。这表明，存在经济发展的空间扩散现象。我们将在本书中看到，许多经济地理学理论就涉及这种经济发展差异的根源问题，尤其是地理学家哈里斯（Harris，1954）的市场潜能概念直接涉及了这些根源问题。

尽管用 GDP 水平度量区域经济规模略显粗糙，但它比较简便。据此，我们可以考察区域吸引新的经济活动的潜能的大小。除了区域经济规模以外，某一区域从一个区域到另一个区域的可达性也是厂商和劳动者选择区位时的关键要素。为解释这些，我们利用哈里斯（1954）的区域 r 的市场潜能概念，该市场潜能是用区域 GDP 的总和来表示的，其中区域 s 的 GDP 权重为区域 s 与区域 r 之间距离的倒数。[①] 根据这些权重计算出的市场潜能，就是要强调如下思想，即某一区域越接近繁荣区域，则该区域越具有吸引力，因为这种可达性使

18

该区域的产品能够顺利地进入一些规模较大的市场。

图 1.2 描绘了图 1.1 中讨论的所有区域的市场潜能。随着到老核心区距离的增大，这些地区的市场潜能逐渐下降，因此相对于图 1.1，图 1.2 表明 2004 年欧盟的地域结构为更加明显的核心-边缘结构。这支持了市场潜能对经济发展起重要作用的观点。不过，也有例外，那就是北欧国家集团。一种可能的解释是，尽管这些国家远离欧盟其他国家，但它们在克服区位劣势方面很成功。图 1.3 证实了这种解释是成立的，该图描述了从 1995 年至 2004 年期间市场潜能的变化过程（缺乏挪威和罗马尼亚的数据）。更确切地说，从中我们可以看

19

出，相对于位于欧盟中央部位的国家，几乎所有位于欧盟边远地区的国家都更加成功地提升了市场潜能。反过来，这也意味着在欧盟内部也存在赶超过程。经济地理学的主要目标之一为解释如下问题：一是为什么空间上的中心区位在 GDP 方面具有如此强大的优势，二是当运输成本发生变化时这些优势是如何发生变化的，尤其要解释那些促使初始时处于劣势且位于边缘的地区能够赶超老欧洲核心区的主要作用力。

---

① 该 GDP 总和包括区域 r 本身的 GDP。我们用该 GDP 除以区域内部的距离，而该距离等于整个区域的半径的三分之二。我们将在第 5 章和第 12 章中讨论区域内部距离的度量问题。

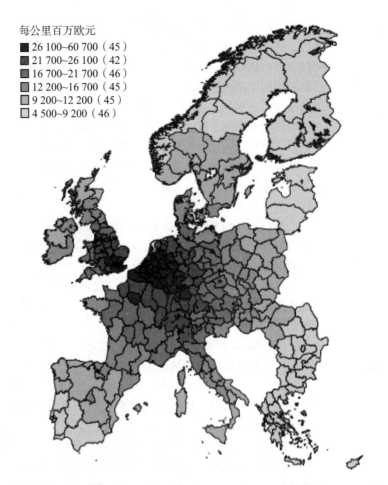

每公里百万欧元
- 26 100~60 700 (45)
- 21 700~26 100 (42)
- 16 700~21 700 (46)
- 12 200~16 700 (45)
- 9 200~12 200 (45)
- 4 500~9 200 (46)

图 1.2　2004 年欧盟 NUTS 2 地区的市场潜能（括弧内数字为地区数量）

现在，我们考虑一下美国的情况。图 1.4 给出了美国大陆地区 48 个州的人均 GDP，我们从中可以看出美国的繁荣区域是分散在全国范围内的，而且比欧盟更加分散。值得提及的另一个主要区别是，如果考虑区域收入的极端值，那么我们从中可以看出欧盟内部的区际差异比美国国内的区际差异更广泛。

类似于讨论欧盟时的情况，我们在图 1.5 上标出了美国大陆地区 48 个州的市场潜能。似乎在美国也存在核心-边缘结构，然而它不像欧盟那样明显。尤其在美国的西南部地区（包括亚利桑那州和加利福尼亚州），市场潜能变化率变为正的了。

重复一下讨论欧盟时的情形，图 1.6 显示出在 1995 年至 2004 年间，美国西部所有的州以及东南部半数的州的市场潜能显著地提高了，这就表明美国也存在赶超过程。总之，这就证实了美国国内区域发展比欧盟内部区域发展更均匀的观点。这是因为美国的空间经济在很长时间内实现了一体化而欧盟没能实现一体化的缘故。我们将在后面的章节中继续讨论这些议题，尤其是在第 7、8 和 12 章中。

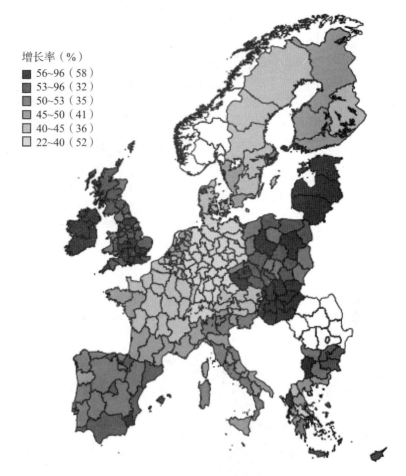

增长率（%）
- ■ 56~96（58）
- ■ 53~96（32）
- ■ 50~53（35）
- ▨ 45~50（41）
- ▨ 40~45（36）
- □ 22~40（52）

图 1.3 1995 年至 2004 年期间欧盟市场潜能的变化（括弧内数字为地区数量）

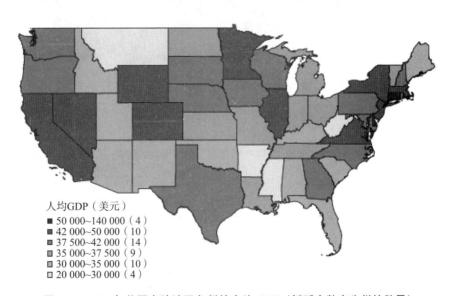

人均GDP（美元）
- ■ 50 000~140 000（4）
- ■ 42 000~50 000（10）
- ■ 37 500~42 000（14）
- ▨ 35 000~37 500（9）
- ▨ 30 000~35 000（10）
- □ 20 000~30 000（4）

图 1.4 2004 年美国大陆地区各州的人均 GDP（括弧内数字为州的数量）

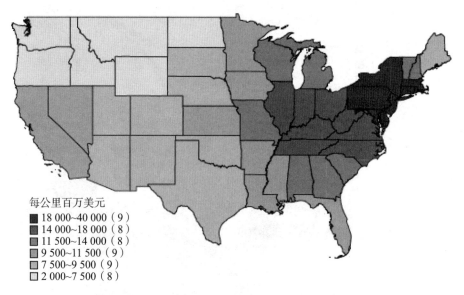

每公里百万美元
- ■ 18 000~40 000（9）
- ■ 14 000~18 000（8）
- ■ 11 500~14 000（8）
- ■ 9 500~11 500（9）
- □ 7 500~9 500（9）
- □ 2 000~7 500（8）

图 1.5　2004 年美国大陆地区各州的市场潜能（括弧内数字为州的数量）

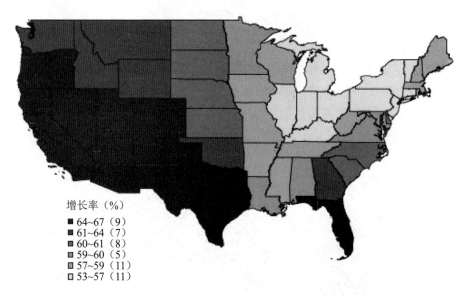

增长率（%）
- ■ 64~67（9）
- ■ 61~64（7）
- ■ 60~61（8）
- ■ 59~60（5）
- □ 57~59（11）
- □ 53~57（11）

图 1.6　1995 年至 2004 年期间美国市场潜能的变化（括弧内数字为州的数量）

1.2.3　法国的空间不均衡：长远的视角

在我们的知识所及范围内，并不存在那些能够用来评价国内空间差异长期演化过程的区域层次的 GDP 历史数据。不过，由于经济史学家琼-克劳德·图坦（Jean-Claude Toutain）的辛勤工作，我们可以在很细微的地理层次上（法

21

国 88 个陆地省份）研究法国的空间差异问题，且可以揭示出在很长的历史时期内，法国也存在过显著的区域差异。这里所涉及的数据包括法国 1860 年、1930 年的就业、人口和国内生产增加值，以及农业、工业和服务业三大部门的增加值的数据。我们还收集了与上述数据类似的法国 2000 年的数据（Combes et al.，2008a）。

在表 1.6 中，我们给出了度量法国省份间人口、就业和 GDP 空间聚集情况的指数值。更确切地说，我们利用了泰尔指数，该指数的特征将在第 10 章中讨论。现在，简单说明一下，泰尔指数等于零就意味着经济活动的空间分布很均匀，当所有活动都集中在一个地区时，该指数值达到最高值。一般来讲，该指数越大，空间聚集强度越大。表 1.6 中的第一行表示，在将近一个半世纪内，法国人口的空间聚集程度极大地提高了。在该期间，泰尔指数提高了三倍以上，意味着法国人口重新聚集在少数几个省份。从就业角度来看，这种趋势同样也是很明显的。至于国内生产增加值，尽管聚集强度较弱，但不管在哪个时期，它总是趋向于聚集的。

表 1.6　法国省份的泰尔指数

变量	1860 年	1930 年	2000 年	1860—1930 年 百分比变动 （%）	1930—2000 年 百分比变动 （%）	1860—2000 年 百分比变动 （%）
人口	0.12	0.34	0.39	175.9	16.1	220.4
就业人数	0.13	0.37	0.50	177.0	34.2	271.6
增加值	0.30	0.68	0.71	124.9	5.0	136.1
增加值/就业人数	0.05	0.03	0.01	−47.5	−76.7	−87.8
农业增加值	0.10	0.10	0.22	−4.4	119.5	109.7
工业增加值	0.69	0.93	0.50	33.9	−45.8	−27.4
服务业增加值	0.61	1.00	0.84	62.9	−15.7	37.4

从表 1.6 中我们同样可以看出第二个突出的现象，即可以粗略地表示为生产率水平或雇员人均收入水平的雇员人均增加值，在区域之间变得更加均匀。尽管初始时的生产率差异相对于此时的产出量差异很小，但在 1860 年至 2000 年期间生产率差异下降了三分之二多。这样，在过去的 140 年间观察到的人口和经济活动的强劲聚集趋势伴随着区际劳动力收入和劳动力人均生产率差异的巨大下降。

法国各省的总增加值（见图 1.7）或雇员人均增加值（见图 1.8）都证实

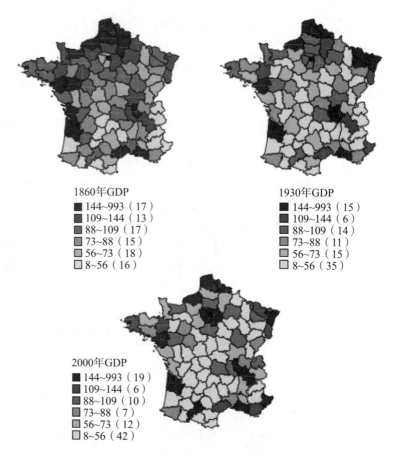

图 1.7　1860 年、1930 年和 2000 年法国不同省份的 GDP
(年均＝100，括弧内数字为省份数量)

了目前从欧洲整体层面所观察到的一些事实。在法国，存在以巴黎大都市区为中心的核心区，以及随时间推移逐步加强巴黎经济区向外扩展而形成的边缘区。不过，如果把这些已知的现象搁在一边，那么除了从分别对应于 1860 年、1930 年和 2000 年的三幅不同地图中可以看出法国不同等级之间存在的很强的劳动力流动性以外，在不同省份之间没有出现其他的比较强劲的变化趋势。在19 世纪末，一些产业区（因而也是富有地区）的收入水平急剧下降了，比如北部和东北部地区，而一些经济起飞区域的收入水平则显著提高了，比如罗讷-阿尔卑斯大区。

　　把数据分类为不同部门的情况也是值得考虑的。相对于工业和服务业的空间聚集现象，农业的空间分布很少发生聚集现象。表 1.6 表明，在 1860 年至 1930 年期间，农业的空间分布没有发生什么变化，然而从 1930 年开始出现了明显的聚集现象。另外，服务业的聚集程度似乎总比工业的聚集程度大。我们同样可以得出前面提到的空间经济发展的钟状曲线这一重要结论：工业和服务业的空间聚集程度在 1860 年至 1930 年间大幅度提高，在其后的 70 年间出现了下降。

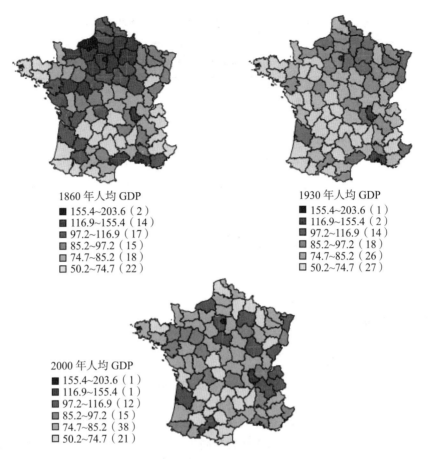

图 1.8　1860 年、1930 年和 2000 年法国不同省份的人均 GDP
(年均＝100，括弧内数字为省份数量)

25　　表 1.7 给出了人口密度、增加值以及劳动生产率之间的相关性。前三行表示，在 1860 年，与农业有所不同，工业和服务业位于人口密集地区，而这一趋势在 1930 年有所加强。而到了 2000 年，这些人口密集地区对工业厂商的吸引力有所减弱，而服务业仍然位于人口密集区。后三行表示，在 1860 年，农业部门的劳动生产率和人口密度之间的相关性最强，而服务业的相关性最弱。之后，不同部门的这种排序经历了较为复杂的变化过程；在 1860 年至 2000 年期间，制造业和服务业的劳动生产率和人口密度之间的这种相关性得到了进一步提高；1930 年工业生产率的提升主要得益于高密度人口；到 2000 年，服务业的这种相关性最强。至于农业，生产率和人口密度之间的相关性下降了，而且到了 2000 年，这种相关性变成负向关系了，这意味着目前农业部门在乡村地区是最具有生产力的部门。这样，随着经济的日益发展，在很长时期一直占主导地位的农业逐渐失去了其在人口密集地区的相对优势，工业占据了主导地位，而后主导地位又被服务业所取代。乍一看，这些相关性告诉我们，人口的空间集中是解释劳动生产率提升的主要因素之一，进而也是解释经济增长的主要因素。实际上，这些结论看起来是正确的，然而它们缺乏坚实的理论基础，而且在第 11 章我们将看到，发掘这种相关性的根源需要进行更深入的分析。

表 1.7 法国省份的人口密度和增加值之间的相关性

	1860 年	1930 年	2000 年
农业增加值	−0.12	−0.16	−0.12
工业增加值	0.94	0.95	0.84
服务业增加值	0.96	0.98	0.96
农业增加值/就业人数	0.37	0.11	−0.22
工业增加值/就业人数	0.31	0.45	0.44
服务业增加值/就业人数	0.22	0.28	0.64

1.3 结束语

从 19 世纪开始，货物运输、人们出行和信息传递成本的降低，大大削弱了自然要素对人类活动所施加的束缚。初步的经济分析告诉我们，运输成本的大幅下降使得经济代理人可以自由选择活动区位从而获得巨大收益，因而促进了区域之间的趋同。至今，在大多数发达国家内部仍然存在人口规模和组成、平均收入、生产的区域结构、生活成本以及住房价格、就业机会的分布方面的巨大差异。所有这些重大现象都是内生的，且其价值也没有被自然要素所强加。反过来说，这些重大现象都是由市场、公共政策以及生产要素流动性之间的相互作用决定的。这众多相互作用的空间维度就形成了经济地理学领域。

第 2 章　经济思想中的空间

26　　本章将讨论如下两个问题：

（1）为什么空间总处于经济理论的边缘？

（2）在经济地理学领域，有哪些独特的议题和建模约束？

经济学教科书给人留下的印象是生产和消费活动都发生在针尖上，没有任何空间维度，无论是土地还是距离都没有涉及。空间及其主要组成要素在很大程度上要么被等同看待，要么被忽略。因此，萨缪尔森（Samuelson）这样表述并不奇怪：

> 经济理论之所以如此忽视空间问题，是因为它只研究自身感兴趣的领域。

Samuelson（1952，p. 284）

那么，何时以及如何对这些被忽略的空间重新进行解释呢？空间是日常经济生活中的中心，交换总是涉及人和商品的流动。甚至，在各种形式的区际和国际贸易中，空间是交换的本质。

在进行讨论之前，我们想强调这样一个事实：代理人*的最优区位取决于与它相互作用的其他代理人的区位。因此，区位决策本质上是相互依赖的，必须在包含所有厂商和家庭选择的一般均衡框架中去进行研究。如果回顾文献，则会发现经济理论中（相对地）缺失空间维度的主要原因，是经济学家试图建立严谨的价格理论的缘故。为建立这种理论，经济学家长期以来采用系列的简

---

* 包括厂商和消费者。——译者注

化并且选择各种捷径，重点研究了"规模收益不变和完全竞争"与经济地理相结合，以便和"规模收益不变和完全竞争"与增长理论相结合的结果进行比较（Romer，1992）。后面将会看到，我们可以证明这种研究策略阻碍了空间经济理论的发展。在了解了这些之后，我们将讨论那些能处理货物和代理人空间流动的建模方案。最后，我们将通过两个简单的例子来说明为什么规模收益递增是经济空间形成的核心。

2.1 经济学与地理学：彼此忽视的历史困惑

贸易成本是指位于不同区位的供求者之间相互协调和联系的交易成本。这一定义比较宽泛，包括距离和边界导致的所有成本：商品和服务的运输成本、关税和非关税壁垒、产品标准、沟通障碍以及文化差异。凭直觉，这些成本是不同地区之间进行交易的内在属性，理应在经济理论中发挥重要作用，但它们通常被忽略。

对这种忽略的最常见的解释是自19世纪中叶以来运输成本的显著降低（见第1章）。然而，这并没有让厂商对它们的区位漠不关心。事实上，厂商间的激烈竞争使得厂商对细微的成本差异更加敏感，这也意味着运输成本较低的地区对厂商仍具有很大的吸引力。此外，虽然运输成本和贸易成本是相互联系的，但它们并不等同，在第5章中我们可以看到，后者更重要。因此，经济理论中空间维度的缺失并不能仅仅由运输成本的下降来解释。

另一个相当传统的解释是由雅各布斯（Jacobs）提出的：

> 国家和国家集团是政治和军事实体，但并不能理所当然地认为它们在经济生活中也是最基本的、最重要的实体，或者它们对于探讨经济结构的秘密、财富增长或减少的原因也特别奏效。事实上，中央政府和国家集团的失败之处在于它们迫使经济生活遵从它们所提出的本质上不相干的建议。

Jacobs（1984，pp. 31-32）

因此，国家概念在欧洲的出现，使得政治经济学的创始人认为国家是这种实体的唯一代表，并根据定义把国家看成是同质的。的确，从19世纪初开始，"单一民族国家"概念逐渐成了一些社会科学的主要研究对象。尽管经济学家在这一概念的发展过程中并没有起到什么作用，但他们也没能摆脱它。事实上，唯一引起经济学家关注的空间维度就是国家边界，比如大卫·李嘉图（David Ricardo）的国际贸易理论，是根据国家间要素的完全不流动和国家内要素的完全流动这两个假设而提出的。[①] 近来，随着经济一体化以及政治分权

[①] 除非承认李嘉图将国家看作同质实体，其内部的要素是同质的且获得同等报酬的观点，否则我们就无法解释李嘉图下面的表述，即"100个英国人的劳动不能与80个英国人的劳动交换，但是100个英国人的劳动产出可以与80个葡萄牙人的劳动产出、60个俄罗斯人的劳动产出或120个东印度人的劳动产出进行交换"（Ricardo，1817，section 7. 17）。

化的兴起，单一民族国家的主导地位受到挑战，经济地理学将在这种经济和政治的变动中复苏的猜想是合理的。

通过如下几点进一步补充简·雅各布斯（Jane Jacobs）的解释。第一，自15世纪开始英国几乎完全废除了地方通行税，并且在18世纪最后几十年间大量改善了运输体系，这使得英国拥有了全欧洲最大、最完善的国内市场（Landes，1998，chapter 14）。在1760年时只有大的水路可以供通航，但30年后每一个中心城市均由可通航河流以及长2 600公里的新的人工运河形成的国家航运网络连接起来了（Bairoch，1997，chapter 3）。很自然，这种情况会使得那些产业革命研究者低估了运输的作用。第二，海上贸易曾经是大不列颠王国的经济基础，在殖民扩张时期大不列颠囊括了几个大陆的几乎所有海上贸易。然而，现在海上贸易成本大大降低了。这种很低的海上贸易成本激励大不列颠的经济学家建立了没有运输成本的国际贸易理论，在这些理论中，国家被简化成了没有任何空间维度的点。[①]

一些对经济理论做出卓越贡献的学者也明显持有相同的观点。例如，德布鲁（Debreu）在其《价值论》（*Theory of Value*）中指出：

> 位于某一区位上的商品，与位于另一区位上的同一种商品是不同的经济客体，具体在哪个区位使用是其本质。

Debreu（1959，p. 30）

29　　　的确，同样的商品在不同区位使用时能够满足不同的需求，然而这取决于所涉及的区位的具体特征。这一点，使得德布鲁承认，如果考虑空间，那么一价定律将毫无意义：相同的物品在不同区位使用时的价格是不相同的。然而，就其理论的可能应用而言，德布鲁只讨论了国际汇率问题，并把它看作空间问题来处理。区位选择并没有引起他的关注，其原因是区位被隐含在代理人所选择的详细的生产和消费计划之中。

总而言之，现代经济理论只是在国际贸易框架中关注空间问题，而且只关注国家间技术条件和要素禀赋的差异。正如最近利默（Leamer，2007）所指出的那样，一个十分奇怪的地理现象是，在进行国际贸易时国家之间距离如此靠近，以至运输成本可以看成是零。然而，国家之间又是如此遥远，以至劳动者或者资本所有者无法从一个国家转移到另一个国家。这种研究方法确实是令人吃惊的，就连俄林（Ohlin）自己也指出，国际贸易理论和区位理论并不是相互独立的：

> 除非视国际贸易理论与一般区位理论相联系或作为其一部分，否则无法理解国际贸易理论，因为国际贸易理论与商品和要素缺乏流动性是联系在一起的。

Ohlin（1968，p. 97）

[①]　另一方面，德国国家市场的统一相当缓慢和滞后，所以德国的陆上运输比海上运输更加昂贵且发挥了更大的作用。这也许能解释为什么空间引起德国经济学家［冯·杜能（von Thünen）、兰哈特（Landhardt）、韦伯（Weber）以及勒施（Lösch）等］的如此重视。

最后进行一些评论。莱珀蒂特（Lepetit，1988，chapter 10）仔细研究了 18 世纪和 19 世纪的经济思想后指出，抛弃空间可以看成是前古典主义学者和古典主义学者之间的分界线。古典政治经济学致力于一般要素的研究，而这些一般要素被假设为在所有地区是相同的。区位特定要素只出现在特定地区和城市的研究中。古典经济学家对经济空间组织的处理是相当粗糙的，为此莱珀蒂特这样评价古典经济学家的研究方法：

> 从乡村到城市，生产的特征是不同的，然而在不同层次空间组织（国家、区域、城市、村庄）中的生产活动却很相似且有着相同的运作原理。……［因此，］空间看上去就像俄罗斯的玩具*：一层层打开，不会出现任何新意，这也从侧面证明了简单运作原理的同等复制。
>
> Lepetit（1988，pp. 370 – 371）［译文］

30　　　　上述评论是令人信服的，然而它也没有确切地回答为什么无空间维度的竞争模型在经济理论中占主导地位的问题。我们将在第 2.4 节中对此进行补充。

2.2　将空间融入经济学中：重要的尝试

在经济地理学复兴之前声称空间已经从经济理论中完全消失，是很不公正的。事实上，空间经济理论的两个方面研究已经吸引了经济学领域的诸多关注。

2.2.1　城市经济学

标准的城市经济学模型源于冯·杜能（1826）的开创性研究，他的目的是要解释在前工业经济时期城市周边农作物的生产区位。其后阿隆索（Alonso，1964）接着研究了这一主题，但他把冯·杜能的城市解释为中心商务区，工人分布在中心商务区周边。他认为，土地为完全可分的物品，而且交易发生在外生给定的中心区位。他的模型仍旧属于规模收益不变和完全竞争模型范畴。因此，20 世纪 60 年代末和 70 年代初，城市经济学成了最流行的学科之一，并不令人感到意外。

在单中心模型中，消费者在那些被厂商选定为生产区位的中心商务区工作，土地的稀缺性意味着这些消费者不可能都居住在中心城区附近。相反，随着消费者数量的增加，他们中的一些人必须远离中心城区。换言之，通勤

---

*　这里是指俄罗斯的套娃，由大小不同、造型和图案完全相同的一组木质玩具构成。——译者注

26　经济地理学：区域和国家一体化

成本和居住成本之间存在着某种权衡,前者随着距离的增加而增加,而后者随着距离的增加而降低。这样,城市经济学就揭示了一个重要的分散力,即土地消费。

对这一模型最初的关注,促进了城市经济学这一新的经济领域的形成。自阿隆索的开创性研究以来,在该领域的研究取得了很大的成就(Fujita,1989)。然而城市经济学所涉及的领域确实太过狭窄,因而它所解决的问题不可能是学术舞台中的核心议题。不过,目前城市体系现代分析的兴起,是与经济地理学相关联的。

2.2.2 空间竞争

霍特林(Hotelling,1929)通常被认为是空间竞争模型的创始人。与他同时代的人都把该模型视为解释市场失灵的双寡头垄断模型而没有真正理解该模型的核心思想。直到50年后,当新工业经济出现时,人们才完全理解了该模型。现在,该模型成了解释经济代理人尽可能区别于其他经济代理人的差异化战略的一般性原理。

空间竞争模型可以概述如下(更多细节参见第9章)。就某一商品市场而言,商品为同质商品,但在不同区位出售,该市场由需求为一单位商品的众多消费者组成。假定这些消费者沿着一条直线均匀分布,我们称该直线为主街道。追求利润最大化的两个厂商,在该大街上各自设立一个销售点。它们准确预测到,每一个消费者将从离消费者最近的销售点购买商品以使总成本最低,总成本包括运输成本。[①] 但是,一旦确定了区位,厂商则对其附近的消费者具有市场支配力,因为运输成本的存在使得某一厂商附近的消费者到另一个厂商处购买商品需支付更多的成本。尽管厂商是"价格制定者",然而厂商的价格制定仍然受到限制,因为消费者很可能从竞争厂商那里购买商品,即使到竞争厂商处的运输成本很高。因此,每个厂商都有附近的几个竞争者,空间竞争是内生的战略。这样,厂商的区位选择以及价格制定必然为非合作博弈模型。我们将在第9章中继续讨论这一问题。[②]

空间竞争模型具有广泛的解释力,因为空间竞争模型通过简单、直观的方法把握了有关代理人异质的基本思想(Rosen,2002)。但实际上,一旦放松简单假设,这一模型就变得难以处理,这也许能够解释为什么它在最近的经济地理学的发展中会被忽略。

---

① 本章中我们仅讨论运输成本,对于贸易成本,所有的情况同样成立。

② 需要注意的是,空间竞争模型已由伊顿(Eaton)和利普西(Lipsey)修改和扩展,他们在20世纪70年代发表了一系列论文(Eaton and Lipsey,1997)。其目的是建立一个能够融合勒施(1940)的研究的空间价值理论。几乎在20年后,当克鲁格曼(Krugman)做这一研究时,利普西也参与了这一研究,此时他已经是国际经济学中颇有建树的学者了。

2.3　模型建立的约束条件

在本节我们会看到，空间与经济理论的结合必须包含规模收益递增和不完全竞争。包含规模收益递增和不完全竞争的成熟的一般均衡模型迄今为止尚未形成，这也许能够解释为什么空间会被搁置一边如此之久。正是因为这种情况，一些作者采用厂商规模收益递增的外部经济概念（Henderson，1974）。如果采取这种研究策略，则可以利用新古典模型，同时也可以解释外部经济占据经济地理学中心舞台的原因。因此，有必要总结一下这些研究是如何进行的。

从马歇尔（Marshall，1890，chapter Ⅹ）的研究开始，提及空间时总不会忽视外部性。更准确地说，我们可以把这种描述经济活动空间聚集导致某种优势的经济学称为马歇尔经济学。马歇尔区分了三种类型的外部经济：

（1）单位成本较低的特殊投入品在需求足够高时的分布问题；

（2）出现了足够大的本地劳动力市场，实现了就业和劳动者的良好匹配，改善了厂商和劳动者的经济状况；

（3）知识的快速传播以及溢出效应的存在提高了生产率，促进了经济增长。

至今，马歇尔经济学仍然是隐含着丰富的微观经济机制的黑箱，这种微观经济机制在总体上导致规模收益递增。因此，从严格意义上讲，不能把它们考虑为经济概念了，即便在实证中证实了这一点。

当我们考虑厂商内部存在规模收益递增时，事情将变得更加复杂。正如伊顿和利普西所述：

> 当厂商面临着具有完全弹性的需求曲线时，从需求上没有任何办法可以控制规模，而必须从成本上来控制。因此，在任何寻求限制工厂和厂商规模的竞争模型中，规模收益持续递减均显得极其重要。
>
> Eaton and Lipsey（1977，p. 63）

虽然需求不同以及消费者很少跨区域消费的事实足以解释厂商为什么在规模收益递增特征下选择有限规模，但是这并不足以维系竞争模型。事实上，正如上文所述，处于某一区位的特定商品与处于另一个区位的同样的商品必须被看作两个不同的经济客体，这意味着商品不仅根据其特征来决定，还根据其使用地来决定，尤其是在这种商品的市场中仅有少数厂商时。在这种情况下，厂商知道如果它们的规模足够大，则完全可以操控市场价格并凸显其优势，此时我们又如何来证明厂商是价格接受者这一假设？尽管大量代理人存在并不是竞争均衡存在的必要条件，但如果我们想证明厂商是价格接受者这一事实，则我们难以逃脱这一假定。当然，可以采取与冯·杜能的研究相同的假设，即商品只在许多代理人进行交易的市场（例如，城市中心）上生产。但这也无法摆脱如下质疑：交易为什么必须发生在这些给定的地区？交易的数量和地点又是如何决定的?

　　因此,为了理解在空间经济中少数厂商进行竞争的特性,我们必须解释这样一个事实,即厂商是在规模收益递增(以及不完全竞争)下运行。否则,在一个自然资源及生产技术均匀分布的世界中,每个人都将变成甚至不需要星期五(Friday)的帮助的鲁滨逊(Robinson)。当不存在规模经济时,生产活动可以分割直到达到不需要运输成本且没有任何效率损失的规模,此时每一个地区都变成自给自足经济体。这就是伊顿和利普西(1977)所称道的后院资本主义。米尔斯(Mills)颇具想象力地描述了这种因规模收益不变和完全竞争经济所导致的没有城市的奇怪的世界,允许活动完全分割且没有任何成本。

　　　　每英亩土地承载着相同的人口和相同的生产活动组合。得出这一结果的至关重要的一点就是,规模收益不变使得每一种生产活动都可以在任意小的规模上进行且不损失效率。此外,所有土地的生产率都相同,均衡要求土地的边际产品价值从而土地租金在任何地方都相同。因此,当处于均衡时,所有投入和产出均必须直接和间接地满足居住在该小片地区的所有消费者的需求。这样,每一小片地区都为自给自足的经济体,不存在人口转移和商品运输。

　　　　　　　　　　　　　　　　　　　　　　　Mills(1972,p. 4)

　　这种经济空间是典型的自给自足的经济体。看来,包含规模收益不变和完全竞争的范式,无法解释大的经济聚集体的出现和成长,以及商品流动导致的大量货物运输的存在。为了讨论与空间经济相关的内容,有必要假设规模收益递增,这又等价于一些经济活动是不可分割的。这种思想早就出现在那些为经济地理学的发展做出贡献的著作中,尽管无人知晓这种贡献应归属于谁。目前,这已经是众人皆晓的知识,克鲁格曼做出了如下概述:

　　　　哪怕只是为了对经济地理学有个大概的认识,也必须以某种形式借用规模收益递增。

　　　　　　　　　　　　　　　　　　　　　Krugman(1995,p. 36)

有趣的是,库普曼斯(Koopmans)早在1957年也提到了同样的事情:

　　　　没有意识到城市区位中人、住所、车间、设备以及运输等的不可分割性,而把城市分解成最小的村庄,是无法理解的。

　　　　　　　　　　　　　　　　　　　　Koopmans(1957,p. 154)

　　由于规模收益递增与完全竞争假设相互冲突,因此在很久以前规模收益递增现象就已经引起了经济学家的关注。起初致力于在一般均衡框架内建立严谨的竞争性市场模型,但后来发现那些用来说明竞争均衡存在性的不动点定理需要一些凸性假设。从奥曼(Aumann,1966)的研究中,人们知道当消费者的数量足够大时,偏好的凸性可以放松,然而这对凸性的技术是不成立的,因为凸性的技术排除了规模收益递增的存在。

　　与此同时,一些理论研究者强调了这样一个事实,即空间导致不完全竞争,因为不完全竞争是代理人之间实行差异化策略的根源。正如我们刚才看到的那样，这一思想已经在霍特林（1929）的研究中讨论过，他建立了空间上相互分割的两个生产者之间非合作博弈的竞争模型。同时，卡尔多（Kaldor，1935）也清晰地阐述了空间竞争的详细过程。由于消费者愿意在以最低价格提供的厂商那里购买商品，因此竞争就发生在少数区位相邻的厂商之间，而与行业的厂商数目无关（Eaton and Lipsey，1977；Gabszewicz and Thisse，1986；Scotchmer and Thisse，1992）。

因此，空间竞争本质上是寡头垄断，对它的分析必须在允许它进行战略决策的框架下进行。这是霍特林（1929）和卡尔多（1935）想要传递的重要信息之一，但它一直被大多数经济学家所误解，直到他们研究市场经济中的竞争时才意识到非合作博弈理论的重要性。现在，可以用新的工具和概念来进一步规范化第一代区位理论家所提出的问题。

35 因此，规模收益递增和策略性竞争是空间均衡理论的基本要素。这一任务的重要性和艰巨性使得众多学者望而却步。从某种程度上说，建模的限制条件自然地使得经济学家长期内把精力集中在容易处理的规模收益不变和完全竞争的结合上。也许有点夸张，但可以这样总结：由于新古典模型的优美性，特别是替代新古典模型的其他模型的欠缺，就产生了锁定效应，经济学家摆脱它会面临很多困难。[①]

现在我们已经彻底明白了为什么经济学家会忽视空间维度。克鲁格曼再次很好地阐述了这种境况：

> 为何空间问题仍然是经济领域的盲点？这并不是历史的偶然：空间经济学有着某种东西，这种东西生来就给那些熟练建模的主流经济学家制造了难以施展其才能的环境。……这种东西就是……规模收益递增情况下的市场结构问题。
>
> Krugman（1995，chapter 2，p. 35）

在接下来的一节，我们将讨论如何用正规和准确的方法来表述这些观点。

2.4 空间经济中竞争范式的瓦解

在市场发挥重要作用时，竞争模型是研究任何问题的起点，这就要求我们尽可能理解为何竞争范式无法解释空间经济的主要特征。注意到竞争模型的本质就在于交换不受个人决策影响的特性：当代理人在做出生产或者消费决策时，唯一对其有帮助的信息就是市场的价格体系，除去这些，他们不受任何影响。

竞争经济中最优美和最具普遍意义的模型毫无疑问是阿罗和德布鲁（Ar-

[①] 这一词汇强调这样一种印象，即经济学家在脱离标准范式条件下探讨"不完全竞争"和"非纯公共物品"，就好像任何事情都会变得更好，沃尔特·艾萨德（Walter Isard）将之称为"没有空间维度的仙境"。

30 ▶ 经济地理学：区域和国家一体化

row and Debreu，1954）提出的模型。该模型可以简单地描述如下：经济由有限数量的代理人（厂商和家庭）和商品（货物和服务）组成。每个厂商都具有一系列生产计划集合，每一种生产计划均描述了投入和产出的某种技术组合。每个家庭在偏好关系、初始禀赋、持有公司利润份额方面完全相同。竞争均衡由价格体系（每种商品一种价格）描述，每个厂商均有自己的生产计划以及每个家庭均有自己的消费计划，满足如下条件：在实现均衡价格时，（1）每种商品供求均衡；（2）每个厂商在技术约束下利润最大化；（3）每个家庭在其初始禀赋和持有公司利润份额所决定的预算约束下效用最大化。换言之，所有市场出清，每个代理人的偏好在均衡价格下均得到了满足。

正如上文所述，商品可以由从何处获得所定义。因此，选择商品就意味着选择了某特定区位。例如，当某人选择一种商品或者某项工作时，他同时选择了他消费或工作的场所。在阿罗-德布鲁模型中，空间的相互依赖是通过与其他市场相互作用的方式融入模型中。换言之，阿罗-德布鲁模型看起来似乎可以处理空间经济的形成问题。不过很遗憾的是，正如下面将讨论的空间不可能定理所指出的那样，情况并没有那么简单。

为了使我们的论点更加明晰，我们放弃了阿罗和德布鲁所提出的框架，并假设代理人并不是遍地存在而是具有具体的"地点"的。在这种情况下，我们不再描述不同区位的商品数量，而是用消费（生产）计划来描述特定地区商品的消费（生产）量。在满足以下条件时空间具有同质特征：（1）不管消费者位于何处，每个消费者的效用函数都相同；（2）每个厂商的生产集合都与其区位无关。换言之，由于代理人对区位集合不存在偏好的排序，区位选择并不影响代理人的特征。①

为了理解几个代理人同时决定区位所导致的困难，下面我们利用由斯塔雷特（Starrett，1978）提出的例子。考虑厂商和消费者两个代理人，两者存在交换关系，两者都消费土地。消费者给厂商提供 1 单位的劳动，厂商利用这 1 单位劳动和 1 单位土地生产 y 单位的产品出售给消费者。消费者也消费 1 单位的土地。A 和 B 两个区位都有土地可以使用，且土地归消费者所有。最后，存在促使劳动者和商品在区位间转移所必要的资源，也就是运输成本是得到保障的。

一方面，如果在区位 A 可使用的土地数量大于等于 2 单位，那么厂商和消费者可以位于同一区位。在这种情况下，区位 A 的土地租金为非负的（$R_A \geqslant 0$），而区位 B 的土地租金为零（$R_B = 0$）。如果租金 R_A 相比运输成本并不高，则这种结构是均衡的。转移到区位 B 的代理人境况不会变得更好，因为土地租金节省的部分无法补偿运输成本。另一方面，如果在区位 A 可使用的土地数量小于 2 单位，厂商和消费者中必须有一个位于区位 B。因此，区位 B 的土地租金也是非负的（$R_B \geqslant 0$）。我们将会看到，由于两个代理人处于不同的空间，含有正的运输成本的结构是不存在均衡的。下面我们将会给出，如果交换

36

37

---

① 当然，由代理人所确定的消费和生产计划随着他们区位的变化而变化，正如每个地区的相对价格随着每种商品的供求变化而变化一样。

区位，则厂商可以提高其利润或者消费者可以提高其收入。这一证明是通过反证法来完成的。

在不失一般性的情况下，我们假定厂商位于区位 A，消费者位于区位 B。如果这种结构是均衡的，有两种商品价格 p_A 和 p_B、两种工资率 w_A 和 w_B 以及两种土地租金 R_A 和 R_B。这样，选择区位 A 的厂商利润最大化，选择区位 B 的消费者效用最大化。厂商的利润为：

$$\Pi_A = p_A y - w_A - R_A$$

如果厂商选择区位 B，则厂商的利润又将如何呢？回答这一问题时必须记住，在竞争模型中价格不受代理人个体决策的影响。此外，由于空间为同质的，厂商在区位 B 也可以维持相同的投入产出组合，因而生产 y 单位的产出使用同样的投入束。这样，厂商在区位 B 的利润至少等于：

$$\Pi_B = p_B y - w_B - R_B$$

厂商改变区位的激励（可为正、负、零）为：

$$I_f = \Pi_B - \Pi_A = (p_B - p_A)y - (w_B - w_A) - (R_B - R_A) \tag{2.1}$$

对于消费者而言，他的净收入为其工资和土地收入之和减去其消费支出。一方面，如果消费者选择了区位 B，则其收入为：

$$Y_B = w_B + (R_A + R_B) - R_B - p_B y = w_B + R_A - p_B y$$

另一方面，如果消费者选择了区位 A，则其净收入为：

$$Y_A = w_A + R_B - p_A y$$

他的消费行为相同。在这种情况下，消费者改变区位的激励为：

$$I_c = Y_A - Y_B = (p_B - p_A)y - (w_B - w_A) + (R_B - R_A) \tag{2.2}$$

如果这种状况被认为是均衡，则没有代理人有改变区位的动力，这也就意味着式（2.1）和式（2.2）必须是非正的。现在，我们把式（2.1）和式（2.2）相加，则得到：

$$I = I_f + I_c = 2(p_B - p_A)y + 2(w_A - w_B) \tag{2.3}$$

由于市场价格反映出每一区位上商品的相对稀缺程度，p_B 和 p_A 的差就正好等于两个区位间运输商品时的单位运输成本（Samuelson，1952）。至于两个区位之间的工资差，即 w_A 和 w_B 的差，就等于在现行的价格体系下，为了使原来居住在区位 B 的居民到区位 A 工作所需增加的工资。因此，I 等于两倍的总运输成本［由（$p_B - p_A$）y 给出］加上两倍的劳动者转移成本［由（$w_A - w_B$）给出］。因此，当代理人分散在两个区位时，改变区位的总激励应为正且与总运输成本同比例地变化。

在这个例子中，竞争均衡的存在要求两个代理人必须位于同一区位。当每个代理人的土地消费为外生的，代理人的数量为任意的，且包含运输部门时，斯塔雷特（1978）利用一般均衡模型证明了如下定理[①]：

> 空间不可能定理：考虑一个具有有限个区位的经济，如果空间是同质的，在存在运输成本且偏好局部非饱和时，不存在包含区位间商品运输的竞争均衡。

这种以往所没有预期到的结果说明了什么？如果经济活动是完全可分的，那么空间不可能定理表明，生产要素流动完全替代了贸易。这些结论是蒙代尔（Mundell，1957）在 50 年前证明的，然而确实使人难以相信，因为每一种活动都可以以任意小的规模在任何地区进行，却没有任何效率损失。此时，厂商和家庭尽可能在它们各自所在地生产它们所需的商品，以便降低所有与距离有关的成本。与此相反，斯塔雷特指出：

> 只要这一体系具有不可分性（以致任何一种活动都要占据一定空间），则十分复杂的相互关联的经济活动集合将导致运输成本。[②]
>
> Starrett（1978，p. 27）

在这种情况下，空间不可能定理确实告诉我们一些新的重要的东西，即代理人流动时不存在竞争均衡，因而就没有区际商品贸易（因此，我们用"不可能"来命名该定理）。换言之，要素流动与区际贸易在新古典的世界里是不相容的。这一结论有着特别重要的意义，它是空间不可能定理的本质。

从直觉上来说，得出这种结论的原因是，代理人相对于其他人的区位是与其唯一相关的区位要素。在这种情况下，价格体系发挥两种重要的作用：（1）要确保所有地区市场出清，必须允许区际贸易；（2）必须给予厂商和家庭不改变区位的激励。如果经济是竞争的且空间是同质的，那么空间不可能定理告诉我们，不存在一石二鸟的可能性：从区位稳定角度来看，那些促使区际商品流动的价格传递了错误的信号，反之亦然。

我们可以通过一个简单的图来说明这种问题的实质。假设一单位产品 i 由处于 A 区或 B 区的厂商生产，生产中使用不变且给定的投入组合。为了简化，我们假定这些投入组合的成本在每一地区都是相同的。产品的运输成本采用冰山交易技术，即在 A 区、B 区间运输 1 单位产品，那么只有 $\theta<1$ 部分的商品到达目的地，$(1-\theta)$ 部分的商品在运输途中"融化"掉了。[③] 在图 2.1 中，横轴代表提供给 A 区使用的产品数量，纵轴代表提供给 B 区使用的产品数量。当厂商位于 A 区时，横轴上的 E 点表示此时在 A 区生产的产品数量。另外，如果把 A 区生产的所有产品全部运往 B 区，则只有 θ 部分的产品可供 B 区使用，该部分由纵轴上的 F 点来表示。因此，如果厂商位于 A 区，则它的生产集为三角形 OEF。对称地，如果厂商位于 B 区，则生产集为三角形 $OE'F'$。如果厂商尚未确定区位，则它的生产集为两个三角形的并集。

---

① 有必要强调的是，没有什么假设是用来说明非凸性技术或偏好的，唯一的非凸性是厂商无处不在。

② 再次提醒，代理人并非无处不在的假设是不可分割的一种特殊类型。

③ 关于这一模型中运输成本的较为详细的讨论参见第 4 章。

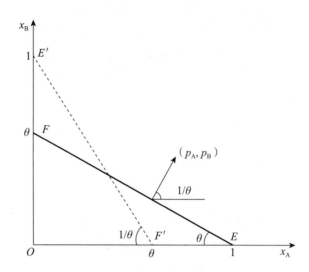

图 2.1　同质空间的生产集＊

假设厂商位于 A 区且部分商品运往 B 区。在这种情况下，每一个可行的商品组合都由线段 EF 上的一点来表示，因此 A 区和 B 区的均衡价格 p_A 以及 p_B 必须满足等式 $p_B/p_A = 1/\theta > 1$，如图 2.1 所示。但由于 $p_B > p_A$，故如果此时厂商选择 B 区，则厂商可以实施点 E' 的生产计划，获得更大的利润。同样，如果厂商位于 B 区，在做出对应的修改后，也存在上述情况。因此，不存在能够同时实现市场出清和利润最大化的价格体系。

这是因为经济活动并非无处不在的以及正的运输成本的缘故。总体而言，这些事实说明每一厂商的生产集都是非凸的，进而整个经济的生产集都是非凸的。如果产品运输不需要成本，则生产集由图 2.1 中的三角形 $OE'F'$＊＊给出。在这种情况下，厂商不会重新选择生产区位。相似地，如果生产活动是完全可分的，此时生产集仍由三角形 $OE'F'$ 给出。因此，我们可以很有把握地说，空间不可能定理是从正的运输成本和代理人具有具体地点相结合中推导出来的。[①]

最后，需要注意的是，当生产技术随厂商区位变化而发生变化时，空间不可能定理不再成立。空间同质性假设的作用可通过重新检验前面的例子来说明。当厂商位于 B 区时，生产集为图 2.2 中的三角形 $OE'F'(OE' < 1)$。当厂商还没有选择具体区位时，它的生产集由三角形 OEF 给出，是凸集。在这种情况下，厂商不会离开 A 区。

＊　此处的生产集比较难以理解，如果将之看作不同地区的消费集合更容易理解。对应的生产集内的每一点为 A 区和 B 区实际可以消费的数量。图中实线（虚线）部分为当厂商设立在 A（B）区时，A、B 两个地区可以消费的组合，下文同。——译者注

＊＊　原文为三角形 OEF'，疑有误。——译者注

①　更多关于空间不可能定理以及它的推论的讨论详见藤田和蒂斯的著作（2002，chapter 2）。

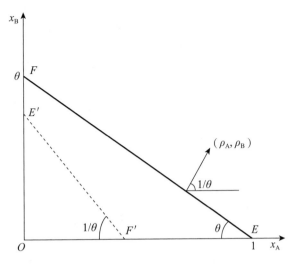

图 2.2　异质空间的生产集

2.5　可选择的建模策略

因此，如果我们想要解释经济活动的空间分布，尤其是要解释经济活动聚集以及区域专业化形成过程，则空间不可能定理告诉我们必须至少从以下三个假设之一来切入（Fujita and Thisse, 2003a）：第一，同新古典的国际贸易理论中的情况一样，空间是同质的；第二，同城市经济学中的情况一样，生产和（或）消费具有外部性；第三，同空间竞争和经济地理学中的情况一样，市场是不完全竞争的。

但是，在真实的世界中，经济空间很可能是如下三个要素的各种组合。把这三个要素分离开来，则我们可以更好地把握每个要素的作用。

（A）比较优势。空间的异质性假定了"禀赋"（技术、自然资源、设施）的非均匀分布、运输节点（码头、转运点）和（或）市场区位（股票交易所、城市市场）的存在。

在李嘉图模型中，假定每个国家都拥有某种比其他国家效率更高的技术，因此每个国家专业化生产机会成本相对较低的产品。在赫克歇尔（Heckscher）和俄林（Ohlin）的新古典模型中，不同国家拥有相同的技术水平，但生产要素禀赋不同。生产要素在国家间不可流动，商品的相对价格不同于自给自足情形下的价格，因此贸易成为可能。如果贸易自由化，则每个国家都专业化生产要素禀赋相对丰裕的商品。对上述两种情况而言，必须解释为什么一些国家（区域）比其他国家（区域）生产效率更高，或者为什么生产要素不能流动而商品可以流动。在这种假设基础上建立经济地理学理论框架，不就像是哈姆雷特戏剧中没有王子吗？

（B）外部性。聚集力是因厂商间和（或）家庭间的非市场性相互作用（知识溢出、商务交流以及社会的相互作用）而外生产生的。

按照马歇尔的观点，外部性是理解聚集形成的核心。马歇尔的经济学就是要把握这样一个基本观点：聚集是不断增加的代理人集中在某一区位的那种滚雪球效应的结果，这些代理人从更加多样化或更加专业化的经济活动所带来的优势中得益，而这种优势不断得到强化，进而不断吸引新的代理人，这个过程一直持续下去。然而，正如我们在前面所看到的那样，如果我们这样解释就相当于我们利用了黑箱。^① 尽管信息溢出和学习过程是微观空间层面上的发展动力之一，但由于受空间的约束，看不出它们在区际空间非均衡中所起的作用。

（C）不完全竞争。厂商在最大化其利润时，不再将价格看作是给定的，而是作为价格制定者。由于价格水平完全取决于厂商和消费者的空间分布，因此厂商和家庭之间的相互依赖也可能导致经济活动的聚集。以下两种情况需要加以区分：

（1）垄断竞争。这种类型的竞争与完全竞争模型中的竞争有所不同，由于厂商在规模收益递增下生产差异化的商品，从而允许其成为价格制定者。但由于厂商数量较多，这种价格策略的影响要么不存在，要么较弱。

（2）寡头垄断。现在我们有少量的规模较大的代理人（厂商、地方政府、土地开发商），它们之间相互作用。

建模策略的选择是相当重要的。一方面，模型（A）、（B）和（C1）把经济看成是一个整体，且忽略代理人。另一方面，在（C2）类型的模型中，我们想知道每个代理人在何处以及和谁相互作用。此外，如果强调空间异质性（情形A），则根据福利经济学第一定理可知，市场均衡时可以实现社会最优。但在另外两种情形下（情形 B 和 C），存在市场失灵也就意味着市场均衡是无效率的。

比较优势模型在贸易理论以及标准的城市经济学中被广泛利用。我们并不想继续遵循这种研究思路。相反，我们将假定空间为同质空间以排除异质空间的影响。而且，包含外部性的模型主要与城市有关，故本书对此也不会给予更多的考虑。在本书的其余部分，我们只重点考虑不完全竞争以及包含或不包含战略性行为的模型。我们将会看到，这些模型将专业化的比较优势和外部性内生化了。

2.6 规模收益递增与运输成本：经济地理学的基本权衡

在这里我们想指出，规模收益递增和运输成本之间的权衡是理解经济地理活动的基础。尽管这种权衡很久以前就已经被人们所接受或研究，但这一权衡

---

① 自从希托弗斯基（Scitovsky, 1954）开始，外部性可以分为技术外部性和货币外部性两种类型。前者只受制于直接影响个体效用或厂商生产函数的非市场性相互作用；后者是市场相互作用和包括价格的交换行为影响厂商和消费者（劳动者）的结果。

被重新研究了多次，包括近期。产业革命通过降低运输成本和提高技术水平，深刻地改变了这种权衡条件。然而，运输成本的高低并非唯一的决定因素，运输成本也随着所覆盖距离的变化而发生变化。很少有人知道这一变化对厂商区位的影响。

2.6.1 最优厂商数量与规模

考古学家已经注意到，古埃及不同区域首府间的距离是非常接近的。这可能是由谷物的储存能力有限所致，储存谷物的能力是决定这些城市能否存在的主要决定因素之一。超出一定范围，则谷物运输成本很高，因而宁可建立一个新的中心也不会选择原有中心。

正如我们所看到的那样，产业革命降低了运输成本，但同时也带来了工厂生产规模的扩大。起初，工厂的生产规模都很小。正如贝罗奇所述：

> 对大多数制造业部门而言，规模较小的厂商可能更具有竞争优势。很高的运输成本使得厂商的市场规模很小，因此厂商在小规模下更容易经营下去。
>
> Bairoch（1997，volume 1，p. 347）[译文]

自 19 世纪下半叶开始，情况发生了很大变化。由于各种形式的机器设备开始大量使用，厂商的最小生产规模逐渐变大，这又导致劳动力需求大增。厂商规模的扩大，主要是由市场规模的扩大推动的，而运输成本的急剧下降是厂商市场规模扩大的主要原因。简言之，上述诸多事项同时发生变化，导致了厂商数量的大幅缩减以及厂商规模的扩大。比如，比利时的钢铁厂商 1845 年时的平均劳动力数量为 26 人，而 1930 年时已经达到 446 人（Bairoch，1997，volume 1，p. 345）。

因此，规模收益递增和运输成本之间的权衡成为早期区位理论研究者的核心内容并不奇怪。勒施写道：

> 我们应当考虑的，不是由自然或者政治的非均衡所形成的市场区域，而是由完全的经济力量所形成的市场区域。有些力量促使经济活动聚集，有些力量促使经济活动分散。经济活动聚集是由专业化生产和大规模生产优势所推动的，而经济活动分散是由运输成本和多样化生产所推动的。
>
> Lösch（1940，p. 105，英文译文）

勒施所说的作用力是相对于商品生产中的固定成本和运输成本而言的。这两种力量的权衡比较容易理解。首先，在没有固定成本时，每一个消费地都可以建立工厂，此时不需要运输任何东西（如后院资本主义的情况一样）。其次，在没有运输成本时，单个工厂可以满足所有需求（除生产的边际成本递增情况以外）。当运输成本随着距离的增加而增加时，这在形式上就等于固定成本加上递增的边际成本。每个厂商供给某一半径范围内的消费者，半径的长度由其运输成本的相对水平以及规模收益的递增程度决定，超出这一半径范围的地区由其他厂商供给。

这种权衡的特性可以通过对某一商品的需求（δ）相同的两个区位的例子来说明。此时有两种选择：在每一个区位都建立一个生产成本为 F 的工厂，此时总成本为 $2F$；或者在某一区位建立工厂，然后把商品运输到另一个区位，此时运输成本为 $t\delta$，总成本为 $F+t\delta$。当且仅当 $F+t\delta<2F \Leftrightarrow t<F/\delta$ 时，工厂建立在一个地区才是更合适的。在 F 比较高而 t 比较低时，这种情况更有可能出现。如果相反，则在两个地区分别建立工厂更加合适。这个例子足以说明，正如在现代发达经济中的情况一样，在固定成本很高时厂商数量变少，因此高固定成本有助于小规模生产的集中。另外，与前工业化的特征完全相同，即高的运输成本促使厂商分散建立在不同的地区。

一般来讲，规模收益递增和运输成本的权衡可以这样描述：如果需求的空间分布给定，要想满足生产成本和运输成本之和最小化，厂商的数量以及厂商的区位应该如何。从需求方面来看，可以做如下简单假定，即消费者均匀地分布在单位长度的线段上，每个人的需求相等且满足 $\delta>0$。此外，单位货物的运输成本是距离的线性函数。

我们先假定有 n 个厂商要选择区位。所有厂商生产的边际成本都相等且都等于 c，需求密度均匀意味着这些厂商在线段上必须等距离地分布，两个相邻的工厂之间的距离为 $1/n$。为了看清这一点，假设某厂商在区位分别为 $x=0$ 和 $x=1$ 的两个厂商之间选择生产区位。每一个消费者从离他最近的厂商处购买商品，否则消费者不能最小化其运输成本。如果新厂商选择的区位为 $x\in(0,1)$，则位于 x 左边的消费者在新厂商和 $x=0$ 处厂商之间的线段上均匀分布；同样，位于 x 右边的消费者在新厂商和 $x=1$ 处厂商之间的线段上均匀分布。因此，总的运输成本由从三个厂商处购买商品的消费者的运输成本组成：

$$T(x) = \int_0^{x/2} \delta ty\,dy + \int_{x/2}^{(1+x)/2} \delta t\,|y-x|\,dy + \int_{(1+x)/2}^1 \delta t(1-y)\,dy$$
$$= \delta t\left[\frac{1}{4}x^2 + \frac{1}{4}(1+x)^2 - x\right]$$

上式是关于 x 的严格凹函数。根据一阶条件，很容易得到 $x^*=1/2$。换言之，为实现总运输成本的最小化，新的厂商必须选择两个厂商中间的区位。每一个厂商都处在与其相邻的两个厂商连线的中间位置，这种结构必定是对称的。

现在，我们来确定 n 个等距离分布的厂商的生产和运输的总成本，则我们有 *

$$C(n) = nF + c\delta + n\int_{-1/2n}^{1/2n} \delta ty\,dy = nF + c\delta + \delta t\,\frac{1}{4n}$$

这个函数是严格凸的，所以最优的厂商数量是：

$$n^* = \frac{1}{2}\sqrt{\frac{\delta t}{F}}$$

---

* 原文中第一个等号第三项积分内的 y 没有绝对值符号，根据文章中的意思及运算结果，译者认为应该有绝对值符号。——译者注

这一厂商数量，同时也是生产的空间分散程度，随着市场规模（这里用参数 δ 表示）和单位运输成本 t 的增大而增大，随着固定成本 F 的增加而减少。一方面，在没有固定成本（$F=0$）时，厂商数量趋向无穷大，此时我们倒退到后院资本主义。另一方面，在运输成本为零时，单个厂商可以满足全部的需求。因此，在规模收益递增和运输成本之间存在权衡。

正如在随后的章节中将看到的那样，在经济地理模型中，同样的权衡可以采取不同的形式。这些模型最吸引人之处在于，我们并没有被局限于这里所做的最小化成本的假设之中。正相反，每个代理人根据其自身利益选择自己的区位。这样处理的主要结果之一是成本参数（F 和 c）以及需求水平（δ）变成内生变量且在不同区位各不相同，这是由于这些参数是根据所有代理人的区位决策来决定的。这一点正是他们区别于生产要素给定且不变情形下的不完全竞争的国际贸易模型之处。

2.6.2 厂商最优区位

最简单的厂商区位问题是厂商在一个市场上购买投入品而在另一个市场上出售其产出，两个市场通过某种运输纽带连接起来（可以用直线来表示）时的情况。为简便起见，假设投入和产出的单位运输成本相同，成本函数对距离的弹性值可以用来度量运输距离的边际递增对单位运输成本的影响。因此，这是表示运输规模收益递增程度的一种指标。

更确切地说，高弹性值意味着运输距离的细微变化将引起运输成本的较大变化。在这种情况下，运输成本仅取决于货物运输的距离。在过去相当长的时期内，货物运输是非常危险和困难的，因此陆上运输需要马车旅馆，海上运输需要沿岸航行，这种情况可以很好地描述高弹性值。另外，由于基础设施以及设备投资在运输成本中的比重加大而出现了低弹性值，因此距离不像过去那样重要了。很明显，这一状况是现代经济的特征。

在前面章节中曾提到的两种情况中，厂商的最优区位可以被视为由接近产品市场和要素市场的两种作用力所控制的系统的均衡点。这两种作用力的强度，一方面取决于每个市场的权重，另一方面取决于单位距离的运输成本。

我们假定该弹性值起初远大于1，此时，随着距离的增加，每个市场的市场力强度也快速增加。如果厂商从线段的中间向两个市场中的某一个市场转移，则另一个市场的作用力快速增加，因而抵消了前面一个市场的作用力。因此，当厂商选择连接两个市场的线段的中间点为区位时，作用力系统将处于均衡状态。运输距离的边际增加所引起的总成本增加很大，因此厂商不得不缩短与最远市场的距离：这就是需要在中间某一地段设立中转站的原因。

弹性值下降，但仍高于1，此时最优区位是接近权重更大的市场处。换言之，厂商选择接近它的主要市场的区位。这是因为随着弹性值的下降，距离增加对另一个市场的影响逐渐变小的缘故。如果弹性值进一步下降到1，厂商选择权重大的市场作为区位。此时市场力的大小与市场的距离无关，因此每一个中间区位都成为次优区位。当弹性值小于 1 时，这一结论仍然成立，此时运输的边际成本随距离的增加而递减。

随着时间的推移，距离对运输成本的影响可以简单地描述如下。长期以来，所有的运输都是高成本和高风险的。但由于技术和经济组织的进步，货轮每次可以长距离地航行，这就减少了停靠的次数。在陆地运输方面，能够降低运输成本的铁路运输技术的进步出现得较晚，但其结果与提高航运技术的结果是一样的。在上述两种情况中，长距离运输成本变得较低，也不需要中转站和休息区。这种技术上的进步有利于始发地和目的地，但它牺牲了中间区位的利益。因此，我们可以有把握地说，运输的规模收益递增解释了为什么位于大型市场之间以及运输节点之间的地区会失去大量的经济活动。

2.7 结束语

49   在本章中，我们试图解释经济理论中（相对地）缺失空间的原因。在标准的贸易模型中，要素禀赋和技术的差异是主要的空间变量，这是因为两者都与规模收益不变和完全竞争范式一致的缘故。两个不同的例子帮助我们理解了为什么规模收益递增是空间经济的本质要素。如果考虑到规模收益递增需要外部性或不完全竞争市场，则这就在很大程度上解释了为什么空间常常被人们忽略。外部性是隐藏着非市场机制的黑箱，这种非市场机制值得描述和研究。这种研究已经超出了本书的研究范围，它重点研究以市场为基础的聚集的微观基础。因此，我们将讨论含有垄断竞争的一般均衡模型（第 3~8 章）和含有寡头垄断的局部均衡模型（第 9 章）。这些不同模型的共同之处是前一节简要描述的规模收益递增和运输（或交易）成本的权衡。

译丛·经济地理学 经济科学译丛·经济地理学 经济科学译丛·经济地理学 经济科学译丛·经济地理学

第 2 篇
空间、贸易
与聚集

第 3 章　垄断竞争

53　　迪克西特-斯蒂格利茨（Dixit-Stiglitz）垄断竞争模型是建立经济地理学标准模型的基础，该模型用简单优雅的方式把规模收益递增和不完全竞争相结合。这种结合对经济地理学而言是至关重要的。正如第 2 章所述，对同质空间中经济活动的聚集，必须通过规模收益递增来解释。当在厂商层面上存在规模收益递增时，由于边际成本定价导致负的利润，因而完全竞争假设不再成立。因此，我们需要一个结合规模收益递增与不完全竞争的框架来分析经济活动的空间聚集。此外，由于包含了产出市场和劳动力市场的相互影响，上述框架的均衡也属于一般均衡类型。最后，为避免区域或国家经济为自给自足经济（见第 2 章），均衡中必须存在贸易。对产业组织理论研究的各种市场结构而言，经济地理学主要关注的是垄断竞争，尽管也选择其他的一些结构（见第 9 章）。本章的目的是解释这种选择的原因，且简单讨论这一类模型。在这里，我们集中研究封闭经济，开放经济将在第 4 章进行介绍。

　　垄断竞争的概念需要追溯到张伯伦（Chamberlin，1933）。[①] 可以通过以下四个假设来描述垄断竞争：

　　（1）厂商销售同质但不完全替代的产品，我们称之为差异化产品的多样性。

　　（2）每个厂商在规模收益递增情形下生产单一产品并制定其价格。

54　　（3）整个行业中厂商数量很多，因此单个厂商可以被忽略。

　　（4）最后，厂商自由进出，因此利润为零。

　　这些假设与完全竞争假设十分相似，主要的不同点在于每个厂商都销售某

---

　　① 对此感兴趣的读者，可以在张伯伦（1951）的研究中找到比他的早期研究更加简洁、清晰的观点。在本章中，我们仅关注涉及国际经济学和经济地理学的相关内容。

一特定产品并制定其价格。这就意味着，每个厂商都有自己特定的市场，且在该市场上具有垄断权力。但是，其他产品的存在表明该市场的规模仍依赖于其他厂商的行为，这就表明每个生产者制定价格的能力会受到限制。换言之，厂商既没有处于完全竞争状态，也没有处于垄断状态。最后，虽然厂商在规模收益递增状态下经营，但有限的可用资源限制了可生产的产品数量。一般而言，产品数量取决于厂商进入所面临的壁垒。在垄断竞争情形下，经济学家通常认为新产品生产所需的固定成本是唯一的进入壁垒。由于厂商无法控制它，故这种进入壁垒是非策略性进入壁垒。

张伯伦的思想在 20 世纪 30 年代吸引了大量眼球，其后失去了广泛的关注，直至斯彭斯（Spence, 1976)，尤其是迪克西特-斯蒂格利茨（1977）提出一个可以在经济学众多领域应用的模型后，才重返科学的舞台。斯彭斯发展了局部均衡框架，然而迪克西特-斯蒂格利茨模型在一般均衡框架下进行了研究。这里我们将主要讨论迪克西特-斯蒂格利茨模型。本章的主要目的是呈现有关该模型的最新讨论，并研究它的主要特性。我们将特别强调厂商连续性这一假设所起的作用。霍特林（1929）和奥曼（1964）表达了这样的观点，即只有在代理人（不管是消费者还是厂商）具有连续性时，代理人才不会对市场产生影响，而从测度论角度来说这些都被忽略了。[①] 尽管这些主张准确地描述了张伯伦的思想，然而把这一思想与垄断竞争相融合花费了很长时间。3.2 节将给出线性垄断竞争模型，该模型是最近经济地理学为完善迪克西特-斯蒂格利茨模型的一些不足而提出的。

3.1　迪克西特-斯蒂格利茨方法

55　　　经济由农业（或传统部门）和工业（或现代部门）两个部门组成。两个部门的命名仍遵循了习惯，但在不同历史时期会发生变化。比如，长期以来工业部门主要指纺织工业，后来由钢铁工业所取代，而后又由汽车工业所取代。我们真正关心的是这两个部门的市场和技术特征。农业部门在规模收益不变情况下生产同质产品，在完全竞争市场中出售所生产的产品；制造业部门在规模收益递增情况下生产差异化产品，在垄断竞争框架下展开竞争。

3.1.1　消费与生产

3.1.1.1　偏好与需求函数

经济中有 L 个消费者，他们的偏好都相同，其效用函数用柯布-道格拉斯

---

① 从那之后，同样的假设就出现在很多经济学领域里了。

(Cobb-Douglas) 型效用函数来表示：

$$U = CM^{\mu}A^{1-\mu}, 0 < \mu < 1 \tag{3.1}$$

其中，C 为正的常数，使间接效用函数的系数标准化为 1。[1] 在上式中，A 表示农产品的数量；M 表示一组差异化产品的集合，该集合中的消费品数量可以用不变替代弹性（CES）型效用函数来表示：

$$M = (\sum_{i=1}^{n} q_i^{\rho})^{1/\rho}, 0 < \rho < 1$$

在上式中，q_i 为产品 i 的消费量，n 为产品种类数量，ρ 为参数，后面我们将看到，ρ 与产品间的差异化程度负相关。我们假设产品是差异化的，且每一种产品对 M 的影响是相同的。[2] 用参数 σ，也就是任意两种产品之间的替代弹性来代替 ρ 可能更方便一些。这两个参数之间的关系为：

$$\sigma = 1/(1-\rho)，或者 \rho = (\sigma-1)/\sigma$$

任意两种产品之间的替代弹性的取值范围为 $1\sim\infty$。这样，指标 M 可以写成如下形式：

$$M = \left[\sum_{i=1}^{n} q_i^{(\sigma-1)/\sigma}\right]^{\sigma/(\sigma-1)} \tag{3.2}$$

当 σ 趋于 $\infty(\rho=1)$ 时，产品之间可完全替代，即：

$$M = \sum_{i=1}^{n} q_i$$

相反，当 $\sigma=1(\rho=0)$ 时，产品之间相互独立。此时，M 变为柯布-道格拉斯型子效用函数，即 $M = \prod_{i=1}^{n} q_i$。当 σ 的值介于 1 和 ∞ 之间时，产品是不完全替代的，ρ 和 σ 分别从相反方向度量产品的差异化程度。

假设某消费者对差异化产品集合的消费数量为 $\overline{M}$，且该数量在有限的产品种类 $k(k<n)$ 内均匀分布。因此，消费者的福利水平由下式（等于常数 C）给出：

$$\left[\sum_{i=1}^{k} (\overline{M}/k)^{(\sigma-1)/\sigma}\right]^{\mu[\sigma/(\sigma-1)]} A^{1-\mu} = k^{\mu/(\sigma-1)} A^{1-\mu} \overline{M}^{\mu}$$

由于 $\sigma > 1$，因此这是一个关于 k 的增函数。因此，每个消费者不是集中消费少数几种产品，而是愿意消费更多种类的产品，直到消费的产品种类 k 等于所有可能消费的产品种类 n 为止。这一特性表明，CES 型效用函数 M 包含了消费者的多样化偏好，即随着参数 σ 变大，消费者更加渴望购买可能消费的所有产品种类（Bénassy，1996）。这是因为每个消费者都厌倦重复消费相同产品的缘故，他们更愿意消费不同的产品，无论是接续地还是同时地。这种假设同

---

① 很容易证明 C 满足 $C^{-1} \equiv \mu^{\mu}(1-\mu)^{1-\mu}$。

② 厂商出售差异化产品的假设通过差异化原理来说明，该原理认为，厂商通过出售差异化产品来弱化厂商之间的竞争（Tirole，1988）。

时强调了绪论中所提到的基本观点，即由于消费者在大城市区域拥有更大的选择范围，大城市因此更具有吸引力。[①] 下面我们将看到，这种偏好意味着新产品的引入不会导致已有产品种类的消失，但会导致已存在的产品种类消费量的减少。

如果用 p_a 表示农产品的价格，用 P 表示制造业产品的价格指数（将在3.1.1.3 节定义），用 y 表示消费者的收入水平，则消费者的预算约束为：

$$PM + p_a A \leqslant y$$

在这种情况下，总需求函数为：

$$M = E/P, A = E_a/p_a \tag{3.3}$$

其中，$E \equiv \mu L y$ 以及 $E_a \equiv (1-\mu)Ly$，分别为所有消费者在工业品和农产品上的支出。

当支出 E 给定时，在 $\sum_{j=1}^{n} p_j q_j \leqslant E$ 的约束下，通过最大化式（3.2），可以求出每种差异化产品的消费量。这一问题的拉格朗日方程为：

$$\mathcal{L} = M + \lambda(E - \sum_{j=1}^{n} p_j q_j)$$

最大化的一阶条件为：

$$\frac{\partial \mathcal{L}}{\partial q_i} = \frac{\partial M}{\partial q_i} - \lambda p_i = 0, i = 1, \cdots, n \tag{3.4}$$

$$\frac{\partial \mathcal{L}}{\partial \lambda} = E - \sum_{j=1}^{n} p_j q_j = 0 \tag{3.5}$$

条件式（3.4）为：

$$M^{1/\sigma} q_i^{-1/\sigma} = \lambda p_i, i = 1, \cdots, n$$

整理上式，则可以写成：

$$q_i = M \lambda^{-\sigma} p_i^{-\sigma} \tag{3.6}$$

在式（3.6）两边同时乘以 p_i，然后两边对 i 进行加总，再将其代入式（3.5）中，可得：

$$M \lambda^{-\sigma} = \frac{E}{\sum_j p_j^{-(\sigma-1)}}$$

把上式代入式（3.6），我们得到产品 i 的总需求函数：

$$q_i = \frac{p_i^{-\sigma}}{\sum_j p_j^{-(\sigma-1)}} E, i = 1, \cdots, n \tag{3.7}$$

因此，某种产品的需求是一个关于所有产品价格的函数，这与我们将在后面看到的空间竞争模型完全不同，在空间竞争模型中每个厂商仅仅与其空间直

---

① 记住，多样化的偏好与无差异曲线的凸性特征在形式上是相同的，因而也与拟凹效用函数的假设相同。

接相邻的厂商竞争（更多细节详见第9章）。如果某个厂商制定了高于其竞争对手的价格，则消费者会减少这种产品的消费量，但因消费者的多样化偏好，对这些厂商产品的需求仍然为正。

此外，根据表达式（3.7），在其他产品价格不变时，引入新产品则分母变大，这意味着对已有产品 $i=1，\cdots，n$ 的需求减少。换言之，引入新产品使得消费者的需求在更多产品种类中分散了，这就是我们熟知的"市场拥挤"（或分散）效应。

最后，对两种产品的相对需求为：

$$\frac{q_i}{q_j} = \left(\frac{p_i}{p_j}\right)^{-\sigma}$$

上式意味着，两种产品的相对需求与其他产品的价格无关。尽管这一性质存在一定的局限性，但由于CES型需求函数（3.7）的分母难以估测，因而它在很多实证应用中非常有用。另外，我们常用下式来表示替代弹性，即：

$$\frac{\partial\ln(q_i/q_j)}{\partial\ln(p_i/p_j)} = -\sigma$$

可以看出，替代弹性为常数，这也说明了为什么CES代表"不变替代弹性"。

3.1.1.2　多样化偏好与消费者的异质性

消费者完全相同的假设与迪克西特-斯蒂格利茨框架中的代表性消费者的假设相似，然而长期以来一直认为这种假设存在着严重的缺陷（Kirman，1992）。此外，消费者偏好多样化，意味着每个消费者都消费所有的产品种类。这种行为看似不切实际，然而实际上并没有初看时那么有局限性。安德森等（Anderson et al.，1992，chapter 3）证明了在消费者为异质的且每一个消费者都只购买一种不同产品的情况下也可以得出相同的需求函数，尽管我们上面假设所有消费者都是同质的且消费所有产品种类。

为说明这个问题，先考虑每个消费者选择一种产品 i 且消费量为 q_i 的情况。在这种情况下，我们考虑相互排他或离散选择的情况。此外，每个消费者在制造业产品上的支出额度为 E/L，其中 L 为消费者数量。不考虑农产品，消费者消费第 i 种产品时的效用函数由下式给出：

$$\widetilde{U}_i = \ln q_i + \varepsilon_i, i = 1,\cdots,n$$

其中，ε_i 为随机变量，该随机变量的值用来度量消费者和产品 i 之间的匹配程度。在价格相同时，对特定消费者而言最理想的产品种类是那些随机变量值最大的产品。ε_i 的实际值各不相同，因此不同的消费者与产品 i 的匹配程度不同。对既定的匹配集合而言，每个消费者选择能够使其效用水平最大的产品 i。因此，相应的间接效用函数为：

$$\widetilde{V}_i = \ln(E/L) - \ln p_i + \varepsilon_i$$

消费者对产品 i 的消费量为 $q_i = E/Lp_i$，其中，p_i 为产品 i 的价格。在这种情况下，假定每种产品的 $\varepsilon_i(i=1, \cdots, n)$ 的分布函数都相同。由于 ε_i 的值在消费者之间是不同的，因此上述假定就反映了异质消费者对所提供的产品的偏好。

我们的目标是确定每种产品的总需求。为达到这一目标，必须对消费者的异质性做出一定的假设，例如，关于 ε_i 的分布。自麦克法登（McFadden）的研究（1974）以来，大家都知道当且仅当 ε_i 相互独立且其分布服从冈贝尔分布（Gumbel distribution）（参数 ν 表示消费者偏好的分散程度）时[①]，消费者选择产品 i 的概率通常由多项式逻辑特（MNL）来确定。

$$P_i = \frac{\exp[-(1/\nu)\ln p_i]}{\sum_{j=1}^n \exp[-(1/\nu)\ln p_j]} = \frac{p_i^{-1/\nu}}{\sum_{j=1}^n p_j^{-1/\nu}}$$

另外，如果消费者的个体选择是相互独立的，期望总需求等于消费者个体选择产品 i 的概率的 L 倍再乘以消费者个体的消费量：

$$D_i = LP_i q_i = \frac{p_i^{-1/\nu}}{\sum_{j=1}^n p_j^{-1/\nu}} \frac{E}{p_i}$$

如果 $\nu = 1/(\sigma-1) > 0$，则我们就回到了 CES 型需求函数（3.7）。换言之，消费者存在多样化偏好的假设与消费者为异质的且每个消费者从可能的产品集合中只选择一种不同产品的假设是等价的。因此，我们可以集中考虑上面提出的 CES 型函数，而无须过多地担忧所有消费者都消费所有产品这一假设。

很明显，下面的表达式，即：

$$s_i = \frac{p_i q_i}{E} = \frac{p_i^{-(\sigma-1)}}{\sum_{j=1}^n p_j^{-(\sigma-1)}}$$

代表了产品 i 的市场份额。该表达式与逻辑特类型的概率表达式相同，这种概率表达式的解释是相当直观的，即选择某种产品的概率与其价格负相关，与其竞争产品的价格正相关。该叙述有两个值得关注的内容。第一，它强调了 CES 型情形和 MNL 型情形之间的某种联系。在这两种情形中，选择某种产品的概率是相同的，但在产品需求量的选择方面，两者存在一定的差异。在 CES 型情形下，需求量等于在制造业产品上花费的收入除以该产品的价格，而在 MNL 型情形下，需求完全无弹性，需求量为 1。第二，正如上文所述，在 CES 型需求下，两种产品的需求比例独立于其他产品的价格，这一特征在 MNL 型情形下同样成立。

---

① 随机变量的累积方程服从冈贝尔法则，即 $F(\varepsilon_i) = \exp[-\exp(-(\varepsilon_i/\nu)) + \gamma]$，其中 $\gamma \approx 0.577$ 为欧拉常数。随机变量的均值为 $\gamma\nu$，方差为 $\nu^2\pi^2/6$。冈贝尔法则提供了很好的正态法则逼近方法，并且可以给出累积方程的具体形式。同时，它在离散选择理论方面也具有一些吸引人的特性。有关这种分布的详细讨论，可以参见安德森等（1992，chapter 2）。

3.1.1.3　价格指数

我们首先看到，需求函数（3.7）的分母与制造业产品的价格指数直接相关。将均衡时每种产品的消费代入制造业产品的集合（3.2）中，则可以得到：

$$M = \left[\sum_{i=1}^{n} \left(\frac{p_i^{-\sigma}}{\sum_j p_j^{-(\sigma-1)}} E \right)^{(\sigma-1)/\sigma} \right]^{\sigma/(\sigma-1)}$$

$$= E \left[\frac{\sum_i p_i^{-(\sigma-1)}}{(\sum_j p_j^{-(\sigma-1)})^{(\sigma-1)/\sigma}} \right]^{\sigma/(\sigma-1)}$$

$$= E \left[\left(\sum_{i=1}^{n} p_i^{-(\sigma-1)} \right)^{1-[(\sigma-1)/\sigma]} \right]^{\sigma/(\sigma-1)}$$

$$= E \left(\sum_{i=1}^{n} p_i^{-(\sigma-1)} \right)^{1/(\sigma-1)}$$

因此，作为总收入一定比例的制造业产品总支出 E，可以由下式给出：

$$E = M \left(\sum_{i=1}^{n} p_i^{-(\sigma-1)} \right)^{-1/(\sigma-1)}$$

61　　　该表达式表明，对制造业产品的支出等于 CES 型情形下的消费总量 M 与制造业产品的价格指数的乘积。价格指数为：

$$P \equiv \left(\sum_{i=1}^{n} p_i^{-(\sigma-1)} \right)^{-1/(\sigma-1)}$$

此价格指数的一个重要的性质是，价格指数随产品种类的增加而下降。事实上，如果所有的产品价格同为 p，则我们可以得到：

$$P = \left(\sum_{i=1}^{n} p_i^{-(\sigma-1)} \right)^{-1/(\sigma-1)} = p n^{-1/(\sigma-1)} \tag{3.8}$$

由于 $\sigma > 1$，这是一个关于产品种类 n 的减函数。这一性质只是产品多样化偏好在价格上的对应表现。更进一步，产品差异化程度越小，价格指数越低。这解释了这样一个事实，即替代弹性越大，差异化产品对消费者的吸引力越小，此时更低的价格指数可以看作是一种补偿。

需求函数（3.7）可以重新写成如下形式：

$$q_i = p_i^{-\sigma} P^{\sigma-1} E = \left(\frac{p_i}{P} \right)^{-\sigma} \frac{E}{P}, A = \frac{E_a}{p_a} \tag{3.9}$$

因此，对某一产品的需求随着价格指数的增加而增加，低（高）价格指数表明产品市场的竞争更强（弱）。换言之，对某一厂商产品的需求可以解释它的所有竞争者的行为，而这种行为是通过价格指数来反映的。因此，这种需求可以解释为两阶段过程，即消费者根据价格指数 P，首先确定愿意支付在制造业产品上的总额度，再根据制造业产品各自的价格确定每种产品的消费。换句话说，第一项 p_i/P 说明了产品 i 和其他产品之间的竞争效应，第二项 E/P 表明了对制造业产品的总需求。

把需求（3.9）代入效用函数（3.1）中得到消费者的间接效用函数，该效用函数根据消费者的收入水平和产品价格估测了他的福利水平：

$$V = \frac{y}{P^{\mu} p_a^{1-\mu}} \equiv \omega \tag{3.10}$$

福利水平与实际收入水平相等，实际收入水平就是名义收入除以一组消费品价格指数 $P^{\mu} p_a^{1-\mu}$。后面我们将看到，在包含劳动力流动的标准经济地理学模型中，消费者是根据其在不同地区可能获得的实际收入水平选择其居住和工作的区位的。

3.1.1.4 技　术

农业只使用非技能劳动力。我们假设农业为完全竞争和规模收益不变的部门，因此农产品的价格 p_a 等于其边际成本，其边际成本等于边际劳动需求（m_a）乘以农业劳动力的工资（w_a），即 $p_a = m_a w_a$。在不失一般性的情况下，我们假设一个非技能劳动力生产 1 单位农产品，这表明 $m_a = 1$。因此，农产品的价格等于非技能劳动力的工资（$p_a = w_a$）。农产品作为计价物（$p_a = 1$），这样我们可以得到：

$$p_a = w_a = 1$$

在制造业部门，厂商规模收益递增，但不存在促使厂商生产多种产品的范围经济。因此，每个厂商生产一种产品。除此之外，任意两个厂商都不销售相同的产品，因而就不存在厂商之间的价格竞争（见第 9 章）。这样，n 种制造业产品由 n 个不同的厂商来生产。因此，产品种类数量等于厂商数量。所有地区的技术相同，不存在比较优势；所有产品也类似，没有哪一种产品具有独特的优势。因此，正如在第 2 章中所讨论的那样，空间是同质的。

相关的文献中有三种不同的建模方法，不同模型对生产要素采取了不同的假设。尤其是，当假设劳动力为同质或异质要素时，我们可以区分技能劳动力和非技能劳动力两种劳动力类型。每个劳动力供给 1 单位他所属类型的劳动量。

在第一种建模方法中，劳动力是同质的，因而可以在不同部门之间完全流动。这表明，制造业部门的工资等于 w_a。每个厂商的固定劳动力需求量为 f，边际劳动力需求量为 m。生产 q_i 单位产品 i 所需的总劳动力数量为 $l = f + m q_i$。此时，生产成本函数为：

$$C(q_i) = f w_a + m w_a q_i = f + m q_i \tag{3.11}$$

因此，这一成本函数为单一要素类型的成本函数。

在第二种建模方法中，劳动力为异质的，且不同部门需要不同类型的劳动力。农业部门雇用 L_a 数量的非技能劳动力，制造业部门雇用 L 数量的技能劳动力。此时，生产 q_i 单位的制造业产品 i 所需生产成本为：

$$C(q_i) = f w + m w q_i \tag{3.12}$$

在上式中，w 为技能劳动力的工资水平，与 w_a 不同。这一成本函数为特定要素类型的成本函数。

在第三种建模方法中，劳动力和资本均为生产要素。两部门的劳动力是同质的，制造业部门的劳动力工资为 w_a。每个厂商的生产成本由固定成本和可变成本组成，固定成本为 f 单位的资本，可变成本为 mq_i 单位的劳动力。因此，成本函数为：

$$C(q_i) = fr + mw_a q_i = fr + mq_i \tag{3.13}$$

其中，r 为资本收益率。在这种情况下，成本函数为复合要素类型的。

在本章后面我们将使用成本函数（3.12），另外两种类型的成本函数将在本书的其他章节中使用。

3.1.2 市场均衡

3.1.2.1 价 格

假定 w 为技能劳动力的工资，则厂商 i 的利润为：

$$\pi_i = p_i q_i - C(q_i) = (p_i - mw)q_i - fw$$

在上式中，产品需求 q_i 由式（3.9）给出。厂商 i 的均衡价格通过对 p_i 求利润 π_i 的最大化而得出。根据式（3.9）可求出产品 i 的需求价格弹性 ϵ_i，即

$$\epsilon_i = -\frac{\partial q_i}{\partial p_i} \frac{p_i}{q_i}$$

根据利润最大化的一阶条件，可以得出如下经典结论：

$$p_i \left(1 - \frac{1}{\epsilon_i}\right) = mw$$

假定 $\epsilon_i > 1$，否则该表达式的左边为负。这里包含了迪克西特-斯蒂格利茨模型中的一个重要假设：厂商之间没有战略性行为。这一假设使该模型得以简化并成功地应用在众多领域。这一点需要进一步的详细说明。

首先，我们如果假设厂商的支出 E 为常数，就可以得到：

$$\frac{\partial q_i}{\partial p_i} = \frac{-\sigma p_i^{-\sigma-1} \sum_j p_j^{-(\sigma-1)} + p_i^{-\sigma}(\sigma-1)p_i^{-\sigma}}{\left(\sum_j p_j^{-(\sigma-1)}\right)^2} E$$

$$= -\sigma \frac{p_i^{-\sigma-1}}{\sum_j p_j^{-(\sigma-1)}} E + \left(\frac{p_i^{-\sigma}}{\sum_j p_j^{-(\sigma-1)}}\right)^2 (\sigma-1)E$$

$$= -\sigma \frac{q_i}{p_i} + q_i^2 \frac{\sigma-1}{E}$$

从而，

$$\epsilon_i = \sigma - \frac{(\sigma-1)q_i p_i}{E} = \sigma - (\sigma-1)s_i \tag{3.14}$$

在一个对称的市场中，当厂商数量增加时，每个厂商的市场份额 s_i 将会降低。最终，当 n 趋向于 ∞ 时，s_i 趋向于 0。此时，价格弹性为：

$$\epsilon_i = \sigma$$

因此，如果我们假设厂商数量很大，则根据一阶条件得出的均衡价格变成很简单的形式：

$$p^* = \frac{\sigma}{\sigma - 1} mw \tag{3.15}$$

因而，相对加成为常数，且等于 $\sigma/(\sigma - 1)$，其中 $\sigma > 1$。同时，二阶条件也得到满足。对给定工资水平而言，勒纳指数与厂商数量无关，且等于：

$$\frac{p^* - mw}{p^*} = \frac{1}{\sigma}$$

它随着产品差异化程度的增加而增加。表达式（3.15）与我们熟悉的产业经济学的情况一致：只要产品差异化了，即 σ 取大于 1 的有限的值，那么均衡价格就会大于边际成本（mw）；此外，随着差异化程度的提高，即 σ 下降，边际利润将提高。消费者对价格变动很不敏感，这样厂商就可以索要更高的价格。相反，在产品同质的情况下（也就是 σ 趋近于 ∞），我们就回到了伯特兰解，即均衡价格等于边际成本。[①]

65　　上面的表达式是通过价格竞争（伯特兰模型）得到的，现在我们考虑产量竞争（古诺模型）。根据一阶条件，可以得出：

$$p_i \left(1 - \frac{1}{\epsilon_i^C}\right) = mw$$

其中，$\dfrac{1}{\epsilon_i^C} = -\dfrac{\partial p_i}{\partial q_i} \dfrac{q_i}{p_i}$。

根据反需求函数：

$$p_i = \frac{q_i^{-1/\sigma}}{\sum_j p_j^{1-1/\sigma}} E$$

可以得到 ϵ_i^C，即：

$$\frac{1}{\epsilon_i^C} = \frac{1}{\sigma} + \left(1 - \frac{1}{\sigma}\right) s_i \tag{3.16}$$

当厂商的数量趋向无穷大时，我们可以得到 $\epsilon_i^C = \sigma$。

总之，当厂商很多时，每个厂商的市场份额接近于 0，可以不予考虑。因此，当厂商制定决策时，厂商预测它的选择不会影响整个市场，因此也就不影响其竞争者各自的决策。换言之，每个厂商的最优反应曲线是水平的。所以，不同于寡头竞争的情况，此时厂商利润最大化的决策不依赖于其他厂商的决

---

① 尽管厂商数量可以任意大，但 σ 值有限就意味着均衡价格仍然高于生产的边际成本。这一结论与我们通常所说的大量的生产者等同于完全竞争的观点有所不同。

策，厂商之间没有战略性行为。

从更规范的角度来看，这等价于说，当厂商最大化其利润时，假定其价格决策不影响需求函数（3.9）中的价格指数 P 或者消费者支出 E。因此，我们可以得到 $\epsilon_i = \mathcal{E}_i^c = \sigma$。在 3.1.2.2 节中我们将看到，所选用的模型证明这一假设也是成立的。另外，不管是价格竞争还是产量竞争，在垄断竞争中的均衡都是一样的，但是在寡头垄断竞争中这两种竞争的结果则不一样。最后，不同产品在消费者偏好和生产技术方面的对称性假设，反映了所有产品均具有相同的均衡价格。

3.1.2.2 产 量

将均衡价格（3.15）代入需求函数（3.9），我们可以得到每个厂商的产量，而产量是产品种类（和工资）的函数。然后，再把价格和产量代入厂商自由进出的条件，即 $\pi_i = 0$，则我们可以得到均衡时的厂商数量，同时也是产品种类数。

事实上，如果反过来我们根据自由进出条件首先确定厂商的产量，则可以更简单而准确地得出结论：

$$\pi_i = (p - mw)q - fw$$
$$= \frac{mw}{\sigma - 1}q - fw = 0$$

由这个式子，我们可以得到每个厂商的均衡产量，即：

$$q^* = \frac{(\sigma - 1)f}{m} \tag{3.17}$$

因此，不管厂商数量为多少，所有厂商的规模都相同。这一结论是厂商加成定价为常量的直接结果，同时也是迪克西特-斯蒂格利茨模型中的主要缺陷之一。在这一模型中，新厂商的进入没有产生任何竞争转移效应；所有厂商的加成定价均与厂商数量 n 无关，但产业经济学认为，它随着厂商数量 n 的增加而降低。[①] 第二个缺陷是：由于均衡产量 q^* 与制造业产品的消费份额 μ 及消费者数量 L 没有关系，因而也就不存在规模效应。记住这两个缺陷是很重要的。尽管迪克西特-斯蒂格利茨模型因其简便而十分有用，然而也因此而丢失了某些重要的效应。

3.1.2.3 厂商数量

由于厂商使用的技能劳动力数量为 $l^* = f + mq^* = f\sigma$，因而从充分就业条件可以得出厂商数量。社会充分就业条件为：

---

① 但是，这一论述存在限定性条件。的确，虽然均衡价格随厂商数量的增加而不发生变化，但制造业产品的消费为众多消费项目中的一部分，这就意味着每个厂商的利润下降了。换言之，尽管非常间接，但我们再次返回到存在竞争效应（也称为市场拥挤效应）时的情况。因此，新厂商的进入对现有厂商的收益产生了负效应。

$$L = nl^* = n(f + mq^*)$$

根据上式可以得到:

$$n^* = \frac{L}{\sigma f} \tag{3.18}$$

这里有一个问题需要指出:在上式中,n^* 并不一定是整数,因此均衡时厂商数量为小于等于 n^* 的最大整数。这样一种近似只在 n^* 比较大时有意义。

前面已经提到过,零利润条件等同于著名的张伯伦条件,即在自由进入均衡时厂商的需求曲线与其平均成本曲线相切。由于消费者在消费制造业产品方面存在差异,平均成本没有能够最小化,这就意味着在均衡时并没能完全实现规模收益递增。

尽管经济体规模变大并不影响厂商的规模,但在市场层面上却存在着规模效应。在产品种类增加的过程中,这种市场规模效应表现出一种独特的形式。劳动者或者消费者的数量 L 增加得越多,则厂商数量增加得越多,进而产品种类增加得也就越多。正如前文所述,此时价格指数下降,所有消费者的福利水平均得到提高。类似地,固定成本 f 下降得越多,则均衡时厂商规模越小且数量越多,对价格指数和个体福利产生同样的影响。但是我们也应该注意到,只要固定成本是正的,则厂商和产品种类总是有限的。事实上,如果新产品的需求被证明为正,则消费者的数量偏少,厂商获得的利润无法弥补增加产量所导致的生产成本的额外增加,此时厂商的进入行为应停止。

通过上述方式得到的产品种类数量不是社会所希望的产品种类数量。更确切地说,当一个新厂商进入市场时,它忽略了这样一个事实,即它的进入会降低其竞争者的收益。这种力量使得市场上的产品种类过多。另外,由于价格歧视的存在,没有哪个厂商可以通过其产品的引入而获得所有的社会剩余。正相反,这种力量又使得市场上产品种类不足。因此,一般来讲,均衡结果和最优结果是不同的。此外,事先也无法预测市场供给的产品种类是过多还是过少。

3.1.2.4 工 资

我们还需要确定制造业部门技能劳动力的工资水平 w。我们可以通过产品市场上的均衡条件来获得工资水平。显然,均衡产量 q^* 仅取决于模型中的外生参数,同时需求函数(3.7)随着厂商 i 制定的价格以及产品种类数 n^* 而发生变化。由于产品种类也取决于外生参数,并且加成定价率是常数,故均衡价格只随 w 的变化而变化。工资实际上是调整其他数值的唯一变量。更准确地说,我们可以得到:

$$q^* = (p^*/P)^{-\sigma} [\mu(L_a + wL)]/P$$

其中,$yL = L_a + wL$ 为经济体的总收入。把式(3.8)、式(3.15)、式(3.17)以及式(3.18)联立起来,很容易得出均衡工资为:

$$w^* = \frac{\mu}{1-\mu} \frac{L_a}{L} \tag{3.19}$$

由于每个厂商都将工资水平看作是给定的，这一工资类似于完全竞争的劳动力市场的均衡工资。这也表明，所有的经营利润都被分配给了技能劳动者。均衡工资随着制造业产品的消费份额的增加而增加，因为对这些产品的需求增加了；而均衡工资随着技能劳动力数量的增加而降低，因为技能劳动力市场的竞争加剧了。此外，零利润条件还有另外一个重要的含义，即消费者的收入水平等于其工资水平（农业劳动力的收入水平为 $y=w_a$，工业劳动力的收入水平为 $y=w^*$），且总收入由总的工资账单给出。因此，自由进入的假设使我们可以避免处理利润如何分配的问题。

总之，垄断竞争均衡是唯一的，且由式（3.15）、式（3.17）、式（3.18）以及式（3.19）表述。利用由均衡价格水平和工资水平来表示的间接效用函数（3.10），我们可以给出工业或农业劳动力的福利水平（记住 $p_a=1$）：

$$V = w^* \left[(n^*)^{-1/(\sigma-1)} p^* \right]^{-\mu} = \left(\frac{\sigma m}{\sigma-1} \right)^{-\mu} \left[\frac{\mu L_a}{(1-\mu)L} \right]^{1-\mu} \left(\frac{L}{\sigma f} \right)^{\mu/(\sigma-1)}$$

$$V_a = \left[(n^*)^{-1/(\sigma-1)} p^* \right]^{-\mu} = \left[\frac{(\sigma-1)(1-\mu)L}{\sigma \mu m L_a} \right]^{\mu} \left(\frac{L}{\sigma f} \right)^{\mu/(\sigma-1)}$$

若其他条件不变，则只要农业劳动者和工业劳动者两个集团的相对规模相同，那么更多的劳动力供给（L_a+L）对工业劳动者和农业劳动者都将是有利的。另外，两个集团中任何一个集团的规模扩大对他们的福利均会产生截然不同的影响。农业劳动者数量的增加将提高工业劳动者的相对工资，因而有利于工业劳动者而不利于农业劳动者。工业劳动者数量的增加将使得农业劳动者可以以更低的价格获得更多的制造业产品，从而提高了农业劳动者的福利水平。同样，在增加工业劳动者的数量后，制造业产品种类会相应增加，但同时技能劳动力市场的竞争也会更加激烈。观察 V 可知，当且仅当 $1>\sigma(1-\mu)$ 时，净效应才为正。也就是说，只有当制造业部门的规模很大以及制造业产品差异化程度很大时，V 的净效应才为正。

3.1.2.5 厂商数量的连续性

非战略性行为的假设通常存在争议。只要厂商数量 n 描述为整数，那么弹性（3.14）就随着 s_i 的变化而变化，进而随着其他厂商所选择的价格的变化而变化。这样，厂商的均衡价格不能达到 $mw\sigma(\sigma-1)$。更确切地说，由于对 i 的需求依赖于其他厂商的价格集合，因此当 n 是有限整数时，对于每一个 $j \neq i$ 必有 $\partial P/\partial p_j > 0$。在这种情况下，厂商之间的价格博弈有唯一的、对称的纳什均衡（Anderson et al.，1992，chapter 7），即：

$$p^* = mw \left(1 + \frac{n}{n-1} \frac{1}{\sigma-1} \right) > \frac{\sigma}{\sigma-1} mw$$

为从上式得出解，我们假设厂商数量无限大，因此，$p^* = mw\sigma/(\sigma-1) > mw$。然而，这一假定与厂商数量内生决定是相矛盾的。此外，当 f 或 σ 很大时，n^* 很小，这自然也就不能排除非战略性行为的存在。最后，在一般均衡的情况下，某厂商的定价策略同样影响着消费者的收入，从而影响消费者对该厂商产品的需求，尽管这一影响比较小。由每个厂商的雇佣政策所决定的工资率同样如此，尽管它的影响是轻微的。

然而，完全有可能通过严谨而优美的方式来解决这个矛盾，即假设厂商的连续性以及厂商总数量为 N。这使得我们可以假设产品集合以如下形式进入效用函数：

$$M = \left[\int_0^N q(i)^{(\sigma-1)/\sigma} \mathrm{d}i \right]^{\sigma/(\sigma-1)} \tag{3.20}$$

其中，$q(i)$ 是对产品 i 的消费量。从直觉上说，在 $[0，N]$ 之间，每一种产品均被假定为无限接近其邻近的产品，我们可以将 $q(\cdot)$ 看作是连续的密度函数。[1]

这种假设意味着，每个厂商都是微不足道的。我们很容易把需求函数（3.9）中的价格指数写成如下形式，即：

$$P \equiv \left[\int_0^N p(i)^{-(\sigma-1)} \mathrm{d}i \right]^{-1/(\sigma-1)}$$

由于每个厂商在产品和劳动力市场中都可被忽略，因此厂商的价格选择对价格指数 P 或者收入水平 y 没有任何影响，即 $\partial P/\partial p(i) = 0$，$\partial y/\partial p(i) = 0$。这种建模策略以巧妙的方式捕获了张伯伦垄断竞争思想的本质，描述如下：

> 例如，降价可以增加生产该产品的厂商的销售量，可以从其每一个竞争者那里夺得细微的市场份额，这对降价者而言实现了可观的收益。但不要过多地侵占任何单个竞争者的市场份额，否则竞争者会不惜一切代价去做任何事。
>
> Chamberlin（1933，p.83）

因此，任何厂商面临的需求弹性都是不变的且都等于 σ。在这种情况下，均衡价格由式（3.15）给出，均衡的其他量值也没有发生变化。此外，厂商连续性假设与我们所看到的其他变量的均衡值并不矛盾。唯一不同的是，所有与厂商和产品有关的量值都由 $[0，N]$ 区间的连续的密度函数来描述。一旦我们确定了厂商的均衡价格，那么根据自由进入条件以及充分就业条件，我们就可以确定每个厂商的产量以及产品或厂商数量 N^*。

连续性假设使得我们把握住了简略然而却是基本的思想，对于整个经济而言厂商可以被忽略，但是在市场上它却是拥有垄断力的。事实上，每个厂商的产品都面临着向下倾斜的需求。此外，如果厂商是连续的，那么价格竞争（伯特兰竞争）和产量竞争（古诺竞争）之间的差异也就不存在了，无须区分它们在垄断理论中的异同。

很少有人知道连续性假设还有其他一些优势。在不完全竞争的一般均衡模

---

[1] 需要注意的是，后来布雷克曼和海基德拉（Brakman and Heijdra，2004）再版的迪克西特-斯蒂格利茨工作论文的初稿，是通过厂商的连续性来描述制造业部门的。这种描述方式在他们后来的论文中没有出现，而这些后续论文却假设了有限数量的厂商。

型中，计价物的选择直接与均衡相关。[①] 如果寡头垄断竞争在产品市场中占主

71 导，此时若把产品 i 看作计价物，则生产者的利润函数会发生变化，不同于原来的利润函数，因此生产者的行为也会发生变化，这同时还会改变其他生产者的行为。这种结果导致了新的市场均衡，即市场均衡解随着所选择的计价物不同而发生变化。相反，在厂商连续的垄断竞争情形下，由于厂商 i 的行为可以被忽略，从而对其他代理人没有任何影响。这样，选择不同的计价物，仍保持原有的均衡（Neary，2003）。

最后，由于所有的变量都是连续的，故这一假设大大简化了后面将会出现的厂商区际分布的分析。在厂商数目离散时，厂商从一地到另外一地重新选择区位，对原有区位和新的区位都有不可忽略的影响，这也表明变量在离散情形下是跳跃性的。因而，空间均衡条件必须用不等式来描述。但在连续模型中，单个厂商的转移是可以忽略的，因而我们可以通过等式来描述均衡，而且不涉及 n^* 是否为整数的问题。

理解连续性假设的准确含义是很重要的。如果我们利用那些可以忽略代理人的模型来研究我们所面对的问题，那么采用这种连续性假设是最合适不过的了，尽管看来有些不合理。另外，当我们在一般均衡框架下考虑战略性行为时，连续性的假设可以让我们避免由市场均衡存在性所导致的难以克服的困难。最后，连续性厂商的垄断竞争模型可以把规模收益递增和不完全竞争结合起来，而这在其他方法中是无法实现的。因此，采用这一框架是否合理，取决于其所内含的基本原理，而非它的真实性。从这方面来看，无可否认，垄断竞争模型的确比寡头垄断竞争模型更优，尽管后者包含一些颇具启发的新内容，这一点我们将在第 9 章中看到。

3.2　垄断竞争：线性框架

在前面我们已经看到，迪克西特-斯蒂格利茨模型不考虑任何形式的厂商战略问题。因此，当我们引入那些在产业经济学中常见的各种形式的相互影响时，有理由提出能否保持垄断竞争模型所固有的灵活性特征的疑问。为此，奥塔维诺等（Ottaviano et al.，2002）在经济地理学中引入了线性模型，在本节我们主

72 要考察该模型。此外，线性框架不同于迪克西特-斯蒂格利茨框架，该框架可以让我们处理比较复杂的实证问题，比如较大规模的市场引致较低的加成定价率以及较高的产出率等（Campbell and Hopenhayn，2005）。[②]

---

① 关于这一问题的详细讨论请参见博南诺（Bonanno，1990）的论文，迪尔克等（Dierker et al.，2003）最近也在一些不完全竞争的国际贸易模型中讨论了选择计价物的困惑问题。

② 也应注意，迪克西特-斯蒂格利茨模型假定了位似偏好，这一假设在关于消费的实证研究中很少能成立。在这里，我们假设拟线性偏好，尽管在贸易和地理学的一般均衡模型中它们的使用频率远不如位似偏好。迪诺普洛斯等（Dinopoulos et al.，2007）认为，"在一般均衡框架下，拟线性偏好行为更加合理。"

3.2.1 产品连续的二次效用

在两种产品的模型中，线性需求的线性效用函数由包含二次子效用的拟线性效用函数来表示：

$$U = \alpha(q_1 + q_2) - \frac{1}{2}\beta(q_1^2 + q_2^2) - \gamma q_1 q_2 + A \tag{3.21}$$

在上式中，α、β 和 γ 为 3 个正的参数。为满足效用函数 U 为拟凹的，$\beta > \gamma$ 必须成立。由于效用函数 U 对计价物 A 是线性的，因此在个体消费中不存在收入效应：收入的变化仅仅影响计价物的需求，而不影响多样化产品的需求。

在预算约束下，最大化式（3.21），则可以得出产品 i 的需求函数，表述如下：

$$D_i(p_1, p_2) = a - bp_i + c(p_j - p_i), i, j = 1, 2, i \neq j \tag{3.22}$$

参数 $a \equiv \alpha/(\beta + \gamma)$ 表示多样化产品相对于计价物的需求量，可以看作对市场规模的测度；$b \equiv 1/(\beta + \gamma)$ 表示消费者个人需求和产业需求之间的联系，当 b 变大时，消费者对价格差异更加敏感；最后，$c \equiv \gamma/[(\beta - \gamma)(\beta + \gamma)]$，$c$ 与不同产品之间的差异化程度成反向变化，当 $c \rightarrow \infty$ 时产品为完全替代品，当 $c = 0$ 时产品相互独立。

在产品种类 $n > 2$ 时，效用函数（3.21）可以一般化为以下形式：

$$
\begin{aligned}
U &= \alpha \sum_{i=1}^{n} q_i - \frac{1}{2}\beta \sum_{i=1}^{n} q_i^2 - \frac{1}{2}\gamma \sum_{i=1}^{n}\sum_{j \neq i} q_i q_j + A \\
&= \alpha \sum_{i=1}^{n} q_i - \frac{1}{2}(\beta - \gamma)\sum_{i=1}^{n} q_i^2 - \frac{1}{2}\gamma \sum_{i=1}^{n}\sum_{j=1}^{n} q_i q_j + A \\
&= \alpha \sum_{i=1}^{n} q_i - \frac{1}{2}(\beta - \gamma)\sum_{i=1}^{n} q_i^2 - \frac{1}{2}\gamma \left(\sum_{i=1}^{n} q_i\right)^2 + A
\end{aligned}
$$

当 n 趋向于 ∞ 而 q_1 趋向于 0 时，在产品连续的情况下，我们可以得到如下表达式：

$$U = \alpha \int_0^N q(i)\mathrm{d}i - \frac{1}{2}(\beta - \gamma)\int_0^N [q(i)]^2 \mathrm{d}i - \frac{1}{2}\gamma \left[\int_0^N q(i)\mathrm{d}i\right]^2 + A \tag{3.23}$$

条件 $\beta > \gamma$ 意味着消费者偏好多样化。为了看清这一点，我们假设消费者对制造业产品的消费量为 $\overline{M}$，同时假设消费者的消费集合在区间 $[0, x]$ 均匀分布，在区间 $[x, N]$ 为零。这样，区间 $[0, x]$ 的密度函数为 $\overline{M}/x$。在这种消费结构下，其效用（3.23）为：

$$
\begin{aligned}
U &= \alpha \int_0^x \frac{\overline{M}}{x}\mathrm{d}i - \frac{1}{2}(\beta - \gamma)\int_0^x \left(\frac{\overline{M}}{x}\right)^2 \mathrm{d}i - \frac{1}{2}\gamma \left[\int_0^x \frac{\overline{M}}{x}\mathrm{d}i\right]^2 + A \\
&= \alpha \overline{M} - \frac{\beta - \gamma}{2x}\overline{M}^2 - \frac{1}{2}\gamma \overline{M}^2 + A
\end{aligned}
$$

该函数是关于 α 的增函数，在 $x=N$ 时取得最大值，即消费全部的产品。换言之，当 $\beta>\gamma$ 时，二次效用函数表明了多样化的偏好，这种偏好随着 β 变大而增强。[1] 由于 $\mathrm{d}^2U/\mathrm{d}x^2<0$，所以虽然消费者消费多样化产品时可以提高效用，但是其速率是下降的。

除自身的劳动外，每个消费者初始时都拥有 $\overline{A}(\overline{A}>0)$ 单位的计价物。他的预算约束可以写成：

$$\int_0^N p(i)q(i)\mathrm{d}i + A = \overline{A} + y$$

我们假设初始的 $\overline{A}$ 足够高，使得计价物的均衡消费总为正。该假设意味着消费者同时消费农产品和制造业产品。

求解关于计价物的预算约束，将相关的表达式代入式（3.23），计算出关于 $q(i)$ 的一阶条件，则我们可以得到[2]：

$$p(i) = \alpha - (\beta-\gamma)q(i) - \gamma\int_0^N q(i)\mathrm{d}j, i\in[0,N] \tag{3.24}$$

求解产品 $i\in[0,N]$ 的需求函数的过程如下。

对式（3.24）关于 i 进行积分，得到：

$$\int_0^N p(i)\mathrm{d}i = \alpha N - (\beta-\gamma)\int_0^N q(i)\mathrm{d}i - \gamma N\int_0^N q(j)\mathrm{d}j$$

由此可得，

$$\int_0^N q(i)\mathrm{d}i = \frac{\alpha N - \int_0^N p(i)\mathrm{d}i}{\beta+\gamma(N-1)}$$

将该表达式代入式（3.24），则：

$$p(i) = \alpha - (\beta-\gamma)q(i) - \gamma\frac{\alpha N - \int_0^N p(i)\mathrm{d}i}{\beta+\gamma(N-1)}$$

进行移项，得：

$$(\beta-\gamma)q(i) = \frac{\alpha(\beta-\gamma)}{\beta+\gamma(N-1)} - p(i) + \frac{\gamma}{\beta+\gamma(N-1)}\int_0^N p(i)\mathrm{d}i$$

加减 $N\gamma p(i)/(\beta+\gamma N)$，化简后得：

$$q(i) = a - bp(i) + c\int_0^N[p(j)-p(i)]\mathrm{d}j = a - (b+cN)p(i) + cP \tag{3.25}$$

---

① 该解释与我们在第 10 章将讨论的用来度量产业聚集程度的赫芬达尔指数的假设很接近。确定差异化产品的总量，则式（3.23）的二次项的绝对值随着消费在更多产品种类上分散而递减，从而提高效用水平。

② 方程在零点处微分的技术问题在这里无法处理。关于这一问题的详细讨论可以参见帕斯科（Pascoa, 1993）的论文。

式中，$a \equiv \alpha/[\beta+(N-1)\gamma], b \equiv 1/[\beta+(N-1)\gamma], c \equiv \gamma/(\beta-\gamma)[\beta+(N-1)\gamma]$，价格指数为：

$$P = \int_0^N p(j)\mathrm{d}j$$

该价格指数表示厂商的总的定价行为。[①]

这种需求体系有着很吸引人的性质，即当产品 i 的价格 $p(i)$ 超过市场平均价格 P/N 时，产品 i 的消费量下降。更确切地说，当厂商 i 以高于市场平均价格 P/N 的价格销售它的产品时，下式的值为负。

$$c\int_0^N [p(j) - p(i)]\mathrm{d}j = cN\left(\frac{P}{N} - p(i)\right)$$

这意味着其需求将下降。换言之，当平均价格较低时，对于厂商给定的任意价格，其需求弹性将变大，这样厂商就可以制定更低的价格。很明显，当厂商 i 以低于市场平均价格的价格销售其产品时，将出现相反的情况。此外，可以证明当 $N>1$ 时，产品需求的直接价格效应为 $b+cN$，总是超过其交叉价格效应 c。

在这种情况下，比较迪克西特-斯蒂格利茨模型和线性模型的偏好以及需求结构是很有用的。在柯布-道格拉斯型效用函数中，收入花费在所有产品上的比例为常数，但在拟线性函数中，这些比例是变化的（两种产品完全替代）。再者，在迪克西特-斯蒂格利茨模型中，厂商需求具有不变价格弹性，但在拟线性函数中，需求是线性的，且表现出递减的需求价格弹性。与之相对照，缺乏收入效应的线性模型太过于简化，失去了一些我们在经济地理学中所要考察的效应。因此，我们可以认为这两种函数形式适合于偏好完全不同的情形。

评论：我们在前面看到，CES 型偏好能够表示为每个消费者购买单个产品的异质性消费者的情况。同样，二次型偏好也可以在消费者异质的情况下得到。为了说明这一点，假定消费者在大街上均匀分布。两个商店，标注为 1 和 2，销售相同的商品，分别位于 $x_1 = -k$ 和 $x_2 = k$ 的区位上。每个消费者都购买一单位商品，假定商品价格随着抵达他所选择的商店的成本的增加而增加，但不超出他的支付意愿 $r>0$。如果消费者处于区位 x，而从商店 $i(i=1, 2)$ 购买，他购买商品的总价格为 $p_i + t|x - x_i|$，其中 p_i 表示商店 i 制定的价格，$t>0$ 是购买单位商品的交通成本。这一总价格必须小于（等于）其竞争对手的总价格，同时还要小于（等于）消费者的支付意愿。因此，线性市场被分成三个区间：（1）消费者在其居住地的商店 1 处购买；（2）消费者在商店 2 处购买；（3）消费者不购买任何商品。如果我们假设 k 足够小，使得区间 1 和区间 2 相邻，则区间 3 由居住在这两个区间以外的消费者组成，包括区间 1 和区间 2 的左边或右边。边际消费者在两个商店中的具体哪一个购买是无差异的，假设该消费者位于 $\bar{x}$ 处，这样我们就得到：

$$p_1 + t(\bar{x} - x_1) = p_2 + t(x_2 - \bar{x})$$

[①] 注意，要使式（3.25）有意义，则 $q(i)$ 必须为正，即 $p(i)$ 的值不能太大。

由于 $x_1 + x_2 = 0$，该方程的解为：

$$\bar{x}(p_1, p_2) = \frac{p_2 - p_1}{2t}$$

另外，居住在商店 1 的左侧[*]且无所谓购买或不购买的消费者，处于 x_1 的左边。求出 $\bar{x}$ 的值之后，我们可以确定他的区位，

$$p_1 + t(x_1 - \bar{x}_1) = r$$

因此，

$$\bar{x}_1(p_1) = x_1 - \frac{r - p_1}{t} < x_1 < 0$$

其中，$p_1 < r$，否则商店 1 将没有任何顾客。因而，该商店的需求为：

$$D_1(p_1, p_2) = \bar{x}(p_1, p_2) - \bar{x}_1(p_1) = \frac{r}{t} + k - \frac{p_1}{t} + \frac{p_2 - p_1}{t}$$

通过同样的方式可以求得商店 2 的需求。因此，当假设 $a = k + r/t$、$b = -1/t$ 以及 $c = 1/t$ 时，我们再次发现线性需求方程组等同于式（3.22）。最后一个条件相当于说，参数 t 可以看作对两种产品之间差异化程度的直接测度。换言之，高运输成本在形式上与更加差异化的产品相同。我们再次证实了同质消费者消费所有产品种类与异质消费者消费单一产品种类的情况是相同的。我们将在第 9 章重新讨论这一解释。

3.2.2 弱相互影响下的市场均衡

尽管线性模型和迪克西特-斯蒂格利茨模型有着一些共同的特征，但在下面我们可以看到其价格决定机制是不同的。在线性模型中，当厂商决定均衡价格时，与我们在迪克西特-斯蒂格利茨模型中所看到的情况不同，厂商必须考虑到价格的分布。这可以由价格指数 P 给出的总统计量求出。因此，市场解由连续厂商间博弈的纳什均衡给出。此时，每个厂商不考虑其对市场的影响，但很清楚作为一个整体的市场对其价格决策有重要影响。这意味着，厂商之间互有影响，但是这种影响弱于标准的寡头垄断竞争模型中的相互影响。

为了理解这一模型的运作过程，我们详细讨论均衡价格的决定过程。厂商 i 最大化其利润，利润定义为：

$$\pi(i) = [p(i) - mw]q(i) - fw$$

其中，$q(i)$ 由式（3.25）给出。根据 $p(i)$ 的一阶导数 $a + cP - [2p(i) - mw](b + cN) = 0$，我们可以得到 p_i^* 关于 P 的方程。由于产品种类是对称

---

[*] 原文有误。原文中为"居住在商店 1 的右侧"，根据上下文的意思，这里应该是"左侧"。——译者注

的，故该表达式与 i 无关，可以写成：

$$p^*(P) = \frac{a + mw(b + cN)}{2(b + cN)} + \frac{cN}{2(b + cN)} \frac{P}{N} \qquad (3.26)$$

该表达式即为厂商对市场条件的最优反应函数。市场条件由所有生产者的总体行为来定义，此处用平均价格 P/N 来表示。由于产品可相互替代，最优反应曲线是向上倾斜的，即随着制造业产品市场均衡价格的上升，每个厂商的销售价格更高。[①] 此外，产品越是差异化，例如参数 c 变小，则厂商对平均价格变化的反应越弱。

为达到均衡，每个厂商对于平均价格的预期必须准确，这等于强加了下面的不动点条件：

$$p^*(P) = \frac{P}{N}$$

将之代入式（3.26），我们可以得到 P 的均衡值，从而所有产品共同的均衡价格为：

$$p^* = mw + \frac{a - bmw}{2b + cN} = mw + \frac{(\alpha - mw)(\beta - \gamma)}{2(\beta - \gamma) + \gamma N}$$

由于均衡时指数 P 的值唯一，且 $P^* = p^* N$，因此纳什均衡也是唯一的。每个厂商出售的均衡产量为：

$$q^* = \alpha - bp^* = \frac{\alpha - mw}{2(\beta - \gamma) + \gamma N}$$

需要注意的是，条件 $a > bmw$ 必须得到满足，这样才能使得均衡价格超出边际成本。特别是，当产品是同质的时（$\beta = \gamma$），如同在迪克西特-斯蒂格利茨模型中一样，均衡价格等于边际成本。这再一次说明，产品差异化对于垄断竞争而言是很重要的。不同于我们在迪克西特-斯蒂格利茨模型中所看到的情况，我们很容易证明，随着厂商数目 N 的增加，均衡价格以及加成定价率都将下降。换言之，线性模型解释了前面所强调的竞争转移效应。由于厂商具有流动性，这就影响了每个地区市场的竞争强度，这一性质在经济地理学中显得尤其重要。产品差异化的另外一个效应是，均衡产量随着厂商数量的增加而下降。也就是说，产品的市场拥挤效应相比于价格效应占据主导地位，从而提高了制造业产品的总需求。此外，很容易检验出 $\partial(q^* N)/\partial N > 0$，即消费者对制造业产品的总需求随着可消费产品种类的增加而增加。这是由于更多种类的产品使得工业品相对于农产品更具有吸引力的缘故。

此外，线性模型显示出一定的规模效应，即产量 q^* 随着表示制造业产品需求的参数 α 的增加而增加。最后，厂商使用了随着经济结构参数变化而变化的加成定价率，而不是固定比例的加成定价率。正如在后文中我们

78

---

① 回顾一下，在迪克西特-斯蒂格利茨模型中，最优反应函数曲线是水平的。

将看到的，由于线性模型同样可以处理出厂价，因而线性模型也可以用于研究市场分割问题，即厂商对每个细分市场制定不同的交货价格。[①]

总之，与迪克西特-斯蒂格利茨模型中放弃了所有形式的相互影响不同，线性模型融入了我们所称的厂商间的"弱相互影响"，因而也就获得了类似于在差异化的寡头垄断模型中所观察到的一些效应（Anderson et al.，1992；Tirole，1988）。把均衡产量和价格代入零利润条件中，则我们可以得到均衡时的厂商数量：

$$N^* = \frac{(\alpha - mw)\ \sqrt{(\beta - \gamma)/fw} - 2(\beta - \gamma)}{\gamma}$$

最后，技能劳动者的工资可以从劳动力市场和包含 N^* 个厂商的非线性均衡条件中间接求出，其中每个厂商需要 $f + mq^*$ 个技能劳动力。

在线性模型中，均衡变量由一系列直接的关系链确定，而不同于在迪克西特-斯蒂格利茨模型中用间接关系确定。但在后一个模型中，均衡是通过更加简单的表达式描述的。线性模型的主要局限性完全不同于迪克西特-斯蒂格利茨模型：第一，它没有收入效应；第二，我们必须假定消费者初始时有计价物禀赋。[②]

根据我们主要是关注收入效应还是价格效应，可以对应地选择迪克西特-斯蒂格利茨模型或者线性模型。很明显，目标是建立一个同时包括这两个效应的模型。贝伦斯和村田（Behrens and Murata，2007）最近已经在这一方向上迈出了第一步。从理论上讲，这些模型需要进一步简化，才能在众多的一般均衡框架中作为一种平台使用。

3.3　结束语

就本学科目前的状态而言，很难说垄断竞争模型已经达到了一般均衡模型所达到的那种一般化程度。由于含有不完全竞争的一般均衡理论几乎不存在，因此垄断竞争模型至多只能算是考虑了不同实例的集合，而这些实例常常表现为两种不同方法之间的一种妥协。

不同于迪克西特-斯蒂格利茨模型，线性模型可以把厂商间的弱相互影响融入模型中。因此，虽然垄断竞争中排除了战略性行为的影响，但如果声称垄断竞争中必须排除所有形式的影响则是不正确的。由于寡头垄断竞争模型中出现的许多效应同样出现在线性模型中，甚至出现在迪克西特-斯

---

① 出厂价等同于"离岸价格"（FOB价格）。FOB价格这一术语来源于海运词汇，表明货物在未付运费和保险费前的价格。通常也表示从工厂发运时的价格。相反，交货价格（到岸价格）或者 CIF（成本、保险费加运费）价格包括与货物在两地运输有关的所有费用。

② 收入效应可以通过假设同质产品的消费量为零来引入。相反，我们可以通过在拟线性效用中引入 CES 型效用来消除迪克西特-斯蒂格利茨模型中的收入效应。

蒂格利茨模型中，因此垄断竞争模型的这种局限性并没有我们最初所看到的那么严重。但是，在寡头竞争和垄断竞争中存在一些根本性的区别。比如，在上面的迪克西特-斯蒂格利茨模型和线性模型中，厂商确定价格和确定产量的市场结果是相同的。然而，选择产量策略还是价格策略对寡头竞争而言至关重要，但对垄断竞争而言则无关紧要。

尽管垄断竞争模型存在一些局限性，但依据该模型我们可以处理以完全竞争经济为基础的阿罗-德布鲁模型所无法处理的问题（Matsuyama，1995）。这是因为在垄断竞争模型中，我们可以把市场支配力和规模经济结合起来。因此，权衡看上去比较简单，要么忽略一些基本的经济问题，要么通过特定模型推导结果，但是使用上述方法时需要谨慎。

80 　在本书中，我们选择了第二种模型。起初，我们比较从两个模型中得出的结果，这已经在本章中讨论过了。同时，在碰到一些需特别强调的性质时，我们将在两种框架下给出（第6～8章）。随后，我们将检验根据局部均衡模型得出的结论的稳健程度。在局部均衡中，厂商是在博弈论角度的策略框架下经营的（第9章）。

3.4 　相关文献

令人遗憾的是，现在还没有关于垄断竞争的完整而全面的论述。松山（Matsuyama，1995）仍然是对以迪克西特-斯蒂格利茨模型为基础的所有研究最好的综述。布雷克曼和海基德拉（2004）在他们主编的书中曾经讨论过有关迪克西特-斯蒂格利茨模型对现代经济理论的贡献问题。安德森等（1992，chapters 3 and 4）研究了 CES 型模型的微观基础。我们在达斯普里蒙特等（d'Aspremont et al.，1996）的研究中可以看到，在厂商数量有限的情况下，市场解包含了价格变化带来的所有效应。梅莉兹（Melitz，2003）对迪克西特-斯蒂格利茨模型进行了扩展，通过对厂商边际投入需求的研究来处理厂商异质性问题。贝纳西（Bénassy，1991）提出了模型化张伯伦思想的提纲，但很不完整。

最后，值得注意的是，卡尔多（1935）批判张伯伦（1933）对空间经济竞争进行了不适当的描述（我们将在第9章中进行考察）。把经济地理学建立在张伯伦的垄断竞争模型基础上，意味着现代科学家对区位论创始人的嗤之以鼻。

第 4 章　区域间贸易与市场规模

81　　在上一章中，我们对本书后面将用到的两个垄断竞争模型做了详细的讨论。这些模型可以看作是描述封闭经济的模型。为了让读者熟悉开放经济条件下这些模型在经济地理学中的应用，我们在接下来的一节将介绍迪克西特-斯蒂格利茨模型的空间版本。通过将迪克西特-斯蒂格利茨模型和贸易成本结合起来，我们可以了解到贸易成本在经济生活中所发挥的重要作用。经过这种拓展后，迪克西特-斯蒂格利茨模型就成了这样一个贸易模型，即货物可以从一个地区运往另一地区，但生产要素是不流动的。该模型主要是由克鲁格曼（1980）建立起来的，因而我们将它称为 DSK（迪克西特-斯蒂格利茨-克鲁格曼）模型。在这种情况下，虽然区域没有从事专业化生产，但存在着贸易。从中得出的主要结论之一是，贸易成本的下降对两个地区的消费者而言都是有利的，两个地区的福利水平将趋同。这是因为，更低的贸易成本使得消费者更容易获得其他地区生产的产品。但是，需要注意的是，只要贸易成本为正，区域差异就将持续存在。

　　在接下来的一节中，我们将研究扩展的 DSK 模型，在该模型中资本与货物一样可以流动。这使得我们注意到，每个区域的规模可能对厂商的空间分布产生影响。事实上，正如所预料的那样，市场规模是决定厂商选择区位的基本因素之一。此外，与市场的接近程度也是区位是否具有吸引力的重要因素。区位论的开创者之一韦伯（1909）首先提出了上述思想，他假定厂商总是选择能够使其贸易总成本最小的区位，这其实与厂商寻找最佳的接近市场的方法是一致的。从形式上看，这可以表示为到固定的要素市场和产品市场的距离的加权平均值的最小化，其权重由相关货物的买卖数量乘以运费率来定义。因而厂商区位可以看作是一系列作用力相互作用的结果，每个市场对厂商的吸引力强度与该市场对应的权重有关。如果一个市场的权重超过其他所有市场的权重之和，则该市场将处于主导地位。在这种情况下，占主导地位的市场总是最优的区位（Witzgall，1964）。尽管这种方法比较简易，但它至少让我们大概地了解到相对复杂的区位决策：例如，一些厂商选择设立在能够给它提供全面服务的大城市；而 19 世纪的一些钢铁工厂却选择坐落在靠近煤资源或者铁矿石资源的地区。

然而，韦伯的模型没有考虑竞争，或者没有考虑我们常说的市场力，即假定买卖双方的价格是固定的，也不存在潜在的竞争者。在单个厂商的情况下，初看起来这些假设是合理的，但当我们同时考虑同一行业内几个厂商的区位时，这些假设看上去就不再合理了。事实上，我们看到厂商在地理位置上尽可能远离其他厂商，以回避与其他厂商的直接竞争。同时，尽管通过销售差异化产品的方式不能消除竞争，但可以弱化厂商之间的竞争，因而这是一种分散力。我们将会看到，要想使得预测更加可靠，应把竞争与区位模型结合起来。赫尔普曼和克鲁格曼（Helpman and Krugman，1985）已经做了这项研究，并且他们的研究方法引发了一系列研究聚集力（接近市场）和分散力（厂商间竞争）的模型的出现。在 4.2 节中我们将详细地讨论这一框架，该框架研究了市场规模对厂商区位的影响。我们也会看到，不同于资本不流动的情况，贸易成本的下降尽管对消费者群体而言是有利的，但也许是进一步扩大区际差异的根源。

4.1 迪克西特-斯蒂格利茨-克鲁格曼贸易模型

我们首先考虑这样一种经济体：农业劳动者和制造业厂商分布在地区 A 和地区 B。农业部门与我们在 3.1 节所描述的情况完全相同。另外，我们假设农产品运输成本为零①，因而两个地区的农产品价格相同，农产品仍然作为计价物。因此，农业部门的工资水平在两个地区相同，且为 1。后面的表达式，如果没有具体说明，我们将只给出地区 A 的表达式。根据对称假设，同样可以写出地区 B 的相应的表达式。

现在我们转向制造业部门。下面的产品集合包括了每个地区生产的所有产品，两个地区生产的这些产品都是对称的：

---

① 在第 8 章，这一假设得以放松。

$$M_A = \left\{ \int_{i \in \mathcal{N}_A} \left[q_{AA}(i) \right]^{(\sigma-1)/\sigma} di + \int_{i \in \mathcal{N}_B} \left[q_{BA}(i) \right]^{(\sigma-1)/\sigma} di \right\}^{\sigma/(\sigma-1)}$$

式中，$\mathcal{N}_r$ 是区域 $r =$ A，B 生产的产品组合。M_A 的定义表明，本地厂商和外地厂商生产的产品是不同的，但它们具有相同的替代弹性。另外，消费者的福利水平取决于每种产品的消费量，而与它的生产地无关。毫无疑问，这是两个很强的假设。由于两个区域之间交易的产品是同一个行业内的产品，因而就存在产业内贸易。[1]

尽管外来产品并没有因其生产地不同而受到消费者歧视，但如果不在生产地消费，则需要支付贸易成本。[2] 在 DSK 模型中，我们假设这一成本为冰山类型成本。这意味着如果把某一产品从地区 A 出口到地区 B，假设最终到达目的地的数量为 q 单位，则必须从地区 A 发运 τq 单位的产品，其中 $\tau \geqslant 1$（$\tau = 1$ 的情况说明运输成本为 0）。$(\tau-1)q$ 部分的产品在运输途中损失，也就是单位产品运输所需的资源量。因此，贸易成本应为这一数值乘以该产品在生产地的价格。

这种方法是由萨缪尔森（1954）首先提出的。有了这种方法，我们仅需考虑正的运输成本而无须处理具体的运输部门。[3] 贝罗奇对这种类型的运输成本进行了较为详细的说明。根据贝罗奇的说明，我们可以计算出用人力方式运输货物时代的 τ 值[4]：

> 一个人大概可以运载 35～40 千克的货物，每天行走 30～35 公里的距离（或 1.1～1.3 吨·公里/天）。现在为了维持其生命，这个人每天必须吃 1 千克的食物。如果考虑到返回，此人在运输农产品时，每走 17 公里需要消耗 1 千克食物。考虑最简单的情况，也就是说，如果货物的运送距离超过 300 公里，则一半的货物被运输成本所消耗，如果这一距离达到 600 公里，则所有货物都被运输成本所消耗。
>
> Bairoch（1988，p. 11）

除了线性模型（第 8 章）和空间竞争模型（第 9 章），在本书的其他部分，我们假设运输成本由消费者来承担。[5] 因此，厂商制定的价格是出厂价。换言之，如果 $p_A(i)$ 表示地区 A 生产的产品 i 的出厂价，那么把该产品运到地区 B 的交货价格，已经包含了该产品的运输成本，该交货价格可以表述如下[6]：

---

① 新贸易理论的主要目的就是加入日益重要的产业内贸易。根据传统的国际贸易理论，产业内贸易是不会发生的。

② 关于农产品和工业品在运输成本方面的不对称现象，部分地可以根据 2003 年的数据来解释。工业品贸易解释了世界贸易的 74%，而农产品贸易只解释了 10%（World Trade Organization，2005）。

③ 需要注意的是，冯·杜能（1826）在过去也曾提出过类似的运输成本，也就是部分货物在运输途中消失，因为马吃掉了这些部分以便确保货物的顺利运输（Samuelson，1983）。

④ 在海运中，运输的一部分货物是船员所需的食物和饮料，这也是有关冰山类型运输成本的比较有名的例子之一。"在 1459 年，赫尔-波尔多旅行的'安托万号'，满载了六个月所需的食品，包括 5 桶面粉和饼干、10 桶腌肉、13 桶咸鱼"。船上还带了 20 桶淡水，"以及其他饮料、部分葡萄酒，总计 30 桶"（Verdon，2003，p. 109）。

⑤ 参见本节的备注部分。

⑥ 回顾一下，术语"出厂价（或离岸价格）"和"交货价格（或到岸价格）"在第 3 章已经讨论过。

$$p_{AB}(i) = \tau p_A(i) \geqslant p_A(i) \tag{4.1}$$

的确，消费者为消费 1 单位产品需要支付 $\tau \geqslant 1$ 单位产品的成本。冰山类型的交易成本与产品价格成正比，因而具有从价税的性质。在建立关税模型时用这种方式来处理是合理的，但用它来处理运输成本也许并没有那么合理。

考虑一下这种情况，即区域内价格是确定的，那么地区 A 的可支配收入为 y 的消费者的行为，与 3.1.1 节的情况相同。从而，如果产品 i 在地区 A 生产，则消费者对产品 i 的需求为：

$$q_{AA}(i) = \left[\frac{p_A(i)}{P_A}\right]^{-\sigma} \frac{E}{P_A}$$

如果产品 i 从地区 B 进口，则：

$$q_{BA}(i) = \left[\frac{\tau p_B(i)}{P_A}\right]^{-\sigma} \frac{E}{P_A}$$

在上述两个表达式中，地区 A 的价格指数为，

$$P_A = \left\{\int_{i \in \mathcal{N}_A} \left[p_A(i)\right]^{-(\sigma-1)} \mathrm{d}i + \int_{i \in \mathcal{N}_B} \left[\tau p_B(i)\right]^{-(\sigma-1)} \mathrm{d}i\right\}^{-1/(\sigma-1)}$$

如果出厂价相同，由于进口产品的交货价格比较高，因此其消费量只有本地产品的消费量的 $\tau^{-\sigma}$。在其他条件相同的情况下，这种购买力差异就解释了为什么厂商选择在它们的顾客群附近设立厂区。

假设经济体的非技能劳动力总量为 L_a，其中 θ_a 份额的非技能劳动力居住在区域 A（$1-\theta_a$ 份额的非技能劳动力居住在区域 B）。此外，假定技能劳动力总量为 L，其中 θ 份额的技能劳动力居住在区域 A（$1-\theta$ 份额的技能劳动力居住在区域 B）。这样，区域 A 的收入水平为：

$$Y_A = \theta_a L_a + w_A \theta L$$

同样，区域 B 的收入水平为：

$$Y_B = (1-\theta_a)L_a + w_B(1-\theta)L$$

在上面两式中，w_A 和 w_B 分别表示区域 A 和区域 B 的技能劳动力的工资水平（由于区域间产品价格不同，因而两地工资水平也不相同）。因而，区域 A 生产的产品 i 的总需求为：

$$q_A(i) = \frac{p_A(i)^{-\sigma}}{P_A^{-(\sigma-1)}} \mu(\theta_a L_a + w_A \theta L) + \tau \frac{\left[\tau p_A(i)\right]^{-\sigma}}{P_B^{-(\sigma-1)}} \mu\left[(1-\theta_a)L_a\right.$$
$$\left. + w_B(1-\theta)L\right]$$

该表达式右边第一项表示产品 i 的本地需求，第二项表示外地需求，由于其他地区每消费 1 单位商品需要运输 $\tau>1$ 单位，因而乘以 τ。由于 $\tau^{-\sigma}<1$，外地消费者需要支付比本地消费者更高的价格，因而外地需求低于本地需求。正如我们刚才所看到的那样，厂商必须生产外地需求的 $\tau>1$ 倍。但是，由于 $\tau^{-(\sigma-1)}<1$，第二项的效应小于第一项的效应。因此，在不同区域的收入和价

格指数相同时，厂商生产的产品中供给本地市场的数量远大于供给外地市场的数量。厂商位于大区域时比位于小区域时的产量要高。所有这些都表明，贸易成本影响了厂商规模的扩张。

为了看上去更加明晰，$q_A(i)$ 可以重新写成如下形式：

$$q_A(i) = \mu p_A(i)^{-\sigma} \{ P_A^{\sigma-1}(\theta_a L_a + w_A \theta L) + \phi P_B^{\sigma-1}[(1-\theta_a)L_a + w_B(1-\theta)L] \}$$

其中，

$$\phi \equiv \tau^{-(\sigma-1)} \in [0,1]$$

可以被解释为"空间贴现"因子，它与贸易成本和产品交叉替代弹性呈反向变化。[①] 因此，某一厂商的市场并非本地市场的总和，而是它们空间贴现后的总和。

在价格指数和区域收入给定的情况下，影响厂商决策的唯一因素是 $p_A(i)^{-\sigma}$，这就意味着它的总需求弹性为常数且等于替代弹性 σ。这样，总需求弹性就独立于需求的空间分布，即独立于两个区域农业劳动力和工业劳动力的比例。尽管这样处理很方便，但在其他条件相同的情况下，需求的价格弹性随着市场距离的增大而增大，因此上述这种处理方法具有很大的局限性。这种做法的思想是比较简单的，即在交货价格确定的情况下，由于与当地厂商之间更多的竞争或者由于地区不同的消费习惯，对产品的需求会随着距离的增加而减少。但是，所有厂商竞争的行为均会影响厂商的市场份额，因此区域价格指数影响厂商利润。事实上，在价格指数很高时，产品市场上的竞争更加激烈，推动了厂商的需求曲线上移。最后，需要注意的是，贸易成本增加将引起出口的减少，因此总需求出现下降。

在过去的几个世纪，人们为了销售自己特定的产品，不断扩大其势力范围及其文化影响区域。老普利尼（Pliny the Elder）注意到，在公元 1 世纪，由于罗马帝国的法规以及运输系统的发展，"所有产品，即使是以往未曾见过的，都开始普遍使用了"（quoted by Ferri，2005，p. 24）。最近，甚至希克斯也主张类似的事情：

> 贸易的扩张并非主要意味着更多商品的出售……随着生活必需品范围的扩大，产品种类增加了。毫无疑问，我们的商人在做贸易时准确地掌握了这一点，即同谁交易能够获得优势。

Hicks（1969，p. 56）

现在，经济学家和商业分析者都认为全球化带来的主要好处之一为产品多样化（Broda and Weinstein，2006；Spulber，2007）。DSK 模型通过贸易量的变化抓住了这一重要思想。高交易成本，比如高关税，减少了国外产品的流入，因而竞争以本地竞争为主。相反，贸易成本的降低扩大了所有地区的产品种类，因而竞争更加全球化了。

如果生产包含特定要素，生产 $q(i)$ 单位产品的成本为：

---

① 理查德·鲍德温（Richard Baldwin）首次用 ϕ 来表述贸易自由化程度。

$$C[q(i)] = fw + mwq(i)$$

我们可以采取与前面章节同样的方法，得到区域 A 生产产品 i 的均衡价格：

$$p_A^* \equiv p_A^*(i) = \frac{\sigma}{\sigma-1} m w_A$$

均衡产量等于：

$$q^* \equiv q^*(i) = \frac{(\sigma-1)f}{m}$$

因此，产品价格及产量与贸易成本以及消费者和厂商的空间分布无关。此外，每个厂商雇用 σf 个技能劳动力*，所以位于区域 r 的厂商数量 n_r 与居住在该区域的技能劳动力数量成比例。因此，在 DSK 框架下，尽管每个地区生产的产品数量相同，但贸易让消费者可以获得更多种类的产品。

请注意，如果厂商是在规模收益不变（$f=0$）的情况下经营，则每个区域生产所有的产品且其数量无限大。因此，贸易活动将无法获得利益，区域也不会卷入贸易活动中来。这一结论再次说明，发生区际或国际贸易是因为存在要素禀赋差异，或存在规模收益递增。因此，这两个概念作为传统贸易理论和新贸易理论中的基本内容不足为奇。

由于同一区域所生产的各种产品的出厂价相同，故区域的价格指数可以写成如下形式：

$$P_A = \frac{\sigma m}{\sigma-1}[n_A w_A^{-(\sigma-1)} + n_B(\tau w_B)^{-(\sigma-1)}]^{-1/(\sigma-1)} \tag{4.2}$$

在工资水平相同（$w_A = w_B$）时，如果区域 A 的厂商数量超过区域 B，则很容易证明 P_A 低于 P_B。

88 当区域 A 的工资水平高于区域 B 时，区域 A 生产的产品比区域 B 生产的产品价格要高。在这种情况下，除非贸易成本很高从而保护了区域 A 的生产者，否则区域 A 的居民对区域 B 生产的产品的需求将会很高。此时，如果贸易成本突然下降，则会促使区域 B 的制造业产品进入区域 A。读者可能会想到，目前西方国家（区域 A）和中国（区域 B）的贸易完全是这种情况的现实写照。但我们应该记住，这种情况并不是目前才出现的。在 19 世纪末，大不列颠到处都充斥着大量的德国产品，同时代的记者欧内斯特·威廉姆斯（Ernest Williams）用令人称叹的现代口吻描述了这一现象：

> 巨大的商业政府正在日益威胁着我们的财产，为世界贸易而与我们斗争。绅士读者们，观察你的周边，你将发现你身上所穿衣服的面料也许是在德国织成的。另外，也许你妻子的一些珠宝是从德国进口的。你孩子所

---

* 原文中为 $[1+m(\sigma-1)]f$，怀疑有误。实际雇用的劳动力数量为 $f+mq^* = f+m\frac{(\sigma-1)}{m}f$，因此雇用劳动力的数量为 σf，也可参见第 3 章 3.1.2.3 节。——译者注

用的玩具、洋娃娃以及小巧玲珑的书本是德国制造的。当你每次环视屋子时，恭候你的却是那些可怕的商标，带有神奇色彩地宣布，"德国制造"。

Williams（1896，pp. 10 - 11 of the third edition）

在其他条件相同时，考虑间接效用 $V = yP^{-\mu}$（第 3 章），可以看出那些拥有高名义工资和（或）低价格指数的区域的消费者的福利水平更高。这两种效应共同决定了劳动力的流动。此外，我们应当指出，经济一体化程度的加深（意味着更低的贸易成本）提高了两个区域劳动力的福利水平，因为经济一体化使得工人们能够更好地接近所有产品，从而降低了两个区域的价格指数。尽管贸易伙伴的贸易所得不同，其中生产较少产品的区域从一体化的深化过程中获得更多的好处，但随着贸易成本的下降，这一差异会逐渐缩小。

最后需要注意的是，只要厂商没有改变区位，则随着贸易成本的下降，贸易量将增加。制造业产品的贸易赤字是通过另一个部门的贸易，即农产品交易来弥补的，所以贸易收支是平衡的。换言之，产业内贸易伴随着产业间贸易，一个区域出口更多的工业品而另一个区域出口更多的农产品。农产品零贸易成本的假设意味着农产品在两地区的售价是相同的，而且农产品是在规模收益不变条件下生产的，因此农产品的价格与贸易量无关。现在可以清楚地看出，这样的假设是如何简化从而求出上述模型的解的。如果利用市场出清条件或者贸易平衡条件，在确定农产品的价格时可以放松上述两个假设。

我们在第 3 章中介绍了线性模型，对这种线性模型进行类似的空间化处理并不是很困难，可以得到与 DSK 模型相同的结论。在第 8 章中，我们将该模型与附加贸易成本一起使用，此时我们会发现，它比冰山类型的贸易成本更适合于线性模型。

备注：前文的结论以及后续章节中的内容都不要求厂商制定出厂价这一假设成立。事实上，由于两个区域的需求弹性相同，此时如果每个厂商都能够在这两个区域自由选择特定的交货价格，那么每个厂商将会选择出厂价战略。换言之，如果产品在区域 A 生产，则最大化厂商利润的两个价格为 $p_B^* = \tau p_A^*$，如果产品在区域 B 生产，则最大化利润的两个价格为 $p_A^* = \tau p_B^*$，因此每个厂商选择非歧视性定价。如果我们用 $p_B(i)$ 替代在求一阶条件之前的需求函数以及价格指数中的 $\tau p_A(i)$，则可以说明这一点。

4.2 本地市场效应

经济学家和地理学家都认为，更大的市场规模会增加厂商选择该市场作为其生产区位的可能性。[①] 一般而言，这些思想意味着那些能够接近几个市场的

[①] 有一些历史上的例子表明厂商位于大的市场区对其而言是很重要的。很少有人知道在 1870 年至 1900 年期间，卢森堡加入关税同盟，使得卢森堡率先进入德国市场，这极大地刺激了卢森堡钢铁工业的发展。

区位会给厂商带来更高的利润。事实上，正如我们所看到的那样，某区域的需求随着该地区可达性的提高和市场规模的扩大而扩大。由于产量增长同时引起了平均成本的下降，因此规模收益递增进一步提高了厂商的盈利能力。由此我们可以预测，那些选择市场规模较大地区的厂商，比选择市场规模较小地区的厂商能够获得更高的利润。从长期来看，核心区可以吸引新的厂商，从而加大核心区和边缘区之间的差异。但是，如果厂商都选择核心区作为其生产区位，则厂商之间的竞争也在加剧，这就阻碍了产业进一步向核心区聚集的趋势。这种讨论的目的，就是要确定由两种相反的力量共同作用所导致的被称为"本地市场效应"（HME）的效应。

这里的经济体与我们在前面章节描述的经济体类似。但是，在这里我们关注区际资本流动，因而适当调整 DSK 模型：（1）制造业部门的生产要素为劳动力和资本；（2）劳动力是同质的，并且每个劳动力拥有 1 单位劳动；（3）劳动力在部门间可以自由选择就业，并且区域劳动力的供给足以提供农产品的生产以支持区际资本配置，这意味着两部门工资相同且等于 1；（4）资本属于全部劳动者所有，因此，在不失一般性的情况下，我们假设每个劳动者拥有 1 单位资本；（5）产品 i 的生产成本为：

$$C[q(i)] = fr + mq(i)$$

其中，f 为固定资本需求，r 为资本的租金，m 为边际劳动需求（记住工资率等于 1）。[①]

4.2.1　两区域的情况

劳动者总人数为 L。居住在区域 A 的劳动者份额为 $\theta \geqslant 1/2$，居住在区域 B 的劳动者份额为 $1-\theta$。此外，资本收益的区际分布与此份额相同。虽然两个地区相对要素禀赋相同，不存在任何赫克歇尔-俄林类型的比较优势，但区域 A 在规模上具有优势。[②]

资本可以自由流动，流向 A 和 B 两个区域中资本回报率更高的区域，但是劳动力在空间上不能流动，这也许是劳动力流动障碍多于资本流动障碍的缘故。经济体全部的资本存量等于全部的人口规模 L。由于每个厂商需要使用 $f > 0$ 单位的资本，故市场出清时，厂商总数为：

$$N^* = L/f$$

因而，

---

① 只要属于区域 A 的居民的资本总量等于 θ，则资本所有权的均匀分布在这里没有任何影响。

② 为了说明这一点，考虑欧盟 15 国：成员国之间的相对禀赋非常相似，但市场规模很不一样。

$$n_A = \frac{\lambda L}{f}, n_B = \frac{(1-\lambda)L}{f} \qquad (4.3)$$

其中，λ 表示投资在区域 A 的资本份额。[①] 另外，利用 $(\theta-\lambda)L<0[(\theta-\lambda)L>0]$ 度量规模较大区域输入（输出）的资本总额。

尽管资本是流动的，但资本所有者是不流动的，并且在他们所居住的地区消费资本收益。因此，区域收入水平由下式给出：

$$Y_A(\lambda) = [1+r_A(\lambda)]\theta L, Y_B(\lambda) = [1+r_B(\lambda)](1-\theta)L \qquad (4.4)$$

每个消费者的需求随着消费者名义收入水平的变化而变化。名义收入为外生变量，而且从实际资本使用区域返回到资本所有者所在地区，因而与原有厂商的分布有关。由于资本所有者不流动，在空间均衡时资本的名义收益率必然在各处都相同[②]：

$$r_A(\lambda) = r_B(\lambda) = r(\lambda) \qquad (4.5)$$

如上文所分析，并根据此处 $w_A = w_B = 1$，从一阶条件可以得出：

$$p_A^* = \frac{m\sigma}{\sigma-1}, p_{AB}^* = \frac{\tau m\sigma}{\sigma-1} \qquad (4.6)$$

这对于区域 A 的所有厂商都相同。因此，价格指数变为：

$$P_A = \frac{m\sigma}{\sigma-1}(n_A + \phi n_B)^{-1/(\sigma-1)} \qquad (4.7)$$

尽管厂商的均衡价格与其分布无关，但任何有利于规模较大区域的厂商分布的变化都会影响价格指数，使得价格指数下降，从而扩大对本地产品的需求。这一效应是由贸易成本下降引起的。另外，由于该区域生产众多的差异化产品，因而每种产品的市场变小，这种变化引起该区域生产的每种产品的需求减少，因而利润下降。这就是市场拥挤效应，它阻碍厂商聚集。

此外，我们假设每个区域有足够数量的潜在的企业家，这些企业家想方设法吸引资本留在本区域。为了达到吸引更多资本的目标，他们提供给资本所有者越来越高的回报，这种过程持续到进入该区域的资本所有者获得零利润为止。换言之，尽管厂商总数目 N^* 是固定的，但厂商可以自由进入市场。此时，经营利润正好补偿资本成本：

$$\pi_A \equiv p_A^* q_{AA} + p_{AB}^* q_{AB} - m(q_{AA} + \tau q_{AB}) - fr(\lambda) = 0 \qquad (4.8)$$

如果 $q_A = q_{AA} + \tau q_{AB}$ 表示区域 A 的厂商的产出量，则表达式（4.6）和（4.8）意味着：

$$r_A(\lambda) = \frac{mq_A}{f(\sigma-1)} \qquad (4.9)$$

再者，在前面的章节中我们看到区域 A 所生产的产品 i 的需求为：

---

① 这里需要注意连续性假设的另一优势，即它允许我们考虑资本份额的连续分布，但是每个厂商只有一个区位。

② 因此，在均衡时存在着要素价格均等化。

$$q_A = \mu(P_A^{\sigma-1} Y_A + \phi P_B^{\sigma-1} Y_B) p_A^{-\sigma} \qquad (4.10)$$

根据产品 i 的市场出清条件，我们可以确定厂商的均衡产量。不同于我们在 DSK 模型中所看到的情况，此时厂商的均衡产量随着资本分布的变化而变化。把式（4.6）和式（4.7）代入式（4.10）中，我们可以得到：

$$q_A^*(\lambda) = \frac{\mu(\sigma-1)}{m\sigma}\left(\frac{Y_A}{n_A + \phi n_B} + \frac{\phi Y_B}{\phi n_A + n_B}\right) \qquad (4.11)$$

把式（4.3）和式（4.4）代入式（4.11）中，再把结果代入式（4.9）并化简，则我们可以得到：

$$r_A(\lambda) = \frac{\mu}{\sigma}\left[\frac{\theta(1+r_A)}{\lambda + \phi(1-\lambda)} + \frac{\phi(1-\theta)(1+r_B)}{\phi\lambda + (1-\lambda)}\right] \qquad (4.12)$$

根据 $r_B(\lambda)$ 的相应表达式，均衡条件（4.5）可以写成：

$$\frac{\theta}{\lambda + \phi(1-\lambda)} + \frac{\phi(1-\theta)}{\phi\lambda + (1-\lambda)} = \frac{(1-\theta)}{\phi\lambda + (1-\lambda)} + \frac{\phi\theta}{\lambda + \phi(1-\lambda)}$$

求解，得出均衡厂商的分布：

$$\lambda^*(\theta) = \frac{1}{2} + \frac{1+\phi}{1-\phi}\left(\theta - \frac{1}{2}\right) \geqslant \theta \geqslant \frac{1}{2} \qquad (4.13)$$

由于 $\phi > 0$，因此如果 $\theta > 1/2$，我们就可以得到 $\lambda^* > \theta$。因此，市场规模较大区域（由人口规模和需求规模决定）吸引更大比例的厂商进入具有规模收益递增特征的部门。也就是说，规模较小区域向规模较大区域输出资本，这就是本地市场效应。由于规模较大区域具有比较优势，很自然地会吸引更多的厂商。我们所未曾预料到的是，厂商份额超出了该区域的相对规模，这意味着初始优势被放大了。此外，包含 λ^* 和 θ 的关系式（4.13）是线性的。这一特性极大地简化了本地市场效应的计量估计过程。在第 12 章，我们将讨论这一问题。

由于规模较大区域同时也是提供众多产品种类的地区，故它是制造业产品的净出口区和农产品的净进口区。因此，这两个区域实现了不完全的专业化生产，即规模较大区域主要生产制造业产品，规模较小区域主要生产农产品。这种类型的专业化与李嘉图的比较优势无关，在这里起作用的作用力与李嘉图模型中的作用力在本质上是完全不同的。事实上，这些作用力是市场接近效应和市场拥挤效应相互作用的结果。

为了强调聚集力和分散力之间的均衡，有必要把式（4.13）重新写成如下形式：

$$(1+\phi)\left(\theta - \frac{1}{2}\right) = (1-\phi)\left(\lambda^* - \frac{1}{2}\right) \qquad (4.14)$$

该方程左边表示聚集力，右边表示分散力。如果 $(1+\phi)(\theta-1/2) > (1-\phi)(\lambda^*-1/2)$，则 $r_A(\lambda) > r_B(\lambda)$，因而更多的资本被投入规模较大区域。随着规模较大区域市场规模的扩大以及贸易成本的降低，聚集力变得更强。相反，如果$(1-\phi)(\lambda^*-1/2)>(1+\phi)(\theta-1/2)$，则更多的资本被吸引到规模较小的区域。此时，分散力就取决于厂商分布（λ），且随着贸易成本的增加，分散力强度也变得更大。在均衡时，两种作用力在λ^*点处实现均衡。

本地市场效应强度随着贸易成本的变化而变化。对于一个给定的θ值，很容易证明$\lambda^*(\theta)$随ϕ的变大而变大。尤其是，在经济一体化加深的过程中，式（4.14）表明聚集力强度在增强而分散力强度在减弱。这一结果可以这样理解，即：一方面，经济一体化程度的深化使得向规模较小区域出口更加容易，这使得规模较大区域的厂商充分利用规模经济；另一方面，一体化程度的加深，弱化了规模较小区域因地理上的隔离而拥有的优势。这两种效应推动了制造业部门更大规模地聚集，这也意味着随着贸易成本的下降，规模较小区域的工业化进程受阻而规模较大区域受益。

把λ的均衡值代入式（4.5）中，则我们可以得到均衡时的资本回报率：

$$r^* = \frac{\mu}{\sigma-\mu}$$

该值与区域市场规模以及区域一体化程度无关。这是因为资本市场完全一体化了的缘故，即资本可以在两个区域任意投资，而不管资本所有者的具体区位。另外，该表达式表明，较高的产品差异化程度以及较大份额的制造业部门能够让厂商获得更多利润，因此也就能保证两个区域的资本回报率更高。

本地市场效应的另一个重要含义是，如果$\phi<1$，则经济一体化程度的加深将导致区际差异的扩大。事实上，均衡资本回报率与ϕ无关，因此也与区域名义收入无关。这样，消费者个体的福利水平完全取决于区域价格指数的差异。随着贸易成本的降低，两个地区的价格指数都将下降，但P_A的下降速度快于P_B的下降速度。因此，尽管所有消费者都受益于一体化进程，但随着经济一体化程度的加深，规模较小的区域的利益受到损害，从而加剧了区域差异。贸易自由化提高了资本流动性而非替代了资本流动，从而扩大了两个经济体的差异。

本地市场效应对贸易政策有从未预料到的重要意义，比如欧盟为加强合作而实施的一些政策。欧盟建设的新的基础设施通过降低双向货物运输成本将增加规模较小地区的进出口。但我们刚才看到，低运输成本可能会导致一些厂商离开规模较小地区，因此并不能缩小区际差异。这种结论可以解释为何那些为实现欧盟内部经济活动均衡分布目标而制定的欧盟区域政策是无效的（Midelfart-Knarvik and Overman，2002；Vickerman et al.，1999）。

在这方面，有一些内容需要注意。第一，很容易证明如下式子：

$$\frac{\mathrm{d}\lambda^*}{\mathrm{d}\theta} = \frac{1+\phi}{1-\phi} > 1$$

这就表明，规模较大区域厂商所占份额的增长快于当地消费者所占份额的增长。比较容易证明这一性质与上面描述的本地市场效应是等同的。第二，由于$\mathrm{d}^2\lambda^*/\mathrm{d}\theta\mathrm{d}\phi>0$且$\mathrm{d}\phi/\mathrm{d}\sigma<0$，因而$\mathrm{d}^2\lambda^*/\mathrm{d}\theta\mathrm{d}\sigma<0$。这意味着，产品差异化程度的提高（$\sigma$更小）导致区际差异的进一步扩大。其原因基于这样一

个事实，即产品差异化程度的提高使得厂商索要更高的价格，这就减弱了市场拥挤效应。第三，尽管假设厂商是相同的，但它们的区位选择是不相同的，有些选择规模较大区域，而另一些选择规模较小区域。

在研究三个地区的情况之前我们应该指出，如果 θ 超出临界值 $\bar{\theta}$，则 $\lambda^* = 1$。$\bar{\theta}$ 由下式给出：

$$\bar{\theta} \equiv \frac{1}{1+\phi} \geq \frac{1}{2}$$

95　　　　在这种情况下，所有厂商都聚集在规模较大的区域。从 $\bar{\theta}$ 的定义来看，当贸易成本下降时，更有可能发生完全聚集。另外，正如所预期的那样，区域规模越不对称（θ 变大），规模较大的地区就越有可能吸引全部的制造业。相反，如果这两个区域的规模完全相同（$\theta = 1/2$），则这两个区域的厂商是对称分布的（$\lambda^* = 1/2$）。

4.2.2　多区域的情况

尽管上文的结论告诉了我们一些重要的事实，但它们依赖于经济是由两个区域组成的假设。当面对两个以上区域时，至少产生了两个不易回答的问题。第一个问题涉及这样一个事实，即对于任何一对区域而言，本地市场效应的定义与两区域模型中的定义是类似的。按照这种思路，如果 θ_r 是位于区域 r 的消费者的份额，且 λ_r 是投资在区域 r 的资本份额，那么本地市场效应表明，当且仅当 θ_r 超出 θ_s 时，必须有 $\lambda_r/\theta_r > \lambda_s/\theta_s$。换言之，对任何两个以上区域而言，支出份额大的区域将吸引更大比例的厂商。此外，多区域框架的另一个基本事实是，市场可达性在区域之间是不相同的。准确地说，两个区域之间原有的贸易成本有可能随着区域数量的不同而发生变化，这意味着区域在整个相互作用网络中的相对位置是至关重要的。[①] 因此我们可以预测，所有区域的区位和规模都对厂商区位有重要的影响。在这种情况下，本地市场效应如何发生变化？在本节中，我们将通过 A、B、C 三个区域的情况来说明这些问题。我们将利用下标 r 和 s，即 $r, s = $ A、B 或 C。

我们假设区域 A 和 C 规模相同 $[(1-\theta)/2]$，区域 B 的规模较大（$\theta > 1/3$）。另外，假设市场的地理形状为等腰三角形，区域 A 和 B 之间的距离与区域 C 和 B 之间的距离相等。两种极端的情况是：区域 B 位于线段 AC 的中间以及位
96　于线段 AC 的垂直平分线的任意一个点上。因此我们所讨论的经济体可以通过以下参数来描述[②]：

---

① 区位理论在很久以前就已经强调过这一点了，可以参见贝克曼和蒂斯（1986）。

② 我们假设 δ 大于等于 $\sqrt{\phi}$ 是因为下面的原因。当区域 A、B、C 位于同一条直线上时，从 A 经由 B 到达 C 意味着贸易自由度为 $\phi_{AB}\phi_{BC} = \phi^2/\delta^2$，这与从 A 直接到 C 的贸易自由度是相同的，即 ϕ。因此，$\delta = \sqrt{\phi}$。

$$(\theta_A,\theta_B,\theta_C)=\left[\frac{1}{2}(1-\theta),\theta,\frac{1}{2}(1-\theta)\right],1/3<\theta<1$$

$$\phi_{AC}=\phi_{CA}=\phi,\phi_{AB}=\phi_{BA}=\phi_{BC}=\phi_{CB}=\phi/\delta,\delta\in\left[\sqrt{\phi},\infty\right)$$

其中，ϕ 值表示贸易成本的变化情况。我们可以把 δ 在两个端点 $\sqrt{\phi}$ 和 ∞ 之间的变化过程与市场结构的变化联系起来。首先，如果 $\delta=\sqrt{\phi}$，区域 B 位于区域 A 和区域 C 连线的中间。其次，如果 $\phi<\sqrt{\phi}<\delta<1$，这三个地区形成了一个钝角三角形，其中区域 B 仍然比较容易进入其他两个区域，具有相对优势。在这种情况下，区域 B 可以被看作全球经济的中心；当 $\delta=1$ 时，这三个区域形成等边三角形。最后，如果 $\delta>1$，这三个区域形成了一个锐角三角形，区域 B 处于"边缘"的位置，随着 δ 变大，区域 B 越来越边缘化。当 δ 趋向于 ∞ 时，出现了极端情况，即区域 B 变成自给自足的经济体。

由于每个地区生产大量产品时，产品市场的均衡条件都是线性的〔见式 (4.11)〕，故此时它们具有唯一的解。此外，区域 A 和区域 C 的市场在空间上的对称分布表明，两个地区的厂商份额相同，均为 $(1-\lambda_B^*)/2$。因此，空间均衡的确定，找到能够满足等式 $r_A(\lambda_B)=r_B(\lambda_B)$ 的 λ_B^* 即可。通过采取与两个区域时相同的方法，可知区域 B 的厂商份额为：

$$\begin{aligned}\lambda_B^*(\delta)&=\frac{\delta^2(1+\phi)\theta-\delta\phi(1+\phi)+2\phi^2(1-\theta)}{(\delta-\phi)(\delta+\delta\phi-2\phi)}\\&=\frac{\delta(1+\phi)}{\delta(1+\phi)-2\phi}\theta-\frac{\phi}{\delta-\phi}(1-\theta)\end{aligned}\tag{4.15}$$

在式 (4.15) 中，第二个表达式由第一个表达式中的 $\delta\phi(1+\phi)$ 乘以 $(\theta+1-\theta)$ 得到。利用 $\theta_A+\theta_C=1-\theta$ 和 $\theta_B=\theta$，可以得出：

$$\lambda_B^*(\delta)=-\frac{\phi}{\delta-\phi}\theta_A+\frac{\delta(1+\phi)}{\delta(1+\phi)-2\phi}\theta_B-\frac{\phi}{\delta-\phi}\theta_C$$

上式表明，$\lambda_B^*(\delta)$ 为市场规模的线性组合，相关的系数由区域间的易接近性来确定。

97 由于 $\theta>1/3$ 以及 $\delta\in\left[\sqrt{\phi},1\right)$，因此根据式 (4.15) 很容易证明如下式子成立：

$$\frac{\lambda_B^*(\delta)}{\theta}>1>\frac{\lambda_A^*(\delta)}{(1-\theta)/2}=\frac{\lambda_C^*(\delta)}{(1-\theta)/2}$$

换言之，规模较大的区域具有区位优势，本地市场效应总是存在。当 $\delta=1$ 时，我们可以得到：

$$\lambda_B^*=\frac{1+2\phi}{1-\phi}\theta-\frac{\phi}{1-\phi}$$

只要 $\theta>1/3$，上式的值总是大于 θ。因此，当市场结构对称（$\delta=1$）时，本地市场效应同样存在，这也证实了我们在两个区域情况下所得到的结论。如果 $\delta>1$，将会出现什么情况呢？

容易证明，当满足如下不等式时：

$$\frac{1}{3}<\frac{1+\phi}{3+\phi}<\theta<1 \tag{4.16}$$

$\lambda_B^*(\delta)$随着δ的增大而减小。另外，如果满足如下不等式：

$$\frac{1}{3}<\theta<\frac{1+\phi}{3+\phi} \tag{4.17}$$

则随着δ的增加，$\lambda_B^*(\delta)$在区间$[\sqrt{\phi},\hat{\delta})$减小而在区间$[\hat{\delta},\infty)$增大。$\hat{\delta}$由下式给出：

$$\hat{\delta}\equiv\frac{\phi[2-4\theta+2\phi-4\theta\phi+(1-\phi)\sqrt{2\theta(1-\theta)(1+\phi)}]}{(1+\phi)[1+\phi-\theta(3+\phi)]}>1$$

总之，在区间$\sqrt{\phi}\leqslant\delta\leqslant1$，$\lambda_B^*(\delta)$总是随着$\delta$的增大而减小，这意味着当区域B位于区域A和区域C的连线的中间时，区域B具有最高份额的制造业部门。因此，提高中心地市场的可达性，则该区域更具有吸引力。[①]

当$\delta>1$时，情况会发生变化。当式（4.16）成立时，区域B总是拥有超出θ的厂商份额。此外，对于给定的ϕ值，区域B的区位劣势越明显（δ变大），则本地市场效应越弱。事实上，当δ趋向于∞时，$\lambda_B^*(\infty)=\theta$，达到最小值。因此，只要区域B的规模足够大，则总存在本地市场效应，而与区域的相对位置无关。尽管区域B存在区位上的劣势（$\delta>1$），但它的市场足够大，因此完全可以吸引更大比例的厂商。

98   另外，如果式（4.17）成立，则$\lambda_B^*(\delta)$与δ之间并非单调递减的关系，而是呈U形的关系。$\lambda_B^*(\delta)$的最小值等于：

$$\max\left\{\frac{2\sqrt{2\theta(1-\theta)(1+\phi)}-1-\phi}{1-\phi},0\right\}$$

此时，$\lambda_B^*(\delta)<\theta$。在这种情况下，由于规模较大区域离其他两个区域很远，因此失去了吸引力。这样，规模较大区域的规模优势变得很弱，以至无法弥补它与其他经济体之间很差的可达性。当然，此时也就没有任何本地市场效应，规模较大区域再也无法持续保持住其像磁铁一样吸引厂商的功能了。因此，我们可以说，规模较大区域的吸引力主要取决于其在市场空间中的相对位置，这也证实了盖洛普等（Gallup et al.，1999）的结论，即自然地理影响经济发展的水平。

然而，当规模较大区域远离其他市场区（δ很大）时，相对于其他两个区域接近它的市场的情况而言，更容易吸引资本。这是因为位于区域B的厂商受到更好的保护，免受国外厂商竞争的缘故。正如前文所述，在不同的情况下，市场可达性的提高未必是促使市场规模较大的内陆地区实现工业化的好途径。

[①]   但是需要注意，式（4.15）表明，一旦区域B的市场规模变小，则它不再是资本流入区域而是资本流出区域。换言之，为提高自身的吸引力，规模较小区域通过建设新的交通基础设施来改善本身可达性的做法常常是无效的。

4.3　结束语

　　在 4.1 节，我们看到了当区际交易存在贸易成本时，DSK 模型是如何确定两个开放经济体之间的贸易流（产业内和产业间贸易）问题的。在不存在生产要素流动时，所有代理人都从经济一体化中受益。然而，市场规模差异影响了区域经济，制造业部门在两个区域的不平衡分布同时也导致了福利水平的不平衡。但是，随着贸易成本的下降，这种福利水平差异逐渐缩小。

　　在 4.2 节中，我们详细探讨了市场规模较大区域比市场规模较小区域的厂商获得更多收益，从而规模较大区域可以吸引更多厂商的观点。经济学和地理学都认同市场占优这一传统的观点。但是，由厂商之间的竞争导致的分散力，只是最近才被引入经济学中。正是这两个力量之间的权衡决定了规模较大市场中制造业部门的集聚程度，它放大了最初的规模优势。换言之，当厂商的生产区位是内生决定的时，市场规模差异所引起的区域差异随着市场一体化程度的加深而扩大。也就是说，基于资本流动与否，贸易自由化对经济体会产生截然不同的结果。在国际贸易中，所有生产要素均是不能流动的，而在经济地理学中，一些要素是可以流动的，这是两者间关键性的区别。对多区域情况的分析告诉我们，除了市场规模效应，市场的相对位置也是决定厂商空间分布的重要因素。也就是说，市场规模和市场接近性对厂商选择区位都是至关重要的。在下一章中我们将讨论，如何利用这种结论来解释和预测商品和要素的区际流动强度。

　　本地市场效应的一个重要特征是，厂商区位并不一定与资本所有者的区位相同。实际上，资本所有者的区位为外生的，而且资本是流动的，可以投资于任何地区。由于资本收益返回到资本所有者手里，资本收益在资本所有者所在地区被消费，因此，生产和消费是分离的。相反，在第 6 章中我们将不再假设物质资本流动，而是假设人力资本以技能劳动力的形式流动。这意味着这些劳动力在他们从事生产的区位进行消费。这种变动引入了新的聚集力和分散力，从而大大地丰富了本地市场效应。

　　在许多科学领域，当从一维过渡到二维时，出现了许多基本概念方面的困难。在经济地理学中，这种困难首先出现在从两个地区过渡到三个地区的时候。其原因是，当只有两个地区时，两个地区之间只有一种相互作用方式，即直接的方式；但当有三个地区时，这些地区之间有两种相互作用方式，即直接的方式和间接的方式。换言之，在多区域系统中存在被称为"第三效应"的效应，这种效应与第一天性和第二天性的要素相互结合。这些极其复杂的相互关系反馈到模型中，使得分析难度加大。如何处理这种极其复杂的相互依赖的空间模式，将成为经济地理学未来在理论和实证研究领域所面临的重要挑战之一。

　　尽管本章所提到的模型强调了经济地理学的作用，但它们还是受到很多限制。比如，为了显现本地市场效应，一开始时假定了区域之间外生的非对称程度（在两个区域的情况下为 $\theta > 1/2$，在三个区域的情况下为 $\theta > 1/3$）。[①] 相反，我们在第 6 章和第 7 章中将看到，由于内生收入效应的存在，当经济一体化程度加深时，原来规模相同的两个区域之间开始出现收入上的差异，从而形成内生的空间非均衡。

4.4　相关文献

冰山类型的成本作为不同形式的交易成本被引入模型中，因而读者有很多机会将之运用到不同的经济领域。赫尔普曼和克鲁格曼（1985）是新贸易理论中最重要的参考文献。芬斯特拉（Feenstra，2004）最近对贸易理论中新的研究内容做出了详细的综述。HME（本地市场效应）是由克鲁格曼（1980）提出的，但是读者可以查阅黑德等（Head et al.，2002）获取更多详细的分析。在本章中我们采用了由马丁和罗杰斯（Martin and Rogers，1995）提出的HME 表达式，该模型又称为自由资本模型。贝伦斯等（2005）把赫尔普曼-克鲁格曼模型一般化为包括任意数量的区域以及不同贸易成本的矩阵形式。奥塔维诺和蒂斯（2004）研究了线性类型的 HME。郁（Yu，2005）指出，HME可能为正、负或不存在，这取决于同质产品和差异化产品之间的需求替代弹性。HME 模型中资本完全流动的假设不能完全得到证实，现实证据表明，在国际股权持有方面存在着比较明显的本国倾向（Ahearne et al.，2004）。据我们所知，目前还没有经济地理学模型能够解决投资决策中倾向于本地的问题。最后，有关详细的空间价格理论的概述，读者可以参阅贝克曼和蒂斯（1986）以及格林赫特等（Greenhut et al.，1987）。

[①]　当区域市场规模完全相同时，不管贸易成本如何变化，它们将始终保持不变。这就表明，那些区域或国家完全相同的标准假设是具有很强的局限性的。

第 5 章　引力与贸易成本

101　　根据牛顿万有引力定律，两物体之间的引力与它们质量的乘积成正比，与距离的平方成反比。在物理学上，一个物体被定义为一个无空间维度的质点，这让人联想到在标准的国际贸易理论中，国家被看作无空间维度的实体。在太阳系中，一旦物体开始运动，则在万有引力定律的作用下形成一种作用力系统，控制着这些物体的运行。因此，如下假设似乎是合理的，即把国家或地区等经济事物看成是受推动力与牵引力影响的实体，而这种推动力与牵引力的强度取决于经济事物的规模与彼此之间的距离。进一步类推，则正如在一些为数不多的行星中引力吸引物质一样，相当有限的人类居住地中的经济活动也吸引厂商与家庭。也正如既存在大行星也存在小行星一样，人类居住点既有大的也有小的，而这种规模常常涉及厂商与家庭的不同组合。不过，这些居住点之间在人口、产品和信息方面的交流活动要比引力作用下的吸附活动更为明显。

　　因此，19 世纪"社会物理学"的出现并不令人惊奇，它突出了人们偏好于相互联系的习性，这与物理学中物体之间的相互作用非常相似（Carey，1858）。社会物理学最初的应用是对国家、地区或城市之间的人口迁移的研究（Ravenstein，1885；Young，1924）。引力模型，即社会科学家们对修正之后的引力定律的称呼，主要考虑两个地区的人口规模以及彼此之间的距离。尤其是它包含了这样两种基本特征，即规模较大的地区会吸引更多的人口，距离较近的地区相互影响更加明显。后来，社会科学家们根据这些思想解释了选择不

同城市区域进行购买活动的消费者的行为（Reilly，1931）。最后，丁伯根
102 （Tinbergen，1962）在国际贸易框架下又深入讨论了这种观点。现在，流量用国家的进口与出口来表示，而国家规模用其 GDP 来表示。尽管引力模型缺乏早期的微观经济基础，然而它却具有在社会科学领域鲜有的实证研究方面的重要意义（Leamer and Levinsohn，1994）。[①]

引力模型是以考虑空间实体所具有的一些特征，以及这些实体在空间中的相对位置为基础建立起来的。因此，它把彼此在地理上的接近性作为国家间贸易的一个主要原因。这一点可能与一般的观点不一致。一般观点认为第二次世界大战后贸易增长的主要引擎之一在于距离专制的逐步消失。更加普遍的观点是，地理接近性对国际贸易的影响已被削弱。与此相反，贸易成本，尤其是国家间的贸易成本仍然很高。据安德森和范温库普（Anderson and van Wincoop，2004）的估算，发达国家的平均贸易成本相当于制造业产品离岸价格的 170%，这一成本对那种认为距离与空间正从经济生活中消失的主张而言已经相当高了。同样，赫梅尔斯（Hummels，2007）的研究显示，国际运输成本随着距离的增大仍然在急剧增加且比关税更重要。

本章的目的在于为评价经济活动区位、贸易成本水平、贸易流强度等之间的各种联系提供一种估测方法。5.1 节将介绍引力模型。引力模型最重要的特征之一是它在经验分析方面的拟合优度。这一模型往往能够成功地预测双边贸易流，但它需要理论上的解释，即需要说明为什么该模型能够很好地解释实际贸易流。我们将说明该模型能够与第 4 章介绍的 DSK 模型联系起来，从而赋予引力模型合理的微观基础。[②] 同时，这种关系能够使我们更好地把握引力模型的优点与局限性。最后，从经济学角度看，认为国家间的地理距离不能充分解释贸易成本是很正常的。如何估测这些成本正是 5.2 节所要讨论的问题。

5.1 引力模型

103 我们从估测贸易流的细节开始，然后讨论其他类型的流动，例如资本转移与知识溢出等，这些也受到引力作用的影响。

5.1.1 引力与双边贸易

在传统的引力模型中，双边贸易流与双方的规模正相关，与贸易成本水平

① 应该强调的是，引力模型是在人文地理学最丰富的分支之一，即空间相互作用理论的基础上建立起来的。该理论预测位于地理空间中的所有实体间的各种类型的流动（Anas，1987；Sen and Smith，1995；Wilson，1970）。

② 这两个模型之间存在一种紧密的联系并不令人吃惊。实际上，我们早就知道二者与逻辑特模型有密切关系（Anas，1983；Anderson et al.，1992）。

负相关。国家规模通常用其 GDP 来衡量，贸易成本则用它们之间的距离来度量。[1] 用 Y_r 表示国家 r 的 GDP，用 X_{rs} 表示从国家 r 向国家 s 的出口，用 d_{rs} 表示这两个国家之间的距离，则最初的引力模型如下：

$$X_{rs} = G\frac{Y_r^\alpha Y_s^\beta}{d_{rs}^\delta} \tag{5.1}$$

其中，G、α、β 和 δ 为待估参数。参数 δ 是衡量贸易对贸易伙伴之间距离的敏感度的指标。较高的 δ 值意味着，地理上的接近性是确定两国双边贸易的关键因素；较低的 δ 值意味着，无论对近距离的两国还是远距离的两国，它们之间的贸易强度都是类似的。

式（5.1）的相乘形式意味着，可以通过取对数的方法来估测式中的参数，可以得到如下对数线性关系：

$$\ln X_{rs} = \ln G + \alpha \ln Y_r + \beta \ln Y_s - \delta \ln d_{rs} + \varepsilon_{rs} \tag{5.2}$$

其中，ε_{rs} 表示误差项，它没有经济学含义，只是用来控制估计误差。在式（5.2）中，参数 δ 度量贸易对距离的弹性。当距离对贸易强度没有影响时，参数 δ 的取值为零。尽管在不同的研究中，δ 的估计值会发生变化，但一般它均取正值。因此我们可以把式（5.1）解释为各种经济力相互作用的结果。在这种情况下，Y_r 表示国家 r 愿意出售的数量，Y_s 表示国家 s 愿意购买的数量，距离则表示两国之间运输商品所支付的成本。虽然对所有这些估计结果提供详细的分析是很困难的，然而通过一个一时很难想起来的例子来说明引力模型的重要性是值得的，即古代美索不达米亚平原不同城市之间的贸易（Bossuyt et al.，2001）。

在该地区几处城市遗址的考古发掘中，考古学家出土了相当数量的土简，这些土简上记录了 5 000 年前的一个贸易体系中的城市的名称。不用说，没有人能知道这些城市间的贸易量的大小。不过，进行如下假设看起来是合理的，即用一个城市在另一个城市出土的土简中被提及的次数来代表这两个城市之间双边贸易的强度。这样，就可以用它来代式（5.2）中的 X_{rs}。基于这一含有 30 个已知准确位置的城市的样本，Y_r 的值可以用样本中所有其他城市在城市 r 的档案资料中被提及的次数来近似地表示。[2] 最后，d_{rs} 是根据考古学家确定的路线、以公里为单位计算而得，它取决于所采用的运输方式（用骡驮运或是船运），并包括从半天到 80 天不等的运输时间。

计算结果表明，式（5.2）的总体拟合程度是很好的。但出人意料的是参数 δ 的估测值，其值 0.21 明显低于我们将要在下文看到的现代经济情况下的

---

① 在本章涉及的是国家，这是因为绝大部分分析最初都建立在国家的基础上，不过，相同的逻辑同样适用于地区之间。

② 值得记住的是，许多档案已经丢失，因为相当多的土简已经遗失，而且不同位置的考古挖掘强度也是不同的。所以，只发现了部分可用的资料。因此，博萨伊特等（Bossuyt et al.，2001）在表达式中加入了一些二元变量，以此来考虑由挖掘强度、获取土简的途径以及一个城市在由幼发拉底河和底格里斯河组成的河网中所处的位置等方面的不同所造成的影响。

值。博萨伊特等据此推断，古代美索不达米亚平原已经是高度一体化的贸易集团了，原因可能是该地区自然资源的缺乏使得贸易对于各个城市的生存来说是不可或缺的。

仔细考虑，则距离增加会减少贸易量这一事实是再正常不过的了，因为实在想不出地理上的接近性不能加强彼此之间的相互交换的理由。更有趣的是这种距离和贸易之间关系的长期演变过程。因估测时使用的数据和方法各不相同，仅仅从比较现有研究的过程中很难得出适当的结论。然而，蒂斯迪尔和黑德（Disdier and Head，2008）对78篇用双边贸易数据来估测引力模型的文章进行了整合分析。这种研究显然无异于在冒比较苹果和梨的风险。不过，通过仔细选择样本，作者说明了如何显著地减少因研究方法的不同而造成的影响。他们的主要结论如下。正像预期的那样，在1870年至1950年间，距离对双边贸易流的影响趋于轻微地减弱，但令人奇怪的是，这一影响自1950年后再次变大。蒂斯迪尔和黑德还注意到距离对发展中国家的影响可能更大。这可能是由这些国家质量低劣的交通基础设施所致（我们将在本章最后一节再回来分析这一点）。最后，他们计算出平均的距离弹性值为0.89，证明了距离对贸易流的强度有显著影响这一事实。因此，距离增加一倍通常使贸易流减少近一半。

值得强调的是，这一平均值可能掩盖了贸易商品异质性的重要性。例如，正如所预期的那样，建筑材料的贸易对于距离的敏感程度一定高于许多其他商品的敏感程度。另一种极端情况是，由于现代通信设备的发展，人们可能认为服务业不会受到距离专制所束缚。对于整体的服务业，或者更具体地说，对于商业服务来说，这种直觉正好是错误的。服务业贸易的距离弹性，即使不大于有形商品贸易的距离弹性，也至少与之相同（Ceglowski，2006；Head et al.，2007）。这可能是因为服务业贸易需要面对面接触的缘故。但是，在近期的研究中，萨拉坎等（Tharakan et al.，2005）深入研究具体细节后发现，距离对印度软件出口的影响是微乎其微的。因此在这种情况下，距离与无形商品的贸易没有相关性。

5.1.2　引力是否普遍存在

目前，引力模型已经被用来研究距离对更广范畴的贸易流的影响，如投资组合、外商直接投资以及技术扩散等。关于投资组合的情况，波特斯和雷伊（Portes and Rey，2005）得出的距离弹性值为0.88，该数值对全球化的金融世界而言是相当大的。这些作者表明，距离的这一影响部分来自国家之间的信息不对称。

关于外商直接投资（FDI）的情况，通常需要投资者长期的策略性承诺。迪莫罗（Di Mauro，2000）得出的距离弹性值为0.42，而斯坦和多德（Stein and Daude，2002）根据大样本得出的距离弹性值为 0.51。这里，距离无疑代表了一种不同于投资组合所涉及的成本。具体来说，在 FDI 决策中厂商总部对其所有经营活动的协调是至关重要的。然而，距离的存在使得总部难以监控其海外公司的经营活动，因此在其他条件相同的情况下，很远的地区相对缺乏吸引力。斯坦和多德发现了另一个有趣的现象，即在地球南北轴线上和东西轴线上，距离对投资流的影响是不同的。当子公司位于不同时区的国家时，总部协调跨国经营活动所需支付的成本显然会更多。如果位于洛杉矶的总部在上午11：00 发现了经营活动中存在的问题，而此时巴黎已经是下午 8：00，那么负责解决这些问题的人将会在第二天早晨才发现该问题，但此时洛杉矶已经是午夜了。由于解决方案在当天很晚才得以贯彻执行，因此总部所支付的代价是相当昂贵的。把国家之间的时差引入回归分析时，我们会得出惊人的结论，即此时距离的影响完全消失了，而仅仅一个小时的时差却使得双边的直接投资存量减少将近 24％。同样，人们预期交通运输与通信技术的改进会消除距离的影响，但情况并非一定如此。虽然对邻近时区的国家进行投资时，距离对投资流的影响程度相对较小，但在东西轴向上，距离的影响程度将随时间的推移增加而不是减少。

自从雷文斯坦（Ravenstein，1885）的开创性研究工作后，人们已经知道距离对移民流具有重要的影响（Clark，1986）。人们可能还想知道在何种程度上人的思想也在空间中扩散，以及在信息传递成本逐渐下降且较少取决于距离的社会中，尤其是在新的通信技术使得信息传播变得更廉价与更容易的时代里，这种空间扩散如何发生变化的问题。由于这种思想流动难以估算，一系列研究考察了一国的研发支出是如何通过溢出效应影响其他国家的生产力的。迄今为止的研究结论是一致的，即技术溢出效应具有很强的局部性特征，这反驳了知识在空间中迅速扩散的观点。例如，凯勒（2002）观察到，研发投资最多的五个国家（法国、德国、日本、英国、美国）的研发支出对位于经济合作与发展组织其他国家的厂商的总生产力具有正向效应，但该效应随着投资国与被投资国之间距离的增大而下降。另一些研究则是沿着之前的研究轨迹直接度量人们思想的扩散过程。贾菲等（Jaffe et al.，1993）以及佩里（Peri，2005）注意到，厂商要注册一项专利，必须涉及其利用在新的生产工序或新产品中的所有专利，这有可能再现知识的扩散过程。根据来自18 个国家 147 个地区的样本，佩里计算了每一个地区对在其他地区注册的专利的引用次数。令人惊奇的是，距离专制再次发挥作用。当所有其他条件相同时，知识流穿过第一个区域边界时会减少 80％的知识量，穿越国界时知识量的下降情况与穿越不同语言区边界时的情况相同。然而，空间摩擦对知识流的影响显然没有对其他商品流的影响那么大。针对这一情形，佩里（2005）利用相同类型的引力模型比较了影响贸易流的因素的弹性。距离和国界对知识流的影响仍然很显著，然而对知识流的影响只相当于其对贸易流影响的七分之一到六分之一。

这些结论连同其他一些结论向经济不受地理约束的观点提出了挑战。[1] 然而，我们应提防过于轻易地推出因果关系。这些研究只能表明贸易与距离之间存在负相关关系罢了。正如在第 1 章中所讨论的那样，自产业革命开始以来，交通和通信成本持续下降。因此，为了确定距离如何以及为何在这种情况下对贸易产生这种负向影响，应进行更深入的研究。答案可能是，距离对经济活动的影响程度已经发生变化。实际上应当记住的是，在引力模型里，距离只不过是影响国家间贸易的诸多变量的一种集合，它掩盖了其他更加复杂的现象。[2] 因此，距离类似于黑匣子，我们将在 5.2 节揭开它。不过，在打开黑匣子之前，我们必须确保这些估计出的关系式不会受到模型设定和估计方法上较大偏差的影响。这就是我们将在下面利用 DSK 模型进行讨论的内容。

5.1.3　引力与垄断竞争

考虑一个类似 DSK 的经济系统，它由 R 个国家组成（$r=1$，…，R），其余标记符号与第 4 章中的相同。[3] 国家 r 与国家 s 之间的冰山贸易成本是这两个国家特定的，我们用 τ_{rs} 来表示，且 $\tau_{rs} \geq 1$。国内的贸易成本 τ_{rr} 也大于 1。而且，消费者可能偏好某些国家生产的产品，因此居住在国家 s 的消费者的效用函数为：

$$U_s = \left(\sum_{r=1}^{R} a_{rs}^{(\sigma-1)/\sigma} \int_{i \in \mathcal{N}_r} q_r(i)^{(\sigma-1)/\sigma} \mathrm{d}i \right)^{\sigma/(\sigma-1)}$$

其中，a_{rs} 是国家 s 的消费者赋予国家 r 生产的产品种类的权重，$\mathcal{N}_r$ 是国家 r 生产的产品种类集合。由于阿明顿（Armington，1969）的研究，这种形式的偏好使得我们能更好地理解贸易流的实证研究，而且对经济地理学模型的主要结论也并无大碍。因此，在本书中的理论部分，我们仍沿用对称性框架，即对所有可能的 r 和 s，都有 $a_{rs}=1$。

用 μ_s 表示某国的收入部分中对制造业产品的支出份额，则得到的需求函数与第 3 章和第 4 章中的需求函数相同：

$$q_{rs} = a_{rs}^{\sigma-1} \left(\frac{\tau_{rs} p_r}{P_s} \right)^{-\sigma} \frac{\mu_s Y_s}{P_s}$$

因此，有偏的偏好并不影响需求弹性，这也意味着在一国生产的所有种类的产品都以相同的离岸价格销售，这与第 4 章中的情况一样。均衡时国家 s 的价格指数为：

$$P_s = \left[\sum_{r=1}^{R} n_r \left(\frac{p_r \tau_{rs}}{a_{rs}} \right)^{-(\sigma-1)} \right]^{-1/(\sigma-1)}$$

---

①　例如，边界与距离对电话通信、商业运输和客运交通有显著影响。

②　注意，运输成本涉及几个重要的空间维度，但在度量贸易成本时经常被忽视（Rietveld and Vickerman，2004）。

③　由于现有的文献主要研究国家间的贸易流，因此本章主要研究国家而不研究区域。

其中，n_r 是国家 r 生产的产品种类数量。从 r 到 s 的双边贸易流的值由下式给出：

$$X_{rs} \equiv n_r\, p_{rs} q_{rs} = n_r\, p_r (\tau_{rs}/a_{rs})^{-(\sigma-1)} \left(\frac{p_r}{P_s}\right)^{-\sigma} \frac{\mu_s Y_s}{P_s} \tag{5.3}$$

乍看起来，这一表达式和引力类的预测模型相符。等式的右边包含了进口国的 GDP（Y_s）和出口国生产的产品种类数（n_r），而这一产品种类数又与国家 r 的 GDP 成正比。事实上一国的厂商数量与该国的总产值成正比，因为均衡时所有厂商的产量都相同。因此，DSK 模型预测 $\alpha = \beta = 1$，这与许多估计一致。在式（5.3）中，我们还加进了取决于出口国和进口国的一些参数，如贸易成本（τ_{rs}）和消费偏向（a_{rs}）等。作为初次近似，我们可以假设贸易成本和消费偏向都取决于国家 r 与国家 s 之间的距离。具体来说，τ_{rs} 随距离而增大，而 a_{rs} 随距离而减小，因为消费者被假定为偏好于他们业已习惯的和最熟悉的商品。消费者甚至会对本国的工业感到自豪（经常引用为表示支持本国产品的本国偏好）。需要注意的是，对于一些商品，消费者所感知的质量是与其出口国联系在一起的，因为某些国家的某些工业部门业已拥有较好的美誉（例如德国的汽车和法国的奶酪）。[1] 我们将在下一节回到这些问题上来。

然而，更仔细的研究表明，式（5.1）和式（5.3）只有 Y_s 一个共同项。因此，式（5.1）很难逼近式（5.3）。具体来说，式（5.3）比式（5.1）更复杂。尤其是，从 DSK 模型得出的引力方程包含价格项（p_r 和 P_s）而在式（5.1）中没有价格项。不过我们将会看到，利用 DSK 模型可以缩小两个表达式之间的差距。

用 v_r 表示国家 r 的总产值，用 q_r 表示位于国家 r 的单个厂商的产量，用 p_r 表示其产品的离岸价格，则必有如下关系：

$$v_r = n_r q_r p_r$$

此外，如果不同国家的偏好与技术相同，则厂商的均衡产量处处相等，即 $q_r = q$（第 3 章）。因此，我们可以利用关系式 $n_r p_r = v_r/q$ 来消去式（5.3）中的变量 n_r。对得到的表达式取对数，则：

$$\ln X_{rs} = \ln \mu_s Y_s + \ln v_r - (\sigma-1)\ln(\tau_{rs}/a_{rs}) - \sigma \ln p_r + I_s \tag{5.4}$$

其中，

$$I_s = \ln P_s^{\sigma-1} = (\sigma-1)\ln \left\{ \sum_{k=1}^{R} \left[v_k + \left(\frac{\tau_{sk}}{a_{sk}}\right)^{-(\sigma-1)} + p_k^{-\sigma} \right] \right\}$$

表达式（5.4）似乎有种局部均衡的感觉，因为双边贸易流仅由取决于 r 和 s 的变量所描述。但应记住的是，I_s 体现出与世界其他地区相联系的一般均衡效应。不幸的是，估测此方程很困难，因为 I_s 与未知参数高度非线性相关，

---

[1]　内文等（Neven et al.，1991）讨论了能够说明这两种实际现象的市场营销研究所做的贡献。

尤其是参数 σ，还包括一些难以精确度量的其他变量。[1] 我们现在就来讨论能够解决这些困难的各种策略。

5.1.4 实证工具

下面给出了三种实证工具。

（1）利用固定效应回归方法，对式（5.4）可以进行一致性估计，其估计方法可以参见哈里根（Harrigan，1996）、赫梅尔斯（1999）、伊顿和科特姆（Eaton and Kortum，2002）以及雷丁和维纳布尔斯（Redding and Venables，2004）等的论文。这种方法将式（5.4）重新写成如下形式[2]：

$$\ln X_{rs}=\mathrm{FX}_r-(\sigma-1)\ln(\tau_{rs}/a_{rs})+\mathrm{FM}_s+\varepsilon_{rs} \tag{5.5}$$

其中，FX_r 和 FM_s 是出口商与进口商的特定虚拟变量，对所研究的国家，该值取 1，否则取 0；这些变量分别解释 $\ln v_r-\sigma\ln p_r$ 和 $\ln \mu_s Y_s+I_s$ 项；ε_{rs} 是误差项。由于对 FX_r 和 FM_s 的估计是在对其值不施加任何约束的情况下进行的，因此采用固定效应法具有较强的一般性。实际上，除了 DSK 模型以外，式（5.5）与引力模型的解释也是一致的（Anderson and van Wincoop，2003）。为了解释 $\ln v_r-\sigma\ln p_r$ 和 $\ln \mu_s Y_s+I_s$，需要收集相关的数据，但上述方法绕开了这一需要。上述方法也避开了式（5.4）中的非线性特征，因此也不需要太复杂的估测方法。同时，我们还得到了在式（5.3）中出现的两组变量的估测值，如下式所示：

$$n\,\widehat{p_r^{-(\sigma-1)}}=\exp(\mathrm{FX}_r),\mu\,\widehat{Y_s P_s^{\sigma-1}}=\exp(\mathrm{FM}_s) \tag{5.6}$$

式（5.6）还可以用来研究其他问题（见第 12 章）。[3]

利用固定效应法，我们可以在长期和许多国家的背景下研究距离对贸易的影响。根据国际货币基金组织的年度双边贸易数据以及巴比里（Barbieri， 2003）收集的数据，我们用图示法表示了 1870 年至 2001 年期间距离影响贸易的情况。[4] 为此，贸易成本与偏好必须是确定的。我们假设如下式子成立，即：

$$\ln(\tau_{rs}/a_{rs})=\delta\ln d_{rs}-\beta\mathrm{cont}_{rs}-\lambda\mathrm{lang}_{rs} \tag{5.7}$$

根据上面的讨论，距离是首先要考虑的候选项。我们还引入了两个额外的

---

[1] I_s 具有加权的距离指数的性质。从安德森和范温库普（2003）的角度来说，它通过 v_k 包含了潜在供应商规模，还包含了与地区 s 之间的距离，以及各自产品的价格。

还要注意的是，I_s 被假定为包含了生产制造业产品的所有地区，即所有贸易伙伴。这些信息在现有的数据库中一般是难以获得的。

[2] 本小节和下一小节需要了解一些关于面板数据计量经济学和内生性问题的基础知识。例如伍德里奇（Wooldridge，2006）的一本入门性教材，可能对于尚不熟悉这些计量经济学方法的读者来说是很有用的。

[3] 在一种估计中使用从另外一种估计中得出的变量的确存在一些困难。尤其是这些被估计的变量的不确定性程度在进行第二次估计时必须考虑到。尽管存在纠正其标准差的方法，然而它们过于复杂而不方便在这里进行讨论。雷丁和维纳布尔斯（2004）讨论了这些方法的应用问题。

[4] 有关进行引力模型估计时使用的数据来源，本章附录部分进行了详细的解释。

虚拟变量，cont_{rs}和lang_{rs}。当国家r和国家s拥有共同的边境和语言时，这两个虚拟变量分别取1。

图5.1显示了距离系数是如何随时间推移而发生变化的。所得出的结论令人吃惊：自1870年以来，距离的边际递增逐渐削弱了贸易强度。换言之，距离的影响变得更强，尤其是自第二次世界大战以来这种趋势更加明显。这并不意味着贸易量的减少，也不意味着短途贸易的增长和长途贸易的萎缩，而是意味着短途贸易比长途贸易增长得更迅速。虽然导致这种现象的原因尚不清楚，但我们可以得出如下结论，即对决定国际贸易量而言，地理的重要性是提高而不是降低了。[1]

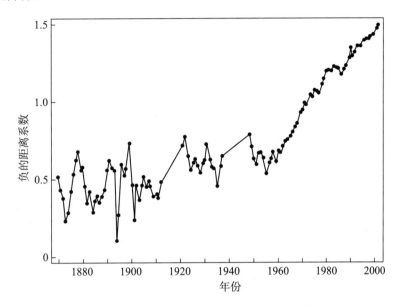

图5.1 距离对贸易的影响（1870年到2001年）

112　　（2）当国内贸易流，也就是厂商在本国出售的产出量X_{ss}是可以获得的时[2]，估计式（5.4）的第二种方法涉及利用这样一个事实，即I_s取决于进口国而不依赖于出口国。当$r=s$时，我们可以重新写出式（5.4），从而得出$\ln X_{ss}$的表达式。从式（5.4）减去$\ln X_{ss}$的表达式则可以得到：

$$\ln\left(\frac{X_{rs}}{X_{ss}}\right)=\ln\left(\frac{v_r}{v_s}\right)-(\sigma-1)\ln\left(\frac{\tau_{rs}a_{ss}}{\tau_{ss}a_{rs}}\right)-\sigma\ln\left(\frac{p_r}{p_s}\right) \tag{5.8}$$

当不能获得价格数据时，我们再次利用DSK模型，以相对工资来替代相对价格。因为提价率相同，故这种处理对双方是等价的，即：

$$\ln\left(\frac{X_{rs}}{X_{ss}}\right)=\ln\left(\frac{v_r}{v_s}\right)-(\sigma-1)\ln\left(\frac{\tau_{rs}a_{ss}}{\tau_{ss}a_{rs}}\right)-\sigma\ln\left(\frac{w_r}{w_s}\right) \tag{5.9}$$

----

① 在DSK的诠释里，距离系数等于$-(\sigma-1)\delta$。因此，另一种可能的解释是，产品的差异化程度降低了。

② 获得这些数据的最简单的方式是从制造业产品的生产价值中减去出口总额。为此，两套数据集合必须一致，但这种情况并不经常发生。在一些国家，如加拿大、法国、西班牙和美国，可以得到真实的国内贸易数据。

对上述两种情况，如果允许 $\ln(v_r/v_s)$ 的系数不等于 1 [在式（5.9）中的值]，则可以估计一个轻微受到约束的模型。

对给定国家 s 而言，其消费者的支出分为两个部分：对本国产品的支出（X_{ss}）和对其他国家产品的支出（如对国家 r 的产品的支出 X_{rs}）。上面的表达式可以对这些部分进行分析。而且，这个方程关于未知参数是线性的，因此对式（5.9）的估计是比较简单的。上面表达式的另一个特征是，它可以直接估计价格弹性 σ，这从经济地理学的角度来看是很有用的，因为该弹性值在经济地理学中扮演着重要的角色。由于 σ 必须大于 1，因而这又使我们能够检查模型的内部一致性问题。一旦确定了 σ，把式（5.7）代入式（5.9）可得到参数 δ、β 和 λ。接着，对于任何 r 和 s，我们都可以利用式（5.7）计算出 τ_{rs}/a_{rs}，即根据偏好标准化的贸易成本。相比之下，固定效应法只能使我们确定 $(\sigma-1)\delta$、$(\sigma-1)\beta$ 和 $(\sigma-1)\lambda$。[①]

（3）另外两种可供选择的方法也值得一提。

首先，如上所述，估计式（5.4）的一个关键问题在于 I_s 项的非线性性。安德森和范温库普（2003）建议使用非线性估计方法。如果估计是稳定的，则这种方法是合适的。而且，非线性计量经济学中使用的收敛运算法可能对于已选定的初始参数值是很敏感的。

其次，如果能够得到每个国家的产品价格指数数据，那么可以用实际值来取代 I_s。然而，现有的各种价格指数大部分都非常复杂，把它们作为 DSK 模型中对应项的近似并不理想，而且这还需要同时估计产品间的替代弹性。

5.1.5　引力模型的局限性

在相当长的时期内，经济一体化已经得到很大的发展，但上述分析表明，距离对贸易流仍有很大的影响。对此有两种解释。第一，正如上面所讨论的，除了运输成本和关税壁垒，贸易成本还包括一些因素，这些因素可能随着时间的推移而增加。第二，这种现象也可以解释为，迄今为止一些计量经济学问题还没有真正得以解决。

内生性是有待解决的主要问题。通常，对一国贸易流的不可观测的冲击必定会对该国的收入产生影响。因此，与出口国和进口国（绝对或相对的）规模相关的变量可能与误差项相关，从而会给最小二乘法估计结果带来偏差。将这些变量工具化的做法也很少见，除非用人口规模或要素禀赋（这不太可能是内生的）来替代 GDP。另一种解决方法是利用在式（5.4）、式（5.8）或式（5.9）中贸易流关于国家规模的弹性为 1 的理论预测值。在这种情况下，将相应的项，也就是 $\ln(v_r/v_s)$ 项，移到式（5.8）的左边，可以得到：

[①]　对此感兴趣的读者，可以在黑德和迈耶（Head and Mayer，2000）、库姆斯等（Combes et al.，2005）的研究中，分别找到这种方法在欧洲和法国数据方面的应用。

$$\ln\left(\frac{X_{rs}}{v_r}\right) - \ln\left(\frac{X_{ss}}{v_s}\right) = -(\sigma - 1)\ln\left(\frac{\tau_{rs}a_{ss}}{\tau_{ss}a_{rs}}\right) - \sigma\ln\left(\frac{p_r}{p_s}\right) \tag{5.10}$$

有些作者把国家规模变量的内生性问题视为小问题，因为一种特定贸易量占总贸易量的份额很小，占 GDP 的份额更小。因此，这种特定贸易量对 GDP 的逆向影响可能是很微弱的。然而，这种主张并不能令人信服，因为内生性偏差也可能来源于厂商内生的区位选择。我们将在第 11 章和第 12 章中回到这一问题上来。

另一个内生性问题出现在对相对流量的结构性估计上。事实上，在式 (5.10) 中，相对价格与相对流量是同时决定的，这就使得即使使用固定效应法，也会对最小二乘法估计造成新的误差。如果在充分分解的情况下进行分析，那么在方程的右边引入整体价格水平，就可以克服部分的内生性问题。这是因为当某个部门规模较小且劳动力在部门之间充分流动时，该部门的贸易量对总体价格指数和总体工资水平的影响可能较小。不过，如果可以获得合适的工具变量，将价格变量工具化是更优的做法。

估计区域贸易协定对成员国之间贸易流强度的影响，是引力模型应用最广泛的领域之一。例如，虚拟变量可以识别同属于一个区域贸易协定（欧盟、北美自由贸易协定、南方共同市场）的不同国家，这样可以把虚拟变量纳入贸易成本的详细清单中。由此得到的系数可以揭示相应国家之间的贸易是过度还是不足的问题（与理论预测相对比）。例如，在对 2000 年的一个简单的横截面引力回归分析中，贝尔和伯格斯特兰（Baier and Bergstrand, 2004）发现该回归系数为 0.29，这意味着在所有其他条件相同的情况下，如果两国参与了相同的贸易协定，则其贸易量比未参与相同贸易协定时的贸易量要高出 exp(0.29)−1＝33.6%。不过，国家选择签署一项贸易协定是因为它们预期会得到更大的好处。由于贸易协定确实扩大了实际贸易量，因此地理上的接近和其他有利于贸易的因素使得这种协定的前景更加广阔。相反，未签署贸易协定的国家常常存在政治上或历史上的恩怨关系，这反过来又意味着这些国家之间的双边贸易可能很少。因此，是贸易联系强度通过缔结区域贸易协定决定了贸易成本，而不是相反。这是造成最小二乘法估计存在偏差的另一个原因。

当贸易冲击由于激起贸易保护主义的需求而导致国内局势紧张时，也会产生这种反向因果关系，从而降低签署区域贸易协定的可能性。一种可能的解决方法是再次利用能够对优惠贸易协定的形成做出独立解释的工具变量，或者利用可能签署协定的概率而不是实际签署协定本身来解释贸易量。然而，在实践中这种方法往往很难持续进行下去，因为如地理上的接近性和历史上的密切关系等可能会促使签署贸易协定的变量，与贸易量的大小密切相关。因此，利用这些工具变量所得出的结果，常常令人失望（Baier and Bergstrand, 2004）。如果可以获得若干年份的数据，卡雷尔（Carrère, 2006）所采用的一种方法是，求每对国家固定效应的积分。此时，已经考虑到了对每对国家来说特定的且不随时间推移而变化的那些难以观测的特征，这样优惠协定的效果纯粹由时间维度来确定，即通过缔结协定、加入协定或退出协定的影响来确定。[①]

除了内生性问题，还值得强调的是，某些国家、地区或是厂商向许多进口国的出口常常为零。这一事实既与基础理论模型，如 DSK 模型，不相符，也没有在大多数的估计中被考虑到。最近，有些研究试图引入生产成本的异质性来解决这一问题（Melitz，2003）。从实证角度来考虑，当出现大量零值时，需要利用托比特或者泊松计量经济模型来进行特殊的处理（Santos Silva and Tenreyro，2006）。

还有一些与贸易成本的具体设定有关的问题。首先，关于贸易成本遵循从价税的假设并不是无偏估计，且在很多情况下也不现实。这些成本可能是额外的，包括固定部分和可变部分。伊顿和科特姆（Eaton and Kortum，2002）利用的方法是，用包含一定数量的距离间隔（0～100 公里，100～200 公里，等等）的虚拟变量组合来替代距离变量。这种离散化使我们能够更加灵活地说明距离的影响。但是在这一方向上仍需要进一步的发展。而且，正如我们将要看到的那样，选择用来说明贸易成本的变量仍是一项艰巨的任务。

5.2 贸易成本

引力模型对贸易成本的处理很粗糙，因为它们往往只保留自然距离作为贸易的唯一壁垒。这种方法已经招致了很多批判。事实上，还存在大量的与国家间距离没有直接联系的贸易限制。一种解决办法是收集所有可得的信息，包括运输成本、关税与非关税壁垒，甚至更复杂的因素，如文化差异或出口国与进口国之间的信息成本等，然后把它们纳入贸易成本的具体设定中并进行估计。这种估计可以求出贸易成本的总体规模，并计算出其中一些要素的权重。我们接着说明在不需要各种贸易壁垒的具体数据的情况下，如何运用 DSK 模型间接度量贸易成本的问题。

5.2.1 如何度量贸易成本

具体设定贸易成本的一个很大的缺点，是对贸易的各种限制条件必须事先给出。而这些限制条件很多，因此有必要采取一些简化形式。一般考虑四种贸易壁垒。第一，由自然地理所造成的天然屏障，例如距离、高山、入海口等，我们把它们归并在一起统称为运输成本，用 T_{rs} 来表示。第二，所有类型的贸易政策法规，或在环境或植物检疫方面关注的问题，以及使用不同货币的国家

---

① 作为对内生性问题的最后评论，要注意的是那些大多数用来替代贸易成本的变量也会面临相同的偏差问题。例如，一国在经历了贸易流的正向冲击之后，可能选择改善其交通基础设施的策略，而这就使得贸易成本内生化。这种困难要求我们利用工具变量或固定效应。

间的汇率交易成本，用 P_{rs} 来表示。最后两种贸易壁垒涉及信息成本（I_{rs}）和文化差异（D_{rs}）。所有这些因素都影响贸易成本水平 τ_{rs} 或偏好强度 a_{rs}。尽管很难知道这些贸易壁垒发挥作用的途径，但它们的共同点就是限制贸易。在许多应用中，假设这些效应取完对数以后是线性可分的，且如果贸易政策和运输成本只影响贸易成本，文化差异只影响偏好，而信息成本对两者均有影响，则：

$$\tau_{rs}=P_{rs}T_{rs}I_{rs}, a_{rs}=1/(I_{rs}D_{rs}) \tag{5.11}$$

上述表达式尽管简单，但都说明了上述特点。如果我们只有很少变量（如距离）可以表征 P、T、I 或 D，那么估计的这些表征变量的影响及影响的变化过程自然可以说明运输成本、偏好、政策、信息成本或文化差异的影响及其变化过程。这可以解释上文中为什么距离的影响似乎随着时间的推移变得更强的问题。虽然我们在第 1 章中看到，政府贸易限制和运输成本已经显著减少或下降了，但本国偏好却可能增强了。更有可能的是，随着产品日趋复杂化，信息成本也可能上升了（Duranton and Storper，2008）。因此，必须选择其他的建模方法，以便更准确地解释贸易成本的影响。

同距离一样，有关引力模型的文献中也加进了接壤和共同语言等虚拟变量，作为贸易成本的表征变量。将接壤考虑进来，意味着引入了地理距离对贸易成本和偏好的非线性影响。使用相同语言的人们往往具有一些共同的特点，这可以减少贸易成本。这就是把接壤和共同语言这两个虚拟变量纳入回归分析中的原因。在回归分析中，引入这些虚拟变量，我们就可以得到图 5.1。即使在今天，接壤和共同语言的影响也非常大，根据估计结果，它们分别将贸易量放大了 2 倍和 2.6 倍。而且，和距离的情况一样，接壤和共同语言的影响也随着时间的推移而增大，因而今天共同语言或共同边界对贸易的影响远大于 30、40、50 年前的影响。

麦卡勒姆（McCallum，1995）提出在与距离有关的变量组合中加入一个新的变量，当然他关注的是 1988 年加拿大各省与美国各州的贸易量。麦卡勒姆引入的这个新变量是一个虚拟变量 bord_{rs}，贸易流不越过加美边界（贸易在加拿大各省之间进行）时该虚拟变量为 1，否则为 0（贸易在加拿大的一个省与美国的一个州之间进行时）。对变量 bord_{rs} 对贸易量的影响所做的计量估计，就为著名的边界效应提供了数量指标。麦卡勒姆（1995）得到的 bord_{rs} 值接近 20，这意味着，当规模与距离都相同时，加拿大两个省份之间的贸易量比加拿大一个省份与美国一个州之间的贸易量高出 20 倍。尽管用更先进的方法估计出的值要小很多，但边界效应仍是很强的。在分解式（5.11）的任何一个组成要素中都可能包括了国家边界的效应。这些效应可能来自限制性贸易政策（这对北美来说并不重要，但在其他情况下可能很重要），或来自运输成本（它随着距离的增加而增加，但可能以非线性形式增加，这为边界效应的存在留下了空间）。这种边界效应也加大了在获取商品交易信息方面的困难，因此，本国偏好自然也就出现了。

尽管在经验分析中是重要的，但在估计过程中考虑距离、接壤、边界和享有共同语言只提供了对贸易壁垒的一个简单描述。例如，它们无法解释是因保护主义政策而产生的差异还是因交通基础设施规模和质量而产生的差异，只提到决定贸易成本的诸多因素中的两个因素罢了。而且，由于无法用贸易成本或偏好中的特定要素来解释边界效应，因此在结论的解释方面存在很大的困难。

其中的一些缺陷可以通过研究一些特定的贸易壁垒来克服，前提是能够得到精确的数据。例如，赫梅尔斯（1999）设法把运输成本和关税的影响区分开来。为此，他获取了七个国家（美国、新西兰和拉丁美洲的五个国家）不同部门的运输成本、关税和进口的详细数据（美国的 15 000 种产品和其他国家的约 3 000 种产品）。他利用引力模型估计了下式：

$$\ln(\tau_{rs}/a_{rs}) = \delta \ln d_{rs} - \beta \text{bord}_{rs} - \lambda \text{lang}_{rs} + \ln(P_{rs}T_{rs})$$

他所得到的结论是振奋人心的。首先，由于 P_{rs} 和 T_{rs} 这两个变量（在赫梅尔斯的数据中是可以得到的）直接记录了关税和运输成本，且从这两个组成要素中清除了距离、接壤和语言的影响，因此这两个变量的值更低了。而且，把式（5.11）代入式（5.5）中，则 $\ln(P_{rs}T_{rs})$ 项的系数等于$-(\sigma-1)$，这样就可以得到弹性 σ 的估计值。[①] 不同部门的弹性 σ 的估计值在 5~8 间波动。贸易流的距离弹性由 $-(\sigma-1)\delta$ 给出，变化范围为 $-0.54 \sim -1.28$（Hummels，1999，table 6）。因此我们可以得出结论，即距离对贸易的影响远大于单独的运输成本的影响与限制性贸易政策的影响。

这种类型的研究反映了最近在度量关税和运输成本方面所取得的进展。赫梅尔斯（1999）、利马奥和维纳布尔斯（Limão and Venables，2001）利用了运输业者所索要的真实运费这一数据，这好于采用诸如地理距离这样的表征指标。这也是对运输成本的一种更完整的度量，因为出口国和进口国的运费率都是特定的，有时运费率还会根据运输方式和货物的种类进行细分。根据同样的思路，库姆斯和拉弗凯德（Combes and Lafourcade，2005）为法国的 95 个省（行政区划）建立了迄今为止最为详细的公路运输成本数据库。首先，这些成本考虑到了每种类型的公路（收费高速公路、不收费高速公路、四车道高速公路、国家公路、地方公路和城市道路）。其次，数据很准确地描述了与使用卡车有关的所有费用，即行驶于不同公路时的汽油消耗量、更换轮胎的费用、卡车的维修费用、各种可能的通行费用、司机的工资及其食宿费用、更换卡车的费用、保险费用和一般性的常用开支。库姆斯和拉弗凯德的结论指出，在 1978 年至 1998 年间法国的运输成本下降了 38.3%。然而法国运输成本的下降并不是由法国交通基础设施的改善导致的，因为此部分只占 3.2%。事实上，对运输部门放松管制导致了司机工资和运输厂商各项常用开支与维修费用的大幅下降（降低了 21.8%），各种技术进步导致了耗油量的大幅下降（占运输成本下降部分的 10.9%）。放松管制和技术进步对运输成本的降低起到了很大的作用。有趣的是，对于任何给定年份，运输成本与距离或旅行时间等比较简单

---

① 可以参考钱尼（Chaney，2007）最近对有关这些系数的解释的评论。他的观点（这已超出了本章的讨论范围）基于这样一个事实，即贸易成本的下降引起新的出口商的进入。这些新进入者占领一部分市场份额，由此直接改变了竞争强度，也改变了 σ 的值。

的度量指标之间的相关性都很高（0.99）。相反，对于跨期变动，该相关性又比较低（在 0.4～0.8 间波动，取决于采用哪种度量指标）。这表明，当进行截面估计时，距离可以作为运输成本的一个非常好的表征指标，不过在进行时间序列分析时，需要详细的运输成本数据。

值得强调的是，这种运输成本与地理距离之间的近乎完美的相关关系在其他国家可能并不存在。法国境内没有较大的天然屏障，而且几乎完全被一个非常高效的运输网所覆盖。对发展中国家而言，其中一些是内陆国家，利马奥和维纳布尔斯（2001）发现交通基础设施的规模和质量对运输成本仍存在很大的影响，因此距离作为其表征指标并不合适。[①] 最后要注意的是，贸易成本的估计值也可以通过比较离岸价格和到岸价格而得到，这些价格在海关或国际货币基金组织是登记在册的。然而，赫梅尔斯和卢格弗斯基（Hummels and Lugovskyy，2006）的研究显示，这种估计会被误差所困扰。此外，这些估计缺乏足够有用的信息来使我们比较不同产品的或是随时间推移而变化的运费率。

最近的研究曾尝试加入新的变量，包括构成贸易成本的其他要素。特别是，一些实证研究已经开始关注那些影响与信息有关的贸易成本（I_{rs}）的社会和商业网络。例如，库姆斯等（2005）利用法国人口迁移数据和厂商之间的财务联系数据解释了这些网络。他们的研究显示，商业与社会网络的存在对贸易具有强烈的促进作用。人口迁移网络几乎使贸易量增加了一倍，而厂商间的财务联系对贸易具有倍增效应，据估测可能为 4～5 倍。引进网络效应也显著降低了距离和接壤影响贸易的估计值。[②] 关于投资组合，波特斯和雷伊（2005）引入了两个用来衡量投资者的信息质量的变量，即两国之间的电话通话量和在伙伴国设立的银行分支机构的数量。所估计的距离对双边投资组合的影响从 0.88 降到 0.67。根据相同的思路，吉索等（Guiso et al.，2004）表明，国家之间的双边信任度对贸易有积极的影响，这种信任度是通过欧洲民意调查机构的民意测验来衡量的。人们可以期待这种类型的研究有助于更好地理解界定贸易成本的要素。

在这里，还得提出一个困难。如上所述，一些方法需要进行地区或国家内部贸易成本的评估。尽管贸易政策和其他一些变量不影响其内部的贸易成本，但其内部的距离会影响贸易成本。然而度量这些内部距离却并非易事。如果某国的面积为 S_r，那么通过对该国形状以及供需分布状况进行一些简化假设，可以得到一个简单的表达式。例如，假设一国形状为圆形，其半径为 R_r。如果消费者均匀地分布在圆面上，且所有厂商都位于圆心上，则消费者与厂商之间的平均距离为 $d_{rr} = \frac{2}{3} R_r = \frac{2}{3} \sqrt{S_r/\pi} \approx 0.376 \sqrt{S_r}$，这可以用来度量内部距

① 一个拥有中等质量水平的交通基础设施的国家，要比一个其他条件相同但拥有更低质量交通基础设施的国家多拥有约 28% 的贸易量。这种差距相当于两个贸易伙伴国之间相距 1 627 公里时的差距。与此类似，克拉克等（2004）的研究表明，如果秘鲁或土耳其把它们的港口基础设施质量提高到冰岛或澳大利亚的水平，则它们可以增加约 25% 的贸易量。

② 也可以参考劳赫和特林达德（Rauch and Trindade，2002）有关中国人口迁移对国际贸易影响的研究。

离。当然，这些都是非常特殊的假设。我们也可以假设消费者与厂商分布在部分圆面上，或者该国的形状为方形。如果可以得到国家次一级行政单位的数据，那么一个可能的选择是计算这些次一级行政单位（地区或城市）之间的加权平均距离，以地区规模为权重。可以看出，不同的计算方法会导致估计结果出现很大的差异（Head and Mayer，2002）。

安德森和范温库普（2004）详细地考察了估算贸易成本的各种不同方法。他们的结论是，国家之间的贸易成本近似地等于制造业产品平均离岸价格的170%。贸易成本包括55%的国内成本和74%的国际成本（2.7＝1.55×1.74）。国际成本又可以分解为21%的运输成本和44%的与边界效应有关的成本（1.74＝1.21×1.44）。在边界效应中，关税与非关税壁垒仅占8%（发展中国家为10%或20%），语言差异占7%，货币差异占14%，包括信息成本在内的其他成本占9%（1.44＝1.08×1.07×1.14×1.09）。不过值得注意的是，上述这些贸易成本在不同商品之间是有很大差异的。

121

5.2.2　对贸易成本的间接度量

我们已经考察了直接度量贸易成本的不同方法。直接度量方法的优点是识别出了或至少部分地识别出了决定贸易成本的各种因素。其主要的缺点在于它意味着这种探索是无止境的。一种可选择的方法是不利用引力模型而利用DSK模型的易处理性来间接确定市场分割的总体水平。为此，需要用到两种数据：一是价格差异，这里将不做讨论（See Anderson and van Wincoop，2004）；二是真实的贸易流与完全一体化情况下的贸易流预测值之间的差异。因此，这些方法涉及的是总体的贸易壁垒，而没有把各种决定因素单独分离开来。

根据这种思路，黑德和里斯（Head and Ries，2001）提出了一种以比较区际和区内贸易流为基础的方法。在式（5.8）中，他们让 X_{rs}/X_{ss} 乘以对称比率，并对相应的表达式取对数，得到下式：

$$\ln\left(\frac{X_{rs}X_{sr}}{X_{ss}X_{rr}}\right)=-(\sigma-1)\ln\left(\frac{\tau_{rs}\tau_{sr}a_{ss}a_{rr}}{\tau_{ss}\tau_{rr}a_{rs}a_{sr}}\right) \tag{5.12}$$

如果国内贸易无成本（$\tau_{rr}=1=\tau_{ss}$），国际贸易成本是对称的（$\tau_{rs}=\tau_{sr}$），且消费者偏好是无偏的（$a_{rs}=a_{sr}=a_{ss}=a_{rr}=1$），则参数 $\phi_{rs}\equiv\tau_{rs}^{-(\sigma-1)}$ 度量国家 r 与 s 之间的贸易自由度（见第4章），经济为完全封闭时取0，贸易无成本时取1。利用式（5.12），我们可以得到 ϕ_{rs} 的估计值：

$$\hat{\phi}_{rs}=\sqrt{\frac{X_{rs}X_{sr}}{X_{ss}X_{rr}}}$$

这实际上是对贸易成本的一种间接度量。这一步骤的主要优点是对数据要求较低，只需要所考察部门的双边贸易量和内部贸易量。最后，应当指出的是，$\hat{\phi}_{rs}$ 是通过简单计算得到的，而非通过计量经济学的估计得到。

不过，这种方法也存在缺陷。首先，它是以 DSK 模型为基础的，因而就服从该模型的简化假设。其次，即使 DSK 模型是可以接受的，这种方法仍有一些缺陷。$\tau_{rr}=\tau_{ss}=1$ 的假设是一种近似，其准确程度随着所涉及的国家的特征而发生变化。虽然这一假设对比利时和荷兰这两个国家似乎合理，但它对德国和斯洛文尼亚这两个国家可能很不适合，因为这两个国家规模差异很大，因而各自内部的贸易成本也有很大差异。实际上，$\hat{\phi}_{rs}$ 真正衡量的是国内地区间的双边贸易成本。同样，如果不把 a_{rs} 假定为 1，则我们衡量的就不仅是贸易成本，还包括了双边的偏好强度。换言之，$\hat{\phi}_{rs}$ 的增加反映了偏好的同质化或内部贸易成本的增加。而且，$\hat{\phi}_{rs}$ 与替代弹性 σ 成反比。不管何种原因，只要不同种类的产品差异化程度提高，则 σ 和 $\hat{\phi}_{rs}$ 同时下降，但这并不一定意味着贸易壁垒的提高。总结起来，对 $\hat{\phi}_{rs}$ 的解释必须谨慎，并且最好不要对这一指标，尤其是对其绝对水平做出过于严格的解释。另外，在上面指出的缺陷对部门间差异，尤其是对该指标随着时间推移的演进，并不具有系统性的影响，因此指数 $\hat{\phi}_{rs}$ 似乎更适合于这种比较。

我们想强调的是，上述指标自身是独立于任何理论上的考虑的，在相当大的程度上是凭直觉的。实际上，通过比较双边进口量与内部消费，也就是通过比率 X_{sr}/X_{rr} 来评价国家 s 对国家 r 生产的产品的开放程度似乎是很自然的。在该比率中，国家 r 的规模是无关紧要的，因为它同时影响分子与分母。因此，比较具有不同规模的出口国之间的这种指标是比较合理的。

对规模不同的贸易伙伴而言，上面的讨论仍然成立。我们假设 s 代表法国，其贸易伙伴是《北美自由贸易协定》中的三个成员国。这三国与法国的距离相当，但 GDP 不尽相同，美国几乎占世界总产值的三分之一，加拿大的 GDP 相当于美国 GDP 的十分之一，而墨西哥的 GDP 相当于美国 GDP 的二十分之一。如果 r 代表美国，且法国从国家 r 的进口较多，则预期美国从法国的进口量很少是合理的。这就又回到了比率 X_{sr}/X_{rr} 包含规模效应这样一种命题上：当所有其他条件相同时，一个大国将倾向于进口较少的商品。不过，这种效应会被 $\hat{\phi}_{rs}$ 抵消。如果美国（r）所具有的比率 X_{sr}/X_{rr} 对大部分出口国 s 都比较低，就降低了 $\hat{\phi}_{rs}$ 的值，此时每个国家 s 将具有一个比较高的比率 X_{rs}/X_{ss}，从而提高了 $\hat{\phi}_{rs}$ 的值，并以此来补偿这种效应。因此，我们可以得出如下结论，即指数 $\hat{\phi}_{rs}$ 会消除规模效应，并且捕捉到上文所提到的构成贸易成本的绝大多数要素（P、T、I 或 D），因而就不必获取这些要素的数据。

现在我们看一看该指数是如何随时间推移而发生变化的，以及区域贸易协定成员国是否经历了特定的趋势。为此，我们首先考虑欧洲一体化的情况，使用的是由法国前景研究与国际信息中心（CEPII）开发的一个数据库。表 5.1 给出了 $\hat{\phi}_{rs}$ 的值，它是对欧盟 15 国中 4 个大国（法国、德国、意大利和英国）的六种组合，分别计算它们在 1980 年、1985 年、1990 年、1995 年和 1998 年的贸易自由度并取中间值而得到的。表中的部门是根据这些部门在 1995 年的一体化程度按从大到小的顺序排列的。应该清楚的是，为了使结果看起来比较舒服，我们将所有值都乘以 100，这同时也暗示这些值都很小。

最大值大约为 15（除了两个例外，即 1990 年的仪器部门与 1998 年的皮革部门）。① 如此低的值与有关欧洲市场一体化水平的预期是背道而驰的。这可能与上面提到的边界效应有关。值得把这些数字与文献中的数字比较一下。例如，麦卡勒姆（1995）在研究美国和加拿大之间的贸易后得出的结论是 $\hat{\phi}_{rs} \times 100 = 5$，而近期的研究结论为 $17 \sim 20$。如果我们假设两大洲的产品差异化程度是相同的，那么这就说明在过去的 20 年间，欧盟的一体化程度并没有超出北美市场的一体化程度。

上述指标也可以用来比较欧洲市场（大概从 1993 年开始实行一体化）和美国市场的一体化程度，美国的一体化过程已经超过 200 年（记得美国宪法明确禁止任何阻碍州际贸易的行为）。沃尔夫（Wolf，2000）的研究表明，美国远未形成完全一体化的市场。然而，对美国州际与州内的贸易而言，该指标的平均值为 $\hat{\phi}_{rs} \times 100 = 33$，这说明美国内部的贸易自由度比欧洲内部一体化水平最高的市场还要高出两三倍。欧洲市场的这种低水平一体化，部分可以归咎于厂商之间的串谋行为，而美国严厉的反托拉斯法成功地抑制了这种串谋行为。不幸的是，作为上述指标基础的 DSK 模型，与厂商间的任何一种策略性行为都是不相容的，例如串谋。此外，还有许多其他可能的解释，比如欧洲文化差异的影响（使用相同语言的欧洲国家间的一体化更加明显）和直到最近仍存在的不同货币的共存现象。

表 5.1 法国、德国、意大利和英国之间贸易自由度的中间值（$\hat{\phi}_{rs} \times 100$）

部门	1980 年	1985 年	1990 年	1995 年	1998 年
工业化学	6.6	8.0	13.3	16.4	15.2
运输	5.2	7.9	10.3	14.1	11.1
仪器	11.9	14.0	39.7	13.3	11.4
电力机械	3.0	3.9	5.4	9.3	11.6
皮革	4.6	5.6	7.7	9.1	28.6
非电力机械	5.6	8.7	9.1	8.4	11.3
纺织品	4.0	4.1	6.3	7.4	6.9
橡胶	3.4	4.2	6.2	7.3	9.8
玻璃	3.5	4.5	6.4	6.9	5.8
有色金属	5.8	4.2	5.9	6.8	7.8
金属与铁	2.3	3.0	5.4	6.3	5.8
制鞋	2.5	3.4	5.0	5.3	7.2
其他化学制品	5.6	5.5	5.3	5.3	5.6
陶器	2.8	3.0	3.9	4.4	4.9
造纸	1.8	2.5	2.9	4.4	4.8
服装	2.1	2.2	4.4	3.6	4.3
饮料	1.8	2.4	2.8	3.0	3.0

① 仪器部门的值很高是生产急剧下降的结果，并且它们在德国统一以后属于内部贸易了。

续表

部门	1980 年	1985 年	1990 年	1995 年	1998 年
金属制品	2.3	2.8	3.1	2.8	2.6
塑料	2.0	2.0	2.4	2.3	2.3
食品	1.0	1.2	1.7	1.7	1.9
非金属家具	1.4	1.5	2.3	1.5	1.6
其他矿产品	1.3	1.4	1.8	1.3	1.6
除家具以外的木材	0.8	1.1	1.4	1.2	1.6
出版与印刷	0.8	0.8	0.9	0.7	0.6
石油产品	1.4	1.5	1.0	0.6	0.6
烟草	0.4	0.6	0.7	0.6	0.6

表 5.1 中的其他重要信息来自部门间的层级结构。封闭程度很高的部门有石油工业、木材、出版业和印刷业，以及非金属矿产品（包含建筑材料）。这些部门似乎都是交通运输起重要作用的部门，这也可以解释为什么这些部门的国内贸易要比国际贸易更重要。封闭程度仅次于这些部门的是食品工业和饮料工业，尽管随着时间的推移贸易自由度有所提高，然而这两个部门的贸易自由度仍然相对较低。在欧盟，一体化程度最高的部门是工业化学、机械、仪器和运输材料，这些部门也是一体化速度最快的部门。然而必须指出的是，在这种比较过程中很难区分出贸易成本与产品差异化分别所起的作用。

最后，让我们比较一下欧洲国家之间的一体化水平与美国和加拿大两国之间的一体化水平。我们将对一些部门的计算结果表示在图 5.2～图 5.4 中。最突出的特征是这两者的贸易自由度都在提高。不过，对大多数部门而言，美国和加拿大之间一体化程度的提升速度要快于欧盟成员国之间一体化程度的提升速度。因此，这似乎显示，在北美，如果不存在赶超效应，那就存在追赶效应。

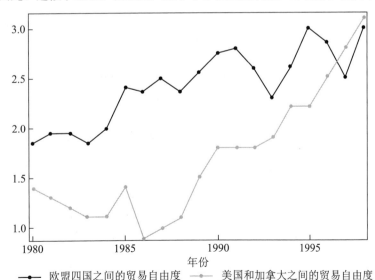

— 欧盟四国之间的贸易自由度 　 — 美国和加拿大之间的贸易自由度

图 5.2　饮料部门的一体化程度（1980 年到 1998 年）

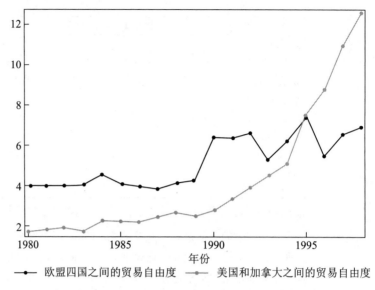

—●— 欧盟四国之间的贸易自由度　　　—●— 美国和加拿大之间的贸易自由度

图5.3　纺织品部门的一体化程度（1980年到1998年）

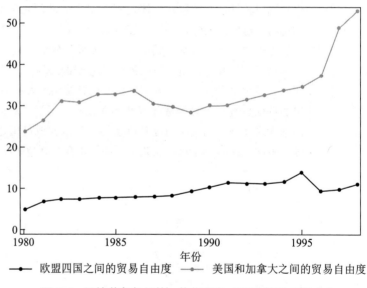

—●— 欧盟四国之间的贸易自由度　　　—●— 美国和加拿大之间的贸易自由度

图5.4　运输装备部门的一体化程度（1980年到1998年）

126　　　　　应记住，$\hat{\phi}_{rs}$ 解释距离的影响。美国和加拿大的平均距离为 2 064 公里，而欧盟四个最大的国家之间的平均距离为 896 公里，因此欧洲的上述指标应更高一些，但美国和加拿大在某些部门的一体化程度明显高于欧盟。[1] 这正是运输设备市场所发生的情况，这可能与五大湖周围的汽车生产综合体有关。在纺织

---

　　① 这些距离是用每一国家的所有地区，并以每一地区人口占该国总人口的份额作为权重计算得到的［更详细的内容请参见黑德和迈耶（2002）的论文］。

业和饮料业等更加传统的部门，欧盟在初始阶段的一体化程度很高，但北美的这些部门的一体化进程相当迅速，并已经在近些年超过了欧盟。总之，自1989年实施《加拿大-美国自由贸易协定》以来，许多部门的交易量都取得了新的突破，但对欧洲而言，无论是1986年签署《单一欧洲法案》还是1993年实现单一市场，都没有使这种突破出现。

5.3 结束语

127   本章的目的在于理解这一简单而又深远的思想，即市场规模的大小是决定贸易流的关键因素。更令人惊奇的是，尽管我们不断听到那种在由新的且有效的通信设备联系起来的经济中"距离死亡"的说法，我们仍看到距离和边界对贸易流强度起到关键性作用。我们已经讨论了用于估计贸易壁垒的各种方法，所有这些贸易壁垒的影响都已经超越了自然距离的影响。我们发现在各种情况下，贸易成本仍然很高，尤其对国际贸易而言更是这样。尽管贸易成本已经下降了近两个世纪（连同近期的贸易政策壁垒一起），其他壁垒，尤其是那些与信息成本相关的壁垒，可能会因譬如日益增加的产品复杂性而得到加强。例如，在欧盟内部仍然存在强烈的本国偏好，因为国内贸易大约是与类似的欧盟伙伴国之间的国际贸易的20倍（Fontagné et al.，2005）。根据商务分析师的分析（Spulber，2007），贸易成本仍然是国际商务战略的重要驱动力。回想一下，经济学家们估计贸易成本已经达到制造业产品平均离岸价格的170％的惊人水平。从本章所提出的大量结论来看，我们可以推断距离与边界依然对发达经济体有重要影响，尽管人们认为它们对代理人行为的影响方式与过去相比会有所不同。

5.4 相关文献

      对引力方程的理论基础的最早研究可以归功于安德森（1979）的研究，他利用了完全竞争的阿明顿型产品差异化框架。鉴于阿明顿模型在美国和加拿大之间边界效应上的应用，自安德森和范温库普（2003）开始，阿明顿模型就被公认为是引力模型的主要基础之一。伯格斯特兰（1985）无疑是第一个以垄断竞争为基础的，用很明确的公式来表示源于DSK框架的引力模型的人。伊文尼特和凯勒（Evenett and Keller，2002）分析了利用国际贸易模型预测引力时

128   的一般条件。就所涉及的估计方法而言，哈里根（1996）似乎是第一个估计具有固定效应的DSK版本的引力模型的人。芬斯特拉（Feenstra，2004）、安德

森和范温库普（2004）对有关引力模型的理论基础和实证方法做了非常完整的综述。利用传统的和最近的引力模型所做的研究不计其数，但这里我们想提及已经引起极大关注的两大贡献：第一，弗兰克尔（Frankel，1997）尽管是以过去的引力模型公式为基础进行研究的，但他全面研究了区域自由贸易协定的影响；第二，鲍德温（2006）研究了货币同盟对贸易的影响，尤其是欧元区对贸易的影响。他在概念和方法论方面的评论被证明是非常有用的。在经济学人信息部（Economist Intelligence Unit，2001）的调查中，我们可以找到对五个工业化国家之间价格差异的相当全面的总结。最后，但并非最不重要的，对许多有关距离死亡和全球扁平化的主张，利默（Leamer，2007）进行了诙谐而有趣的评论。

附录　引力方程的数据与方法

经济数据

（1）安德鲁·罗斯（Andrew Rose）已经把他在估计引力模型时使用过的主要经济数据放在了网上（1960年到2000年的汇总数据）。主要的基础数据来源包括：有关贸易的数据来源于国际货币基金组织的贸易趋势统计数据（DOTS）（可以追溯到1948年的一个数据库）；有关GDP与人口的数据主要来源于佩恩世界报表（Penn World Tables）（自1950年起）或者世界银行的世界发展指数（自1960年起）。

（2）分析更加注重精细的分类时，贸易数据主要来自联合国的商品贸易统计数据库（COMTRADE）（自1962年起）。罗伯特·芬斯特拉（Robert Feenstra）和罗伯特·利普西（Robert Lipsey）已经把它们放在美国国家经济研究局（NBER）的网站上以便使用。结构性估计应以相同统计分类的双边贸易、产值和价格（或工资）数据为基础，然而获取这些数据并不那么容易，因为贸易是根据产品属性进行分类的，而产值、价格或工资的数据是基于活动类型加以收集的。由世界银行的奥利加（Olleaga）和尼西塔（Nicita）开发的贸易与生产数据库，提供了在一个较大的地理范围内按照相同分类加以收集的贸易与产值数据。它涵盖了1976年至1999年60多个国家大约30个部门的数据。其来源包括联合国提供的部分数据〔贸易数据来源于商品贸易统计数据库，其余变量来源于联合国工业发展组织（UNIDO）〕。由于1993年以后的数据极度缺乏，法国前景研究与国际信息中心（CEPII）在原始数据以及经济合作与发展组织的斯坦（STAN）数据库的基础上进一步补充和完善了该数据库。该数据库在法国前景研究与国际信息中心的网站上是免费提供的。

129

地理数据

（1）乔恩·哈弗曼（Jon Haveman）已经收集了涵盖许多国家的有关距离、共同语言和接壤方面的数据。安德鲁·罗斯的数据库还包含了殖民地之间的关系。法国前景研究与国际信息中心提供了记录两国距离的最完整的数据库，该数据库还考虑到了每个国家内部的地理状况。因此，从该数据库可以得到所有国家内部距离的数据，这不仅有助于引力估计，而且对计算市场潜能也有很大帮助，这一点我们将在第 12 章讨论。该数据库包括了几个与殖民地之间的联系有关的变量，以及对语言接近性的各种度量。法国前景研究与国际信息中心还提供了每个国家的地理数据，如一国的主要城市及其坐标，表明该国是内陆国家还是沿岸国家的一个虚拟变量，以及该国的面积等。

（2）世界地名索引（http://gazetteer.de/）是一个包括世界许多城市与地区的大量数据的网站，它是涵盖将近世界 55 000 个城市最新的人口规模与地理坐标的一个很有名的数据库。弗农·亨德森（Vernon Henderson）从这一数据库中摘录了大量数据。

第 6 章　核心−边缘结构

130　　在第 1 章，我们讨论了经济发展史上最突出的特征，即财富与人口空间分布的巨大差异。在任何时候，情况都是一样的，即在一些特定的历史时期，经济活动集中在有限的地区，从而形成了人类文明的核心区，而其他地区停滞不前，这些地区就沦落为边缘区。换言之，经济发展是不平衡的，于是就形成了一种（或几种）含有核心−边缘结构的发展模式。因此，研究这种普遍现象的基本原理具有重要意义。

　　在 20 世纪 50 年代，一些理论经济学家提出了能够解释不平衡发展原因的原理，也就是循环累积因果关系[①]，然而这一原理被忽略了几十年。缪尔达尔（Myrdal，1957，p.13）将这些思想概括如下：

> 我在这部书里想要论述的思想是……社会系统中并没有自动实现自我稳定的倾向。该系统自身不会走向各种力量的任何一种平衡，而是不断地背离这种平衡。在正常情况下，一种变化不会引起抵消它的各种变化。相反，产生的结果却是支持这种变化，使得社会系统沿着第一种变化的方向不断向前迈进，因为这种循环因果关系使得社会过程不断进行自我积累，且经常以加速度的形式发展。

---

　　① 作为对经济增长与发展的一种可能的解释，扬（Young，1928）早已提出了这种思想。并不奇怪，相同的思想再次出现在工业起飞阶段的分析中（Murphy et al.，1989；Matsuyama，1992）。

应用到经济地理学，这一原理认为聚集现象为"滚雪球"效应所驱动，也就是一旦开始运动，则这种效应就会引发不断自我强化的过程。克鲁格曼（1991a，p.486）也表达了相同的思想。他将之写为：

> 制造业将集中在有较大市场规模的地方，而制造业集中的地方其市场规模也较大。

为解释这种现象，克鲁格曼把 DSK 模型进一步扩展成新的分析框架。① 克鲁格曼的观点是，经济聚集是一种很普遍的现象，因而区域差异也是很普遍的现象。为了强调这些主张，克鲁格曼把注意力放在劳动力的流动而不是资本的流动上。我们已经在第 4 章中看到，尽管资本所有者把收入花费在其居住的地区，但市场规模较大的地区吸引更大比例的厂商。相反，当技能劳动力迁移时，他们把自己的收入花费在他们迁入的地区，因此该地区的消费需求增加，而迁出地区的消费需求下降。用另一种方式来表述，则正如资本的情况，技能劳动力在其居住的地区从事生产活动，他们把自己的收入花费在他们从事生产活动的地区，这与一般资本所有者的情形不同。因此，我们可以断言，劳动力的迁移引起生产能力与消费能力的同时转移，这就改变了市场规模，因而产生了新的聚集力。不过它也引发了新的分散力。此外，劳动力迁移受名义工资差异和生活成本差异所驱动，而资本流动受名义收益率差异所驱动。

因此，我们已经具有了能够解释雪球是如何形成以及如何增大的（几乎）所有的基本要素。涉及厂商以及劳动力的两种作用力是相互交织在一起的。首先，劳动者数量的增加就等于消费者数量的增加，这提高了对当地制造业产品的需求，而制造业产品需求的扩大又引发了更多的厂商选择该地区作为自己的生产区位（"后向联系"）。本地市场效应意味着，较大区域的市场规模稍微增加，就导致该区域制造业份额以更大的比例增加，但这种份额的增加是以较小区域制造业份额的损失为代价的，这就提高了前一区域的名义工资。其次，定位在某一区域的厂商数量的增加，意味着当地生产的产品种类增加，结果该地区制造业产品的均衡价格指数就下降了。这两种效应依次引发了实际工资水平的提高，以及劳动者从规模较小区域向规模较大区域的转移，因为在后者那里，尽管其他条件均相同，但生活水平较高（"前向联系"）。如果这两种效应结合在一起，那么劳动者应持续向规模较大区域迁移，直到整个制造业部门全部聚集在规模较大区域为止。

不过，这种过程似乎意味着必然存在一种累积性的动态过程，然而缪尔达尔预测的这种累积性动态过程并不一定总是存在的。实际上，上面的讨论忽略了影响劳动力市场的各种变化，尤其是没有考虑到这一事实，即新的劳动者的迁入导致劳动力迁入地区的技能劳动力供给的增加，这又引

---

① 请注意，美国地理学家哈里斯（Harris，1954，p.315）也提出了类似的主张。他写道："这种［制造业带］及其他制造业区域与市场位置之间的相互影响是互惠的；部分制造业在拥有较大市场规模的区域或地区得到了发展，随着这些工业的发展，这些地区的市场规模也不断扩大，同时也出现了相应的其他有利条件。"但哈里斯的分析没有涉及任何可以解释产品市场竞争和劳动力市场竞争的要素，故他的分析是很不完整的。

发了工资水平的下降。另外,劳动力数量的增加导致制造业产品需求的增加,这又导致生产该种产品的厂商对劳动力需求的增加。如果我们考虑这种事实,即厂商数量的增加通过产品种类的增多导致了间接的市场拥挤效应,而这种拥挤效应趋向于提高工资水平,那么我们就可以断定,对名义工资的总体影响是很难预测的。因此,正如我们将看到的那样,前面提到的这些要素组合起来共同融解前面提到的那个雪球,从而导致制造业部门在地理上的重新配置。

在劳动力市场和产品市场相互依赖且可以确定能够形成缪尔达尔式雪球的贸易成本条件的模型中,厂商转移和劳动力转移将产生不同的影响,克鲁格曼(1991a)把这种不同影响紧密地结合起来了。更确切地说,克鲁格曼是从区际差异的消失会形成分散化产业格局的逻辑中得出了制造业部门是由于区际差异(可能是很小的差异)的存在而趋向集中的结论。这种分析所包含的未被料想到的结论是,贸易成本较高时转移是替代的,但贸易成本较低时它们又是互补的。前一种情况是,如果区域 A 的劳动力离开原地转入区域 B,那么将导致区域 B 的劳动力离开原地转入区域 A;后一种情况是,如果区域 A 的某一劳动力离开区域 A,那么其他劳动力也跟着他离开区域 A。

通常事先假定,克鲁格曼关注的是金融外部性而前人关注的是技术外部性,这是克鲁格曼的研究与过去研究的主要区别(Henderson,1988)。克鲁格曼的研究与本书所考虑的区域之间的规模差异密切相关,因为溢出效应在本地经济发展中的作用普遍得到重视,然而一般认为溢出效应在较大空间范围内的作用是很微弱的。竞争是不完全的,因此价格不能反映个体决策的社会价值,而这一事实导致了金融外部性。结果,当厂商和劳动力转移时,他们不能解释他们的转移决策所导致的所有影响。换言之,劳动力与厂商的迁移通过金融外部性无意识地影响了所有代理人的福利。

总之,克鲁格曼模型的空间均衡可以看成是包括几种分散力与聚集力的复杂博弈的结果。分散力有两个来源:一是不可流动的非技能劳动力对制造业产品的需求,这些需求也应得到满足;二是厂商数量增加引起的厂商聚集,必然导致目前的市场拥挤效应。向心力由本地市场效应产生,它通过技能劳动力转移所引发的当地市场规模的放大进一步得到加强。

在 6.1 节,我们利用卡塞迪(Casetti,1980)提出的图解法来说明收益递增是如何在从没有空间差异的均匀结构向核心-边缘结构的转变过程中导致多重均衡和突变的。6.2 节将专门分析克鲁格曼的模型(1991a)。[①] 尽管这个模型中的所有函数形式都已知,但无法得到解析解。正因为这种困难,我们将在 6.3 节讨论一种简化形式,而这些简化模型是由福斯里德和奥塔维诺(For-slid and Ottaviano,2003)提出的。

---

① 请注意,克鲁格曼(1979)在他的结论中提出建立这样一种模型。菲尼(Faini,1984)进行了克鲁格曼模型中的几个要素的预期分析。阿瑟(Arthur,1994,chapter 4)用不同的方法说明了正反馈和历史在区际差异形成过程中的重要性。

6.1 收益递增与工业化

在本节，我们用简单的图形来说明当存在规模收益递增时劳动力的空间分布是如何突然发生变化的。为此，我们考虑一个由两个部门和两个区域组成的经济体；农业部门仅存在于一个区域，我们用 A 来表示农业部门，工业部门则完全集中在另一个区域，我们用 B 来表示工业部门。农业部门以规模收益递减为特征，但工业部门的规模收益是可以递减或递增的。我们将会看到随着工业部门技术水平的不同，会出现完全不同的生产方式。

总劳动力数量为 L。他们愿意在两个区域中的任何一个区域工作，或者均等地在两个部门工作。区域 A 和区域 B 的初始劳动力数量分别用 L_A 和 L_B 来表示，则 $L_A + L_B = L$。农业与工业的产出水平取决于每个部门的劳动力数量，即：

$$Q_A = F_A(L_A), Q_B = \kappa F_B(L_B)$$

134 其中，κ 为一个正的常数，用来度量工业部门的劳动生产率；$F_r(r=A，B)$ 是所要考虑的部门的生产函数。当每个部门的劳动力数量很小的时候，边际劳动力生产率变得很大。因此，均衡总是内点均衡，即 $0 < L_A^* < L$ 和 $0 < L_B^* < L$。

两个区域的农产品与工业产品的价格不变且相同，分别用 p_A 和 p_B 来表示。两个区域的劳动力市场是完全竞争市场，所以劳动力是根据边际生产率来获取报酬的，即：

$$w_A = p_A \frac{dF_A}{dL_A}, w_B = \kappa p_B \frac{dF_B}{dL_B}$$

劳动力是根据两个区域的工资差异决定他们自己的生活区位的。空间均衡是由两个部门各自的工资水平相等时的劳动力分布来确定的，在这种均衡模式下劳动力不会再转移。利用下面的流动方程来讨论均衡的稳定性问题：

$$\frac{dL_B}{dt} = w_B - w_A = \kappa p_B \frac{dF_B}{dL_B} - p_A \frac{dF_A}{dL_A}$$

换一种方式，当且仅当工业部门的工资水平 w_B 超过农业部门的工资水平 w_A 时，工业区 B 的人口会增加。因为 $L_A + L_B = L$，我们只需要描述一个区域的人口变化过程，就可以得到另一个区域的人口变化过程。

农业部门以规模收益递减为特征，故农业部门的边际劳动生产率是下降的，如图 6.1 所示。作为第一步，我们承认这同样适用于工业部门（见图 6.2）。

135 图 6.1 和图 6.2 叠加在一起就是图 6.3。在图 6.3 中，工业部门的规模是从点 $L_B=0$ 开始沿着横轴向右度量的，而农业部门的规模是从点 $L_B=L$ 开始沿着横轴向左度量的。以这种方式，属于区间 $[0，L]$ 的每一点都对应着劳

动力在两个部门或两个地区之间的一种分布状态。空间均衡发生在 w_A 和 w_B 两条曲线的交点上，因此均衡时两个部门的边际劳动生产率相等。在图 6.3 中，存在唯一的交点，该交点由 $L_B^* = L^*$ 和 $L_A^* = 1 - L^*$ 给出。

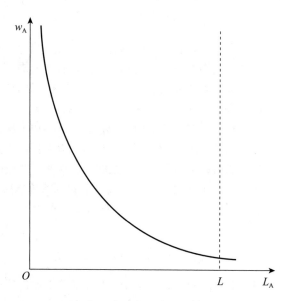

图 6.1　农业劳动力的边际生产率

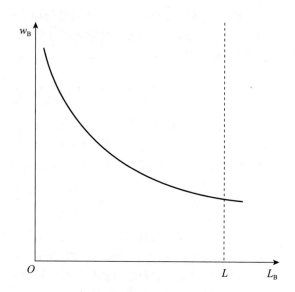

**图 6.2　规模收益递减情形下工业劳动力
的边际生产率**

而且，很容易证明人口迁移在这里起到了一种平衡作用，因此该均衡是稳定的（这就是图 6.3 中的箭头的含义）。例如，如果 L 超过 L^*，工业区现行的工资水平低于农业区的工资水平，于是一部分工人变成农民；反过来也是一样。

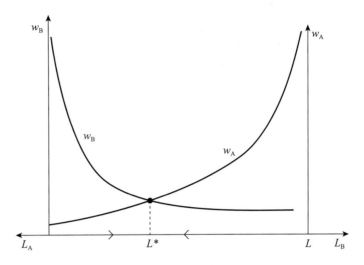

图 6.3　两部门规模收益递减情况下的空间均衡

我们现在假设工业部门具有规模收益递增特征，至少在用图 6.4 中的区间 $[L_1，L_2]$ 来表示的一定的产出水平范围内存在这种特征。该曲线的形状解释如下。对于低水平的产出，规模收益是递减的，因为使用的仍然是传统的技术。当产出水平超过某一临界值时，使用大规模的生产技术是有利可图的，因此就导致规模收益递增。然而，当产出量非常大时，工业部门生产技术再次展现出规模收益递减特征，因为此时各种约束条件限制了更大规模生产的收益递增现象。把图 6.1 和图 6.4 叠加在一起，就可以得到图 6.5。

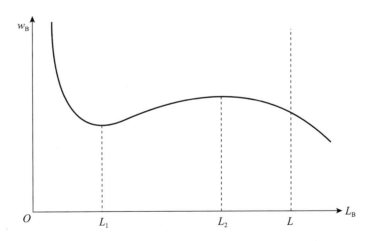

图 6.4　收益非单调变化下的工业
劳动力的边际生产率

上述空间均衡所导致的结果与之前所得到的结果大不相同。让我们假定此时工业部门的边际劳动生产率由图 6.5 中的曲线 w_1 给出。在这种情况下，只

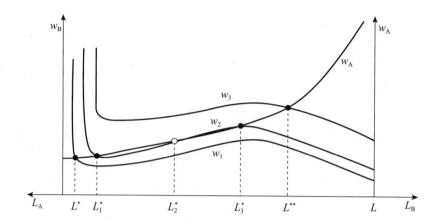

图 6.5　规模收益递增情况下的工业部门的空间均衡

有一种空间均衡，即 $L_B^* = L^*$，且是稳定均衡。当参数 κ 增加时，可能由于知识的积累，工业部门的边际生产率曲线向上移动。当曲线移动至图 6.5 中的 w_2 位置时，不是一种空间均衡而是有三种不同均衡（$L_B^* = L_1^*$、L_2^* 和 L_3^*），其中 L_1^* 和 L_3^* 是（局部）稳定均衡。但 L_2^* 不是稳定均衡，因为任何工资差异都有利于某一区域吸引新的劳动力流入该区域。如果经济系统最初处于 $L_B^* = L^* < L_1^*$ 的状态，它将受到均衡 L_1^* 的吸引。此时可以相信，经过一个技术冲击，生产率曲线从 w_1 移动至 w_2，工业劳动力数量增加了 $L_1^* - L^*$ 单位，

137　因而工业化得到了一定程度的加速。如果知识不断地积累，则参数 κ 持续变大，此时新的曲线 w_3 与曲线 w_A 相交。此交点的横坐标为 L^{**}，位于点 L_1^* 的右边并相距较远。这样，现在经济系统经历了从区域 A 到区域 B 的人口大迁移，从而出现了迅速的工业化和城市化。值得强调的是，这种突发性工业化和大规模城市化是由规模收益递增带来的。

上面的讨论揭示了经济地理学的两个基本特征：（1）规模收益递增和劳动力流动促使区域差异的形成；（2）结构参数的轻微变动可能导致经济活动空间格局的突变。与此相反，当规模收益递减时经济系统不会出现这种突变现象。我们再次看到，规模收益递增对于我们理解空间经济是多么重要。当然，卡塞迪的分析存在一些缺陷，例如，产品价格是外生的，而没有运输成本就意味着劳动者只关心名义工资。下一节的主题克鲁格曼模型则包含了这些变量和其他一些变量。

6.2　区域差异：克鲁格曼模型

克鲁格曼（1991a）考虑了包含两个区域的经济系统，也就是与第 4 章的

138　DSK 模型所描述的相同类型的模型。不过，两者有很大的不同。对在农业部门从事生产的非技能劳动力与在工业部门从事生产的技能劳动力之间的区别而

言，克鲁格曼假定技能劳动力可以在区域之间转移而非技能劳动力不能在区域之间转移。这种假设在很大程度上符合现代的转移模式（Greenwood，1997），尽管劳动力的流动性与劳动力技能之间的关系在过去并不那么清晰（Bade，2002）。然而要强调的是，本章对这两种生产要素的解释是为了表述上的方便。关键是，可流动生产要素与劳动力是有关系的，然而其他要素，如非技能劳动力以及土地或非贸易品，是不可流动的。

在克鲁格曼的模型中，转移行为的差异具有重要影响，不管劳动力是技能劳动力还是非技能劳动力，其居住（因此也是消费）的地方也就是他从事工作的地方。以另一种方式表述，则是所有劳动力都在其居住地获得收入并进行消费。这不同于第4章中讨论的本地市场效应模型，在第4章我们假设投资在外地挣得的收入都返回到资本所有者所在地。这也解释了在模型中存在农业部门的理由，即非技能劳动力是不可流动的，因此有必要在边缘区保持一定比例的非技能劳动力。他们对制造业产品的需求就成了分散力，后面我们将重新讨论这个问题。现在，我们假设非技能劳动力在两个区域均匀分布（$\theta_a = 1/2$），因此非技能劳动力对制造业产品的支出在两个区域是相等的。我们想强调的是，这种假设是为了避免事先已经出现某一区域获利而另一个区域受损的不平衡现象，这样对称模式就成为我们讨论的基准模式。正如第4章的结论所指出的那样，克鲁格曼模型的目标之一就是利用市场机制，即没有假定地区之间任何外生的非对称性来解释空间差异。居住在区域A的技能劳动力份额是内生的，用 $\lambda \in [0, 1]$ 来表示。这意味着 λ 取代了DSK模型中的 θ。然而，我们将看到区际需求分布是随着技能劳动力分布的变化而变化的，因而它是内生的，这不同于本地市场效应模型。

第 i 种产品的生产成本采取特定要素的形式，即：

$$C[q(i)] = fw + mwq(i)$$

其中，f 和 m 分别表示对技能劳动力的固定需求和边际需求。因此，位于区域A且生产第 i 种产品，并以 τ 的贸易成本出口到区域B的厂商的利润函数为

$$\pi_A(i) = p_{AA}(i)q_{AA}(i) + p_{AB}(i)q_{AB}(i) - mw_A[q_{AA}(i) + \tau q_{AB}(i)] - fw_A \tag{6.1}$$

其中，$p_{AA}(i)$ 和 $p_{AB}(i)$ 分别是区域A和区域B的消费者对在区域A生产的第 i 种产品支付的价格，同样，$q_{AA}(i)$ 和 $q_{AB}(i)$ 分别是他们的消费量，w_A 是在区域A的现行工资。

厂商与劳动者的位置固定时的市场均衡称为短期均衡，这样既方便也很合适。短期与长期之间的区别是基于这种事实，即代理人的区位调整比市场上的价格调整要慢。换言之，对于给定的人口分布，我们将决定两个区域现行的均衡价格与工资，然后研究厂商与技能劳动力在区域间是如何分布的问题。由于克鲁格曼的模型涉及大量参数，我们对其中一些参数进行标准化以简化标记。尤其是，我们可以选择技能劳动力边际需求的单位，使它等于1，即

$m=1$。

6.2.1 短期均衡

我们在第 4 章中看到，在同一区域生产的不同种类产品的均衡价格相等，且与制造业部门的分布 λ 无关：

$$p_{AA}^* = \frac{\sigma}{\sigma-1}w_A, p_{AB}^* = \frac{\sigma}{\sigma-1}\tau w_A \tag{6.2}$$

不过，工资随 λ 而变化，这一点很明显，所以均衡价格间接取决于劳动力的分布。把 p_{AA}^* 和 p_{AB}^* 代入 $\pi_A(i)$，则可以得出：

$$\pi_A = \frac{w_A}{\sigma-1}q_A - w_A f = \frac{w_A}{\sigma-1}\big[q_A - (\sigma-1)f\big] \tag{6.3}$$

其中，$q_A = q_{AA} + \tau q_{AB}$。在自由进入条件下，利润为零，因此单个厂商的均衡产出通过解式（6.3）得到：

$$q^* \equiv q_A^* = q_B^* = (\sigma-1)f \tag{6.4}$$

因此，所有产品的产出量都相等且产出量与厂商分布无关。每个厂商的劳动力需求为 $l^* = f + q^*$，因此这对每个区域来说都相等且与厂商的分布无关，即 $l^* = \sigma f$。厂商的固定需求在劳动力总需求中所占份额 f/l^* 是度量规模经济强度的一个指标，它等于 $1/\sigma$。因此，参数 σ 在克鲁格曼模型中有两个重要的作用，根据假设，它表示产品之间的替代程度，同时也是市场均衡时收益递增程度的一种指标。正如将在第 12 章中所讨论的那样，这对估测该参数值是很有利的。然而，因 σ 的这种多功能性，一些结论的性质变得很模糊，因为无法区分规模效应和价格效应。

对劳动力需求的另一种必然结果是，制造业部门厂商的总数是固定不变的，它等于 $N = L/l^* = L/\sigma f$，其中 L 表示技能劳动力总数。因此，劳动力市场出清条件意味着：

$$n_A = \frac{\lambda L}{\sigma f}, n_B = \frac{(1-\lambda)L}{\sigma f} \tag{6.5}$$

因此，在某一区域的厂商数量与居住在该区域的技能劳动力数量之间存在一一对应关系，这意味着厂商与技能劳动力一起转移。因此，没有必要专门描述厂商分布的变化过程，因为它随着技能劳动力数量的变化自动发生变化。这就大大简化了分析。任何事情似乎都表明，每一区域潜在的企业家数量足够多，因而所有技能劳动力在一定的工资水平下都能找到工作，从而抵消企业家的利润。尽管这有其局限性，然而它以非常简单的方式表达了我们所面临的鸡与蛋孰先孰后的问题。穆特（Muth，1971）也在他的"人跟着就业走还是就业跟着人走"的著名引语中表述了他对这些问题的看法。在这里，我们讨论的究竟是厂商的分布还是（技能）劳动力的分布并不重要。

此外，由于厂商总数等于 $L/\sigma f$，因此在核心-边缘模型中，我们不能讨论厂商总数随着厂商空间分布的变化而变化的情况，这种情况将在下一章中讨论。本模型只讨论制造业部门规模不变时的区际分布。

把均衡价格（6.2）代入第 4 章定义的区域价格指数中，则可以得到如下两个表达式：

$$P_A(\lambda) = \left[\frac{\lambda L}{\sigma f} \left(\frac{\sigma w_A}{\sigma-1} \right)^{-(\sigma-1)} + \frac{(1-\lambda)L}{\sigma f} \left(\frac{\sigma w_B}{\sigma-1} \tau \right)^{-(\sigma-1)} \right]^{-1/(\sigma-1)}$$

$$= \kappa_1 \left[\lambda w_A^{-(\sigma-1)} + (1-\lambda)(w_B \tau)^{-(\sigma-1)} \right]^{-1/(\sigma-1)} \quad (6.6)$$

$$P_B(\lambda) = \left[\frac{\lambda L}{\sigma f} \left(\frac{\sigma w_A}{\sigma-1} \tau \right)^{-(\sigma-1)} + \frac{(1-\lambda)L}{\sigma f} \left(\frac{\sigma w_B}{\sigma-1} \right)^{-(\sigma-1)} \right]^{-1/(\sigma-1)}$$

$$= \kappa_1 \left[\lambda (w_A \tau)^{-(\sigma-1)} + (1-\lambda) w_B^{-(\sigma-1)} \right]^{-1/(\sigma-1)} \quad (6.7)$$

其中，$\kappa_1 \equiv \frac{\sigma}{\sigma-1} (L/\sigma f)^{-1/(\sigma-1)} = \frac{\sigma}{\sigma-1} N^{-1/(\sigma-1)}$。当所有其他条件都相同时，这个表达式意味着当产品种类数量增加时，这两个地区的价格指数下降，因此可以得出，如果厂商数量更多，则在产品市场中的拥挤效应更强的结论。另外，指数 P_A 和 P_B 不仅取决于区域工资水平和劳动力的空间分布这两个内生变量，还取决于贸易成本水平。

在结束短期均衡讨论之前，还需要考虑两个额外的约束条件。首先，我们必须确定区域收入水平。均衡时的厂商利润为零，因此收入水平为工资之和：

$$Y_A(\lambda) = \frac{1}{2} L_a + \lambda w_A(\lambda) L, \quad Y_B(\lambda) = \frac{1}{2} L_a + (1-\lambda) w_B(\lambda) L \quad (6.8)$$

其中，L_a 表示非技能劳动力总数。在每一个表达式中，右边第一项相当于非技能劳动力的收入水平，第二项相当于技能劳动力的收入水平。其次，在区域市场上产品种类的均衡条件必须得到满足。对在区域 A 生产的产品种类的需求，可以在由式（6.2）给出的均衡价格上求出，也可以由下式给出：

$$q_A(w_A) = \mu \left(\frac{\sigma}{\sigma-1} \right)^{-\sigma} w_A^{-\sigma} (Y_A P_A^{\sigma-1} + Y_B \tau^{-(\sigma-1)} P_B^{\sigma-1})$$

由于该表达式必须等于均衡时的供给 $(\sigma-1)f$，因此我们可以得到区域 A 的均衡工资的隐函数形式，可以看出收入与价格指数都取决于工资水平：

$$w_A^*(\lambda) = \kappa_2 \left[Y_A(\lambda) P_A^{\sigma-1}(\lambda) + Y_B(\lambda) \tau^{-(\sigma-1)} P_B^{\sigma-1}(\lambda) \right]^{1/\sigma} \quad (6.9)$$

其中，$\kappa_2 \equiv \frac{\sigma-1}{\sigma} [\mu/[(\sigma-1)f]]^{1/\sigma} = \frac{\sigma-1}{\sigma} (\mu/q^*)^{1/\sigma}$。根据相同的方式，区域 B 的均衡工资由下面的隐函数给出，即：

$$w_B^*(\lambda) = \kappa_2 \left[Y_A(\lambda) \tau^{-(\sigma-1)} P_A^{\sigma-1}(\lambda) + Y_B(\lambda) P_B^{\sigma-1}(\lambda) \right]^{1/\sigma} \quad (6.10)$$

142 这两个表达式被称为工资方程。它们给出了一个区域现行工资关于区域收入、价格指数和贸易成本的函数关系。求它的联立方程解，就会得到 λ 项中的均衡工资。

尽管我们现在已经有了描述短期均衡特征的所有方程，但我们无法给出名义工资的显函数形式，因为上述解法是不能给出解析解的。这显然使分析变得复杂了，但是就如我们以后将看到的，这并不会妨碍我们对长期均衡的详细分析。此外，用数值求解此模型是可能的。

最后，瓦尔拉斯法则意味着，一旦上述条件得到满足，则农业部门达到均衡。概括来说，当厂商的空间分布 λ 不变时，短期均衡由式（6.6）～式（6.10）中的六个表达式的解给出［式（6.8）包括了两个区域的收入表达式］，其中的六个未知数为 Y_A、Y_B、w_A、w_B、P_A 和 P_B。[①] 现在剩下的是要描述在长期空间均衡是如何由技能劳动力的流动性决定的。

6.2.2　长期均衡

劳动力的均衡分布，也就是 λ 的均衡值，是比较劳动力在区域 A 和区域 B 所能获得的福利水平而得出的。某一区域劳动力的福利水平取决于他的工资水平以及他所在区域现行的生活成本水平。实际上，如果核心区的厂商数量很多，则其较低的名义工资由较低的制造业产品价格来补偿，反之亦然。这里的目的是要决定，得到的是两个区域规模相同的分散结构，还是核心区拥有较大的制造业部门份额的核心-边缘结构。

劳动力的福利水平由其间接效用来度量，在这里等于其实际工资水平。我们可以选择计价单位使得 $p_a = 1$，因此劳动力的间接效用值由下面的表达式给出（第 3 章）：

$$V_A(\lambda) = w_A(\lambda) P_A^{-\mu}(\lambda) \tag{6.11}$$

当技能劳动力在另外一个区域无法获得更高的效用水平时就得到了一种空间均衡。如果满足下式，则这种空间均衡在区间 $0 < \lambda < 1$ 内发生：

$$\Delta V(\lambda) \equiv V_A(\lambda) - V_B(\lambda) = 0 \tag{6.12}$$

143　　　如果满足 $\Delta V(0) \leqslant 0$，则空间均衡出现在 $\lambda = 0$ 处；如果满足 $\Delta V(1) \geqslant 0$，则空间均衡出现在 $\lambda = 1$ 处。金斯伯格等（Ginsburgh et al., 1985）的命题 1 意味着，由于函数 $V_A(\lambda)$ 和 $V_B(\lambda)$ 是关于 λ 的连续函数，因此这种均衡总是存在，但它并不一定是唯一的。因此，我们应有序分类出不同的均衡，如果可能的话，设法选择其中的一个。

为此，我们利用稳定性概念，它能够确定一种动态的调整过程。对实际工资差异所导致的技能劳动力的转移而言，我们假设劳动力采取的是一种短视的最佳反应过程，即在这种情况下技能劳动力会以 $\phi > 0$ 的速度向为他们提供更高福利水平的区域迁移，即：

$$\dot{\lambda} = \phi \Delta V(\lambda) \tag{6.13}$$

其中，$\dot{\lambda}$ 是 λ 对时间的导数。当 $\Delta V(\lambda)$ 为正数且 $0 < \lambda < 1$ 时，劳动力从区域

---

① 默赛（Mossay, 2006）已经证明，这种方程组有唯一的一组解。

B转移到区域A，因为他们在区域A的福利水平超过在区域B的现行福利水平；当$\Delta V(\lambda)$为负数时，劳动力朝着相反的方向转移。这种过程基于如下假设，即作为对技能劳动力迁移的反应，区域价格和工资水平是瞬时调整的。特别是，当技能劳动力所居住区域的利润为零时，名义工资会瞬时得到调整。当$\Delta V(\lambda)=0$时，或者当变量λ取零（且$\Delta V\leqslant 0$）时，或者当λ取1（且$\Delta V\geqslant 0$）时，这种转移过程将停止。很明显，任何一种空间均衡都是式（6.13）的静止状态；反过来，式（6.13）的任何一种静止状态都是空间均衡。虽然这种调整的动态过程是相当直观的，但它缺乏微观经济基础。实际上，劳动力的偏好是相同的，当其中某些人选择迁移时，其他人都跟着这些人一起迁移。要克服这一现象，则可能的方法之一为假设劳动力面临着不同的迁移成本（见第8章）。

对均衡分布$0<\lambda^*<1$的任何一种边际改变而言，如果由式（6.13）表示的调整过程使得技能劳动力都回到他们初始的分布状态，则此时的空间均衡是稳定均衡。角点均衡（$\lambda^*=0$或1）存在本身就意味着它是稳定的，这是因为旨在界定这种均衡的差异性，不会因厂商分布的微弱变动而发生变化。在下文中，任何不稳定均衡都将不予考虑。[1] 实际上，我们不会发现任何一个不稳定均衡，因为尽管一些代理人犯了微小的错误，但足以消除这种错误。要考虑时间的作用，但要注意，这里仅仅是概念性的，并不涉及具体的演化过程。

定义空间均衡的式（6.12）既是隐函数又是超越函数。说它是隐函数，主要是因为没有名义工资$w_A^*(\lambda)$和$w_B^*(\lambda)$的直接表达式；说它是超越函数，是因为它涉及非整数次幂。因此，我们无法解出解析解。于是，克鲁格曼就进行了数值模拟，他的模拟结果表示在图6.6中。在该图中，我们绘制出了对应于区域A的人口份额的区际效用之差。它们可以归纳如下。当τ值较高（如τ_1）时，存在一种单一的稳定均衡，此时制造业部门完全分散（$\lambda^*=1/2$）。由于效用差ΔV在$\lambda^*=1/2$附近是递减的，因此尽管区域A的规模大一些，但此时区域A的间接效用下降，因而劳动力将向区域B转移。当τ取中间值（τ_2）时，出现了四种额外的均衡，从在一个区域比在另一个区域拥有更大份额的制造业部门的意义上讲，这四种额外的均衡都是非对称均衡。两种内点均衡是不稳定的，于是剩下三种稳定均衡，即对称结构（$\lambda^*=1/2$）和制造业部门完全聚集在区域$A(\lambda^*=1)$或完全聚集在区域$B(\lambda^*=0)$的核心-边缘结构。最后，当τ值足够小（τ_3）时，对称均衡变得不稳定，只有核心-边缘结构为稳定均衡（$\lambda^*=0$, 1）。这些结果表明，需要检验这两种特定的稳定均衡，即核心-边缘结构和对称结构。

6.2.2.1 核心-边缘结构的检验

假定制造业部门集中在一个区域，如区域A，此时$\lambda=1$。在这种空间均衡

---

① 这符合博弈论中的颤抖手精炼博弈。

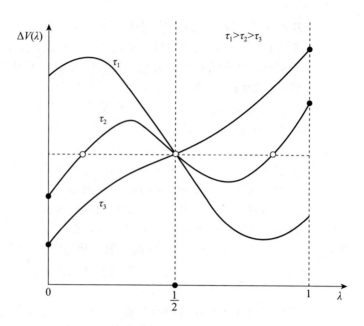

图 6.6 不同贸易成本下人口转移的动态过程

145 结构中，区域 A 的技能劳动力比在区域 B 具有更高的福利水平。在描述短期均衡的方程中设 $\lambda=1$，则我们从式（6.8）中得到如下表达式：

$$Y_A = w_A^* L + \frac{1}{2}L_a, Y_B = \frac{1}{2}L_a \tag{6.14}$$

由式（6.6）和式（6.7）可以得到：

$$P_A = \kappa_1 w_A^*, P_B = \kappa_1 \tau w_A^* \tag{6.15}$$

把上式代入式（6.9）和式（6.10）则可以得到：

$$w_A^* = \kappa_2 \left[Y_A(\kappa_1 w_A^*)^{\sigma-1} + Y_B \tau^{-(\sigma-1)}(\kappa_1 \tau w_A^*)^{\sigma-1}\right]^{1/\sigma} \tag{6.16}$$

$$w_B^*(w_A^*) = \kappa_2 \left[Y_A \tau^{-(\sigma-1)}(\kappa_1 w_A^*)^{\sigma-1} + Y_B(\kappa_1 \tau w_A^*)^{\sigma-1}\right]^{1/\sigma} \tag{6.17}$$

现在可以确定均衡的名义工资。因为利润为零，技能劳动力的总收入等于对制造业产品的支出总和：$w_A^* L = \mu(Y_A + Y_B)$。把 $w_A^* L$ 代入式（6.14）并求解 Y_A 和 Y_B，就可以得到区域收入水平分别为：

$$Y_A = \frac{1+\mu}{1-\mu}\frac{L_a}{2}, Y_B = \frac{L_a}{2}$$

所以经济系统的 GDP 等于 $Y_A + Y_B = L_a/(1-\mu)$。从 $w_A^* = \mu(Y_A + Y_B)/L$ 我们可以得到：

$$w_A^* = \frac{\mu}{1-\mu}\frac{L_a}{L} \tag{6.18}$$

上述表达式与贸易成本无关，因为所有的产品都在区域 A 生产。根据式（6.17），工资水平 w_B^* 由下式给出：

$$w_B^* = \kappa_3 \left[\frac{1}{2} \left(\frac{1+\mu}{1-\mu} \right) \tau^{-(\sigma-1)} + \frac{1}{2} \tau^{\sigma-1} \right]^{1/\sigma} \tag{6.19}$$

其中，区域 B 的均衡工资取决于 τ，因为所有产品都是进口的。

$$\kappa_3 \equiv \kappa_2 \, \kappa_1^{(\sigma-1)/\sigma} L_a \left(\frac{\mu}{1-\mu} \frac{1}{L} \right)^{(\sigma-1)/\sigma} = \frac{\mu}{(1-\mu)^{(\sigma-1)/\sigma}} \frac{L_a}{L} > 0$$

当制造业部门的消费占总消费的份额 μ 上升时，均衡工资 w_A^* 变大，而 w_B^* 变小。这一结果的宏观经济意义是简单易懂的，如果消费者对制造业产品的需求更大，则核心区厂商所支付的名义工资将上升，而边缘区厂商能够支付的名义工资将下降，因此边缘区缺乏吸引力。

利用式（6.2），我们可以确定各种产品的相同的均衡价格：

$$p_A^* = \frac{\sigma}{\sigma-1} \frac{\mu}{1-\mu} \frac{L_a}{L}$$

这意味着，聚集区制造业产品的现行价格随着产品种类的差异化程度 $[\sigma/(\sigma-1)]$、非技能劳动力与技能劳动力之间的比例（L_a/L）以及经济系统中制造业部门份额（μ）的提高而提高。记住，对劳动力的可变需求 m 已标准化为 1 了。

由式（6.15），区域 A 的福利水平由下式给出：

$$V_A \equiv w_A^* (P_A)^{-\mu} = \kappa_1^{-\mu} (w_A^*)^{1-\mu}$$

这一表达式也与 τ 无关，因为所有的产品都在区域 A 生产。类似地，

$$V_B \equiv w_B^* (P_B)^{-\mu} = w_B^* \kappa_1^{-\mu} \tau^{-\mu} (w_A^*)^{-\mu}$$

因此，

$$\frac{V_B}{V_A} = \frac{w_B^*}{w_A^*} \tau^{-\mu}$$

或者，根据式（6.18）和式（6.19），以及 κ_3 的定义和 $\phi = \tau^{-(\sigma-1)}$，

$$\frac{V_B}{V_A} = \tau^{-\mu} \left[\frac{1-\mu}{2} \left(\frac{1+\mu}{1-\mu} \phi + \frac{1}{\phi} \right) \right]^{1/\sigma}$$

该表达式很好解释。$\tau^{-\mu}$ 项说明区域 B 进口所有制造业产品，因此该区域对劳动力的吸引力相对较弱。括号里的项包含两项（有一个公因式）。在第一项中，核心区的收入与 ϕ（$\phi<1$）相乘，因为当区域 B 的厂商把其产品运送到区域 A 时，因其不利的运输条件不得不支付更多的成本。在第二项中，用 $1/\phi >$ 1 加权边缘区收入，它反映了这一事实，即核心区的厂商向区域 B 供应产品时存在不利的成本条件。这两项放在一起，就意味着区域 B 的厂商在本区域的绩效很好，但在另一个区域的绩效很差。在制造业产品无运输成本（$\phi=1$）这种特殊情况下，我们总有 $V_B/V_A=1$，因为此时生产区位没有任何意义。

因为 $\rho = \sigma/(\sigma-1)$，上面的表达式可以重新写成如下形式：

$$\frac{V_B}{V_A} = \left[\frac{1+\mu}{2} \tau^{-\sigma(\mu+\rho)} + \frac{1-\mu}{2} \tau^{-\sigma(\mu-\rho)} \right]^{1/\sigma} \tag{6.20}$$

注意，式（6.20）右边有关 τ 的第一项总是递减的。如果 $\mu \geqslant \rho$，第二项也是递减的，因此，V_B/V_A 总是随着 τ 递减的。这意味着对每一个 $\tau > 1$ 的情形，$V_B < V_A$ 都成立。换言之，对每一个 $\tau > 1$ 的值来说，核心-边缘结构都是一种稳定均衡。因此，当 $\mu \geqslant \rho$（已知的"黑洞"条件）成立时，不同产品之间的差异化程度很大，此时厂商所面对的需求曲线对于贸易成本差异很不敏感，因而聚集力非常大。在这种情况下，核心区为黑洞，它吸引所有制造业部门，而不管贸易成本如何。

更为有趣的是 $\mu < \rho$ 的情况，此时式（6.20）的第二项不再是关于 τ 的递减函数。由于产品差异化程度更低，厂商所面对的需求曲线变得足够有弹性，因而聚集力就减弱。在这种情况下，当 τ 趋于 ∞ 时，式（6.20）中的第二项趋于 ∞。在 $\tau = 1$ 处，式（6.20）的斜率总为负，很容易证明曲线 V_B/V_A 就如图6.7所描述的那样。

在图6.7中，我们可以确定满足 $V_B/V_A = 1$ 条件的单一的值 $\tau_s(\tau_s > 1)$ 的存在。因此，对于每一个满足 $\tau \leqslant \tau_s$ 的 τ 来说，聚集都是一种稳定均衡。换言之，当贸易成本足够低时，所有的厂商都位于同一个区域。从完整角度来考虑，则应指出有两种稳定的聚集均衡：一种是发生在区域A的聚集均衡；另一种是发生在区域B的聚集均衡。在下文中，我们将只讨论其中的一种均衡，因为结果也适用于另一种均衡。

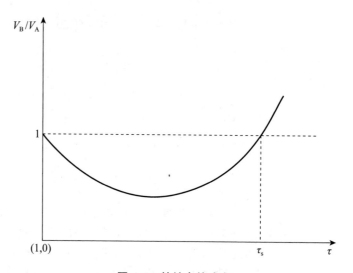

图6.7 持续点的确定

因为厂商能够享受与聚集有关的所有好处，同时其出口不会受到任何影响，因而会出现产业的空间聚集现象。临界值 τ_s 称为持续点，因为一旦厂商发生聚集，则对于所有低于该门槛值的 τ 值，这些企业都将保持这种聚集状态。此时当地市场规模足够大，因而可以维持所有厂商的聚集。相反，当贸易成本足够高（$\tau > \tau_s$）时，出口显著下降，一些厂商离开核心区转向其他区域，因此核心-边缘结构不再是稳定均衡。

6.2.2.2 对称结构的检验

我们刚才看到，当贸易成本足够高时，聚集不再是一种均衡。这自然要求我们研究对称结构的稳定性问题。在对称均衡情况下，制造业部门在区域间是均等分布的（$\lambda=1/2$）。在这种情况下，两个地区的名义工资与价格指数相等，因为短期均衡是唯一的均衡。因此，当 $\lambda=1/2$ 时，我们有 $V_A=V_B$，这意味着对称模式总是一种空间均衡。然而，这种均衡不需要稳定，现在我们研究这种不稳定均衡。短期均衡条件变为：

$$Y_A = Y_B = Y = \frac{1}{2}Lw^* + \frac{1}{2}L_a$$

其中，$w^* = w_A^* = w_B^*$ 是两个区域共同的工资水平。根据式（6.9），以及 $P_A(1/2)=P_B(1/2)\equiv P$，均衡工资由下式给出：

$$w^* = \kappa_2(YP^{\sigma-1} + Y\tau^{-(\sigma-1)}P^{\sigma-1})^{1/\sigma} = \kappa_2(YP^{\sigma-1})^{1/\sigma}(1+\tau^{-(\sigma-1)})^{1/\sigma}$$

根据式（6.6），经济系统共同的价格指数等于：

$$P = \kappa_1\left[\frac{1}{2}(w^*)^{-(\sigma-1)} + \frac{1}{2}(w^*\tau)^{-(\sigma-1)}\right]^{-1/(\sigma-1)}$$
$$= \kappa_1 2^{1/(\sigma-1)}w^*(1+\tau^{-(\sigma-1)})^{-1/(\sigma-1)}$$

因此，两个区域共同的福利水平如下：

$$V = w^*P^{-\mu}$$

正如上面所提到的那样，对于一个给定的值 $\tau>1$，如果曲线 $\Delta V(\lambda)$ 的斜率在 $\lambda=1/2$ 处为负数，则对称均衡是稳定的；相反，如果 $\Delta V(\lambda)$ 的斜率在 $\lambda=1/2$ 处为正数，则对称均衡是不稳定的。检验这一条件何时得到满足是没有意义的。在这里我们所给出的是具有探索性意义的论点，至于详细的论证过程，可以参考藤田等（1999，chapter 5）的著作。

这一论证背后的观点是富有意义的。考虑一下对条件(6.6)~(6.10)进行全微分，然后在均衡点附近线性模拟这些条件的过程。这些线性模拟过程很简单，因为这些过程就是把上述微分在 $\lambda=1/2$ 处展开。因此，区域A的某一变量的变化对应于区域B的同一变量的相反方向的变化。例如，由式（6.8）的全微分我们可以得出如下两个表达式：

$$\mathrm{d}Y_A = w_A L\mathrm{d}\lambda + \lambda L\mathrm{d}w_A, \mathrm{d}Y_B = -w_B L\mathrm{d}\lambda + (1-\lambda)L\mathrm{d}w_B$$

对称意味着 $\lambda=1/2$、$w_A=w_B=w$ 和 $Y_A=Y_B=Y$，并且 $\mathrm{d}Y_A=-\mathrm{d}Y_B$、$\mathrm{d}w_A=-\mathrm{d}w_B$，因此这两个方程可以组成一个方程，即：

$$\mathrm{d}Y = wL\mathrm{d}\lambda + \lambda L\mathrm{d}w$$

对价格指数、名义工资、实际工资实施同样的程序，则我们得到四个方程和四个未知数：$\mathrm{d}Y$、$\mathrm{d}P$、$\mathrm{d}w$ 和 $\mathrm{d}V$。把这四个表达式代入 $\mathrm{d}V$，我们得到只取决于 τ 的表达式。然后，仍然确定当导数 $\mathrm{d}V/\mathrm{d}\lambda$ 为负数（均衡是稳定的）或正数（均衡是不稳定的）时对这一参数所施加的条件。

当黑洞条件得到满足时，对于所有可能的 τ 值，表达式 $dV/d\lambda$ 都为正值，这意味着对称均衡总是不稳定的。这一结果证实了我们在上面所看到的情形，即如果 $\mu \geqslant \rho$，聚集是唯一稳定的空间均衡。现在让我们考虑黑洞条件不满足（$\rho > \mu$）的情况。当产品贸易无成本（$\tau = 1$）时，劳动力的空间分布对其福利水平没有影响，所以 $dV/d\lambda = 0$。在封闭条件（即 $\tau \to \infty$）下，λ 的增加意味着大量的劳动力供给，这促使工资水平下降。不过，大量的劳动力供给还意味着存在更多的厂商，因而需要更多的劳动力。这里，前一种效应居于主导地位。然而，工资的下降无法得到弥补，因为价格指数上升了，所以 $dV/d\lambda < 0$。对于中间值 τ，可以证明 $dV/d\lambda$ 只改变符号一次，这意味着如果 τ 超过方程 $dV/d\lambda = 0$ 的解，则 $dV/d\lambda < 0$。虽然我们不能得到均衡工资的解析解，但确定 τ 的值使得 $dV/d\lambda = 0$ 是可能的：

$$\tau_b = \left[\frac{(\rho + \mu)(1 + \mu)}{(\rho - \mu)(1 - \mu)} \right]^{1/(\sigma-1)} \tag{6.21}$$

这里，τ_b 的值大于 1（记住 $\rho > \mu$）。因此，当且仅当 τ 值大于（或小于）τ_b 时，对称均衡是稳定（或不稳定）的，τ_b 就是突破点的临界值，因为当 τ 值小于 τ_b 时，对称模式不再稳定。从这一结果可知，当贸易成本较高时厂商不会聚集，150 因为进入即将成为边缘区的区域的成本太高，从而厂商集中在本地市场是有利可图的（见图 6.8）。相反，当贸易成本较低时，厂商从一种"外生的"由技能劳动力的迁移所引发的本地市场效应中获益，但同时不会大幅减少对边缘区的出口。顺便说一下，突破点与持续点取决于相同的参数，即 σ 与 μ。

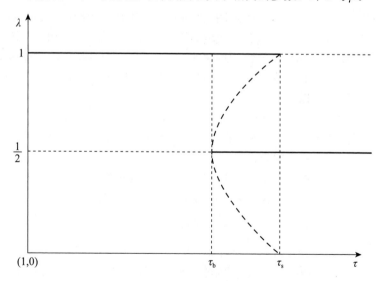

图 6.8　核心-边缘模型的均衡集

现在，我们已经把握了对称均衡与核心-边缘均衡的特征。其他均衡的状况如何？或一般来讲，当贸易成本下降时所有这些均衡如何变化？对这些问题的解答过于复杂，本书不予分析。因此，我们把总结仅限于不满足黑洞条件时由罗伯特-尼库德（Robert-Nicoud，2005）得出的主要结论方面。当 τ 大于 τ_s 时，对称结构是唯一的空间均衡且是稳定的。因为 $\tau_b<\tau_s$，所以在这一区间内可能同时存在几种稳定均衡与不稳定均衡。更进一步说，当 $\tau_b\leqslant\tau\leqslant\tau_s$ 时，聚集与分散都是稳定均衡，这意味着区间（0，1/2）和（1/2，1）都包含一种不稳定的均衡（见图 6.6 中的 τ_2）。换言之，存在五种均衡（两种部分聚集均衡、两种聚集均衡和一种对称均衡）。在图 6.8 中，实线代表稳定均衡，虚线代表不稳定均衡。最后，当贸易成本充分降低时（$\tau<\tau_b$），将出现制造业部门的突发性聚集，经济系统也从分散模式跳跃到经济活动向某一区域聚集的聚集模式。这种结果使人联想到 6.1 节所强调的产业区的突发性增长。人力资本的流动性导致了本地市场效应的急剧放大，但在原先的本地市场效应中，只有实物资本是可流动的。

主要结果可总结如下。

151　　**命题 6.1**：考虑一个由两个区域组成的经济系统。

（1）如果 $\mu\geqslant\rho$，核心-边缘结构是唯一稳定的空间均衡。

（2）如果 $\mu<\rho$，此时如果方程 $[(1+\mu)/2]\,\tau^{-\sigma(\mu+\rho)}+[(1-\mu)/2]\,\tau^{-\sigma(\mu-\rho)}=1$ 存在唯一的解 $\tau_s>1$，则对任何满足 $\tau\leqslant\tau_s$ 的 τ，核心-边缘结构都是稳定均衡；当 $\tau\geqslant\tau_b$ 时，对满足 $\tau_b=[(\rho+\mu)(1+\mu)]/[(\rho-\mu)(1-\mu)]^{1/(\sigma-1)}<\tau_s$ 的 τ，对称均衡是稳定均衡。

在聚集均衡情况下厂商们将集中在两个区域中的哪一个区域？克鲁格曼的模型没有告诉我们这一点。许多科学家似乎都乐意主张历史或路径依赖是所有空间均衡选择的核心问题。由这些，我们认为聚集将发生在历史所偏袒的区域，因为这些区域比其他区域具有更好的资源禀赋或较为发达的技术。如果代理人不犯预测上的失误，那么这种结论是令人信服的。另外，如果大量的预期误差大大降低了代理人的洞察力（他们将区域效用与具有高方差的随机项进行比较），则有可能出现尽管某一区域初始时具有某种优势，然而另一区域长期占优势的局面。此外，如果某一群人预期一个初始规模较小的区域将会得到发展，那么这种预期可能会自我实现。[①] 相反，昂贵的城市基础设施意味着我们很少能看到这种历史转轨现象的出现（第 12 章）。齐夫法则（Zipf's law）已经阐明了这种观点，即建立在城市规模基础上的城市等级结构具有极其稳定的特征。[②]

产品差异化在模型中起到了关键作用。为理解这一点，考虑同质产品的情况。只要黑洞条件不满足，那么当 σ 趋于无穷大时，很容易证明 $\tau_b=\tau_s=1$。换言之，当产品是同质的时，分散是唯一稳定均衡。相反，当产品差异化程度很大时，发生聚集的可能性也很大，因为竞争效应被大大削弱了。同样，由于 σ 也是衡量制造业部门之间竞争强度的一个指标，因而我们也可以预期竞争性强的经济系统比竞争性弱的系统更难以发生聚集。根据相同的思路，我们已经看到，较低的 σ 意味着较强的规模经济。因此，我们可以说较强的规模收益递增

152

---

① 克鲁格曼（1991b）在 6.1 节所介绍的模型的背景下提出了这个观点。
② 请参见尼茨（Nitsch，2005）对不同国家城市规模的分类实证研究的综合分析。

特征促进了聚集。至于制造业产品的份额，很容易证明 τ_s 和 τ_b 随着 μ 的提高而提高，聚集发生的概率也是如此，因为制造业部门所占份额较大，所形成的聚集力也较强。滚雪球效应也是在这种较大产业份额基础上形成的。

6.2.3　克鲁格曼模型的一些关键结论

现在让我们来讨论一下克鲁格曼模型的主要优点和缺点。我们从主要的理论含义开始，分步进行讨论。

6.2.3.1　空间经济理论

（1）尽管克鲁格曼模型比较简单，但它却包含了大量的作用力，这使得它得出了许多新的和意想不到的结论。进一步的经济一体化，首先不会引起生产活动空间结构的变化，但它加强了区际贸易。只要分散趋势占优势，那么经济一体化的深化将同时提高两个区域的福利水平，因为每个区域的实际工资水平都上升了。正如新贸易理论所指出的那样，在这里存在产业内贸易，而一体化加强了区际贸易但不会改变经济活动的空间模式，因而只有积极作用（见图 6.9 中 $V_A = V_B$ 处，在此处标出了作为贸易成本函数的两个区域所获得的间接效用）。

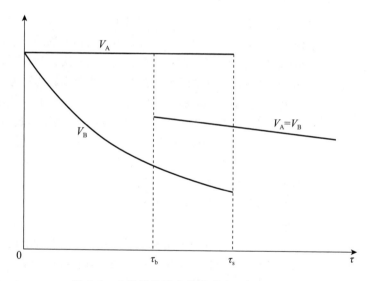

图 6.9　非技能劳动力的福利水平与贸易成本

然而，如果认为事情到此已结束那就未免太天真了。虽然人们追求经济一体化，但是在这个过程中将出现厂商将重新布局以及经济系统变为更加不平衡的空间结构等情况，即新贸易理论从来没有关注过的新效应。实际上，向核心-边缘结构的转变，尽管提高了核心区的实际工资水平从而使得核心区的所有劳动力都从中获益，但它对那些留在边缘区的劳动力产生了消极影响（见图 6.9，一旦核心-边缘结构占上风，就会出现 $V_A > V_B$ 的情况）。这是因为厂商的重新布局提高了区域 B 的价格指数，因而降低了居住在区域 B 的居民的购买力。在这种情况下，必然出现地区差异，且其强度取决于价格效应。非技能劳动力福利水平的差异取决于制造业产品消费所占份额以及产品差异化程度。当这两者都提高时，福利差距就变大了，出现了更加不平衡的空间结构。此时的贸易模式包含了行业间贸易，因为某一区域在制造业产品生产方面具有李嘉图的比较优势。不过要注意，这种优势是内生的而不是外生的。

然而，在这种新的格局下，对一体化的追求可能导致边缘区非技能劳动力的福利水平逐步追赶核心区的趋势。如图 6.9 所示，当曲线 V_B 上升至曲线 V_A 的位置时，边缘区居民更加容易获得制造业产品，而且当贸易成本消失时，区际差异也就完全消融了。相比之下，核心区的劳动力不再从进一步的一体化中得到什么好处，因为所有的产品都在核心区生产，这意味着一体化过程使得核心区失去了获取益处的主要动力。

（2）区域经济一体化加强了经济活动地理集中的观点似乎违反直觉，因为代理人对距离成本不那么敏感。因此，人们会认为经济活动可以布局在任何地方，特别是在边缘区。然而，命题 6.1 并没有提到任何新的内容。其实，卡尔多（1970，p.241）等许多作者已经预期过此种现象的出现（但没有证明）：

> 当不同区域之间完全打开贸易大门时，工业发达的地区能够以更为有利的方式向另一个地区的农业区供给其所需的产品，结果是这个地区的工业中心将失去其市场并趋于消失。

同样，在半个多世纪以前，吉尔什（Giersch，1949，p.94）早就注意到这些问题了。在其有关欧洲统一的首次争论中，他主张：

> 生产将趋于集中于那些工业国，它们在形成联邦国家以前已经形成了广大的国内市场。

154　　　如上面所看到的那样，产生这一意想不到的结果的原因是，一旦贸易成本足够低，则技能劳动力的转移将扩大初始差距（即使它非常小）。当贸易成本较高时，结论正好相反：初始的规模优势逐渐变小，最后将消失。技能劳动力的购买力转移，因而就显著地改变了来源于第 4 章中讨论的本地市场效应模型的结论。

从克鲁格曼模型中得到的均衡不应照字面来解释。分散意味着工业部门散布在大量地区，包括小型或中等城市。另一个极端情况是聚集，聚集一般被认为是工业集中在少数高度城市化区域的情况。作为稳定均衡的共存现象，聚集与分散的共存是 6.1 节所讨论的两种效应的附带产物，这两种均衡之间转换的突发性特征与 6.1 节所揭示的突然的工业化是一致的，都来源于劳动力的同质性假设。我们将在第 8 章中放宽这一假设。

（3）尽管空间经济从分散转向聚集，但这不是集体选择的结果。聚集是一种宏观现象，这种现象是由大量的微观经济决策所导致的。至少对厂商和劳动力而言没有有意选择，聚集或分散并非由厂商和劳动力利益所驱动的结果。每个人选择其区位时并没有与其他人达成一种协议。技能劳动力的聚集与"攀比"效应也没有任何关系。换言之，这里的聚集是范围广泛的个体选择的无意识的结果。[1] 在这种情况下，如果某区域成为核心区所必需的初始优势并不是由区域政策制定者的行为所导致的，那么区域政策制定者对空间经济结构没有影响。

尽管初始的区际差异并不是很大，但代理人的预期可能在他们选择区域的过程中发挥了重要作用。因此，一些参与者（如当地政府或土地开发商）可以以较低的短期成本协调代理人的这种预期，以有利于某个特定区域。如果某区域获胜，则它就可声称该区域的扩张是在正确的方向、正确的时间上由某种较小推力推动的。不过，这种推力对聚集过程的贡献仍然是非常有限的。

155　　（4）因聚集的累积性特性，经济活动的聚集具有很强的抗拒外部冲击的性质。实际上，当技能劳动力（和厂商）向某一区域聚集时，他们可以从聚集租金中获益，这可以由聚集区的实际工资与某一技能劳动力迁移到边缘区时获得的实际工资之差来度量。该租金为正，因而可以推测，聚集只受到强烈的外部冲击的影响。因此，补贴边缘区的技能劳动力不会导致（至少在某一临界值以内）目标劳动者居住区位的改变，也不会改变原有的聚集格局。根据相同的效应，鲍德温和克鲁格曼（2004）强调指出，财政协调能够保证核心区长期保持其优势以阻止边缘区出现吸引厂商的可能性。

这些作用在可流动的资本模型中是不存在的。相对于第4章研究的本地市场效应模型，核心-边缘模型更多的是阐释了资本的流动性与劳动力的流动性二者之间的差异，除此以外，两个模型是相同的。在资本可流动的情况下，如果两个区域拥有相同规模的市场，则资本总是均匀地分布在两个区域之间。无论贸易成本为何种水平，任何微小的扰动都会形成促使经济系统回到对称模式的机制。但在劳动力可流动的情况下，只要贸易成本足够低，无论多么微小的扰动都足以形成一种累积性的机制，直到所有技能劳动力都集中到一个区域这种机制才会停下来。相反，若初始时两个区域的市场规模不同，不考虑贸易成本，则在资本可以自由流动的情况下这一差距会进一步扩大。另外，若劳动力是可流动的，且贸易成本足够高，则这一差距会缩小。

（5）聚集过程的累积性特征的一个重要含义，也可以视为该特征在空间上的重要表现形式之一，就是我们所说的油灰黏土地理。如果在选择区位时有很大的灵活性，也就是厂商既可以选择区域B也可以选择区域A，那么一旦聚集过程开始启动，则它将在其所选择的区位上发展下去。由于聚集机制的自我强化（在本章引言部分提到了滚雪球效应）特性，个体选择变得更具有刚性了。换言之，聚集过程引发了一种"锁定"效应。不管何种原因，一旦聚集已经发生，则技能劳动力人数将增加。由于持续点与 L 无关，这些新增加的劳动力将位于该特定区域，该区域的规模逐渐变大。另外，从个体选择取决于细小事件156　的意义上讲，我们无法根据定义确定到底哪一个区域获胜。这些与在绪论里提到的距离专制形成明显的对照，尽管经常被误解。

---

[1]　贝纳博（Bénabou，1994）在一个城市的情况下也得出了类似的结论，即混合的社会是不稳定的，而由相同的社会经济类型所形成的格局是稳定的，但原因并不是我们在这里所讨论的内容。

总的来说，厂商与劳动力在选择区位时不再受到自然约束的限制，但这并不意味着它们不关心各自的区位选择。

（6）是否过多聚集或过少聚集，是一个引发无数次争论的问题。从相反的角度来说，这应该是政策制定者希望解决的主要问题之一。除了由厂商的超出边际成本的定价所产生的标准无效率之外，核心-边缘模型还包括了可能引起无效率的新的因素，即代理人的流动性。当厂商和劳动力迁移时，既没有考虑他们的迁入对居住在该区域的代理人的影响，也没有考虑他们的迁出对留在原有区域的其他代理人的影响。因此，事前并不存在表示社会偏好聚集还是分散的一般指标。

尽管克鲁格曼所提出的模型不涉及技术外部性，但其福利分析也并没有提供简单而明确的信息。两个结构（聚集或分散）中的任意一个都不会对另一个具有帕累托效率方面的优势，居住在边缘区的劳动力总是偏好分散结构，然而居住在核心区的劳动力总是偏好聚集结构。为了比较这两种市场结果，夏洛特等（Charlot et al.，2006）运用公共经济学的补偿机制评估了迁移的社会偏好。他们根据市场价格和均衡工资计算了所需支付的补偿金，该补偿金或是由迁移的获益者支付（Kaldor），或是由迁移的受损者支付（Hicks）。他们的结论表明，如果贸易成本足够低，则偏好聚集远大于偏好分散，因为核心区的所有劳动力都能够补偿边缘区的劳动力。然而，边缘区的劳动力却无法补偿那些向核心区迁移的劳动力。这意味着，根据卡尔多或希克斯的标准，这两个结构中没有哪一个比另一个更优。这种不确定性也可以视为是在某一领域目前流行的诸多不同观点"综合"的结果，在此领域，有两个原则因得到许多理由支持而被认为是正确的。

这样一种部分的不确定性可以利用特定社会福利函数来解决。夏洛特等认为，CES 型模型囊括了对不平等的各种态度，也包括了正好相反的功利主义的标准和罗尔斯主义的标准。正如所预期的那样，聚集的相对好处取决于社会的价值判断。如果社会并不关注个体之间的不平等问题，则一旦贸易成本低于某一临界值，聚集就是社会最优结果，此时该门槛值取决于经济系统的基本参数。反过来，若贸易成本高于这一临界值，分散就是社会最优结果。尽管这些结论来源于用个体效用定义的社会偏好，但值得注意的是，经济学家从这些结论中推出了以区域为基础的许多政策性建议，因为在核心-边缘模型中市场力量导致了劳动力和收入空间分布的巨大差异。我们将在第 8 章中讨论这个问题。

6.2.3.2　边缘区的逆工业化

克鲁格曼模型可以解释在产业革命之前和之后经济转型时期地理学方面的一些问题（第 1 章）。当分散占优势时，市场被分割，消费者主要消费本地生产的产品。对厂商而言，产出量很有限，且经营规模也很小。相反，当发生聚集时，整个市场几乎是统一的，因而甚至居住在边缘区的消费者也能够很容易地消费核心区生产的产品。而且，厂商的产量随着核心区需求的增加而增长，同时边缘区的需求也不会有较大的下降。尽管在这种情况下不可能按大批量生产方式组织生产，但聚集有可能扩大厂商的生产规模。尤其是，尽管克鲁格曼模型没能解释在历史变迁中我们所看到的厂商数量的增加和产出的增长，但我们看到贸易成本的降低对家庭消费会产生积极的影响。

为评价上述主张的相关性，我们可以借用波拉德（1981）的观点，他特别关注了产业革命的地理特征。他的主要结论可以概括如下。首先，在产业革命之前，

> 欧洲不同地区之间的差异比它们后来的差异要小得多，而且到处可以发现与欧洲中心地带没有什么区别的产业活动。

Pollard（1981，p. 201）

158 这就是说，对称结构很好地模拟出了前工业化社会的空间经济特征。[①] 在产业革命之后，

> 工业发达地区在与它们相邻的农业化地区开拓了殖民地，并从非常活跃和有适应力的劳动力中筛选出一批人，鼓励他们专门从事农业生产，有时这就损害了那里原有的工业活动。因此就冒了这样的风险，即因这种专业化，那些殖民地将永远偏离有可能成为工业区的轨道。

Pollard（1981，p. 11）

因此，劳动力和厂商同时向新的工业区转移。因而就与克鲁格曼模型中的情况一样，作为产业革命的直接结果，在欧洲出现了核心-边缘结构。

贝罗奇（1997）的观点与波拉德的观点是一致的。他主张，伴随着产业革命的欧洲空间的极化，在很大程度上归功于所观察到的运输成本的巨大变化。在产业革命的第一个阶段，较高的运输成本保护了正在发展的分散的小型厂商，那时的技术水平与财政手段依然不利于大型厂商的发展。在 19 世纪下半叶，运输成本持续下降，因而厂商的市场规模在原有基础上得到了扩展，因而就可以充分发挥与新能源有关的规模经济的所有优势（Wrigley，1988）。另外，产业革命开始前很高的运输成本，实际上鼓励了与英格兰相邻地区的发展。但接下来的运输成本的下降，就抑制了较远地区的增长，因为进口变得相当便宜了。最后，工业生产份额较大的富裕地区开始出现，同时也出现了（相对）生活水平随着离富裕地区距离的增加而下降的趋势。[②]

---

① 对此，一项统计数据特别醒目。贝罗奇（1997，chapter 3）计算的 1830 年前后欧洲国家出口占 GDP 的比重只有 2%。这足以说明，在传统经济中，生产活动基本上用于满足当地的需要。因此我们可以推断，生产的空间分布在很大程度上与人口的分布是一致的。

② 在不同的空间规模以及不同研究方法下，也可能存在这种现象。例如，蒂拉多等（Tirado et al.，2002）运用计量模型研究的结果表明，19 世纪下半叶西班牙的经济一体化，加强了工业向少数地区集中的趋势，尤其是向加泰罗尼亚地区的集中趋势。与此相反，克拉夫茨和穆拉图（Crafts and Mulatu，2005）发现，形成于运输成本较高时期的英国工业区位，更容易用资源的自然分布来解释。

关于产业革命对世界的影响，贝罗奇（1997，volume Ⅱ，pp. 116 - 117）
写道：

> 大量的制成品销售流转向逐渐形成的发展中国家，其中一个显著的特
> 点是，这些地区的所有工业几乎完全迅速地消失了。与这些制成品的销售
> 流相反，未加工产品（热带作物和原材料）大量流向西方，而西方已经拥
> 有越来越多的途径来消化它们。

159　　　此外，一旦贸易成本足够低，则在一些地区将发生有利于其他地区的逆工
业化过程。那种较高的运输成本能形成一种贸易壁垒，从而可以保护民族工业
发展的观点，亚当·斯密早已提出了，贝罗奇也重申了这种观点：

> 如果没能证明运输成本提高进口机器的价格，则除英格兰以外的国家
> 的发展将会极大地受损。
>
> Bairoch（1997，volume Ⅱ，p. 360）［译文］

6.2.3.3　克鲁格曼模型的局限与不足

　　到目前为止，克鲁格曼模型的经济政策的含义应该很清楚了。如果该模型
正确地描述了现代经济的主要趋势，那么这就意味着进一步的市场一体化将导
致更大的区际差异。在核心-边缘模型中，产业聚集并不依赖于外生的比较优
势。与此相反，产业聚集是由市场与经济一体化进程相互作用的结果。在欧盟
的情况中，一体化过程中所产生的区域差异将威胁到欧洲国家的统一进程，因
为这一进程将导致许多地区产业的沙漠化。因此，一方面，有必要确定当对克
鲁格曼模型做出某些合理的改变时，那些使人惊恐的结论能否依然成立；另一
方面，要用数据来说明这些结论。

　　从理论角度来看，克鲁格曼的模型在许多方面并不能令人满意：（1）它只
解释了两部门、两地区的情况。（2）它忽略了厂商间的战略性的相互作
用。（3）它操作起来相当复杂且得不到解析解，这对建立特定模型而言确
实令人沮丧。（4）对一些参数，例如 σ，它赋予了不同的诠释，因而不利
于对一些结果的精确分析。（5）它忽视了早就存在于空间经济中的其他成
本（例如，因聚集而产生的拥挤成本），也忽视了聚集的其他方面的好处，
如相匹配的劳动力市场、容易得到中间投入品以及知识溢出等。（6）农业
部门的作用相当有限，其主要作用就是保证贸易余额的均衡。根据相同的
160　思路，很难理解在一个寻求确定贸易成本总体影响的模型中，为什么农产
品贸易是无成本的。

　　尽管这一相当长的清单并不是所有局限性的全面罗列（Scott，2004），但
在我们看来，克鲁格曼已经找到了导致区域差异的主要途径。在本书中，我们
将尝试回答上述一些疑问，并评价这些回答对克鲁格曼的主要结论的影响，就
如命题6.1所概括的那样。不过，读者必须明白，就目前的知识结构而言，不
可能在一个模型里回答上面提到的所有疑问。

6.3 克鲁格曼模型的修正

能够使克鲁格曼模型的解析经得起考验的一种方式是，放松对技能劳动力的边际需求假设。虽然一些部门证明该假设是合理的（例如餐馆，需要技能劳动力），然而在许多部门只有固定需求部分才使用技能劳动力，而产品本身的生产是由非技能劳动力来完成的。事实上，在越来越多的行业，生产过程分为从产品设计直到产品营销与分销的许多生产程序，这些生产程序都需要技能劳动力，而实际的生产通常由非技能劳动力来完成。考虑一下耐克运动鞋的情况。运动鞋的生产特点是需要较高的固定成本，这种固定成本取决于构想鞋子的设计师和工程师的工资水平。设计活动主要在美国完成。相比之下，生产过程外包给工资水平较低的国家，如印度尼西亚、中国、泰国或越南等，因为生产过程只需要技能水平非常低的劳动力。所有这一切都被事实证实，即在1990年，一双篮球鞋的售价为70美元，而其边际生产成本仅为2.75美元（Cohen，2007）。

根据这些事实，福斯里德和奥塔维诺（2003）提出了一个核心-边缘模型的简化形式，其中厂商利用非技能劳动力来生产制造业产品。更确切地说，一种产品的生产需要技能劳动力作为固定成本 f，需要非技能劳动力作为边际成本 m（$m=1$）。这等于假定劳动力类型不同，其流动性也不同，非技能劳动力在部门间可以流动但在区际不能流动，而技能劳动力可以在区际流动。在这种情况下，技能劳动力也可以看作是企业家，他的作用是推出新的制造业产品。基于这种建模策略，我们能够为短期均衡提供一种完全的解析解，因为边际成本，从而均衡价格，不再取决于技能劳动力的工资水平，因此也不再取决于他们所处的区位。这就使得一些令人关注的效应消失了，然而却极大地简化了分析。

式（6.1）变为如下形式：

$$\pi_A(i) = p_{AA}(i)q_A(i) - w_A f - q_A(i)$$
$$= [p_{AA}(i) - 1]q_A(i) - w_A f$$

不管产品是在哪一个区域生产，现在边际成本（m）等于1就取代了原来的 w_A，所有厂商的出厂价都相同：

$$p^*_{AA}(i) = p^*_{BB}(i) = \frac{\sigma}{\sigma - 1}, \quad p^*_{AB}(i) = p^*_{BA}(i) = \frac{\tau\sigma}{\sigma - 1}$$

区域劳动力市场的均衡条件现在变为如下形式：

$$n_A = \lambda L/f, \quad n_B = (1-\lambda)L/f$$

因此，区域价格指数如下所示：

$$P_A(\lambda) = \frac{\sigma}{\sigma-1}(L/f)^{-1/(\sigma-1)}\big[\lambda + \tau^{-(\sigma-1)}(1-\lambda)\big]^{-1/(\sigma-1)}$$

$$P_B(\lambda) = \frac{\sigma}{\sigma-1}(L/f)^{-1/(\sigma-1)}\big[\tau^{-(\sigma-1)}\lambda + (1-\lambda)\big]^{-1/(\sigma-1)}$$

与克鲁格曼模型中的情况一样,接纳了越多技能劳动力的区域,其消费者的购买力也越强。这是因为该区域进口的产品种类少于另一区域,因而价格指数低于另一区域的缘故。

区域 A 的厂商,其利润为零时的产出量就等于:

$$q_A^* = (\sigma-1)fw_A \tag{6.22}$$

在克鲁格曼模型中,一个区域的固定成本与边际成本、收入以及价格指数都取决于该区域的名义工资水平,然而在福斯里德和奥塔维诺(2003)的模型中,只有固定成本和收入水平随着名义工资水平而发生变化。这极大地简化了分析。使区域 A 的表达式(6.22)与在均衡价格处求出的对任意一种产品的需求($q_A + \tau q_B$)相等,则我们可以得到:

$$w_A = \frac{\mu}{\sigma}\left\{ \begin{array}{l} \dfrac{1}{\lambda L + (1-\lambda)L\tau^{-(\sigma-1)}}\Big[\dfrac{1}{2}L_a + \lambda Lw_A\Big] \\[2mm] + \dfrac{\tau^{-(\sigma-1)}}{\lambda L\tau^{-(\sigma-1)} + (1-\lambda)L}\Big[\dfrac{1}{2}L_a + (1-\lambda)Lw_B\Big] \end{array} \right\}$$

$$w_B = \frac{\mu}{\sigma}\left\{ \begin{array}{l} \dfrac{\tau^{-(\sigma-1)}}{\lambda L + (1-\lambda)L\tau^{-(\sigma-1)}}\Big[\dfrac{1}{2}L_a + \lambda Lw_A\Big] \\[2mm] + \dfrac{1}{\lambda L\tau^{-(\sigma-1)} + (1-\lambda)L}\Big[\dfrac{1}{2}L_a + (1-\lambda)Lw_B\Big] \end{array} \right\}$$

这形成了线性方程组,其解由均衡工资给出:

$$w_A^*(\lambda) = \frac{\mu/\sigma}{1-\mu/\sigma}\frac{L_a}{2}\frac{2\phi\lambda + [1-\mu/\sigma + (1+\mu/\sigma)\phi^2](1-\lambda)}{\phi[\lambda^2 + (1-\lambda)^2]L + [1-\mu/\sigma + (1+\mu/\sigma)\phi^2]\lambda(1-\lambda)L}$$

$$w_B^*(\lambda) = \frac{\mu/\sigma}{1-\mu/\sigma}\frac{L_a}{2}\frac{2\phi(1-\lambda) + [1-\mu/\sigma + (1+\mu/\sigma)\phi^2]\lambda}{\phi[\lambda^2 + (1-\lambda)^2]L + [1-\mu/\sigma + (1+\mu/\sigma)\phi^2]\lambda(1-\lambda)L}$$

对比率 $w_A^*(\lambda)/w_B^*(\lambda)$ 求 λ 的微分,则我们发现,当且仅当满足如下条件时,拥有大量技能劳动力的区域所提供的工资水平比其他区域的工资水平高:

$$\phi > \frac{1-\mu\sigma}{1+\mu\sigma}$$

这等于说,只要制造业部门的份额足够大,规模较大区域就提供较高的名义工资。

我们现在能够确定所有短期均衡时的变量,并能够写出明确的迁移方程(6.12)。然而该方程仍然是抽象的,且无法得到解析解。不过,罗伯特-尼库德(2005)已经揭示,上述模型与初始模型具有相同的均衡。因此由福斯里德和奥塔维诺提出的简化模型并不影响核心-边缘模型的主要性质,因而该模型仍然是克鲁格曼模型的应用和扩展。

162

6.4 结束语

空间不平衡是无意识的大量个体决策的结果，这些决策是由厂商和劳动力做出的。有些出乎意料的是，在贸易成本充分低时，将出现制造业部门的空间集中。这种结果违背了一般的看法，即贸易成本的下降将导致区位选择上的更大灵活性，因而边缘区有可能得到发展。实际上，我们也看到了相反的情况，即传统区位因素在逐步消失，而新的区位因素逐渐占主导地位，从而使得厂商聚集在没有天然的比较优势的区域。换言之，尽管厂商是自由自在的，然而一旦与规模收益递增有关的新的聚集力发挥作用，则厂商将逐渐失去其灵活性。这些现象映射到油灰黏土地理上就形成如下结论，即开始起步时，一些区域的发展水平是相同的，但后来形成了相当大的区际差异。

新古典的国际贸易理论假定，劳动力是同质的且可以在部门之间流动，但不能在国家之间流动。而克鲁格曼的经济地理学模型假定，劳动力严格划分为两种类型：一是区际不可流动的劳动力，二是区际可流动的劳动力。克鲁格曼并没有强调标准贸易理论所预期的要素价格的均等化现象，而是为大量且持久存在的区域差异提供了支持。在规模收益递增、不完全竞争以及存在贸易成本的情况下，在第 1 章中提到的西科·曼肖尔特危言耸听的预言，似乎在欧盟内部变成了现实。不过，正如我们将看到的那样，事情并非那么简单。

由经济活动聚集导致的空间不平等现象，呈现出技能劳动力向有限地区集中的形式。事实上，这种过程已经在某些地区出现了，例如 2000 年，美国大学生毕业人数所占份额，在美国教育最不发达城市为 10％，而在教育水平很高的城市为 40％以上（Moretti，2004）。[①] 然而，用区际可流动的劳动力甚至技能劳动力这一假设来描述美国的情况可能比描述欧盟更为准确（Braunerhjelm et al.，2000），因为欧洲劳动力的空间流动性相对弱，欧盟不大可能形成一个核心区与一个大的边缘区这种结构。另外，在欧盟一些地区内技能劳动力的流动性正日益增强的看法也是成立的。例如，在英国，由于人力资本逐渐向大伦敦和英格兰东南部地区集中，区域差异正在日益扩大（Duranton and Monastiriotis，2002）。如果这种情况确实在其他地区也出现过，那么就可以预期，在子共同体层次上将出现一些核心-边缘结构。换言之，更有可能的是，欧洲经济空间将成为一种由繁荣区和衰退区组成的聚合体。

此外，电子商务可以允许生产区位与消费能力的分离，可以阻止或至

---

① 请注意，美国区域差异并不很明显，可能是因为美国经济从很早开始就已经一体化了（参见第 8 章和第 12 章）。

少阻碍强有力的聚集的出现。实际上，正如在第 4 章中所看到的那样，在这种情况下较低的贸易成本使得各个地区都拥有一定份额的制造业部门，尽管不同地区的产业份额是不均匀的。由于新的通信技术的出现，技能劳动力可以在市场规模较小的地区居住而在市场规模较大的地区工作。因此，新的通信技术促进了经济活动的进一步分散。当然，这需要更多的研究。

最后，尽管核心-边缘模型产生了明确的结论和可检验的预测，但必须承认，这些都是在一些相当强的假设下得出的。尤其是在一些劳动力的空间流动性很弱的国家，也发现了生产活动的聚集趋势，这意味着导致这种聚集现象的作用力不同于本章中所讨论的作用力。在下面的章节里，在对经济地理学的主要结论进行经验估测之前，我们把注意力转向其他解释以及扩展方面。

6.5　相关文献

藤田等（1999）对建立在 DSK 方法基础上的经济地理学文献进行了首次全面的综述。显然，这是很重要的参考文献，内亚里（2001）对此还进行了必要的补充。另一个有价值的参考文献是鲍德温等（2003）的著作，该著作包含了大量的实际应用问题。最后，藤田和蒂斯（2002）在更广泛的视角上讨论了核心-边缘模型，目的在于把握在不同空间尺度上的经济聚集过程。顺便提到的是，卡塞迪的文章耗费了十年时间才发表。

许多研究扩展了克鲁格曼的模型。把克鲁格曼模型作为一种特殊情况来研究的最一般化的研究框架是普格（Puga，1999）提出的。直到罗伯特-尼库德（2005）才开始详细研究不同均衡的相关性问题。鲍德温（1999）建立了一个模型，在该模型中聚集是由物质资本的积累所引发的需求效应推动的。弗卢格（Pflüger，2004）在拟线性偏好的情况下，即在 $U = \alpha \log M + A$ 的情况下，重新讨论了核心-边缘模型，并主张从分散向聚集的转变是渐进的。

阿米迪和皮萨利德斯（Amiti and Pissarides，2005）考虑了横向异质化的劳动力，因这种异质性，厂商在区域劳动市场上具有市场力量。森和特里尼（Mori and Turrini，2005）的假定与此相反，他们假定技能劳动力是垂直异质化的。他们的研究表明，可能会出现一种新型的均衡，即技能劳动力的人口在空间上是分割的，技能水平最高的劳动力位于一个区域，技能水平最低的劳动力位于另一个区域。

最后，藤田和蒂斯（2003b）把核心-边缘模型和格罗斯曼-赫尔普曼-罗默的内生增长模型结合起来了，并以此为基础提出了增长与聚集是齐头并进的主张。他们的福利分析支持这样一种观点，即由于研发部门聚集促进经济的增长，因此此时位于边缘区的劳动力的境况可能比在分散模式下的劳动力的境况要好一些。

第 7 章 中间投入品与区域差异的演变

166

核心-边缘模型强调了特定的聚集机制，即核心区消费者的需求更大，因而它吸引了更多的厂商，相应地该区域的产品种类增多，这又吸引了更多的劳动力进入该区域，从而形成了一种滚雪球式的聚集效应。正如先前想象的那样，克鲁格曼的著作出版不久，核心-边缘模型就受到了一些批评。本章讨论的聚集力对这些缺陷中的两个问题进行了回答。首先回顾第 6 章，克鲁格曼模型的关键之一是，技能劳动力的空间流动性远远高于非技能劳动力的空间流动性。然而，从经验角度来考虑，它的重要性在不断下降。例如，尽管美国的劳动力流动性是欧盟的两倍，但在美国，因就业原因发生迁移的劳动力只占美国劳动力总数的 4％（U. S. Department of Labor，2002）。[1] 因此，为了更好地理解为何在劳动力空间流动性较低的经济体中仍出现了大型产业区的现象，超出克鲁格曼的模型范围进行解释就显得很有必要。核心-边缘模型的第二个缺陷是忽视了中间投入品的重要性。目前，最终消费需求在厂商销售量中所占份额较小，占大份额的仍是中间投入品需求。[2] 因此，在选择生产区位时，中间投入品生产者关注最终产品生产者的区位。同样，最终产品生产者也关注中间投入品供应商的生产区位。核心-边缘模型就忽略了区位决策的这种相互影响。强调厂商之间的相互影响并不是新的观点，它可以追溯至马歇尔（1890，chapter χ ）。

---

[1] 有关欧盟劳动力低流动性的实证研究可以参见布朗纳耶尔姆等（Braunerhjelm et al.，2000）的研究。此外，艾肯格林（Eichengreen，1993）的文章指出，美国工人对于工资差距的弹性是英国的 25 倍。

[2] 例如，在美国，中间投入品占 1997 年工业制成品总量的 59％（根据美国经济分析局的投入产出表计算得到）。

167 马歇尔认为，能否提供专门化的投入品是产业集群存在与否的关键变量：

> 附属行业在邻近地区发展起来，可以为其提供工具和原料，组建交通体系，并在许多方面有助于其物质经济……在生产大量同类商品的地区，即使该行业中的个人资本并不是很大，昂贵机器的使用也具有很高的经济效用。对于附属行业而言，投身到生产过程的一个小分支中，为许多邻近厂商提供生产原料，就可以持续使用高度专业化的机器，即使其初始成本可能很高，也是值得投资的。
>
> Marshall（1890，p.225）

在另一篇相关的文献中，兰帕德（Lampard，1955，p.341）也提出了类似的观点，"城市是唯一可以提供大量专业化服务的地方"。[①]

本章就是要确定在劳动力空间流动性很低的经济体中能否形成核心-边缘结构的问题。在最初的核心-边缘模型中，没有施加这种流动性约束。目前施加这种流动性约束，就意味着人们期待在新的背景下区际不平衡程度有所降低。然而，只要扫视一下全球就足以打消这种很草率的想法。例如，欧盟具有低劳动力流动性，且在就业和（或）收入方面，区域之间存在着巨大的差距。那么，是什么要素影响了核心-边缘结构的存在呢？如上所述，对中间投入品的需求很可能是其中之一。事实上，维纳布尔斯（1996）已经证实了在不存在劳动力流动的情况下也可以形成核心-边缘结构。为了证实这些，假定许多最终产品生产厂商集中在一个区域。很自然，该地区对中间投入品的大量需求会吸引大量的中间投入品生产厂家。反过来，在核心区，这些中间投入品的供给成本可能更低，这必然导致更多的最终产品生产厂商转移到核心区。这样就形成了自我循环的累积性因果过程，由此产生的聚集完全可以用中间投入品需求来解释，而无须从克鲁格曼的劳动力流动性来进行解释。

168 为中间投入品赋予重要角色，是区别于核心-边缘模型的重要特征之一，这意味着我们还要关注在现代经济中发挥作用的其他力量。最后，还要注意的是，一旦劳动力不可流动，那么厂商在某一区域的高度聚集必然提高该区域的工资水平。这就形成了两个相反的作用力。一方面，因为消费者的收入水平较高，核心区的最终产品需求增加，根据克鲁格曼的观点，最终需求是一种聚集力。但这种聚集力不是由人口增加引起的，而是源于收入水平的提高。另一方面，工资水平的提高产生了一种新的分散力，而这种分散力就是有关发达国家是否存在非工业化过程的争论的关键，如发达国家的高劳动力成本等。在这种情况下，如果边缘区的低工资优势足以克服需求较低的劣势，那么厂商会转向边缘区。

本章将研究这些新的作用力，它既包括中间投入品的作用，也包括当地劳动力市场的作用。很明显，这些新的作用力的引入会适度调整经济活动空间分布的形成机制。此外，这也揭示了一个重要的门槛效应，即空间不平衡遵循钟

---

① 许多实证研究表明，厂商的专业化服务促进了区域的发展［参见汉森（1990）的文章，汉森为最早研究该领域的学者之一］。

状曲线。具体来讲,在经济一体化的初期阶段,区际差异在加剧,但在经济一体化达到某一临界值时,随着经济一体化的深化,区际差异开始缩小。这等价于边缘区的再工业化过程,同时也是核心区的非工业化过程。在经济一体化程度很高时存在的这种区际趋同现象,对空间经济有着十分重要的影响,这将在本章的后面部分进行讨论。这也符合我们的直觉,因为要改变空间不平衡状态,贸易成本的大幅下降是很自然的事。正如前面几章所指出的那样,已证实许多欧洲政策制定者的常规知识是既没有根据、也不够完整的。本章讨论的框架使我们能够协调常规知识与理论模型之间的关系。

最后,我们可以从钟状关系中得出一些政策性建议。在经济一体化的早期阶段,存在经济效率与空间平衡之间的权衡问题,即经济效率的提高是以牺牲空间平衡为代价的。但在经济一体化达到某个临界值时,这种权衡就会让位于双赢的结局,即更高程度的经济一体化可以在提高效率的同时,也降低空间不平衡。因此,要避免部分的经济一体化,因为伴随着它的是"两个世界的最坏"的境况。在实现部分的经济一体化时,区际不平等将达到令人不安的程度,只能从适度提高效率中受益。不过我们也会看到,即使在效率和平等携手共进时,也必须进行从核心区向边缘区的收入再分配。

7.1 中间投入品的作用

克鲁格曼和维纳布尔斯(1995)建立了包括上述效用的模型,后来维纳布尔斯(1996)建立了一个更加详细的模型。不过,这些模型只是在克鲁格曼(1991a)模型的基础上进行了两个方面的调整:(1)劳动者被限定在原籍地区(即劳动力不流动);(2)任何厂商都使用其他厂商生产的中间投入品。

7.1.1 人口、劳动力市场与最终需求

再次考虑一下由两个区域 A 和 B 组成的经济体。各区域的人口规模相等且不变,可以假设已经消除了任何非对称的外生因素。在不失一般性的情况下,选择适当的劳动力单位使得每个区域的人口数都等于 1。劳动力可以就业于两个部门之一:农业或制造业。相对于核心-边缘模型,劳动力是同质的,也就是他们可以受雇于两个部门中的任何一个。同时我们假设,劳动力在部门间的流动是无成本的,而空间流动则是高成本的,这两个假设不同于核心-边缘模型。这一新框架有助于区分出不同类型劳动力流动所发挥的作用。

因为劳动力可以自由选择农业部门或制造业部门,所以在同一区域内两个部门的工资水平必然相等,这样就可以保证每个区域都具有农业和制造业两个生产部门。与核心-边缘模型中的情况一样,农业是完全竞争且规模收益不变

的部门，农产品的运输成本为零。这样我们就可以选择农产品作为计价物，并设定农业部门的工资水平为 1。同时，设区域 A 的制造业部门的工资水平为 w_A，该区域的工业劳动力数量（进而劳动力份额）为 λ_A。区域 A 的劳动力市场特征总是以下三种情况之一。当制造业和农业两个部门都存在时，工资水平如下：

$$w_A = 1, 0 \leqslant \lambda_A \leqslant 1 \tag{7.1}$$

当某一部门从区域 A 消失时，

$$w_A > 1, \lambda_A = 1 \tag{7.2}$$

或者制造业厂商愿意支付的工资水平小于 1，这就意味着 $\lambda_A = 0$。

如前所假设的，制造业部门的产品是水平差异化的，n_A 是区域 A 的产品种类数量或者厂商数量。这些产品被出口到区域 B，不同产品的贸易成本是一样的，都遵循冰山贸易成本 $\tau > 1$。区域 A 的消费者的效用偏好由下式给出：

$$U_A = C_\gamma M_A^\gamma A_A^{1-\gamma}$$

其中，$C_\gamma \equiv \gamma^{-\gamma}(1-\gamma)^{\gamma-1}$ 是一个常数，$0 < \gamma < 1$，A_A 表示农产品消费量，M_A 表示各种制造业产品的消费集合，它由不变替代弹性（CES）型效用函数定义：

$$M_A = \left[\sum_{r=A,B} \int_{i \in \mathcal{N}_r} q_{rA}^{\text{fin}}(i)^{(\sigma-1)/\sigma} di \right]^{\sigma/(\sigma-1)}$$

其中，$q_{rA}^{\text{fin}}(i)$ 代表在区域 $r=A,B$ 生产的，并由居住在区域 A 的某一消费者消费的产品 i 的数量，$\mathcal{N}_r$ 是区域 r 生产的制造业产品种类集合。需要注意的是，制造业产品消费的支付份额 γ 完全等同于核心-边缘模型中的参数 μ。后面我们将会看到，进行如此处理是比较合理的。

因此，区域 A 的某一消费者对于产品 i 的最终需求可以写成：

$$q_{rA}^{\text{fin}}(i) = \left[\frac{p_{rA}(i)}{P_A} \right]^{-\sigma} \frac{E_A}{P_A} \tag{7.3}$$

其中，$p_{rA}(i)$ 为区域 r 生产的产品 i 在区域 A 的（交货）价格。用 $E_A \equiv \gamma(w_A \lambda_A + 1 - \lambda_A)$ 表示区域 A 的消费者对制造业产品的总支出，用 P_A 表示区域 A 的制造业产品的价格指数，P_A 由下式给出：

$$P_A = \left[\sum_{r=A,B} \int_{i \in \mathcal{N}_r} p_{rA}(i)^{-(\sigma-1)} di \right]^{-1/(\sigma-1)} \tag{7.4}$$

7.1.2 技术、成本与中间投入品需求

不同于核心-边缘模型的另一个关键所在是生产技术假设，即制造业产品的生产同时需要劳动力和中间投入品。根据艾瑟尔（Ethier, 1982）的研究，厂商生产函数中的中间投入品与消费者效用函数中的最终产品是等价的。具体来说，假设生产函数和效用函数中有着完全相同的产品种类集

合。这尤其意味着：（1）最终产品消费和中间投入品消费的替代弹性是相同的；（2）每种产品都参与到自身的生产过程中。[①] 此外，我们再次假设生产技术以规模经济的最简单形式为特性，即固定成本和边际成本都不变，且类似于第 6 章中的标准化处理，把边际成本标准化为 1。在 DSK 模型中，生产 q_A 单位的一种产品需要 $l_A = f + q_A$ 单位的劳动力。在这里，劳动力需求变成如下形式：

$$f + q_A = C_\mu l_A^{1-\mu} K_A^\mu \tag{7.5}$$

其中，$C_\mu \equiv \mu^\mu (1-\mu)^{\mu-1}$，$K_A$ 是不变替代弹性（CES）型效用函数形式下的投入品种类集合，由下式给出：

$$K_A = \left[\sum_{r=A,B} \int_{i \in \mathcal{N}_r} q_{rA}^{int}(i)^{(\sigma-1)/\sigma} di \right]^{\sigma/(\sigma-1)}$$

其中，$q_{rA}^{int}(i)$ 表示在区域 $r = A$，B 生产，并由位于区域 A 的厂商用作中间投入的产品 i 的数量。换言之，生产一种产品，厂商需要一单位的固定成本 f 和一单位边际组合产品，也就意味着可以由两种投入品的柯布-道格拉斯生产函数来表示一种产品的生产。前一种投入品是劳动力，后一种投入品是由 CES 函数形式给出的产品组合。在 7.3.2 节中，我们会看到该柯布-道格拉斯函数中的参数 μ，与在核心-边缘模型的效用函数中扮演着同样的角色，这也就解释了我们为什么使用相同的符号。

要确定厂商定价，我们首先需要知道各区域内厂商的成本函数。为了获得 $\bar{q}_A$ 数量的产出，需要求解区域 A 的如下函数的最小化问题：

$$\min_{l_A, [q_A^{int}(i)]} \left[w_A l_A + \sum_{r=A,B} \int_{i \in \mathcal{N}_r} p_{rA}(i) q_{rA}^{int}(i) di \right]$$
$$\text{s. t. } \bar{q}_A = C_\mu l_A^{1-\mu} K_A^\mu - f \tag{7.6}$$

我们可以利用拉格朗日方程来解决这一最优化问题，但更直接的方法是利用标准的对偶化结果。事实上，在产出量为 $\bar{q}_A$ 的约束条件下对下式进行最小化，

$$w_A l_A + \sum_{r=A,B} \int_{i \in \mathcal{N}_r} p_{rA}(i) q_{rA}^{int}(i) di$$

就等价于在满足成本约束

$$\bar{C}_A = w_A l_A + \sum_{r=A,B} \int_{i \in \mathcal{N}_r} p_{rA}(i) q_{rA}^{int}(i) di$$

情形下最大化如下产出量，

$$q_A = C_\mu l_A^{1-\mu} K_A^\mu - f$$

也就是等价于如下最大化形式：

[①] 后者的假设乍看起来更切合实际。一个公认的事实是，投入产出矩阵有"厚重的"对角线，这意味着中间投入品中的相当大一部分是用来生产同一部门的最终产品。尤其在如此高度聚集的情况下进行生产时，更是如此。

$$\max_{l_A,\,[q_A^{int}(i)]} (C_\mu l_A^{1-\mu} K_A^\mu - f)$$

$$\text{s. t. } \overline{C}_A = w_A l_A + \sum_{r=A,B} \int_{i \in \mathcal{N}_r} p_{rA}(i) q_{rA}^{int}(i) \mathrm{d}i \tag{7.7}$$

由于 C_μ 和 f 都是常数，因此厂商的最优化问题实际上就等价于迪克西特-斯蒂格利茨模型中消费者行为的最优化问题。考虑到这些，分析就变得很清晰了。这样，现在的情况是：

（1）劳动力数量对应着农产品消费；

（2）工资率对应着农产品价格；

（3）生产成本 $\overline{C}_A$ 担任收入的角色；

（4）中间投入品代替了最终产品。

除少数小细节外，式（7.7）的功能等价于迪克西特-斯蒂格利茨模型中消费者的间接效用函数（见第 3 章）：

$$l_A^{1-\mu} K_A^\mu = \frac{\overline{C}_A}{C_\mu w_A^{1-\mu} P_A^\mu}$$

根据式（7.5），我们可以得到厂商在区域 A 生产某种产品的成本函数：

$$\overline{C}_A(q_A) = w_A^{1-\mu} P_A^\mu (f + q_A)$$

因此，该厂商的边际成本为：

$$C_A \equiv w_A^{1-\mu} P_A^\mu \tag{7.8}$$

且固定成本为：

$$f_A \equiv f w_A^{1-\mu} P_A^\mu \tag{7.9}$$

与核心-边缘模型中的情况相同，边际成本和固定成本不仅取决于名义工资率 w_A，而且取决于价格指数 P_A。

需要注意的是，在这里出现了本章引言中提到的新的聚集力。本地生产较多种类产品的区域受益于较低的价格指数，如同核心-边缘模型。这里的新颖之处在于，价格指数的下降会导致制造业部门的固定成本和边际成本同时下降，也就是说，借助中间投入品，就不存在未引入马歇尔外部性的不足了。若其他条件相同，则所有生产者都愿意选择生产产品种类较多的区位，因为它们可以从较低的生产成本中受益。

把迪克西特-斯蒂格利茨模型中的方法应用到式（7.7）中，我们就可以得到区域 A 的厂商对区域 r 生产的产品 i 作为其中间投入品的需求量为：

$$q_{rA}^{int}(i) = \left[\frac{p_{rA}(i)^{-\sigma}}{P_A} \right] \frac{\mu \overline{C}_A}{P_A} \tag{7.10}$$

每个厂商对区域 r 生产的每种产品的支出为 $\mu \overline{C}_A$。

最后，区域 A 的厂商对劳动力的需求为：

$$l_A = \frac{(1-\mu)\overline{C}_A}{w_A} \tag{7.11}$$

7.1.3 短期均衡

在对核心-边缘模型的分析中，我们将短期均衡定义为总人口固定且（任意）分配在两个区域的市场状态。因此，在短期内，对于两个区域而言，由区域人口规模决定的价格、工资以及相对应的间接效用都是确定的。然后，允许人口在部门间转移，就会得到长期（空间）均衡。采取类似的方式，给定每个区域内部部门间劳动力的分布情况，我们就可以确定每个区域的产品种类数、价格和工资，这些便刻画出了短期均衡。之后我们将继续研究劳动力在部门间流动的长期均衡。

我们可以得到厂商利润最大化时的价格，因为不管需求的来源或本质（区内需求还是区外需求，最终需求还是中间需求），需求弹性为常数且总等于 σ。由于假定 CES 型效用函数中的参数在最终产品消费和中间投入品消费中都相同，因此我们可以进行上述简化。此外，产品种类数目庞大，每个厂商几乎都可以不考虑自身对价格指数和工资的影响。换言之，每个区域的人口数为 1，从式（7.3）和式（7.10）就可以推导出对区域 A 的厂商生产的每种产品的总需求，该总需求可以写成如下形式：

$$
\begin{aligned}
q_A &= q_{AA}^{fin} + \tau q_{AB}^{fin} + n_A q_{AA}^{int} + \tau n_B q_{AB}^{int} \\
&= p_A^{-\sigma} \times \{ [\gamma(w_A\lambda_A + 1 - \lambda_A) + \mu n_A \bar{C}_A] P_A^{\sigma-1} \\
&\quad + \tau^{1-\sigma} [\gamma(w_B\lambda_B + 1 - \lambda_B) + \mu n_B \bar{C}_B] P_B^{\sigma-1} \}
\end{aligned}
\tag{7.12}
$$

174其中，每个厂商视括号内的项为常数。这有重要含义，即无论需求和目的地如何，由区域 A 的厂商决定的均衡出厂价 P_A^* 都是相同的。这一价格就是第 3 章讨论的提价率 $\sigma/(\sigma-1)$ 乘以由式（7.8）给出的边际成本，即：

$$
p_A^* = \frac{\sigma}{\sigma-1} w_A^{1-\mu} P_A^{\mu}
\tag{7.13}
$$

把自由进入条件运用到区域产品市场，这就意味着厂商利润为零：

$$
\pi_A = (p_A^* - c_A)q_A - f_A = 0
$$

其中，C_A、f_A、P_A^* 分别由式（7.8）、式（7.9）、式（7.13）给出。那么，区域 A 的厂商的均衡产量为：

$$
q_A^* = q^* = (\sigma-1)f
\tag{7.14}
$$

现在我们可以用更简单的方法写出定义短期均衡的三个方程。首先，根据式（7.4）给出的价格指数，把式（7.13）给出的厂商利润最大化的价格重新写成：

$$
p_A^* = \frac{\sigma}{\sigma-1} w_A^{1-\mu} [n_A(p_A^*)^{-(\sigma-1)} + n_B(\tau p_B^*)^{-(\sigma-1)}]^{-\mu/(\sigma-1)}
\tag{7.15}
$$

这是与核心-边缘模型的另一个显著不同点，即 P_A^* 与 $w_A^{1-\mu}P_A^{\mu}$ 成正比，而后者间接取决于工资水平和产品种类数量。

同时需要注意的是，每个厂商雇用的劳动力数量并非常数，这就意味着制造业部门的规模不再与产品种类数量成正比。由于厂商雇用的劳动力数量由产业和厂商规模比率给出，因此它现在成为一个不受任何约束的自由变量。请注意，零利润条件意味着 $\overline{C}_A = p_A^* q^*$，再根据式（7.11）和式（7.14），我们发现区域 A 的劳动力总需求 $\lambda_A = n_A l_A$ 可以写成如下形式：

$$\lambda_A = (1-\mu)(\sigma-1)f\frac{n_A p_A^*}{w_A} \tag{7.16}$$

最后，由式（7.12）给出的给定产品的市场出清条件如下：

$$\begin{aligned}
(\sigma-1)f = (p_A^*)^{-(\sigma-1)} &\times \{[\gamma + \frac{\mu w_A + \gamma(1-\mu)(w_A-1)}{1-\mu}\lambda_A] \\
&\times [n_A(p_A^*)^{-(\sigma-1)} + n_B(\tau p_B^*)^{-(\sigma-1)}]^{-1} \\
&+ \tau^{1-\sigma}[\gamma + \frac{\mu w_B + \gamma(1-\mu)(w_B-1)}{1-\mu}\lambda_B] \\
&\times [n_A(\tau p_A^*)^{-(\sigma-1)} + n_B(p_B^*)^{-(\sigma-1)}]^{-1}\}
\end{aligned} \tag{7.17}$$

175　　总之，在已知各区域制造业部门劳动力份额（λ_A 和 λ_B）的情况下，短期均衡就由以下 6 个未知数决定：每个区域生产的产品种类数量（n_A^* 和 n_B^*），出厂价（p_A^* 和 p_B^*），制造业部门工资率（w_A^* 和 w_B^*）。为了得到这些未知量，可以利用两个区域各自对应的三个方程（7.15）~（7.17），总计六个方程。

7.1.4　长期均衡

长期均衡可以由劳动力在部门间（而不是区域间）的无成本流动给出。这意味着必然出现以下两种结果之一：（1）每个区域内部部门间名义工资均等化，或（2）某个部门在某个区域消失或者在两个区域都有可能消失。照例，稳定性可以判断一种空间均衡是否会出现（第 6 章）。这里进行长期均衡的稳定性分析是很困难的，因此进行数值和图形分析是一个很好的选择。[①]

定义长期均衡，则在部门间劳动力流动假设下，要确定各区域的制造业部门的规模（λ_A^* 和 λ_B^*）。这可以通过条件（7.1）或（7.2）来确定。只有四种情况是可能的（相当于区域间的不同排列）。

（1）每个区域都拥有农业部门和工业部门。在这种情况下，两个区域的制造业部门的工资都等于 1（$w_A^* = w_B^* = 1$）。重写每个区域的式（7.15）~（7.17），则形成一个含六个隐性非线性方程的方程组。六个未知数分别为：产品种类数量 n_A^*、n_B^*；利润最大化的价格 p_A^*、p_B^*；工业部门的就业比

---

① 请参见普格（1999）的文献。该文献为分析该模型的唯一的（尽管不完全）文献。

重 $\lambda_A^* < 1$，$\lambda_B^* < 1$。

（2）一个区域实现了制造业部门的完全专业化，而另一个区域拥有两种部门。假设区域 A 实现了制造业部门的完全专业化，那么 $\lambda_A^* = 1$，$w_B^* = 1$。在式（7.15）~（7.17）中，变量 $w_A^* > 1$ 替代了未知量 λ_A^*，此时其值为 1。

（3）一个区域实现了农业部门的完全专业化，而另一个区域拥有两种部门。现在假设区域 B 实现了农业的完全专业化，那么 $\lambda_B^* = 0$，$n_B^* = 0$，且 $w_A^* = w_B^* = 1$。在区域 A 中，工业部门的就业比重、产品种类数量、产品价格（$\lambda_A^* < 1$，n_A^* 和 p_A^*）由式（7.15）~（7.17）给出的区域 A 的解来共同决定。

176 （4）一个区域实现了制造业部门的完全专业化，而另一个区域实现了农业部门的完全专业化。农业专业化区域有 $\lambda_B^* = 0$，$n_B^* = 0$ 和 $w_B^* = 1$，而在制造业专业化区域中 $\lambda_A^* = 1$。与之前的情况相比，此时 $w_A^* > 1$ 替代了由式（7.15）~（7.17）给出的区域 A 方程组中的 λ_A^*。

还存在一种可能的情况，即两个区域完全专业化于同样的部门，如制造业部门或农业部门。事实上，这种情况不可能是一个均衡。请注意，如果在两个区域中，某种产品的供给趋近于零，则它的价格将趋于无穷大，因为它的边际效用趋于无穷大（注意，消费者效用函数是柯布-道格拉斯型效用函数）。在这种情况下，必然存在某一个点，在该点上进行这些缺失部门的生产是有利可图的。因此，概括起来，只有前面的四种情况才是可能的。

在这一阶段，重要的是掌握与每个参数不同的值所对应的经济背景，以及不同的参数值如何影响经济活动的空间分布和空间不平等程度的问题。这就要求对均衡的特性有更深入的理解，我们把它留到下一节讨论。这里有五个主要的参数：贸易成本 τ、最终消费中制造业产品所占份额 γ、中间投入品消费中制造业产品所占份额 μ、替代弹性 σ 和固定成本 f。在本章的剩余部分，我们主要关注前三个参数的影响。

7.2 制造业部门的空间分布

要寻找核心-边缘模型的解析解不是不可能，只是非常困难罢了。本节将面临需要处理四种不同情形而不是两种情形的额外挑战。这所涉及的艰巨性可能阻碍了克鲁格曼和维纳布尔斯对他们的模型做进一步的规范分析。在下文中，我们将冒着违背务实严谨原则的风险，运用藤田等（1999，chapter 14）所利用过的模拟方法来展现主要的结论。家庭消费中制造业产品所占的份额，在确定空间均衡时发挥了关键作用。更确切地说，区分以下两种情况是很重要的，即 $\gamma < 1/2$ 和 $\gamma > 1/2$。

7.2.1 核心区的不完全专业化（$\gamma < 1/2$）

177　　图7.1～图7.5有助于理解在各种可能的均衡中，哪些更有可能出现在长期均衡中。X轴和Y轴分别代表在区域A和区域B的制造业部门就业的劳动力比重，这意味着正定象限中的每个点都对应着满足式（7.15）～（7.17）的短期均衡。标明$w_A = 1$（$w_B = 1$）的曲线描绘出短期内区域A（区域B）的工资为1的所有可能的组合（λ_A, λ_B）。请注意，曲线$w_A = 1$和$w_B = 1$都是向下倾斜的。在曲线$w_A = 1$左侧，工资水平$w_A > 1$，这意味着制造业部门就业人数太少，无法满足劳动力需求。反过来，这对他们的工资产生上升压力，使制造业部门的工资水平高于农业部门。这导致更高的制造业产品价格，因此降低了消费者对该产品的需求以及厂商对劳动力的需求。在$w_A = 1$右侧，存在相反的情况，即工资水平$w_A < 1$。在长期中，因为劳动力在部门间是可流动的，所以他们选择工资更高的部门。在第一种情况（$w_A = 1$左侧）下，制造业部门的工资水平更高，劳动力流入；在第二种情况下，我们可以预期劳动力流出。区域B的情况完全相同。区域A（区域B）动态的劳动力流动由带有箭头的水平（垂直）线段来表述，代表向右或向左（向上或向下）。

7.2.1.1 高贸易成本与对称均衡

　　图7.1显示了贸易成本很高时的两条等工资曲线。需要注意，它们在点S相交，而点S位于平分线上。在该点处，区域之间工资水平和制造业部门劳动力比重都相等（$w_A^* = w_B^* = 1$，$\lambda_A^* = \lambda_B^*$），这就意味着均衡是对称的，即产品种

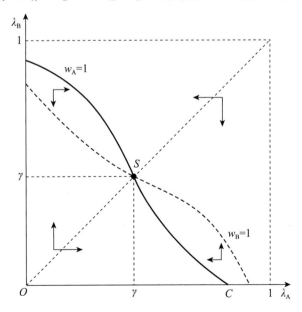

图7.1　贸易成本高、最终需求低时的就业分布

类数量和价格指数都相等。与核心-边缘模型相同，我们面临着以下两个问题：

(1) 均衡是否稳定？

(2) 是否存在其他均衡？

在回答这些问题之前，我们应该指出，在对称模式中，每个区域的制造业部门的就业比重都等于 γ。设定 $w_A^* = w_B^* = 1$、$p_A^* = p_B^*$ 和 $n_A^* = n_B^*$，然后解式（7.15）～（7.17），就可以得到这一结果。

当贸易成本足够高时，对称均衡看起来是稳定的。特别是，在均衡点附近，曲线 $w_A = 1$ 的斜率比曲线 $w_B = 1$ 的斜率大。[1] 当经济偏离对称均衡时，部门间的劳动力流动会把经济带回初始位置。为了证明这一点，想象一下减少两个区域的制造业部门的就业劳动力数量（从 S 点向左下方偏离）的情形，这就意味着两个区域制造业部门的工资水平都大于1。这种工资差异会诱使一些农业劳动力进入制造业部门，从而减少农业劳动力数量，直到经济回到对称均衡为止。或者，想象一下增加区域 A 的制造业部门的就业劳动力数量而减少区域 B 的劳动力数量（从 S 点向右下方偏离）的情形，这样经济现在处于两条曲线之间的位置，区域 A 的劳动力有可能转移到收入较好的农业部门，而区域 B 的情况相反，因为它的制造业部门工资高于1。市场力量再次把经济拖回对称均衡状态。概括来说，当贸易成本较高时，两个区域拥有同样份额的制造业部门的格局是一个稳定的均衡状态。

那么，还有其他的均衡吗？当等工资曲线移动到对称均衡 S 的右侧或左侧时，这两条等工资曲线不再相交，也就是说，不存在其他的内部均衡。但是，这并不排除存在角点均衡的可能，即至少在两个区域之一发生完全专业化的情况。假设经济体位于曲线 $w_B = 1$ 与 X 轴的交点 C 的左侧。此时，区域 B 只拥有农业劳动力。但是，这些劳动力希望转移到制造业部门，因为制造业部门的工资水平大于1。因此，这种结构不能成为均衡。在 C 点右侧，区域 B 不存在制造业部门的状态，对区域 B 本身而言是稳定的，但区域 A 的制造业部门的劳动力希望转移到农业部门。农业部门劳动力的净流出会推动经济回到点 C，但这种情形仍不是均衡。我们可以把同样的逻辑运用到其他潜在的角点均衡。总之，当贸易成本较高且最终消费中的制造业产品比重低于1/2时，对称均衡是唯一的稳定均衡。

7.2.1.2 低贸易成本与非对称均衡

图7.2描绘的是同样的曲线，但是描述的是贸易成本较低的情况。与贸易成本较高的情况相同，两条曲线只相交一次，即在 U 点（在平分线上）处相交。但在该点处，曲线 $w_B = 1$ 的斜率大于曲线 $w_A = 1$ 的斜率。在这种情况下，对称均衡不再稳定。为证明这一点，假设扩大区域 A 的制造业部门的就业比重而减小区域 B 的制造业部门的就业比重，从而经济体位于两条曲线之间。因此，区域 A 的制造业部门工资高于1。这会引起劳动力进一步流入制造业部门，从而经济远离对称均衡。同样，在区域 B 中出现了有利于农业部门的

---

[1] 当自给自足时，$w_A = 1$ 由 γ 处的垂直线给出，$w_B = 1$ 由 γ 处的水平线给出。

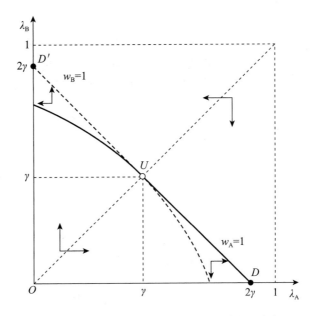

图 7.2 贸易成本低、最终需求低时的就业分布

180　工资差异，会引导该区域的劳动力到农业部门就业。经济体再次偏离对称均衡。[①]

　　另一方面，当整个制造业部门聚集在区域 A 时，均衡出现了。从图 7.2 来看，这对应着曲线 $w_A = 1$ 与 X 轴的交点 D。而且，这种均衡变得稳定。回顾在图 7.1 中，所有位于 C 点右侧的点对于区域 B 的劳动力市场是稳定的。在这种情况下，当偏离至 D 点右侧时，就等于我们扩大了区域 A 的制造业部门的就业比重，这就导致相对较低的工资水平，引发了我们熟悉的过程，经济重新回到 D 点。当移动到 D 点左侧时，同样可以证明经济又重新回到 D 点。用同样的方法，可以证明曲线 $w_B = 1$ 与 Y 轴的交点 D' 也是一个稳定均衡。换句话说，当贸易成本较低且最终消费中的制造业产品比重小于 1/2 时，制造业部门集中到一个区域，而农业部门不均衡地分布在两个区域。而且，这种均衡是唯一稳定的均衡。[②]

　　需要注意，制造业部门就业所占比重是可以求解得到的。将 $w_A^* = w_B^* = 1$ 和 $\lambda_B^* = n_B^* = 0$ 代入区域 A 的式（7.15）～（7.17），解方程组可得 $\lambda_A^* = 2\gamma$。只要 $\gamma < 1/2$（这可以解释为什么假设 $\lambda_A < 1$），这就是一个均衡。还值得一提的是，尽管在贸易成本高和低时，制造业部门就业所占比重是相同的（2γ），但这两个均衡中所涉及的产品种类数量是不同的，这与核心-边缘模型不同，在核心-边缘模型中无论达到哪种均衡，所涉及的产品种类数量都相同。

---

①　如果同时减少两个区域的制造业部门的就业，经济会回归到 U 点。因此，U 点对应鞍状路径均衡，也不是稳定的均衡。

②　如同在核心-边缘模型中一样，这种均衡相当于区域之间的一种排列。

7.2.1.3 中等程度的贸易成本和多重均衡

图7.3描述了贸易成本适中时的两条等工资曲线。根据与之前两种情况相同的理由，我们发现一个稳定的对称均衡（S）和两个稳定的非对称均衡（D和D'）共存，但两个非对称的内部均衡（U和U'）是不稳定的。

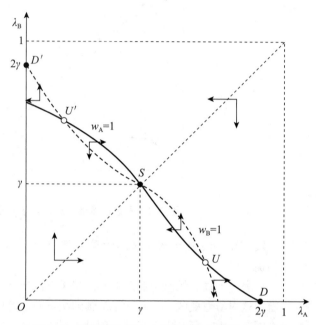

图7.3 贸易成本适中、最终需求低时的就业分布

7.2.2 核心区的完全专业化($\gamma > 1/2$)

182　　　　以上的分析与克鲁格曼的核心-边缘模型有许多共同之处：当贸易成本足够低时，制造业部门完全聚集在一个地区；当贸易成本足够高时，主要以制造业部门的分散为主；当贸易成本居中时，两种不同类型的稳定均衡并存。但是，要实现这些，制造业产品在最终消费品中的比重必须足够低（$\gamma < 1/2$）。事实上，在这一假设下，聚集力使得制造业部门从一个区域完全消失，但另一个区域仍然存在农业部门。因此，两个区域的工资保持不变，仍等于1。这是因为在$\gamma < 1/2$时，在制造业部门就业的劳动力规模为2γ，不能吸收整个区域的劳动力（已标准化为1）。

　　当$\gamma > 1/2$时，这些结论都不再成立。可能会出现两种情况。第一种情况是，当制造业产品在最终消费品中的比重非常高（$\gamma \gg 1/2$）时，模拟结果显示会存在一种新的均衡，即核心区实现了制造业部门的完全专业化且工资率大于1，同时另一区域实现了农业的局部专业化。换言之，尽管区域A已经实现了制造业部门的完全专业化，但由于对制造业产品的最终需求太大，以致在区域B仍需保留一些制造业厂商才能满足最终需求。图7.4描述了这种情况。

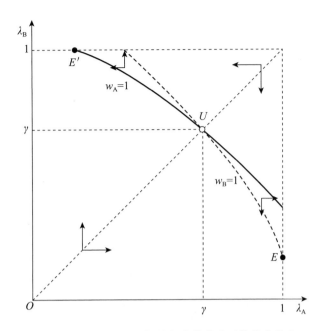

图 7.4 贸易成本低、最终需求非常高时的就业分布

在这种情况下，非对称均衡由曲线 $w_B = 1$ 与 $\lambda_A = 1$ 的垂线的交点 E 给出。在 E 点左侧，区域 A 的工资水平高于 1，就吸引该区的劳动力转移到制造业部门。如果区域 B 的农业部门就业规模扩大，也会发生同样的情况。如果该部门就业规模变小，那么工资水平回落至低于 1 的水平，从而农业部门的就业劳动力数量增加。这些动态变化证实，点 E 确实是一个稳定的非对称均衡。需要注意的是，这种以一个区域实现制造业部门的完全专业化和另一个区域同时拥有农业部门和制造业部门为特征的均衡，可以与贸易成本高于前述情况时的对称均衡共存，也就是此时的等工资曲线与图 7.3 中的形状完全相同，但它们的位置更偏东北方向，而且曲线 $\lambda_A = 1$ 和 $\lambda_B = 1$ 在经过 X 轴和 Y 轴之前相交。

183 第二种情况，见图 7.5，显示了最终需求的比重偏低但仍高于 1/2 时的情形。此时的均衡以互补的完全专业化为特征，最终需求不足以将厂商保留在边缘地区。在这种情况下，曲线 $w_A = 1$ 在经过 X 轴前与曲线 $\lambda_A = 1$ 相交，而曲线 $w_B = 1$ 情况正好相反。因此，由 $\lambda_A = 1$ 和 $\lambda_B = 0$ 定义的点是一个稳定均衡。

因此，如同核心-边缘模型的情况，有多组参数值可以产生多重均衡，尤其是可以实现区域非对称和区域对称情况下的均衡的共存。本框架的新颖之处在于，会出现局部聚集的情况。在核心-边缘模型中，只要制造业部门在一个区域聚集，制造业部门就会从另一个区域完全消失，而在本框架中，制造业部门可以在两个区域不均衡地分布。不过，模拟结果表明，只有一个部门可以在两个区域中不均衡地分布，根本不存在两个部门同时在两个区域不均衡地分布的均衡。换句话说，非对称均衡总是意味着两个区域中至少有一个区域存在完全专业化。后面我们会看到，这些非对称均衡是区域差距的一种新的来源，这是核心-边缘模型所没有考虑到的。

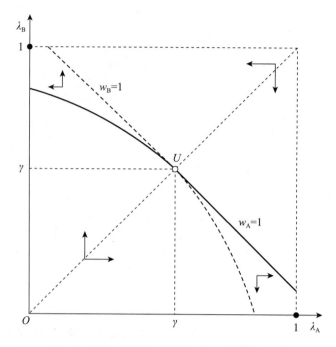

图 7.5　贸易成本低、最终需求高时的就业分布

7.2.3　贸易成本对空间聚集的影响

综上，图 7.6 描绘了当最终需求比重比较高（$\gamma > 1/2$）时，制造业部门在两个区域中的比重随贸易成本的变化而变化的情况。图 7.7 描绘了当最终需求比重低（$\gamma < 1/2$）时的情况。

184

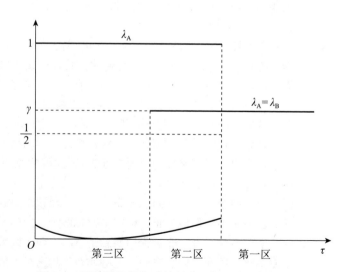

图 7.6　最终消费很高时的制造业部门比重与贸易成本

经济地理学：区域和国家一体化

在前一种情况下，当贸易成本很高时，只有对称均衡是稳定的（第一区）。贸易成本的下降会导致非对称均衡出现，并与对称均衡并存（第二区）。当贸易成本更低时，后一种均衡不再稳定（第三区）。但是，相比于克鲁格曼模型，核心区的局部聚集成为可能。举例来讲，只要存在稳定的非对称均衡，核心区就会实现制造业部门完全专业化，但边缘区仍拥有部分制造业部门。但是，在第三区范围内，制造业部门完全从边缘区消失，即使最终需求的比重很大（$\gamma \gg 1/2$）。

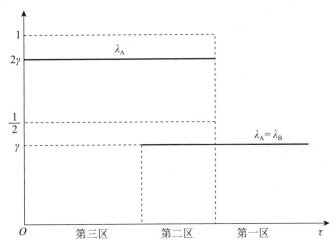

图 7.7　最终消费很低时的制造业部门比重与贸易成本

后者（图 7.7）也描绘了一个非常相似的情况，主要的区别就在于，在任何非对称均衡下，因为制造业产品在最终消费中所占比重比较小（$\gamma < 1/2$），制造业部门完全从边缘区消失，但核心区仍保留一些农业部门。这里的贸易成本扮演着与克鲁格曼模型几乎完全相同的角色。

7.3　区域差异的演变

经济地理学的主要目标之一就是研究经济一体化对空间差异的影响。贸易成本可以视为经济一体化的表征，贸易成本的降低等价于一体化程度的加强。我们再次通过模拟来把握贸易成本的影响。

7.3.1　经济一体化与空间差异之间的钟状曲线

图 7.8 给出了每个区域代表性消费者的福利水平（例如实际工资）与贸易成本之间的函数关系。

当贸易成本很高时，空间经济形成对称格局，即两个区域中的制造业所占

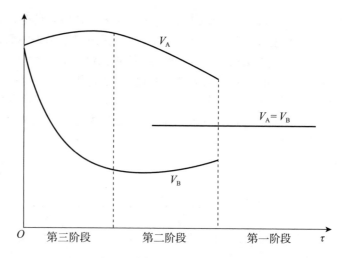

图 7.8　福利水平与贸易成本

份额相同，且名义工资水平均为 1。由于两个区域进口产品种类所占比重相同，两个区域的价格指数也一定相同，因此，就不存在空间不平衡。只要存在对称均衡，经济一体化就会使得福利收益在两个区域之间均衡分配。这里存在两个正效应，一个是直接效应，另一个是间接效应。首先，价格指数与贸易成本水平呈正向关系（如同核心-边缘模型中的情况），因此贸易成本的下降必然降低价格指数；其次，从式（7.8）和式（7.9）可知，价格指数的下降导致边际成本和固定成本下降。在生产成本下降时，一些劳动力可以从事新产品的生产，从而使价格指数进一步下降。第二个效应在核心-边缘模型中是不存在的，因为在核心-边缘模型中，总的产品种类数不变。

　　现在我们来考虑会同时产生对称均衡和非对称均衡的参数值的设置问题。在非对称均衡下，某一区域的制造业部门规模较大，这为位于此区域的厂商带来了更大的利润。事实上，厂商同时受益于供给和需求两方面：本区对中间投入品的需求很大，导致本区的市场比另一区域的市场更大；由于价格指数较低，生产成本就低。如同核心-边缘模型中最终需求的增长不断自我增强一样，这两种力量也是互相促进的。具体而言，某一区域制造业部门规模越大，则该区域对中间投入品的需求就越强，生产成本也就越低。这就有利于制造业部门的规模进一步扩大。

　　现在我们考虑一下那些我们比较熟悉的分散力阻碍这种聚集过程的情形。事实上，与核心-边缘模型非常类似，因为劳动力不发生转移，所以边缘区对于制造业产品的需求仍然很大，但在核心区存在市场拥挤效应。考虑到这些，可能会出现如下两种情况。第一种情况，假设在最终消费品中制造业产品所占份额较低。那么，制造业部门的总体规模就不足以达到该部门仍需在边缘区继续设厂的水平。这就是图 7.2 中 D 点所表示的非对称均衡。此时，核心区仍存在两个部门，而边缘区只存在农业部门，两个区域的工资水平相同，都等于1。第二种情况，对制造业产品的最终需求较高，使得经济活动聚集的循环累积机制强大到足以导致核心区实现制造业部门的完全专业化，同时允许制造业部门到边缘区设厂。但此时核心区的名义工资水平严格大于1,这就产生了影响空间均衡的两种相反的力量。第一个是核心区劳动力的工资水平超过边缘区劳动力的工资水平(边缘区的工资水平为1),核心区劳动力的高工资水平引发核心区的需求增大,这又导致聚集力的进一步增强。第二个是非常直观的,即在核心-边缘模型中被忽略了的一种新的分散力。由于各区域的劳动力供给固定,所以经济活动高度聚集区的劳动力成本较高。因此经济活动聚集超出某个临界值后,这种劳动力成本较高所导致的新的分散力与核心-边缘模型中的分散力结合在一起,会阻止甚至逆转这种经济活动的聚集过程。特别是,劳动力成本的上升成为引发边缘区再工业化的重要力量。

我们已经看到,当核心区实现了制造业的完全专业化时,制造业部门在边缘区可能存在也可能不存在。如果两个区域都拥有制造业部门,那么最终的均衡会使得制造业产品生产者对区位是无差异的,然而会存在套利行为。现在我们考虑一下核心区实现完全专业化的情况。如果生产者选择边缘区,则生产者所面临的是竞争较小的本地市场和较低的劳动力成本;但同时也面临着因本地工资水平较低而导致的中间投入品需求较低和最终需求的疲软,以及本地中间投入品中的大部分从核心区输入而这种输入需要支付更多的贸易成本,因而就要承担更高的中间投入品成本。如果定位在核心区,生产者的动机就会相反:产品市场上的竞争更激烈,劳动力成本更高,同时中间投入品的成本更低,但中间投入品需求和产品最终需求更高。当核心区没有实现完全专业化时,上面的工资效应就会消失。

最后,随着贸易成本的不断下降,对称均衡变得不再稳定。只有那种核心区拥有较大份额的制造业的非对称均衡才保持稳定,直到实现全面的一体化为止。

如同第6章中所讨论的,聚集力和分散力的相对强度随着贸易成本的变化而变化,因此所产生的净效应会促使形成不同程度的空间不平等。尤其是上述模拟表明,经济一体化可以分为三个主要阶段。

第一阶段:如前所述,在经济一体化的第一阶段不存在区域差异,两个区域的福利水平同时且同等增进。

第二阶段:随着非对称均衡的出现,产生了不平等现象。实际上,边缘区的名义工资保持不变,但进口产品的比重大增,转而推动了该区价格指数的上升和福利水平的下降。相反,核心区的工人不仅从本区生产的产品份额的提升中获益,还享受更高的名义工资(在完全专业化的情况下)。此外,随着经济一体化程度的加深,区际差异会持续扩大。正如图7.8所示,实际工资差异越来越大,因为:

(1)在当地生产的产品份额方面的非对称程度扩大(见图7.6);

(2)需求和成本的反馈效应;

(3)实现完全专业化后的更高的劳动力成本(图7.8中没有出现这种情况,但在图7.11中会出现)。

由于边缘区必须进口更多种类的产品,因此贸易成本的下降以及产品种类的增加(此时提升核心区和边缘区的福利水平)不一定能够弥补边缘区福利水平的下降。因此，边缘区劳动力的福利水平会下降。

第三阶段：随着经济一体化程度的加深，在第二阶段出现的一些情况将发生变化：边缘区福利水平的下降趋势得到遏制（如果这种情况出现），而且我们会目睹出现了两个区域趋同阶段，两个区域之间的福利水平差距逐渐消失。由于核心区对劳动力的需求持续上升，故在实现完全专业化后劳动力成本会上升，结果在核心区的竞争更加激烈，因此当贸易成本足够低时，核心区的厂商（或新的厂商）会选择转向边缘区。现在边缘区输入的产品种类数减少（见图7.6），故边缘区的劳动力享受到较低的价格指数，此时核心区正经历相反的过程。此外，由于核心区劳动力市场的竞争趋向缓和，核心区劳动力的名义工资水平下降。两个地区的居民继续享受贸易成本下降和产品种类增加所带来的好处。

最后，如果有可能实现完全的经济一体化（$\tau = 1$），那么两个区域的劳动力成本和价格指数相等。此时区际差异完全消失，两个区域的福利水平相等，且高于它们最初对称均衡下的福利水平。但相对于完全的一体化，核心区的居民可能更喜欢中间程度的经济一体化，因为空间差异的消失是以他们福利水平的下降为代价的。

简言之，正如在本书绪论中所提到的那样，经济一体化程度与区域差异之间的关系为一条钟状曲线，显示在图7.9中。只要经济保持对称均衡，就不存在空间差异，此时经济一体化只提高经济效率。如果是非对称均衡，那么它必然导致空间差异的扩大。然后，在经济一体化过程中，空间差异持续扩大。如果一体化达到某临界值，则空间差异开始缩小。

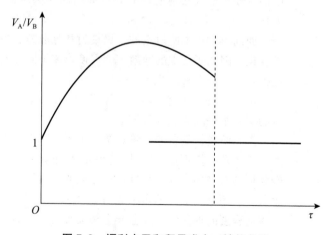

图7.9　福利水平和贸易成本：钟状曲线

7.3.2　制造业产品的需求结构

两种源泉推动了制造业产品的需求，即劳动者和厂商。因此，研究他们各自的影响是值得的。首先假设最终消费中制造业产品所占份额 γ 大于上一节模拟中的值。图 7.10 显示了各区域达到的福利水平。

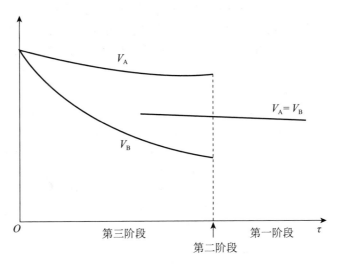

图 7.10　最终消费很高时的福利水平和贸易成本

190　　同样，形成了贸易成本和空间不平等之间的钟状曲线。当对制造业产品的最终需求较低时，区际差异不明显（见图 7.8）。如果边缘区具有较高的制造业产品生产份额，从而相对增加边缘区生产的产品种类，则会降低价格指数。这等于说，最终消费中制造业产品份额的增加，加速了经济活动向边缘区的转移。这可以通过观察得以证实，一旦实现非对称均衡，就可以遏制住边缘区消费者效用的下降趋势，而核心区消费者的效用水平上升直到实现完全一体化的效用水平为止，但却达不到图 7.8 中的最大值。

　　如图 7.11 所示，当制造业产品在厂商生产中的份额 μ 取较大值时，这些结果都会发生逆转。在这种情况下，区际差异比图 7.8 中的情况更加明显。从对称均衡转向非对称均衡时，区际差异变得更大，也就是在区际差异出现

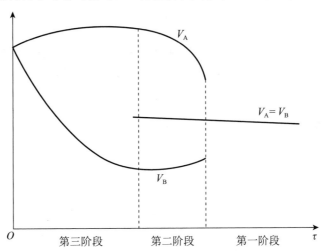

图 7.11　中间投入品消费很高时的福利水平和贸易成本

阶段，边缘区会经历福利水平的大幅下降。此时核心区的效用水平达到最大值，并在整个贸易成本范围内持续保持这一水平。这就对应着所有工业品都在核心区生产，而边缘区完全专业化于农业的情况，但这种情况不会在与图7.8和图7.10相对应的参数值下出现。最后，当经济从对称均衡转向非对称均衡时，空间差异急剧上升，但随后不断下降（在这种情况下，第二阶段就结束了）。

通过这种讨论可以发现，这些结论与核心-边缘模型是不一致的。事实上，克鲁格曼模型的核心结论就是：当最终消费品中制造业产品所占份额较大时，空间不平等加剧。这一结论与我们的结论正好相反。实际上，随着最终消费份额的增大，劳动力在空间上的不流动意味着边缘区的需求增大。所以，这种需求成为一种强大的分散力。因此，这种需求的扩大有助于区域差异的缩小。相反，当生产中制造业产品投入份额增大时，对厂商转移的需求增大（这种需求推动聚集过程中的自我强化）。在这种情况下，出现区际差异加剧的情况是合乎逻辑的。

因此，关键问题不在于制造业产品需求的增长来源于最终消费还是中间需求，而在于是否来源于可流动的代理人与不可流动的代理人的需求。特别是，流动性代理人（克鲁格曼指的是技能劳动力，本部分指的是厂商）对需求的增长加剧了区际的不对称。相反，来源于不可流动性代理人（克鲁格曼指的是非技能劳动力，本部分指的是整个劳动力）的需求增长，促进了区域的均衡发展。这就解释了在两个模型中，最终消费中的制造业产品份额符号发生变化的原因。尤其是，尽管 μ 在两个模型中具有不同的经济意义，但该参数对区际差异的影响是相同的，因为它决定着扩大区际差异的流动性代理人的需求规模，而参数 $1-\mu$ 和 γ 同时决定不可流动性代理人的需求规模，而这些有利于区际均衡的发展。

作为最后的备注，需要强调一点，即克鲁格曼和维纳布尔斯的模型丰富了对区域差异的动态研究，并揭示了经济一体化与空间不平衡之间的钟状关系。其基本的运行机制明显与核心-边缘模型不同。从经验来看，它们更多地与欧盟内的区域性移民的限制程度以及在生产过程中中间投入品的重要性一致。这两个新的变量很清晰地显示了来自需求方面的额外的效应，以及一个内生的且以中间投入品成本为基础的竞争优势效应。

7.4 结束语

解释核心-边缘模型的结论需要一定的谨慎度。事实上，本章的分析表明，经济活动空间分布的变化取决于多种力量的相互作用，而核心-边缘模型只考虑了一部分。对这些额外的且经验上相关的效用（如对中间投入品的需求以及劳动力的低流动性）的解释，可以揭示空间差异和经济一体化之间的钟状关系。这种关系与核心-边缘模型的主要结论存在差异，表明一种单调递减的关系发挥着重要作用。因这些额外的变量，我们相信我们可以同时追求经济效率和空间平等这两个目标，至少在达到一定程度的一体化之后这是可以实现的。这与藤田等（1999，p. 260）的"首先降低贸易成本，然后破解全球范围内的国家间不平等现象"的观点是一致的。在下一章中，我们会看到经济一体化和空间不平等之间的钟状关系会出现在许多其他场合中，因而将为这种钟状关系赋予强有力的理论基础。

　　总之，应该强调指出，一些导致厂商转移的力量是以区际工资差异为基础的，当然，核心区的工资水平比较高。因此，我们可以很容易得出结论：任何阻碍区际工资调整的政策或劳动力市场制度都阻碍了厂商在空间上的重新布局，从而巩固了核心-边缘结构（Faini，1999）。

7.5　相关文献

　　克鲁格曼和维纳布尔斯（1995）以及维纳布尔斯（1996）提出的模型很难进行操作。除了普格（1999）的模型，几乎没有人在这些原创性研究基础上建立新的模型。根据 6.2 节，我们可以用下式来替代式（7.5）：

$$l_A^{1-\mu} K_A^{\mu} = f/C_{\mu}$$

　　这使我们更容易表示中间投入品的总消费，因为此时只有固定成本取决于产品的价格指数，而边际成本变成了常数。对克鲁格曼-维纳布尔斯模型的简化，已经由奥塔维诺和罗伯特-尼库德（2006）在 $\gamma = \mu < 1/2$ 的特定条件下进行了研究。他们证明，均衡情况与克鲁格曼模型的情况完全相同。因此，这种简化隐含了钟状曲线，这是我们没有深入研究它的主要原因。藤田和蒂斯（2002，chapter 9）考虑了另一个简化问题，其中最终消费品生产部门生产同质产品。他们进一步证明，只要中间投入品的贸易成本超过某一门槛值，两种生产部门就会聚集在同一地区。

193　　最后，图尔蒙德（Toulemonde，2006）确定了另一种聚集机制，这种机制类似于本章中我们所讨论的机制。劳动者是天生的非技能劳动力且不能流动，但其中一些劳动者为能够在制造业部门就业，可能选择成为技能劳动力。结果，他们获得较高的收入，也因此加大了对制造业产品的需求，因而他们所在的区域成为规模较大且有吸引力的市场。同时，新的厂商定位到该区域，也激励劳动者不断提高劳动技能。如上所述，我们得到了一个部门间流动取代空间流动的循环累积因果机制。把这一机制与技能劳动力空间流动性结合起来，则有助于解释人力资本在许多发达国家高度聚集的情况（Moretti，2004），这一问题将在第 11 章中进一步讨论。

第 8 章　空间发展的钟状曲线

194　　在第6章和第7章研究的两个基本的经济地理学模型都建立在迪克西特-斯蒂格利茨的垄断竞争模型的基础之上。我们已经看到，这种模型无法解释贸易成本降低和聚集形成过程中产生的竞争转移效应。因此，这种建模策略弱化了聚集力和分散力的强度，这是我们不希望看到的结局。事实上，分散力的弱化是由边缘区和核心区厂商的提价率相同导致的，其实我们预期核心区的厂商间竞争相对于边缘区更加激烈，故在核心区的提价率应该更低一些。同样，聚集力的弱化是由核心区产品价格的下降对劳动力的实际收入并没有产生正向影响导致的，其实核心区价格下降应该提高核心区劳动力的实际收入水平。因此很有可能，前两章的结论都是在缺乏竞争转移效应的背景下得出的。因此，有必要以整合这些效应为背景，检验迄今所得到的主要结论是否仍然成立。

　　要做到这一点，我们必须利用第3章提出的垄断竞争线性模型。因为利用这些模型，我们可以整合上述的竞争转移效应，同时也无须考虑战略性互动问题。这种战略性互动是第9章的重点内容。但应记住，垄断竞争模型忽略了收入效应。此外，在第5章已讨论过，冰山贸易成本看起来就具有从价（倍增）税（例如，关税）的性质，而运输成本通常是根据每单位实际运输成本收取费用的，因此它具有特定（附加）税的性质。事实上，这两种建模策略对应着不同的经济现实，这同时也证明为不同的经济现实采取不同的方法是正确的。正

如在第 1 章中所讨论的那样，这两种模型是相关的，因为关税和运输成本这两
种类型的成本不是以相同方式发生变化，或不是在同一时期发生变化。而且，
当贸易成本主要包括关税时，贸易成本相应地从这些外国生产者转移到进口
国，并最终再分配至进口国的居民。相比之下，运输成本需要消耗稀缺的资
源。此外，采取冰山贸易成本，就意味着出厂价和贸易成本同时变化。这种假
设也并不是一个很现实的假设，因此有必要考虑这两个变量相互独立时的情
况。最后，如在第 4 章中所见，在 DSK 模型中我们无法研究厂商分割市场的
情况，即使这是常见的做法，特别是在国际市场上。所有这些都很容易在线性
模型下进行研究。

在下一节，我们将证明核心-边缘模型的主要结论在线性模型下仍然成立。
因此，线性模型看起来并不是 DSK 模型的特殊情形，也不会受特定的贸易成
本方式所影响。线性模型的优点就是通过它可以得到完整的解析解。此外，根
据线性模型，我们可以深入研究经济地理学领域的新问题，也可以重点分析在
克鲁格曼模型框架下很难分析的问题。特别是，我们可以重新审视和发展第 7
章中提出的经济一体化与区际差异之间的钟状关系。更确切地说，在 8.2 节，
我们是在与前一章中的情形大相径庭的情况下重新分析钟状关系这种属性。这
种钟状关系是以不同的理论为基础建立起来的，因此它具有很强的解释能力。
为做到这些，我们假设农产品存在贸易成本（Picard and Zeng，2005）、核心区
人口增长将导致城市成本的上升（Ottaviano et al.，2002）以及个人对迁移的
异质性偏好等（Tabuchi and Thisse，2002）。

上面的后两个扩展将成为许多研究领域的基础。第一个扩展用非常简单
但恰当的方式捕获了任何经济活动聚集都给当地带来市场拥挤的思想。为
此，我们以城市为比喻，即任何形式的聚集都形成单中心城市结构。此时，
对土地的竞争必然导致地租和通勤成本，而地租和通勤成本随着城市规模的
扩大而增加。第二个扩展对劳动力迁移过程做出了比克鲁格曼模型更令人满
意的解释。亚当·斯密很久以前就观察到，人类是最难以移动的商品。暂不
考虑战争引发的移民潮，则个人的迁移取决于对众多因素的综合考虑，间接
效用中的经济变量只是其中的一部分。因此，需要考虑迁移行为的更广泛的
模型。

在开始之前，值得一提的是，许多实证研究表明人口的空间分布方式与
经济发展阶段是联系在一起的（Williamson，1965）。更确切地说，空间聚集
程度的提高与这一进程的第一阶段是携手并进的。之后，将会出现经济活动
空间布局的重新调整过程。对钟状曲线的存在性问题仍有很大的争议，这种
争论超出了本章的范围，但会在第 12 章和第 13 章中涉及。需要注意的是，
我们这些结论在如下问题上引发了新的思想，即那些可能与经济发展水平有
关的经济变量，把这种钟状曲线的存在与否与区域之间的经济一体化程度联
系起来了。

第 8 章 空间发展的钟状曲线

155

8.1 线性核心-边缘模型

考虑一个包含两个区域 A 和 B 的线性核心-边缘模型。非技能劳动力受雇于农业部门和制造业部门,他们照例在两个区域均匀分布($L_a/2$)。技能劳动力只受雇于制造业部门,区域 A 的技能劳动力比重为 λ,区域 B 的技能劳动力比重为 $1-\lambda$。个人偏好用包含二次子效用的拟线性效用函数给出,如同 3.2 节。因此,区域 A 的劳动力具有如下间接效用函数:

$$V_A = \sum_{r=A,B} \left\{ \frac{a^2 n_r}{2b} - a \int_{i \in \mathcal{N}_r} p_{rA}(i) \mathrm{d}i + \frac{b+cn_r}{2} \right.$$
$$\left. \int_{i \in \mathcal{N}_r} [p_{rA}(i)]^2 \mathrm{d}i - \frac{c}{2} \Big[\int_{i \in \mathcal{N}_r} p_{rA}(i) \mathrm{d}i \Big]^2 \right\} + y + \overline{A} \tag{8.1}$$

其中,$\mathcal{N}_r$ 是集合,n_r 是区域 $r=$ A,B 生产的产品种类,$p_{rA}(i)$ 是区域 r 生产的产品 i 在区域 A 的交货价格,y 是劳动者的收入水平,$\overline{A}$ 是用计价单位度量的劳动者的初始禀赋。设 $\mathcal{N}=n_A+n_B$,区域 A 对区域 r 生产的产品 i 的需求为[1]:

$$q_{rA}(i) = (L_a/2 + \lambda L)[a - (b+cN)p_{rA}(i) + cP_A] \tag{8.2}$$

其中,P_A 是区域 A 的价格指数,P_A 由下式给出:

$$P_A = \int_{i \in \mathcal{N}_A} p_{AA}(i) \mathrm{d}i + \int_{i \in \mathcal{N}_B} p_{BA}(i) \mathrm{d}i$$

197　　　生产技术与福斯里德和奥塔维诺的假设相同(见 6.3 节)。每个厂商对技能劳动力的固定需求为 $f > 0$,而假设对非技能劳动力的边际需求 m 为 0。由于这等价于从反需求函数的截距中减去 m,而区位间的边际成本相同,所以不会失去一般性。[2] 区域劳动力市场的出清意味着某区位的厂商数量与那里的技能劳动力数量成正比,所以必然满足如下关系:

$$n_A = \lambda L/f, \quad n_B = (1-\lambda)L/f$$

因此,正如克鲁格曼模型所示,技能劳动力数量较大的区域也是吸引更多数量厂商的区域。

每单位制造业产品的区际运输成本是 t 单位的计价单位。如在第 4 章中所讨论的那样,克鲁格曼模型不能区分整体的市场和分割的市场,然而在线性模型情况下,我们可以考虑制定出厂价和差别性定价。在本章中,为了比较不同的空间定价政策产生的影响,我们将重点关注后一种情况。这意味着,每个厂

---

①　接下来,用下标 B 替代下标 A、用 $1-\lambda$ 替代 λ,则可以得到区域 B 的表达式。

②　这种标准化在以 DSK 为基础的模型中是没有意义的。因为 CES 型偏好意味着提价率为常数,所以实际的均衡价格为 0。相比之下,这里的提价率是增加的,所以我们的标准化相当于是对需求函数的简化。

商都选择一个出售其产品时的特定的交货价格，同时承担贸易成本。换言之，这里存在价格的空间差别，也就是某种产品的出厂价视该产品销售区域的不同而不同。这一假设是相当现实的，对许多生产部门而言，厂商是根据消费者所在的区位来划分市场的。例如，格林赫特（1981）发现，美国、德国和日本的多数厂商都实行了某些形式的空间价格差异化。同样，哈斯克尔和沃尔夫（Haskel and Wolf，2001）指出，宜家商场出售的相同产品在各国市场上的价格差异达到20%～50%，而且这些差价不能用税率和关税的差异来解释。这种价格差异就证实了第5章中讨论的具有非常重要意义的边界效应的存在。在第9章回顾的其他研究，也描述了当厂商交货并观察客户区位时可能采取的各种定价策略。

8.1.1　均衡价格与可变的提价率

198　　　　在第3章中我们已经讨论过在封闭经济的线性模型下的价格决定问题。厂商在分割的市场上进行交易时，为每个区域都选择一个特定的交货价格。换句话说，位于区域 A 的厂商 i，为了谋求利润最大化，在已知各区域价格指数的情况下选择 $p_{AA}(i)$ 和 $p_{AB}(i)$ 的价格。由于已经把劳动力的边际需求标准化为 0，厂商的利润函数可以写成如下形式：

$$\pi_A(i) = p_{AA}(i)q_{AA}(i) + [p_{AB}(i) - t]q_{AB}(i) - fw_A$$

其中，w_A 表示区域 A 的技能劳动力的工资水平。将 $\pi_A(i)$ 对 $p_{AA}(i)$ 和 $p_{AB}(i)$ 求导，结合需求函数（8.2），就可以得到包含两个未知数的两个线性方程，结果如下：

$$p_{AA}^*(P_A) = \frac{a + cP_A}{2(b + cn)}$$

$$p_{AB}^*(P_B) = \frac{a + cP_B}{2(b + cn)} + \frac{t}{2}$$

因此，位于同一区域的厂商具有同样的本地价格和区外交货价格。根据价格指数的定义就可以得到如下式子：

$$P_A = n_A p_{AA}^*(P_A) + n_B p_{BA}^*(P_A)$$

将 $p_{AA}^*(P_A)$ 和 $p_{BA}^*(P_A)$ 代入这一表达式，则可以得到 P_A 的均衡值以及均衡价格：

$$p_A^* = \frac{aN + tn_B(b + cn)}{2b + cN}$$

$$p_{AA}^* = \frac{1}{2} \frac{2a + ctn_B}{2b + cN} \tag{8.3}$$

$$p_{AB}^* = p_{BB}^* + \frac{t}{2} \tag{8.4}$$

还要注意如下式子，即：

$$p_{AA}^*(P_A) = \frac{P_A}{N} - \frac{tn_B}{2N}$$

$$p_{AB}^*(P_B) = \frac{P_B}{N} + \frac{tn_B}{2N}$$

由于存在贸易成本（$t>0$），厂商在本地市场销售其产品时，销售价格低于本地市场的平均价格（P_A/N），但在外部市场销售其产品时，销售价格高于当地市场的平均价格（P_B/N）。特别是，进口品的价格总是高于国内产品
199 的价格。而且，与克鲁格曼模型不同，均衡价格取决于厂商在区域间的分布以及贸易成本的大小。具体来讲，由式（8.3）可知，当地的均衡价格 p_{AA}^* 随区域 A 厂商数的增加而减小，因为 $n_B = N - n_A$（当地竞争更激烈），并随运费的增加而增加（区外产品的流入更加困难）。结果，厂商从区域 B 转移到区域 A，提高了其原所在地的价格，降低了转入区域的价格。这种竞争转移效应在DSK 模型中不存在，是线性模型中厂商间相互作用的结果。

我们也可以得出如下式子：

$$p_{AB}^* - p_{AA}^* = \frac{ct(n_A - n_B)}{2(2b + cN)} + \frac{t}{2}$$

换言之，当实现均衡价格时，区域间的套利行为是不会获益的，因为 $p_{AB}^* - p_{AA}^* < t$ 总是成立，且 $[ct(n_A - n_B)]/[2(2b+cN)]$ 的最大值总是小于 $t/2$（消费者不会在某一区域购买，再转卖到另一个区域）。出现这种吸收部分运费的现象，是因为一旦厂商承担贸易成本，区外市场的需求弹性就会高于本地市场。这样，为了容易进入国外市场，出口厂商将降低价格。[①] 这种做法表现出了空间价格差异化的特性，它以牺牲本地产品为代价来支持出口产品，因为它偏离了相对价格，故有利于出口厂商而不利于为本地生产产品的厂商。此外，当且仅当 $n_A > n_B$ 时，$p_{AB}^* - p_{AA}^* > t/2$。这意味着，当厂商向外部市场销售其产品时，定位于较大（小）区域的厂商承担较低（高）份额的贸易成本。

从式（8.3）和式（8.4）中减去 t，就很容易证明无论分配份额 λ 是多少，当且仅当满足如下等式时，出厂价都是正的，即：

$$t < t_{trade} \equiv \frac{2a}{2b + cN} = \frac{2af}{2bf + cL} \tag{8.5}$$

而且，也必须证明如下条件成立，即为了使区域 B 的消费者能够购买区域 A 的厂商生产的产品，在均衡价格下，每个区域的个人需求都为正。我们假设在本章剩余部分中，式（8.5）始终成立。
200 最后还要进行评论。当贸易成本为正时，如果不存在规模收益递增（$f = 0$）或者产品为同质产品（$c = \infty$），则不存在区际贸易，因为式（8.5）不成立。在这种情况下，两个区域都生产所有种类的产品（在前一种情况下每个区域都有无数种类的产品，而在后一种情况下每个区域的产品种类相同），这就

---

① 同样的逻辑演绎揭示了寡头竞争下的国际贸易模型强调的"相互倾销"（Brander and Krugman，1983）。

意味着每个区域都是自给自足的。对于更具有一般性的情况，容易证明下式：

$$\frac{\mathrm{d}t_{\mathrm{trade}}}{\mathrm{d}f} > 0, \frac{\mathrm{d}t_{\mathrm{trade}}}{\mathrm{d}\gamma} < 0$$

这意味着，规模经济效应越大和产品差异化程度越大，就越能促进贸易。

最后，需要注意，农产品的均衡消费随着厂商分布的变化而变化。由于消费者的偏好为拟线性偏好，因此农产品的消费由扣除工业品消费后的剩余收入来决定。

8.1.2 利润与工资

线性需求的属性证明，位于区域 A 的厂商在两个市场上的均衡处的经营利润有如下形式：

$$\pi_{\mathrm{AA}}^* = (p_{\mathrm{AA}}^*)^2 (b + cN)\left(\frac{L_a}{2} + fn_{\mathrm{A}}\right) = (p_{\mathrm{AA}}^*)^2 \left(b + \frac{cL}{f}\right)\left(\frac{L_a}{2} + \lambda L\right)$$

$$\pi_{\mathrm{AB}}^* = (p_{\mathrm{AB}}^* - t)^2 (b + cN)\left(\frac{L_a}{2} + fn_{\mathrm{B}}\right)$$
$$= (p_{\mathrm{AB}}^* - t)^2 \left(b + \frac{cL}{f}\right)\left[\frac{L_a}{2} + (1 - \lambda)L\right]$$

很显然，在第一个表达式中，本地技能劳动力（和厂商）数量的增加对 π_{AA}^* 存在两个相反的影响。一方面，它导致均衡价格（竞争效应）和区域 A 的消费者需求（因为本地生产更多的产品种类，消费者需求更加分散）大幅下降。另一方面，居住在该区域的消费者的数量增加，因此提高了区域 A 的厂商在本地市场上的销售利润。尽管一些技能劳动力的迁移可能会降低厂商利润，但这种迁移带来的正面的市场规模效应，可以为厂商弥补由本区厂商数量增加所激化的厂商间竞争的负面效应。这种权衡与克鲁格曼模型的权衡类似。然而，厂商聚集在某一市场内，使得该市场内的竞争趋于更加激烈。

在局部均衡中，消费者剩余定义为需求曲线与市场价格曲线之间的面积。在均衡价格（8.3）和（8.4）下计算区域 A 的消费者剩余 $C_{\mathrm{A}}^*(\lambda)$，就可以得到：

$$C_{\mathrm{A}}^*(\lambda) = \frac{a^2 L}{2bf} - \frac{aL}{f}\left[\lambda p_{\mathrm{AA}}^* + (1 - \lambda)p_{\mathrm{BA}}^*\right] + \frac{(bf + cL)L}{2f^2}\left[\lambda (p_{\mathrm{AA}}^*)^2\right.$$
$$\left. + (1 - \lambda)(p_{\mathrm{BA}}^*)^2\right] - \frac{cL^2}{2f^2}\left[\lambda p_{\mathrm{AA}}^* + (1 - \lambda)p_{\mathrm{BA}}^*\right]$$

对这一表达式求对 λ 的一阶导数，则可以看出式（8.5）使得 $C_{\mathrm{A}}^*(\lambda)$ 在区间 $[0, 1]$ 内递增。这是因为区域 A 生产了更多种类的产品，而无须进口的缘故。但是，二阶导数表明 $C_{\mathrm{A}}^*(\lambda)$ 是严格凹的，意味着增加一种新的本地产品所带来的边际收益是递减的。换言之，消费者剩余随着本地市场规模的扩大而提高，但这种效应随着本地产品种类的扩大而减弱。

自由进入的假设导致均衡利润为零。通过求均衡价格时的零利润条件，可以求出每个区域技能劳动力的均衡工资水平。更确切地说，区域 A 现行的均衡工资为：

$$
\begin{aligned}
w_A^*(\lambda) &= \frac{\pi_{AA}^* + \pi_{AB}^*}{f} \\
&= \frac{bf + cL}{4(2bf + cL)^2 f^2} \times \left\{ [2af + tcL(1-\lambda)]^2 \left(\frac{1}{2} L_a + \lambda L \right) \right. \\
&\quad \left. + [2af - 2tbf - tcL(1-\lambda)]^2 \left[\frac{1}{2} L_a + (1-\lambda)L \right] \right\}
\end{aligned}
$$

$$(8.6)$$

对上式进行化简，则该表达式成为 λ 的二次函数。可以证明，当 f 值较大且（或）t 值较小时，$w_A^*(\lambda)$ 递增，且为 λ 的凹函数。但当 f 值较小且（或）t 值较大时，$w_A^*(\lambda)$ 递减，且为 λ 的凸函数。

总之，当贸易成本较低时，$C_A^*(\lambda)$ 和 $w_A^*(\lambda)$ 都随 λ 递增；当贸易成本较高时，它们的变化正好相反。这些结果为聚集过程的分析提供了重要依据，表明当贸易成本较低时，技能劳动力和厂商都选择市场规模较大的区域。

202　　通过线性模型，我们也可以研究两个区域间的工资差异及作为贸易成本函数的工资水平的变化过程。利用式（8.6），我们得到：

$$
w_A^*(\lambda) - w_B^*(\lambda) = \frac{(bf + cL)[2bf + c(L_a + L)]L}{2f^2(2bf + cL)} t(t_w - t)\left(\lambda - \frac{1}{2} \right)
$$

$$(8.7)$$

其中，$t_w \equiv (4af)/[2bf + c(L_a + L)]$。因此，当且仅当 $t < t_w$（或 $t > t_w$）时，市场规模较大（或较小）区域的名义工资大于另一区域的名义工资。换言之，如果贸易成本足够低，则市场规模较大的区域会提供更具有吸引力的工资水平。这是因为该区域的厂商可以更有效地利用规模经济，相比于市场规模较小区域的厂商可以更好地接近消费者的缘故。相反，当贸易成本较高时，市场规模较小的区域在工资方面更有吸引力，因为其市场的竞争强度较弱，总利润较高，因而厂商可以支付更高的工资。此外，容易证明当 $t < t_w/2$ 时，$t(t_w - t)$ 为 t 的增函数，而当 $t > t_w/2$ 时，$t(t_w - t)$ 为 t 的减函数。因此，只要 $t_w < t_{trade}$，当贸易成本降低到 t_{trade} 以下时，名义工资差异先增后减。

8.1.3　聚集或发散

尽管对制造业产品的线性需求与收入无关，但收入效应通过间接效用影响技能劳动力是否迁移的决策。事实上，如果把均衡价格（8.3）、（8.4）和均衡工资（8.6）代入式（8.1）中，则可以得到区域内劳动力的间接效用。这种控制移民的效用差异是由消费者剩余的差额与名义工资的差额相加得到的，它的表达式非常简单[①]：

----

① 计算过程有点长，但并不很困难。因此，留给读者自己去考虑。

$$\Delta V(\lambda) \equiv V_A(\lambda) - V_B(\lambda) = C_A^*(\lambda) - C_B^*(\lambda) + w_A^*(\lambda) - w_B^*(\lambda)$$
$$= Kt(t^* - t)(\lambda - 1/2) \tag{8.8}$$

其中，$K \equiv \left[2bf(3bf + 3cL + cL_a) + c^2L(L_a + L) \right] \dfrac{L(bf + cL)}{2f^2(2bf + cL)^2} > 0$ 为正的常数，且

$$t^* \equiv \frac{4af(3bf + 2cL)}{2bf(3bf + 3cL + cL_a) + c^2L(L_a + L)} > 0 \tag{8.9}$$

203   从式（8.8）可以看出，$\lambda^* = 1/2$ 总是一个空间均衡（同克鲁格曼模型中的情况一样）。因为均衡价格是在厂商一直向其他区域出口的假设下确定的，因此现在我们必须确定 t^* 是否低于 t_{trade}。当且仅当如下条件得到满足时，条件 $t^* < t_{\text{trade}}$ 成立，即：

$$\frac{L_a}{L} > \frac{6b^2f^2 + 8bcfL + 3c^2L^2}{cL(2bf + cL)} > 3 \tag{8.10}$$

其中，由于 $b/c > 0$，可以证明第二个不等号成立。该不等式意味着，非技能劳动力数量必须是技能劳动力数量的 3 倍多。当式（8.10）不成立时，总有 $t^* - t > 0$，所以式（8.8）中的 $(\lambda - 1/2)$ 的系数总为正。在这种情况下，对称均衡始终是不稳定的，反过来，这意味着制造业部门总是聚集在一起（如在第 6 章中"黑洞"条件得到满足时的情况一样）。

现在我们假设式（8.10）成立。由于 $\Delta V(\lambda)$ 是 λ 的线性函数，且 $K > 0$，所以当 $t < t^*$ 时，效用差与 $(\lambda - 1/2)$ 的符号相同，但当 $t > t^*$ 时，符号相反。正如所预期的那样，相对于临界值 t^* 的运费 t 的值，在决定对称均衡的稳定性方面起着非常重要的作用。当 $t > t^*$ 时，对称结构是唯一稳定的均衡，因为 $\mathrm{d}\Delta V(\lambda)/\mathrm{d}\lambda < 0$。相反，当 $t < t^*$ 时，对称均衡变得不稳定，此时根据初始定居在相应区域的劳动力份额是否超过 $1/2$，技能劳动力（和厂商）聚集在区域 A 或区域 B。换言之，与第 6 章中的理论类似，当贸易成本足够低时，会出现聚集。

概括起来，我们有如下结论：

命题 8.1：考虑一下市场被分割的两个区域所组成的经济体。

（1）假设式（8.10）不成立，那么具有区际贸易的核心-边缘结构是唯一稳定的空间均衡。

（2）假设式（8.10）成立，则当 $t > t^*$ 时，具有区际贸易的对称结构是唯一的稳定均衡；当 $t < t^*$ 时，核心-边缘结构是唯一的稳定均衡；当 $t = t^*$ 时，任何结构都是空间均衡。

当 t 从临界值逐渐降至 t_{trade} 以下时，我们就从一个包含两个对称区域的分散格局转变为核心-边缘结构。由于式（8.8）是 λ 的线性函数，所以突破点和维持点是相同的。因此，我们最后得到的结论与第 6 章类似，尽管并不完全相*204*   同。这让我们相信，从克鲁格曼模型得到的结论是稳健结论，不受特定偏好或贸易成本的影响。

最后，当不存在收益递增现象（$f = 0$）时，因为 $t^* = 0$，所以 $(\lambda - 1/2)$

的系数总为负，这意味着分散是唯一的稳定均衡。当不存在产品差异化（$c \to \infty$）时，结论同样成立。这再次表明"不完全竞争和规模收益递增"的组合在理解空间经济方面起着相当重要的作用。

8.1.4 核心-边缘结构的再分配问题

在第 6 章中我们看到，克鲁格曼模型并不适用于详细的福利分析。与此相反，在拟线性模型下，个人效用相加则可以得到社会总剩余：

$$W = \frac{1}{2}L_a(C_A + 1) + \lambda L(C_A + w_A) + \frac{1}{2}L_a(C_B + 1)$$
$$+ (1 - \lambda)L(C_B + w_B)$$

与一般的想法不同，人口转移不一定是推动生活水平均衡化的力量，它既可能缩小福利水平差异，也可能扩大空间不平衡的程度。从这种角度来看，核心-边缘结构的出现对再分配问题而言具有重要意义，这些都与每次设计新的区域政策时的争论热点是相对应的。为了消除常见的误解，进行如下评论是必要的，即规划者力求使全球效率最大化以及市场是在相同的聚集力和分散力下运行的。但是，核心-边缘结构中存在导致效率低下的两个来源。[1] 首先，厂商不按照边际成本定价；其次，当技能劳动力从一个区域转移到另一个区域时，他们不会考虑自身转移决策对其他劳动力的影响。不过，规划者考虑的聚集力和分散力先于市场存在，且它们也是塑造市场结构的力量。因为两种解决办法都只取决于经济的基本特征，所以这些力量是两种基本设置所共有的。造成这种差异的是用来解决这些力量之间权衡的基本机制。人们对这两种方法的本质差异通常知之甚少，这导致公众和一些政策制定者认为经济活动的社会最优模式与市场的自发作用无关。

205　　只要全球经济的空间结构保持不变，降低贸易成本始终有利于所有劳动者，因为这意味着每个区域都有较低的价格指数。在这种情况下，经济的逐步开放对经济代理人的区位选择没有影响。这种空间经济的稳定性与日常观察一致，即一体化进程的第一阶段发生在给定区位上。但是，一旦贸易成本降低就会引发某些经济活动重新定位，事情便变得很复杂了。为了更好地理解事情发生的经过，让我们从不同劳动者群体的福利角度比较一下核心-边缘结构和对称模式。如上所述，全球经济剩余用个人效用加总来度量，然后我们就根据它评估两种结构的整体效率。

首先，核心区的非技能劳动力总是偏好前一种结构，因为当制造业部门发生聚集时，他们可以从较低的产品价格中受益。反过来，因为相反的原因，边缘区的非技能劳动力喜欢对称结构，至少在贸易成本相同的时候是这样。[2]

──────────

[1]　注意，这里的福利分析没有考虑最优的厂商数量，因为该数量为常数，由 L/f 确定。

[2]　如果贸易成本下降足够大，那么相比于贸易成本很高时的分散经济，边缘区的劳动力可以获得更高的福利水平。为了使分析有意义，这里的比较是在相同的贸易成本水平下进行的。

因此，核心-边缘结构意味着不同区位上的非技能劳动力享有不对称的待遇。

其次，有些似是而非但值得强调的是，技能劳动力不一定从某一区域的聚集中获益。事实上，这些劳动力没有考虑他们自身的迁移对整体福利的影响，这种整体福利水平可能不同于个人的具体的福利水平。产生这种差异是因为，一方面竞争加剧了对价格和工资水平的影响，另一方面区域产品市场和劳动力市场的规模变大了。这样，净效应先前已经确定了。但可以证明，当贸易成本低于 t^* 但仍较高时，这种净效应是负的，这意味着从这些劳动力的角度看，制造业部门的聚集并不总是可取的。这是因为它可能导致非常低的价格，继而非常低的工资。这里的市场失灵源于技能劳动力之间缺乏协调。

最后，当技能劳动力从聚集中受益时，核心区的居民是潜在地补偿边缘区非技能劳动力的。要使这种补偿成为可能，则 t 值必须低于某一临界值，而这种临界值是指制造业部门已经聚集，因而经济整体的剩余最大时的 t 值。由于通常认为聚集会引起不经济，目前尚不清楚是否存在这样一个 t 值。但奥塔维诺和蒂斯（2002）已经证明，存在使核心-边缘结构具有社会效率的临界值 t^O。更确切地说，只要贸易成本满足如下条件，核心-边缘结构就存在很高的社会剩余：

$$t^O \equiv \frac{4af}{2bf + c(L_a + L)} > 0$$

因此，正如经常主张的那样，一旦存在规模收益递增（$f > 0$），则从社会角度来看，聚集不一定是无效率的。原因很简单，如果贸易成本足够低，则厂商根据它们聚集所产生的市场规模大的优势，进一步利用规模经济，而这种规模经济保证边缘区的居民更容易接近他们的产品。显然，在不存在规模收益递增（$f = 0$）时，$t^O = 0$。

当 $t < t^O < t^*$ 时，市场产生聚集，此时核心区相应的总剩余大到足以补偿边缘区的福利损失的程度。在这种情况下，人才外流对于来源区和接收区都有利。当然，这需要从核心区向边缘区的转移支付，这是一种在一些区际差异很大的国家（法国、意大利或日本）早已开始施行的政策。然而，在最近几年我们所看到的是，在发达区域出现了要求更多的财政自主权的政治集团，而且在很多情况下，这些集团要求缩小区际转移支付的范围。因这种倾向的存在，那些促进区域稳定的政治机制的持久性问题值得我们怀疑。现在，我们理所当然地认为许多欧洲国家的爱国主义情结已经崩溃了，而且欧洲一体化和贸易全球化进程进一步加剧了这种崩溃过程，这其实在很大程度上解释的是区域情结的复苏。当这种情结与本区域资源向其他区域转移的情形交融在一起时，这种区域情结将变得更加强烈。我们的社会在思考整体问题时面临许多困难，这些困难迫使我们重新思考当前实现区际稳定的方式是否正确。同时，下面的分析表明，所有类型的贸易成本都在明显下降，而这种贸易成本的下降有利于一些经济活动从核心区转移到边缘区，从长期来看，这种产业转移会降低对核心区的

转移支付需求。

如上所述，$t^o < t < t^*$ 时的情况更加复杂。在这种情况下，核心区没有能力补偿边缘区。这可能会导致某些政治集团的形成，这些集团可能支持或反对生产要素流动性的提高。各国政府很少知道应在何时及如何抑制较大区域集团的出现。自从政治经济学高潮以来，人们已经认为这些集团会在无意中帮助中央当局增加他们的信息量。根据所有可能的利益集团都已形成并为推行它们想要的区域发展政策而进行竞争的假定（有些夸大了），现有结果的负外部性比人们初始时想象的要小得多。利用上述这些模型可以证明，这些利益集团之间的博弈将导致次优的结果，而在这种博弈中规划者选择的是厂商的空间分布（Ottaviano and Thisse，2002）。的确，得出这种结论的假设有些唐突，但这些结论揭示了一个相当出人意料的趋势。

8.2 钟状曲线会在什么时候出现

在第 7 章中我们已经看到，核心-边缘模型的结论需要修正。迄今为止，经济一体化最可能出现的结果是不会扩大区际差异，但可能存在一条钟状曲线。在本章的其余部分，我们通过在线性模型下引入一些影响区位选择的新的重要因素来进一步展开上述讨论。我们引入如下新的因素：

(1) 农产品交易存在贸易成本；

(2) 经济活动空间聚集导致拥挤成本；

(3) 不同消费者的迁移行为是异质的。

所有这些因素的共同点是，它们把经济一体化和空间聚集之间的单调关系转变成钟状曲线，从而使这条曲线更具有真实性。

8.2.1 农产品贸易成本

看来在制造业部门引入贸易成本而在农业部门忽略贸易成本是不合适的，农业部门在核心-边缘模型中变成"安静"的部门了。然而当农产品贸易成本为正时，两个区域的农产品的价格不再相同。这会使对称结构具有更大的稳定性。事实上，如果一个劳动力从区域 A 转移到区域 B，那么区域 B 的农产品价格高于区域 A 的农产品价格，从而降低了推动劳动力迁移的力量（Davis，1998）。

在线性模型中，对两种类型产品的贸易成本可以简单而容易地处理。在制造业部门中，生产技术以及厂商间的竞争都与上一节的情况相同。农业部门，与前面的假设一样，仍以完全竞争和规模收益不变为特征。但为了农产品的双边贸易，我们假设农业部门生产两种差异化的农产品，且每个区域专业化生产一种农产品。在这种情况下，必须把下面的子效用加入 3.2 节中定义的个人偏好中，即：

$$\alpha_{\mathrm{a}}(q_{\mathrm{A}}^{\mathrm{a}}+q_{\mathrm{B}}^{\mathrm{a}})-\frac{1}{2}(\beta_{\mathrm{a}}-\gamma_{\mathrm{a}})\left[(q_{\mathrm{A}}^{\mathrm{a}})^2+(q_{\mathrm{B}}^{\mathrm{a}})^2\right]-\frac{1}{2}\gamma_{\mathrm{a}}(q_{\mathrm{A}}^{\mathrm{a}}+q_{\mathrm{B}}^{\mathrm{a}})^2$$

其中，q_r^{a} 表示区域 r 生产的农产品产量，所有的系数都为正，且 $\beta_{\mathrm{a}}>\gamma_{\mathrm{a}}$。用 V^{a} 表示间接效用。根据和前面相同的方法，可以证明区际效用差异（8.8）变成如下形式：

$$\Delta V^{\mathrm{a}}(\lambda)=\left[Kt(t^*-t)-Gt_{\mathrm{a}}^2\right]\left(\lambda-\frac{1}{2}\right)$$

其中，$G=\dfrac{L}{L_{\mathrm{a}}+L}\dfrac{2}{\beta_{\mathrm{a}}-\gamma_{\mathrm{a}}}>0$ 是与 t 及 t_{a} 独立的参数束，t^* 仍由式（8.9）给出。请注意，当农产品为同质产品（$\beta_{\mathrm{a}}=\gamma_{\mathrm{a}}$）时，$G$ 趋于无穷大。在这种情况下，制造业部门总是分散的，因为（$\lambda-1/2$）的系数为负数。这就解释了我们为什么假设农产品是差异化的。毕竟，这种假设是比较符合现实的。[①]

显然，存在一个 t_{a} 值，使得关于 t 的方程 $Kt(t^*-t)-Gt_{\mathrm{a}}^2=0$ 存在单一的根，用 $\hat{t}_{\mathrm{a}}$ 来表示。所以，当 $t_{\mathrm{a}}>\hat{t}_{\mathrm{a}}$ 时，$Kt(t^*-t)-Gt_{\mathrm{a}}^2$ 为负，产业始终分散。与此相反，当 $t_{\mathrm{a}}<\hat{t}_{\mathrm{a}}$ 时，方程 $Kt(t^*-t)-Gt_{\mathrm{a}}^2=0$ 存在两个正根 t_1^{a} 和 t_2^{a}。只要 $t_1^{\mathrm{a}}<t<t_2^{\mathrm{a}}$，就有 $Kt(t^*-t)-Gt_{\mathrm{a}}^2>0$，意味着制造业部门是聚集的。简言之，我们得到如下命题。

命题 8.2：考虑一个具有分割市场的两区域经济体。如果 $t_{\mathrm{a}}>\hat{t}_{\mathrm{a}}$，则存在区际贸易的对称结构是唯一的稳定均衡。如果 $t_{\mathrm{a}}<\hat{t}_{\mathrm{a}}$，存在两个值 $t_1^{\mathrm{a}}\in(0,t^*/2)$ 和 $t_2^{\mathrm{a}}\in(t^*/2,t^*)$，使得当且仅当 $t\in(t_1^{\mathrm{a}},t_2^{\mathrm{a}})$ 时，核心-边缘结构是唯一的稳定均衡。反之，$t\notin(t_1^{\mathrm{a}},t_2^{\mathrm{a}})$，则意味着对称结构是唯一的稳定均衡。最后，对于 $t_{\mathrm{a}}=\hat{t}_{\mathrm{a}}$，每种结构都是空间均衡。

经济一体化涉及两个方面，也就是 t 和 t_{a}。当农产品的运输成本较低时，产业的空间分布服从钟状曲线，如图 8.1 中的粗线所示。

正如图 8.1 所示，在一体化进程的第二阶段经济活动发生了聚集。在第一和第三阶段出现经济活动分散是出于不同的原因。在第一阶段，发生制造业部门的分散，是因为产品的运输成本很高，而在第三阶段，发生分散是因为边缘区在劳动力成本方面存在相对优势。实际上，制造业部门聚集在某一区域（例如区域 A）是以大量进口区域 B 生产的农产品为基础的。当制造业产品的贸易成本足够低时，这种产品的价格指数在两个区域差不多。另外，区域 A 农产品价格的相对提升也基本保证了贸易成本不变。这导致区域 B 的名义工资下降，因而区域 B 的技能劳动力的效用水平与区域 A 基本保持不变。如果制造业产品的贸易成本不断下降，则工资差异逐渐变大，这将促使厂商从区域 A 转移到区域 B，直至形成对称结构。需要注意的是，如同之前研究的所有模型，不同均衡之间的过渡是不连续的、是突发性的。

[①] 所以，在 8.1 节的模型中为农产品引入正的贸易成本，就足以阻止聚集的出现。

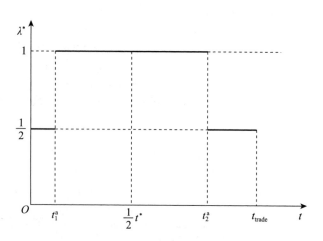

图 8.1　存在农产品贸易成本时的均衡分布

最后，考虑一下区间（t_1^a，t_2^a），在此范围内，随着 t_a 的增大，聚集规模变
210　小。在此限制下，当农产品运输成本足够高时，就不再有进一步的聚集，空间
差异也就消失了。我们容易得出结论，即农产品贸易成本的大小决定产业区
位。尤其是较低的农产品贸易成本有利于制造业部门的聚集。[①] 此外，尽管产
业革命使得所有产品的贸易成本都下降了，然而不同产品贸易成本的相对趋势
最终决定了经济活动的区位。

8.2.2　城市成本

到目前为止，我们假设厂商和劳动力的聚集是在没有任何迁移成本的情况
下实现的。未经检验的证据表明，大规模的人类居住不可避免都采取城市的
形式。一般来讲，任何城市都存在厂商聚集的就业中心，而劳动者分布在就业
中心周围。因为不可能每个人都居住在城市中心，因此劳动者必须在工作地点
和生活区之间往返。显然，通勤成本随着居民人数的增加而提高。劳动者之间
的土地竞争导致地租的形成，地租随着离城市中心的距离的变化而变化。当离
城市中心的距离变大时，地租下降，从而就成了对劳动者居住在远离工作地点
处的一种补偿。

我们用地租加上通勤成本来定义我们所说的城市成本。在大多数发达国
家，城市成本是家庭预算中庞大且在不断增长的一部分。在美国，住房平均占
家庭预算的 20%，而购买汽车、汽油和其他相关费用占总支出的 18%。后者
未包括花费在旅途中的时间成本，这也在不断增长。我们认为，家庭城市成本
支出占美国家庭收入的 40% 是比较合适的。在法国，1960 年到 2000 年间，住

---

① 藤田等在以 DSK 模型为基础的模型中，经过模拟得到了这一结果（1999，chapter 7）。

房和交通费用占家庭支出的比重从 23% 提高到 40%，增长了近 75%，尽管在该期间人均实际收入扩大了四倍。[1] 而且，正如城市经济学所预测的那样，城市成本随着城市规模的扩大而增加。在美国，匹兹堡、巴尔的摩和堪萨斯城等城市每年的城市成本低于 $15\,000$ 美元，但旧金山、洛杉矶和纽约等城市的城市成本每年接近 $20\,000$ 美元。法国的数据显示，2000 年，城市成本约占巴黎人均收入的 45%，但在中小型城市仅占个人收入的 34%。[2]

相对于那些因不流动的农民或消费者的需求而导致的分散力，城市成本很可能是更重要的分散力。很奇怪，城市成本在城市经济学中已经是非常熟悉的概念，然而在核心-边缘模型中没有引入其中的任何因素（Fujita，1989）。直到克鲁格曼和里瓦斯·埃利桑多（Krugman and Livas Elizondo，1996）的研究，经济地理学模型才开始把这种成本考虑进去。

城市经济学的标准模型都以冯·杜能（1826）的先期研究为基础。他试图解释前工业化时期德国城市周围的农作物区位的分布。他假定土地是完全可分的，贸易在外生给出的城市中心区进行。之后，阿隆索（Alonso，1964）在单个城市背景下修正了冯·杜能的模型。阿隆索的研究就涉及了规模收益不变和完全竞争，这符合新古典的范式。把城市经济学的基本要素与经济地理学的基本要素结合起来，则我们可以研究贸易成本和交通成本之间的相互影响。

为此，我们考虑一维空间。现在每个区域都被描述为单中心城市，具有一个中心商务区（CBD），所有制造业部门的劳动力都在中心商务区就业。为简便起见，每个城市中心都被视为是没有空间维度的。除了离城市中心的距离不同以外，空间是均质的。假设两个城市足够远，因此所有技能劳动力可以居住在任何一个区域里。最后，区际贸易发生在两个城市中心之间，假设每个城市内制造业产品的运输成本为零。

现在我们把土地引入核心-边缘模型的两种产品中。换言之，厂商不消耗土地，但技能劳动力消耗土地，而且到他们的就业区去上班。为了简化，我们假设每个劳动力使用一单位土地，而他的单位交通成本为 $\theta > 0$ 单位的计价物。由于土地消费是固定的，所以没有必要让土地出现在个人偏好中，这样个人偏好将维持不变。相比之下，劳动力的预算约束取决于他的居住地与工作地（CBD 位于 0 点处）之间的距离 x，而该距离 x 直接决定土地租金和通勤成本：

$$\sum_{r=A,B} \int_{i \in \mathcal{N}} \left[p_{rA}(i) q_{rA}(i) \mathrm{d}i \right] + A + R(x) + \theta x = y + \overline{A}$$

上式中的符号与上一节相同，A 是计价物的消费量，$R(x)$ 是在 x 处的地租，θx 是劳动力就业区位和劳动力居住地之间的通勤成本。

---

① 这些是在里格诺尔斯（Rignols，2002）提供的数据基础上计算出来的。家庭消费支出指数 1960 年为 87.6，2000 年为 78.7；住房支出 1960 年占 10.7%，2000 年占 19.1%；通勤成本 1960 年为 9.3%，2000 年为 12.2%。因此，1960 年为 $(10.7+9.3)/0.876 = 22.8$，2000 年为 $(19.1+12.2)/0.787 = 39.8$。

② 2000 年，巴黎大都市区居民的旅行总成本达到惊人的 343 亿欧元，刚好超过当地 GDP 的 8%。至于住房，巴黎比法国其他城市每平方米的价格平均高出 80%。

假设 λL 的技能劳动力居住在区域 A。土地竞争可以用竞标机制来描述，每一小片土地都归出价最高者使用。在处于空间均衡状态时，技能劳动力必须获得相同水平的效用。由于每个劳动力消费同样规模的土地，以及城区中同种产品的价格到处都相等，所以区域 A 的所有劳动力均承担相同水平的城市成本。这些劳动者均匀分布在城市中心周边，且离 CBD 的距离为 x 的地方的人均城市成本都相同，都等于离 CBD 最远处的居民支付的费用。这些居民到 CBD 的距离为 $\lambda L/2$。在此距离处，通勤成本等于 $\theta \lambda L/2$，土地租金为零。不失一般性，假设土地的机会成本为零。所以，有如下式子：

$$R^*(x) + \theta x = \frac{1}{2}\theta \lambda L$$

因此，离城市中心 x 处的均衡地租为：

$$R^*(x) = \theta\left(\frac{1}{2}\lambda L - x\right)$$

上式是 x 的减函数，从而补偿了劳动力的远距离通勤。

需明确说明的是，某一区域总的土地租金是如何在劳动者之间进行分配的。最常见的假设是，这些租金在居住在城市的技能劳动力之间进行再分配。由于区域 A 的总地租等于：

$$2\int_0^{\lambda L/2} R^*(x)\mathrm{d}x = \frac{1}{4}\theta \lambda^2 L^2$$

因此，居住在该区域的每个劳动者分得的土地租金为 $\lambda \theta L/4$，所以他承担的净城市成本为 $\lambda \theta L/4$。

由于城市成本是随着技能劳动力的区际分布发生变化的，所以区际效用差异必须考虑城市成本差异，即：

$$\frac{1}{4}\lambda \theta L - \frac{1}{4}(1-\lambda)\theta L = \frac{1}{2}\left(\lambda - \frac{1}{2}\right)\theta L$$

因此，效用差异（8.8）变成如下形式：

$$\Delta V^{\mathrm{u}}(\lambda) = \left[Kt(t^* - t) - \frac{1}{2}\theta L\right]\left(\lambda - \frac{1}{2}\right)$$

213　　　　与之前的情况相同，$\lambda^* = 1/2$ 始终是空间均衡；当 $\Delta V^{\mathrm{u}}(\lambda)$ 的斜率为正时，该均衡不稳定。当且仅当 t 处于由方程 $Kt(t^* - t) - \theta L/2 = 0$ 的如下两个根所确定的区间时，情况也相同：

$$t_1^{\mathrm{u}} \equiv \frac{t^* - \sqrt{(t^*)^2 - 2\theta L/K}}{2}, \quad t_2^{\mathrm{u}} \equiv \frac{t^* + \sqrt{(t^*)^2 - 2\theta L/K}}{2}$$

其中，$t^* > 0$ 由式（8.9）给出。因此，我们得到下面的命题。

命题 8.3：考虑一个具有分割的市场的两区域经济体。如果 $2\theta L > K(t^*)^2$，则存在区际贸易的对称结构是唯一的稳定均衡。如果 $2\theta L < K(t^*)^2$，那么存在两个值 $t_1^{\mathrm{u}} \in (0, t^*/2)$ 和 $t_2^{\mathrm{u}} \in (t^*/2, t^*)$，使得当且仅当 $t \in (t_1^{\mathrm{u}}, t_2^{\mathrm{u}})$ 时，核

心-边缘结构是唯一的稳定均衡；反之，$t \notin (t_1^u, t_2^u)$ 意味着对称结构是唯一的稳定均衡。当 $t = t_1^u$ 或 $t = t_2^u$ 时，每种结构都是空间均衡。

因此，随着贸易成本逐步下降，经济体经历了三个阶段，即经济活动的分散、聚集和再分散阶段。所以，我们可以得出与图 8.1 完全相同的图。通勤成本的增加有利于产业的分散，因为它扩大了使分散成为唯一稳定均衡的 t 值的取值范围。在这一约束下，高通勤成本足以防止大型都市区域的形成，并保证在一些小城市内产业活动持续存在，这是一种典型的前工业化的经济形态。换言之，高城市成本促进了厂商和劳动力的再分散，以便降低高额的城市成本。[①]

汽车的普遍使用大幅降低了通勤成本，这就扩大了使聚集作为均衡结果的贸易成本的取值范围。更确切地说，通勤成本的下降具有推迟经济活动在区域间重新布局的效果。因此，区际贸易成本和城市内通勤成本的相对变化再次决定了空间经济结构。它的内涵具有重要意义，即正如核心-边缘模型所指出的那样，影响全球经济的不仅是贸易成本的变化，不同区域内部发生的变化也起重要作用。

在高贸易成本和低贸易成本下，产业分散的原因是不同的。在高贸易成本下，要满足边缘区非技能劳动力的需求，则必须承担很高的供给成本，这就解释了为什么如同核心-边缘模型那样出现了产业活动的分散。在低贸易成本下，厂商也分散，这是因为聚集的城市成本很高，工资水平也很高，因此聚集在单中心城市不再是均衡（Charterjee and Carlino, 2001）。另外，人们一旦意识到通过次级就业中心的发展，大都市可能变为多中心城市，再分散过程就会放缓，使得小区域无法恢复一体化进程初始阶段的所有经济活动。在这种情况下，我们会看到，大都市的分散化过程与经济活动的局部再分散是同时发生的（Cavailhès et al., 2007）。[②] 这些结论揭示了不同类型的空间冲突之间的相互作用对城市聚集区之间及城市内部的经济活动区位的影响。同时也提出了政策制定者往往忽视的但需要注意的两个方面的事实：一方面，本地力量可能会改变全球的经济组织；另一方面，全球力量可能会影响本地或者城市生产组织和就业结构。这就要求一国要更好地协调城市和全球的交通运输政策。

值得注意的是，因为模型中不再需要不流动的劳动者，因此城市成本足以作为一种单独的分散力存在。事实上，可以把 L_a 设置为零，但也不会消除分散力。在这种情况下，不等式 $t_{\mathrm{trade}} < t^* / 2 < t_2^u$ 始终成立。这意味着钟状曲线的第一阶段消失。换言之，全球经济在贸易成本足够高时发生聚集，在贸易成本足够低时发生分散。这种空间发展模式与克鲁格曼核心-边缘模型中得到的结论正好相反。这种区别可以解释如下：当所有劳动力都居住在核心区时（此时

---

① 在不影响我们结果的性质的前提下，如果考虑土地规模的变化，则分析将变得更加复杂。见田渕（Tabuchi, 1998）对于单中心城市情况的数值研究。

② 最近在法国进行的研究就解释了这种趋势。1989 年到 1992 年间，德莱尔和莱恩（Delisle and Laine, 1998）发现，厂商在法国城市间的迁移，四分之三没有超出 23 公里，而且其中一半不超过 9.5 公里。只有 15% 的厂商会迁移到 50 公里以外，这样就有可能摆脱原有区位的引力场。正如所料，尤其是大土地使用者参与了此次行动，且迁出城市的动力随厂商对土地需求规模的扩大而增强。郊区和环城区似乎是这种迁出中心活动的主要受益者。

$L_a = 0$），如果贸易成本足够高因而区域在地理上相互分离，厂商更愿意支付给劳动力高工资。一旦贸易成本大幅下降，则厂商和劳动力更愿意分散，因为这种新的结构会使城市成本大幅下降。这样我们就回到了赫尔普曼（1998）在

215 DSK 模型框架下得到的主要结论，在该模型中所有劳动力都是流动的，分散力来源于不变的住房存量。[①] 这也是克鲁格曼和里瓦斯·埃利桑多（1996）得到的结论，他们从两个方面对核心-边缘模型进行了修正：一是所有劳动力都可以转移；二是分散力就是核心区的拥挤成本，这与我们采用的方法类似。

最后进行一些点评。在上面得到的各种结论都强调了空间尺度的作用，空间尺度是经济学家常常忽略的一个变量。尽管克鲁格曼的模型似乎从宏观空间层面对空间经济进行了一个近乎合理的分析，但在较小空间范围内的情况并非如此，因为宏观层面的分析忽略了一些起重要作用的变量，如土地和交通。换句话说，不同尺度的经济空间不会像俄罗斯套娃一样一层套一层，每个层级空间都要进行具体的分析，经济地理学模型必须考虑这种现实。

8.2.3 异质性移民

绝大多数经济地理学模型都建立在尽管不是天真但非常简单的移民行为的假设基础之上，即移民只关心价格和工资。但移民并不是原居住地人口中的典型代表，而是属于根据具体特点进行个人选择的一类人。例如，年龄和家庭情况等个人特征，在权衡时发挥重要作用。而且，从来没有完全相同的区域，个人之间在非经济性区域特征方面的看法也经常不同，例如有人认为温暖的天气有益于健康，而有人认为不利于健康。同样，欧洲劳动力的空间流动性很低，这在很大程度上反映了他们对出生地的感情，那里生活着他们的家人和朋友。在欧盟，文化和语言差异仍然非常大，成了劳动力流动的一大障碍。然而，每个人对这些障碍的态度都是不同的，在有些人看来这几乎是不可逾越的障碍，而在有些人看来这对他们影响不大。总之，劳动力对不同地区非经济特征的认识是异质的，且这种异质性可能会影响移民流动的性质和强度。换句话说，劳动力流动不会只受到经济变量的驱使，这意味着当劳动力把非经济因素看得很重要时，他们可能对经济不平等现象不会做出什么反应。

216 显然，不可能考虑到所有影响个人转移决策的因素。史密斯先生或琼斯女士所做出的关于个人转移的决策并不起关键作用，然而他们总体的迁移行为对于经济空间结构是至关重要的。对这种层面的分析而言，我们在第 3 章中所遇到的离散性选择模型是非常有用的，因为这些模型主要用来描述异质性个人所做出的总体结果。在下面，我们假设个人有关居住在某一特定区域的选择可以由逻辑特模型表示。与本部分的情况相同，该模型较好地逼近了一般二位选择模型（Anderson et al.，1992，chapter 2）。此外，该模型还很容易进行操作。

---

① 参见村田和蒂斯（Murata and Thisse，2005）对赫尔普曼以 DSK 框架为基础而提出的方法的详细分析。

现在我们假设居住在区域 A 的个人的直接效用由下式给出，即：

$$V_A^h(\lambda) = V_A(\lambda) + \varepsilon_A$$

其中，ε_A 表示个人因居住在区域 A 而得到的特殊效用部分，是一个随机变量，它的实际值可以度量这个人与区域 A 的适宜程度。同时，我们假设特殊效用 ε_A 和 ε_B 是独立同分布的。这并不意味着个人选择是一致的。相反，ε_A 和 ε_B 的实际值是不同的，因为每个人与两个区域的适宜程度通常都是不同的。根据逻辑特模型，个人选择居住在区域 A 的概率为：

$$P_A(\lambda) = \frac{\exp[V_A(\lambda)/v]}{\exp[V_A(\lambda)/v] + \exp[V_B(\lambda)/v]} \in (0,1) \tag{8.11}$$

其中，v 是随机变量 ε_A 的标准差（直到系数 $\pi/\sqrt{6}$ 为止）。当 $v = 0$ 时，如果 $V_A(\lambda) > V_B(\lambda)$，则 $P_A(\lambda) = 1$，如果 $V_A(\lambda) < V_B(\lambda)$，则 $P_A(\lambda) = 0$，因此我们就回到上面研究的模型。当 $v > 0$ 时，情况就不同了，因为当 $V_A(\lambda) > V_B(\lambda)$ 时，选择区域 A 的概率总是小于 1，而选择区域 B 的概率总为正。此外，随着 v 的增大，选择区域 A 的概率减小，选择区域 B 的概率也在减小。在这种情况下，可以把参数 v 解释为对劳动力异质性偏好的测度。

劳动力异质性意味着动态过程与之前不同了。但是，其平稳状态的稳定性仍很标准，并与之前的情况具有很大的相似性。首先，由下式来替代那些在核心-边缘模型中描述劳动力迁移的运动方程：

$$\dot{\lambda} = (1-\lambda)P_A(\lambda) - \lambda P_B(\lambda)$$

其中，方程右侧的第一项表示从区域 B 转移到区域 A 的劳动力数量，而第二项表示从区域 A 转移到区域 B 的劳动力数量。因此，这种建模策略兼容了劳动力交叉流动的情况。同样，它可以解释人口学研究中强调的异质性的排斥和吸引因素。

当移民流入等于流出时，即当 $\dot{\lambda} = 0$ 时达到空间均衡。由于式（8.11）的分母是严格正的，所以当且仅当分子为零时 $\dot{\lambda} = 0$：

$$(1-\lambda)\exp\left[\frac{V_A(\lambda)}{v}\right] - \lambda\exp\left[\frac{V_B(\lambda)}{v}\right] = 0 \Leftrightarrow \frac{\exp[V_A(\lambda)]}{\exp[V_B(\lambda)]} = \left(\frac{\lambda}{1-\lambda}\right)^v$$

$$\tag{8.12}$$

显然，$\lambda = 1/2$ 仍是一个空间均衡，因为此时的效用水平是相等的，即 $V_A(1/2) = V_B(1/2)$。相比之下，$\lambda = 0$ 和 $\lambda = 1$ 不再是空间均衡。换言之，劳动力的迁移行为异质这一事实足以排除厂商和劳动力全部聚集在一个区域的情况，而厂商和劳动力全部聚集在某一区域是核心-边缘模型的一个极端的预测。这一结果是该模型与核心-边缘模型的第一个主要区别。

仍需检验是否存在其他的均衡。对式（8.12）取对数，我们可以得到更简单的表达式：

$$J(\lambda;t) \equiv \Delta V(\lambda) - v\log\frac{\lambda}{1-\lambda} = Kt(t^*-t)\left(\lambda-\frac{1}{2}\right) - v\log\frac{\lambda}{1-\lambda}$$

在这里，我们利用式（8.8）给出的 $\Delta V(\lambda)$ 的表达式。当且仅当 $J(\lambda^*$；$t)=0$ 时，λ^* 的值为空间均衡。因为 λ 和 $J(\lambda;t)$ 的符号相同，所以在 λ^* 附近如果满足 $\partial J(\lambda^*$；$t)/\partial\lambda<0$，则均衡是稳定的。很容易证明，$J(1/2;t)=0>\lim\limits_{\lambda\to 1}J(\lambda;t)$，且如下式子成立：

$$\frac{\partial^2 J(\lambda;t)}{\partial\lambda^2}=\frac{v}{\lambda^2}-\frac{v}{(1-\lambda)^2}$$

因此，在区间 $(1/2, 1)$ 内，$J(\lambda;t)$ 是 λ 的严格凹函数。反过来，这意味着在此区间内最多有一个空间均衡。事实上，如果存在两个均衡，就意味着 $J(\lambda;t)=0$ 在此区间内至少存在两个解，这与 $J(\lambda;t)$ 是严格凹函数及它取区间端点值 $1/2$ 和 1 相矛盾。在区间 $(0, 1/2)$ 内，上述情况仍然成立，但现在 $J(\lambda;t)$ 是 λ 的严格凸函数。将 $J(\lambda;t)$ 对 λ 求导，可以得到：

$$\text{sgn}\left(\frac{\partial J(1/2;t)}{\partial\lambda}\right)=\text{sgn}[Kt(t^*-t)-4v] \tag{8.13}$$

与 8.2.2 节非常相似，空间均衡的稳定性分析取决于二次表达式 $Kt(t^*-t)-4v$ 的符号。首先，对于所有可能的 t 值，当且仅当 $Kt(t^*-t)-4v<0$ 成立时，对称均衡是稳定的。请注意，对于使不等式 $Kt(t^*-t)-4v<0$ 成立的所有 t 值，一旦 v 超过临界值 $v^h\equiv K(t^*)^2/16$，就可以得到使 $Kt(t^*-t)$ 取得最大值的 t，此时 $t=t^*/2$。因此，当 v 足够大时，均衡结构总是分散的。这是因为，相对于经济因素，劳动力更看重非经济的区域特征的缘故。换句话说，此时经济差异很小，以致不足以与非经济特征差异相抗衡。正是这些特征在劳动力的决策中占主要地位，而且从劳动者的角度来看，它们是在两个区域均匀分布的，因此在工业部门的分布也是对称的。在 $v=v^h$ 的特殊情况下，只要 $t\neq t^*/2$，不等式 $Kt(t^*-t)-4v<0$ 仍然成立。

当 $v<v^h$ 时，情况就很不一样了。在这种情况下，方程 $Kt(t^*-t)-4v=0$ 的判别式总为正，所以方程有两个正的实根，分别为：

$$t_1^h,t_2^h=\frac{1}{2}t^*\pm\sqrt{\frac{(t^*)^2}{4}-\frac{4v}{K}}$$

其中，$0<t_1^h\leqslant(t_1^h+t_2^h)/2=t^*/2\leqslant t_2^h<t^*<t_{\text{trade}}$。由于 t^2 的系数为负，所以当 t 的取值超出区间 $[t_1^h,t_2^h]$ 时，表达式 $Kt(t^*-t)-4v$ 为负数；但当 t 在该区间内取值时，表达式 $Kt(t^*-t)-4v$ 为正数。因此，式（8.13）意味着，当贸易成本高于 t_2^h 或低于 t_1^h 时，$\partial J(1/2;t)/\partial\lambda<0$，因此在这两种情况下，对称结构是稳定的。虽然在区间 $(0, 1/2)$ 和 $(1/2, 1)$ 内各有一个空间均衡，但它们是不稳定的。最后，我们看到 $\lambda=0,1$ 永远不是均衡。从而，我们可以得出结论，对于 $t<t_1^h$ 或 $t>t_2^h$，$\lambda^*=1/2$ 是唯一的稳定均衡。

现在我们看一下 $t\in(t_1^h, t_2^h)$ 的情况。刚刚我们看到，区间 $(1/2, 1)$ 内包含一个空间均衡。由于对称结构是不稳定的，所以内部均衡必然稳定。因此，有两个内部均衡分别存在于区间 $(0,1/2)$ 和 $(1/2,1)$ 内，两者互相对称。换句话说，当贸易成本取中间值时，制造业部门是部分聚集的（$0<\lambda^*<1/2$

或 $1/2 < \lambda^* < 1$）。在这种情况下，存在非对称的产业内贸易，因为一个区域比另一区域生产更多种类的产品。

此外，当 t 从 t_2^h 开始不断下降时，只要 t 仍大于 $t^*/2$，聚集规模就不断增大。相反，只要 t 小于 $t^*/2$ 但大于 t_1^h，聚集规模就会缩小。事实上，对于 $\lambda^* > 1/2$，存在如下式子：

$$
\begin{aligned}
\operatorname{sgn}\left(\frac{\partial \lambda^*}{\partial t}\right) &= \operatorname{sgn}\left[-\frac{\partial J(\lambda^*;t)/\partial t}{\partial J(\lambda^*;t)/\partial \lambda}\right] \\
&= \operatorname{sgn}\left[\frac{\partial \Delta V(\lambda^*)}{\partial t}\right] \\
&= \operatorname{sgn}(t^* - 2t)(\lambda^* - 1/2)
\end{aligned}
$$

由于 $\partial J(\lambda^*;t)/\partial \lambda$ 是负数，所以到目前为止，λ^* 是一个稳定的均衡。换言之，随着贸易成本的增加，聚集规模先增后减。这是与核心-边缘模型的第二个主要区别。劳动力不再突发性地从一个区域转移到另一区域；他们对相同差异的市场状况的反应不相同但都很平稳，导致劳动力发生部分转移。当 $t = t^*/2$ 时，聚集规模达到最大。

总的情况再次表明，在空间聚集度和经济一体化程度之间存在钟状关系，如图 8.2 所示，其中 $v_1 < v_2$ 是小于 v^h 的参数 v 的两个值。现在，可以概括如下。

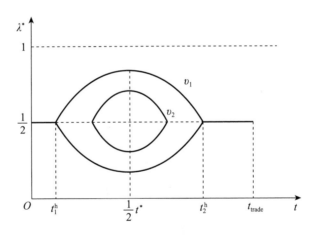

图 8.2　异质性移民的分叉图

命题 8.4： 考虑一个具有分割的市场的两区域经济体。

（1）在 $0 < v < v^h$ 的情况下，如果 $t \geqslant t_2^h$，则产业分散；如果 $t_2^h > t > t_1^h$，则产业部分聚集。在区间 $t_2^h > t > t^h/2$，产业分布的区际差异在加大；在区间 $t^*/2 > t > t_1^h$，产业分布的区际差异在缩小；最后，当 $t \leqslant t_1^h$ 时，产业再次分散。

（2）当 $v \geqslant v^h$ 时，产业总是分散的。

该命题表明，劳动力个人偏好的异质性是很强的分散力。事实上，在 $v \geqslant v^h$ 的情况下，分散力总是占优势。此外，只要 $v > 0$，在区间 $[0, t_1^h]$ 内，厂商和劳动力都分散，而当人们同质时（$v = 0$），他们会形成聚集。类似地，

因为 $v=0$ 时 $t_2^b=t^*$，故在区间（t_1^b，t_2^b）内，部分聚集替代了完全聚集。最后，给定 $\partial t_1^b/\partial v>0$ 和 $\partial t_2^b/\partial v<0$，则促使分散发生的 t 的取值范围扩大，因为此时劳动力变得更具异质性。[①]

上述结果可以在更广泛的范围内重新进行诠释。事实上，我们有理由相信，一旦人们已经获得了足够多的物质福利，人们对影响他们生活质量的非经济因素就会赋予更大的权重。[②] 在这种情况下，我们可以预期个人会选择这里所描述的居住和工作区位。如果这个前提成立，那么我们很容易得出如下结论，即通过满足劳动力的社会化需求和对特定环境的需求，经济增长和福利国家的发展共同减缓个人的流动性。这可以解释欧洲劳动力的低流动性，尤其是意大利南部和西班牙南部等原来主要移民来源区的流动性的下降（Faini et al.，1996；Bentolila，1996）。同样，这里提出的方法表明，对当前的福利水平感到满意的劳动力会选择留在原地，从而挑战了"移民只受收入差异诱导"的主流观点。[③]

在结束讨论之前，我们想强调在文献中经常忽略的另一个事实：由偏好异质性引起的制造业部门的部分聚集或分散，在宏观层面上可能会导致效率的损失。这些可以从不利于经济活动重新布局的贸易流的增加中得出，至少当贸易成本足够低时，聚集对社会而言是富有效率的。如果是这样，那么欧洲劳动力的低流动性就存在两个方面的问题：一方面，低流动性意味着欧洲劳动力具有很强的归属感，它对应着现实社会的需要；另一方面，低流动性意味着生产效率的损失，而这种效率的损失将抑制整个经济的发展。[④]

8.3 结束语

我们已经看到，核心-边缘模型的结论不取决于与 DSK 相关的特定假设。当我们引入同一区域内厂商的空间聚集通常引发的竞争转移效用时，它的主要结论仍然成立。此外，一旦我们考虑到以下事实，即地租和通勤成本随着同一区域内代理人的空间聚集而增加，那么就支持赫尔普曼（1998）的主张而不会支持克鲁格曼的观点。因此，我们认为把钟状曲线作为这两种极端做法的调和是合理的，因为该曲线包含了这两种互补性因素。如果说克鲁格曼集中关注的是时钟右边的问题，那么赫尔普曼集中关注的就是时钟左边的问题。

首先，钟状曲线强调的是如下事实：钟状曲线在许多不同情况下都可以成立，也对应着劳动力是否流动（第 7 章）、不完全流动（8.2.3 节）或完全流

---

① 这些结果的一个重要含义就是，当贸易成本为正时，区域不平等完全消失，不只是当时消失。普格（1999）在农业部门的边际生产率递减的前提下得出了与克鲁格曼-维纳布尔斯的结论很类似的结论。因此，劳动力的部门间流动是不完善的，与这里的劳动力的空间流动很类似。

② 从形式上看，这相当于参数足够大。

③ 如果经济一体化涉及降低劳动力流动障碍，则会扩大技能劳动力的流动性。

④ 这里没有考虑聚集产生的溢出效应，如果考虑这些，效率损失可能会更大（Belleflamme et al.，2000）。

动（8.2.2节）等不同的劳动力流动性假设。因此，可以预料，把它们整合在更一般化的框架下会得到逼真的结论。此外，本部分采用了与新古典理论中实现要素价格均等化相同的思路，这样可以把本章中增加的各种要素加以整合。如果经济一体化达到足够高的水平，即超出某临界值，则与规模经济有关的区际效用差异将缩小。因此，毫无疑问，这些降低区际效用差异的力量将成为主导力量并有利于经济活动重新布局，使得边缘区从中受益。

但是，在达到该临界值以前，核心-边缘模型强调的聚集趋势仍在发挥作用。在这种情况下，经济一体化可能导致更大的区际差异。正如上面所强调的那样，在这一阶段可能存在效率与空间平等之间的矛盾。但主张阻止经济一体化的观点是错误的，因为已经支付了经济一体化成本中的很大一部分，一旦成本支付达到足够的程度，经济一体化将产生积极的影响。如果这些故事是真实的，那就不难想象在受到这种一体化进程影响的人群中，一定会激起政治上的难题。

8.4　相关文献

由于线性模型具有多功能性特征，这些模型越来越多地应用在实际研究中。鲁德玛和伍顿（Ludema and Wooton，2000）提出了一个替代版本，其中制造业产品是同质的，厂商之间展开产量竞争。贝利弗莱默等（Belleflamme et al.，2000）证明了当劳动力不能在区域之间流动时，外部收益递增和贸易成本下降是如何引发厂商局部的且渐进的聚集过程的。贝伦斯（Behrens，2004，2005）研究了当贸易成本高到足以抑制双边贸易时的聚集过程。特别是，他提出高昂的贸易成本并不能排除区际差异的形成，因而贸易在本质上无法为空间差异负责。田渊（2005）等证明了空间发展的钟状曲线在任意数量的等距区域之间都存在。奥塔维诺和范伊普赛尔（Ottaviano and van Ypersele，2005）、贝伦斯等（2007）用线性模型分别研究了财政竞争、商品贸易税和产业区位的影响。田渊和蒂斯（2006）研究了提供非贸易产品和无成本贸易产品的行业间的相互作用；他们证明了两者都在同一区域内实现部分聚集，然而生产非贸易产品的行业的聚集程度更高。最后，梅莉兹和奥塔维诺（2008）研究了具有不同生产率，因而具有不同生产能力和出口能力的厂商。

第 9 章 空间竞争

223　　本章借鉴区位论中的概念，考虑厂商采取战略性行为，以检验前面章节中得出的主要结论的稳健性。区位论的历史很悠久，但一直以来，由两种模型占主导地位，即厂商区位模型和空间竞争模型。前者是古老的数学最优化问题，由弗马特（Fermat）提出，是要寻找某一个点，使得从该点到三角形三个顶点的距离之和最小。韦伯（1909）利用厂商区位模型分析了厂商最优区位。韦伯假设厂商以追求运输成本最小化为目标，运输成本被定义为到一些市场的距离的加权之和，其中每个权重表示为相应市场对该厂商的重要性。它就等于假定，在一些市场的规模和相对位置给定的情况下，厂商寻找一个能够进入这些市场的最佳区位。这让我们想起在第 4 章中建立起来的本地市场效应模型。两者之间主要的不同点在于韦伯的分析不考虑竞争，而竞争又是本地市场效应模型的核心。另外一个重要的不同点是，韦伯模型中的厂商贸易面对着两个以上的独立市场。

　　空间竞争模型的目标更广泛，它致力于分析一些厂商的区位，这些厂商相互竞争以吸引分散在空间中的消费者。在空间竞争模型中，消费者的流动性被定义为消费者的购买行为，这种购买行为发生在消费者的居住地和他们光顾的厂商之间。对这个模型有重大贡献的是霍特林（1929）和卡尔多（1935）。我们首先必须弄清楚空间竞争所采取的具体形式，这种形式就是每个厂商对居住在它附近的消费者拥有一定的支配力。实际上，消费者和厂商在空间上是相互隔开的，因此从更远的厂商处购买产品可能更昂贵。因此，尽管该行业内厂商数量很大，但是每个厂商只与附近少数几个竞争对手进行直接的竞争。因此，全球市场被划分为若干个子市场，每个子市场都包含了或多或少的消费者。在这些子市场里，每个厂商都能够识别出那些与其争夺相应顾客的竞争对手。如同卡尔多（1935）在评论张伯伦的研究时所观察到的那样，在这种情况下，厂商间的空间竞争本质上是战略性行为，这显然使得垄断竞争方法无效。换言之，此时的竞争不再是全球竞争和垄断竞争，而是本地竞争和寡头竞争。有人认为这两者之间的区别是所参考的空间尺度差异的反映，前者是在宏观空间尺度下对竞争的模拟，后者则符合微观空间尺度下的模拟。

从 20 世纪 70 年代后期开始，空间竞争模型吸引了大量的眼球。博弈论使我们能够掌握用霍特林模型处理的各种问题的具体特征。在该模型中，每个消费者是以其在地理空间中的具体位置来表述的，这也是该模型比较成功的主要原因。这种研究方法同样也可以用来研究异质的代理人分布在抽象空间中的情况。除了产品价格，厂商还选择区位，或者更一般化，厂商选择它们所供给产品的类型。9.1 节讨论了基于霍特林模型的主要结论。在霍特林模型中，消费者为购买产品向厂商靠近，这导致了相应的交通成本。消费者的具体区位是无法观察到的，此时每个厂商都按相同的出厂价向它的消费者出售产品。在 9.2 节，我们重新利用霍特林模型来讨论把产品出售给消费者的情况。此时消费者的具体区位是可以观察到的，因此此时本地市场被分割开了。在市场被分割的情况下，厂商可以选择每个特定市场中的价格。粗略地说，在 9.1 节所研究的模型，可以看成是产品为不可交易产品时的情况，因此产品必须在生产地（购买）消费；9.2 节讨论的是可交易产品时的情况，产品是由厂商移交到消费者所在地（运输）消费的。

我们的目的是理解共性、差距以及经济地理学和空间竞争的潜在结合。在结尾处，我们考虑一个非常简单的经济和空间情况，在这里，消费者是均匀分布的，生产成本在所有区位都是一样的，整个市场是由两个厂商供给的，每个厂商都寻找自己最佳的区位。这样做的原因是我们想研究厂商间的战略性相互作用，以及这种战略性相互作用对厂商区位选择的影响。

9.1 霍特林框架下的空间寡头垄断

与之前的模型相比，空间竞争模型的主要特征是大量的区位（或区域）和少量的厂商。换句话说，我们从如下假定开始讨论该模型，即该空间中的区位是连续的（不只是两个区位），两个厂商在该空间中选择区位（不是连续性厂商）。乍一看，两种方法似乎没有联系，然而事情并非那么简单。为了展现这一点，我们利用空间竞争的原始模型，即霍特林模型。

9.1.1 市场份额竞争

考虑一个由线段组成的一维空间，在不失一般性的情况下，把线段长度标准化为1。线段上的每个点 x 代表某一消费者的区位，该消费者想购买厂商供应的一单位产品。因此，线段 $[0, 1]$ 代表了市场空间，需求在该区间内均匀分布。霍特林模型的最简单版本包括两个厂商，厂商1和厂商2，它们以相同的出厂价出售同质产品，该出厂价固定不变。厂商 $i = 1, 2$ 在该线段选择区位 x_i，在不失一般性的情况下，假定 $x_1 \leqslant x_2$。消费者接近厂商的交通成本为消费者和厂商间距离的线性函数。具体来说，一个消费者居住在 $x \in [0, 1]$ 处。如果他从厂商1处购买，此时的交通成本为 $t \mid x - x_1 \mid$；如果他从厂商2处购买，则此时的交通成本为 $t \mid x - x_2 \mid$。其中，$t > 0$ 是所有消费者的单位交通成本。对所有消费者而言，单位交通成本都相同，然而每个消费者的交通成本是随着消费者区位和他所光顾的厂商之间的距离而发生变化的。

由于出厂价相同且产品为同质的，所以消费者总是从离自己最近的厂商处购买产品。当 $x_1 < x_2$ 时，设 $x_m = (x_1 + x_2)/2$ 代表两个厂商的中间点。在这种情况下，厂商1的市场是区间 $[0, x_m]$，厂商2的市场是区间 $[x_m, 1]$。当所有厂商背靠背（$x_1 = x_2$）时，它们平分市场。对厂商而言价格是给定的，因此利润最大化等价于最大化各自的市场份额 x_m 和 $1 - x_m$。如果 $x_2 < 1/2$，厂商1的最佳反应是选择厂商2右边的区位；如果 $x_2 > 1/2$，厂商1的最佳反应是选择厂商2左边的区位。厂商2同样如此。如果它们都没有位于市场中心，至少有一个厂商有动机改变自己的位置。这意味着 $x_1^* = x_2^* = 1/2$ 是唯一的纯策略纳什均衡。换句话说，当价格是外生的并且相同时，市场份额的竞争导致厂商聚集在市场中心，也就是最小化空间差异了。

然而，一旦厂商决定了出厂价，则上述结构就不是均衡的一部分。实际上，每个厂商都想以低于它的竞争对手的价格出售产品，因而所有厂商都卷入伯特兰竞争，此时它们都获得零利润。因此，价格竞争的结果导致了一种分散力，使得厂商在空间实现差异化。为此，要有一种综合性方法，而这种方法要求我们必须对每个厂商选择的区位和每个厂商的价格进行处理。具体来说，霍特林已经提出了解决这些问题的两阶段程序：在第一阶段，厂商独立地选择它们的区位；在第二阶段，各方知道对方的区位，且独立选择自己的出厂价。使用这种序贯过程也就意味着厂商预料到它们的区位选择结果必然影响它们的价格选择。正因为这样，该模型具有动态的结构，这种结构反映了区位选择和价格选择的区别，后者总的来说比前者容易更改。霍特林是从求解价格子博弈开始的，而这种价格博弈受到厂商在第一阶段的区位选择的影响。然后，把得到的均衡价格代入利润函数，此时该利润函数只取决于厂商区位。把这些新的利润函数用于第一阶段博弈过程中，以便确定厂商利润最大化区位。这种方法与从泽尔滕（Selten）开始的子博弈完美纳什均衡相一致。这种解也可以利用逆向归纳法来获得，即厂商寻找由区位选择导致的子博弈价格纳什均衡；根据这

226

些价格，厂商确定区位博弈的纳什均衡。每个阶段在下面的两个小节中叙述。

9.1.2 价格竞争

9.1.2.1 极端区位的情况

假定两个厂商分别位于线段左边和右边的端点。厂商 1 位于 $x_1 = 0$ 处，厂商 2 位于 $x_2 = 1$ 处。对于每个厂商 $i = 1, 2$，设定相同的出厂价 p_i，该价格对所有消费者都相同。换言之，厂商没有采取空间价格差异化策略。为了消费商品，每个消费者都必须从两个厂商中选择一个。由于供给的产品是同质的，每个消费者选择较低的足价进行购买，足价定义为出厂价和消费者到厂商处购买产品时的交通成本的总和。消费者比较足价是一种很古老的观点，这种观点至少可以追溯到坎蒂隆（Cantillon，1755，p. 20）提到的服装商。当某一服装商提高服装价格后就发现，"村民们发现在其他村庄、城镇或城市制作服装更加划算，因此耗费时间到外地制作服装后再返回来。"这里有一个重要的结论，即消费者的个人选择是互相排斥的，因而也是不连续的。

227　　对位于 x 的消费者而言，厂商 1 的足价为 $p_1 + tx$，厂商 2 的足价为 $p_2 + t(1-x)$。由于两个厂商出售相同的产品，因此如果满足如下条件，则消费者购买厂商 1 的产品，即：

$$p_1 + tx < p_2 + t(1-x)$$

该条件等价于

$$x < \frac{1}{2} + \frac{p_2 - p_1}{2t} \equiv x_m \tag{9.1}$$

其中，x_m 代表边际消费者的区位，对该消费者而言，在厂商 1 处购买或在厂商 2 处购买是无差异的。从厂商 1 处购买的消费者位于边际消费者的左边，因为厂商 1 的足价低于厂商 2；而其他消费者去厂商 2 处购买。如果 $p_1 < p_2$，则厂商 1 比厂商 2 具有更大的市场份额，因为 $x_m > 1/2$。但只要 $p_2 < p_1 + t$，厂商 2 就会继续向其附近的消费者出售其产品。相应地，两个厂商的市场分割如图 9.1 所示。

对于 x_m 属于区间 $[0, 1]$ 的情况而言，价格差 $p_2 - p_1$ 的绝对值不会很大。如果规范地表述，则这一条件就相当于 $|p_2 - p_1| < t$，否则两个厂商中的一个将占有整个市场。此时，这个厂商的竞争对手所给出的出厂价超过它增加后的价格，也就是包括最远的消费者购买产品而支付的交通成本在内的价格。由于消费者在区间内均匀分布，因此厂商 1 的需求由它的市场区间的长度决定，即 $D_1(p_1, p_2) = x_m$。厂商 2 的需求由 $D_2(p_1, p_2) = 1 - x_m$ 给出。尽管个人选择是不连续的，但厂商的加总需求却是连续的。这种明显的矛盾之所以

228　　得到解决，是因为假定每个消费者都是微不足道的，因此从总量层面而言，完全可以消除个人不连续性的影响。不同于垄断竞争的框架，这再次表明，代理

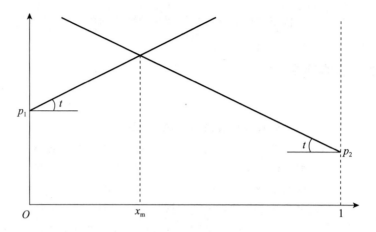

图 9.1　市场分割

人连续性的假设是强假设。

值得注意的是，在本节里，市场是被覆盖住的，意味着足价低于消费者的保留价格。该模型可以扩展成能够处理那些节制消费的消费者，但这并未能得出一些新的结论，反而使得分析更加复杂。

最后，假定每个厂商的边际生产成本都是固定的，且都相同。本研究的基本假设是：尽管厂商规模相对于部门而言是大的，但当生产要素在部门间自由转移时，单个部门的规模相对于整个经济而言又是很小的。因此，要素市场不会被两个厂商的行为所左右。在不失一般性的情况下，我们可以把边际生产成本标准化为零，并把价格解释为加成定价的价格。因此，厂商 1 的利润函数可以写成如下形式：

$$\Pi_1(p_1, p_2) = p_1 D_1(p_1, p_2) = p_1 \frac{p_2 - p_1 + t}{2t} \tag{9.2}$$

空间寡头垄断问题可以重新解释为一个非合作博弈问题，在这个博弈里，玩家是厂商，策略是出厂价，而支付函数为利润。寻找一个纳什均衡，即一对价格 p_1^* 和 p_2^*，当竞争对手制定价格 p_2^* 时，厂商 1 制定价格 p_1^* 能够最大化自己的利润，反过来，这对厂商 2 同样成立。一个厂商的利润函数对于所有价格是连续的，且对于自己的价格是凹的。结果，价格博弈有一个纯策略纳什均衡。众所周知，这种均衡可以用几何图形，也就是用两条反应曲线的交点来表示。对 Π_1 求关于 p_1 的一阶导数，并令其等于零，则可以确定厂商 1 的反应函数 $p_1^*(p_2)$，即：

$$p_2 - 2p_1 + t = 0 \tag{9.3}$$

因而，$p_1^*(p_2)$ 由下式给出：

$$p_1^*(p_2) = (p_2 + t)/2$$

由于每个厂商的反应函数都是其他厂商价格的增函数，因此厂商策略是战略互补的。

正因为模型是完全对称的，所以我们可以预料到两个均衡价格是相等的。实际上，在式（9.3）中代入 $p_1 = p_2$，则我们可以得到如下解：

$$p_1^* = p_2^* = t \tag{9.4}$$

而且，由于反应函数是线性的，所以纳什均衡是唯一的，且由式（9.4）给出。因此，厂商定价包含额外的加成部分（在商界这是一件司空见惯的事），该加成部分与单位交通成本正相关。均衡价格相等，市场被两个厂商平分，因而厂商的利润等于 $t/2$。因此，厂商利润随着单位交通成本的增加而增加。这证实了一个长期以来的想法，这种想法至少可以追溯到兰哈特（Launhardt，1885）。他指出：

> 运输方式的改进对昂贵的商品是危险的，这使得昂贵商品失去了所有关税保护中最有效的保护，即失去了由不良道路所产生的有效保护。
>
> Launhardt（1993，p. 150 of the English translation）

换言之，交通成本的降低使得厂商更加活跃。似乎距离保护着厂商，但随着交通成本和贸易成本的下降，这种保护逐渐失去效力。

9.1.2.2 内部区位

为了研究厂商选择区位的途径，必须确定当 $x_1 \leqslant x_2$ 时，每一对属于区间 $[0, 1]$ 的区位 x_1 和 x_2 的均衡价格。定义两个厂商之间的距离为 $\Delta = x_2 - x_1 > 0$。

如果边际消费者处于厂商 1 和厂商 2 之间，则他的区位 x_m 由下式给出：

$$p_1 + t(x_m - x_1) = p_2 + t(x_2 - x_m)$$

从上式可以得到：

$$x_m = \frac{p_2 - p_1}{2t} + \frac{x_1 + x_2}{2}$$

当且仅当 $|p_2 - p_1| \leqslant t\Delta$ 时，x_m 位于两个厂商之间。利润函数依然定义为 $\Pi_1(p_1, p_2) = p_1 D_1(p_1, p_2)$。在这种情况下，两个一阶条件的解如下：

$$p_1^* = t(2 + x_1 + x_2)/3, \quad p_2^* = t(4 - x_1 - x_2)/3 \tag{9.5}$$

现在，厂商的加成率取决于单位交通成本以及厂商在市场中的相对位置。我们回顾在特定情况下的式（9.4），此时 $x_1 = 0$ 和 $x_2 = 1$。

把式（9.5）中的价格代入利润函数，可以得到：

$$\Pi_1^* = t(2 + x_1 + x_2)^2/18, \quad \Pi_2^* = t(4 - x_1 - x_2)^2/18$$

容易证明 Π_1^* 随着 x_1 的增加而增加，Π_2^* 随着 x_2 的增加而减少。这使得霍特林可以得出结论，即厂商会逐渐接近对方，使得最终都位于市场中心。人们都很熟悉这种在"最小差异化原理"下的聚集趋势。然而，霍特林的论证是不完整的。更确切地说，式（9.5）的子博弈纳什均衡中的价格能否从区位 x_1 和 x_2 得出？答案是否定的。

只要 $x_2 < 1$，厂商 2 拥有一个由位于它与它右边端点（$x = 1$）之间的消

费者构成的市场腹地。如果厂商 1 逐步降低它的价格直到 $\hat{p}_1 \equiv p_2^* - t\Delta$，则对它的需求持续增加直到 x_2。如果厂商 1 把其价格降低到比 $\hat{p}_1$ 稍微低一些，则对它的需求突然间从 x_2 增加到 1，所有位于厂商 2 腹地的消费者都选择从厂商 1 处购买，对于所有这些消费者而言（由于在之前的讨论中假设边际消费者位于两个厂商之间，因而这种情况从之前的讨论中被排除了）厂商 1 的足价低于厂商 2。因此，从形式上看，厂商 1 的需求在 $\hat{p}_1$ 处是不连续的。在这种不连续性情况下，为了向所有消费者提供 $\hat{p}_1$ 的价格，厂商 1 可能要偏离价格 p_1^*。当且仅当厂商 1 在 p_1^* 处的利润大于等于在 $\hat{p}_1$ 处的利润时，这种偏离是无利润的，即：

$$\Pi_1(p_1^*, p_2^*) = \frac{1}{18}t(2 + x_1 + x_2)^2 \geqslant \Pi_1(\hat{p}_1, p_2^*)$$

$$= t\left[\frac{1}{3}(4 - x_1 - x_2) - \Delta\right]$$

上式等价于：

$$(2 + x_1 + x_2)^2 \geqslant 12(2 + x_1 - 2x_2) \tag{9.6}$$

如下所示，如果两个厂商同步互相靠近到达市场的中间，那么这一条件就不成立。因此，如果式（9.6）不满足，p_1^* 不是厂商 1 对于 p_2^* 的最佳反应。然而，由于厂商 2 的利润为零，一对价格（$\hat{p}_1$，p_2^*）也不是一个纳什均衡，通过将价格调整到 p_2^* 以下，它可以获得正的利润。这意味着 p_2^* 不是厂商 2 对于 $\hat{p}_1$ 的最佳反应。如果存在均衡价格，必须满足一阶条件，因此价格子博弈没有纯策略纳什均衡。

上述负向效果的原因在于利润函数 $\Pi_1(p_1, p_2^*)$ 关于 p_1 并不是拟凹的（见图 9.2）。实际上，由于只要 $p_1 < \hat{p}_1$，则厂商 2 的市场腹地的消费者全都转向购买厂商 1 的产品，这一函数在价格 $\hat{p}_1$ 处有第二个局部最大值。只要这个最大值大于 p_1^* 的最大值，即 $\Pi_1(\hat{p}_1, p_2^*) > \Pi_1(p_1^*, p_2^*)$，则厂商 1 的最佳反应曲线在 $\hat{p}_1$ 处向上倾斜但不连续，且与厂商 2 的利润函数不相交。

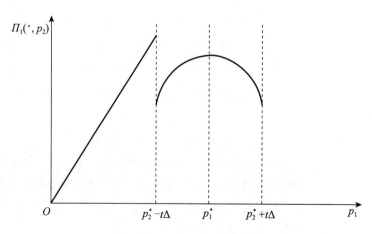

图 9.2 厂商 1 的利润函数

当 $x_1 > 0$ 时，可以得到有关厂商 2 的类似条件：

$$(4 - x_1 - x_2)^2 \geqslant 12(1 + 2x_1 - x_2) \tag{9.7}$$

所以，当式（9.7）不满足时，可以得出类似的结论。

最后，在 $\Delta = 0$ 的特定情况下，空间差异就消失了，这就意味着两个厂商处于伯特兰类型的寡头竞争状态中，它们最终以边际成本出售它们的产品。简言之，我们得到如下命题。

命题 9.1：如果 $x_1 = x_2$，则价格均衡是唯一的，价格为 $p_1^* = p_2^* = 0$；如果 $x_1 < x_2$，则当且仅当 $(2 + x_1 + x_2)^2 \geqslant 12 (2 + x_1 - 2x_2)$ 以及 $(4 - x_1 - x_2)^2 \geqslant 12 (1 + 2x_1 - x_2)$ 时，才存在价格均衡，且该均衡是唯一的，此时的价格为 $p_1^* = \frac{1}{3}t (2 + x_1 + x_2)$ 及 $p_2^* = \frac{1}{3} t (4 - x_1 - x_2)$。

在对称区位（$x_1 + x_2 = 1$）的特殊情况下，上述存在性条件可以被简化为 $x_1 \leqslant 1/4$，也就是当且仅当两个厂商不在市场的第二个和第三个四分位之间的区位时，$p_1^* = p_2^* = t$ 是纳什均衡。因此，命题 9.1 容易解释。如果两个厂商相互之间距离较远，此时某一厂商为获得整个市场而降价，则此时需要很大的降价幅度，因而也就无利可图。相比之下，如果两个厂商相互接近，此时降价是有利可图的，因为此时仅需小幅度的降价。这就是条件（9.6）和（9.7）所描述的非对称区位的情况。值得注意的是，应考虑策略性相互作用会导致在垄断竞争模型中所没有发现的新的困难（例如，不存在均衡）。这至少部分地解释了前面章节中选择的建模策略。

命题 9.1 的另外一个重要的含义是，由于很多子博弈无解，所以我们无法在整个博弈中寻找一个子博弈完美纳什均衡。一个办法就是引入混合策略，因为混合策略能够确保均衡价格的存在。另一个办法是改变一些模型的假设，使所有子博弈都存在价格均衡。在接下来的小节中，我们可以看到选择不同方法的结果。

9.1.3　空间差异化原理

在这一小节，我们稍微改动一下霍特林模型。我们假定，消费者到厂商处购买产品时的交通成本是距离的二次函数而不是前面的线性函数（d'Aspremont et al., 1979）。要记住，我们在这里所考虑的是人的移动（而不是前面章节中讨论的商品流动）。因而，预期那些与距离增加有关的边际负效应随着消费者走动距离的增加而上升是比较合理的。因此，采用二次成本函数是合适的。

当 $x_1 < x_2$ 时，边际消费者位于点 x_m 时要满足如下条件：

$$p_1 + t(x_m - x_1)^2 = p_2 + t(x_m - x_2)^2 \tag{9.8}$$

无论 x_m 相对于两个厂商的位置在何处，这个等式总是成立的。也就是，无论 x_m 位于厂商 1 的左边还是右边，或者 x_m 是大于 x_1 还是小于 x_1，属于两个厂商中某一厂商腹地的 x_m 的表达式都没有任何改变。式（9.8）有唯一解，如下所示：

$$x_m = \frac{p_2 - p_1}{2t(x_2 - x_1)} + \frac{x_1 + x_2}{2}$$

上式是两个厂商所选价格的线性函数。现在，厂商 1 的需求是连续的，且由下式给出：

$$D_1(p_1, p_2) = \begin{cases} 0, & \text{如果 } p_1 > p_2 + t(x_2^2 - x_1^2) \\ x_m, & \text{如果 } p_2 + t[(1-x_1)^2 - (1-x_2)^2] \leqslant p_1 \leqslant p_2 + t(x_2^2 - x_1^2) \\ 1, & \text{如果 } p_1 < p_2 + t[(1-x_1)^2 - (1-x_2)^2] \end{cases}$$

如果存在均衡，则两个厂商都是活跃的（$0 < x_m < 1$）。实际上，当 $x_m = 0$ 时，厂商 1 可能选择让其在该市场外销售的价格；反之，当 $x_m = 1$ 时，厂商 2 也如此。从而，任何属于这两个区间中的一种价格都必然导致至少一个厂商次优的利润水平。

计算一阶条件以及求解由获得的两个线性方程组成的方程组，则可以发现：

$$p_1^*(x_1, x_2) = \frac{1}{3} t(x_2 - x_1)(2 + x_1 + x_2)$$

$$p_2^*(x_1, x_2) = \frac{1}{3} t(x_2 - x_1)(4 - x_1 - x_2) \tag{9.9}$$

由于对于相关的价格区间，厂商的利润函数是严格凹的，因此，该点是价格子博弈的纳什均衡。进而，由于均衡是两个线性方程的解，所以这个均衡又是唯一的。通过增加 x_1 和减少相同数量的 x_2，使得厂商间的距离变短，容易证明两个厂商的价格是下降的，因而加成后的价格也下降。换言之，两个厂商是相互替代的。对两个厂商对称区位（$x_1 + x_2 = 1$）的特殊情况而言，我们可以得到 $p_1^*(x_1) = p_2^*(x_1) = t(1 - 2x_1)$。当 x_1 增加到 1/2 时，前面的式子趋近于零。进而，均衡价格也随着单位运输成本 t 上升而上升。最后，当且仅当如下条件得到满足时，均衡价格等于生产的边际成本：

（1）两个厂商位于同一地点（$x_1 = x_2$），或者

（2）单位运输成本等于零（$t = 0$）。

把式（9.9）代入利润函数得到 Π_1^* 和 Π_2^* 两个表达式，这两个式子仅仅取决于 x_1 和 x_2。对这些表达式应用一阶条件，则可以得到解 $x_1^* = -1/4$ 和 $x_2^* = 5/4$。因此，厂商将位于市场外。如果我们把厂商的区位限定在市场内，那么 $x_1^* = 0$ 和 $x_2^* = 1$。在所有情况下，区位博弈有唯一纳什均衡（取决于价格指数序列）。这些结果告诉我们一些重要的信息，比方说，由于空间分散可以减弱价格竞争，厂商总是想远离彼此。因此，价格竞争是一种很强的分散力。

9.1.4　市场份额与价格竞争间的权衡

简言之，两个竞争者的区位是两个相反的效应相互作用的结果。当厂商按

给定的价格出售时，这个效应促使厂商互相接近以增加自己的需求，这就是"市场份额"效应（聚集力）；当厂商提高价格以提高利润水平时，这个效应促使厂商相互分散，这就是竞争效应（分散力）。因此，可以得出结论，即其他方面都相同的厂商，总是选择相互分离的区位，但这种相互分离的距离的大小取决于模型的具体设定。

为了说明这种权衡过程，考虑一下厂商1的第一阶段博弈均衡利润（考虑对价格子博弈均衡的影响）的全微分：

$$\frac{\mathrm{d}\Pi_1^*}{\mathrm{d}x_1} = \frac{\partial\Pi_1^*}{\partial p_1}\frac{\partial p_1^*}{\partial x_1} + \frac{\partial\Pi_1^*}{\partial p_2}\frac{\partial p_2^*}{\partial x_1} + \frac{\partial\Pi_1^*}{\partial x_1}$$

通过定义价格子博弈的均衡价格 p_1^*，得到第一项等于零（$\partial\Pi_1^*/\partial p_1 = 0$）。最后一项（$\partial\Pi_1^*/\partial x_1 > 0$）表示市场份额效应，即在给定的价格水平下，厂商1想接近它的竞争对手以增加自己的市场份额，因而就提高自己的利润水平，因此这个导数是正的。然而，第二项是负的（$\partial\Pi_1^*/\partial p_2 \times \partial p_2^*/\partial x_1 < 0$）。实际上，当厂商1向它的竞争对手靠近时，厂商2则设定较低的价格（$\partial p_2^*/\partial x_1 < 0$）作为反应［参见式（9.9）中的二次项的情况］。此外，当厂商2降低它的价格时，厂商1的利润也就下降了（$\partial\Pi_1^*/\partial p_2 > 0$）。但要明确指出的是，两个厂商的均衡区位取决于上述两个效应的强度。

顺便提出的是，这让我们更好地理解了产品差异化假设在经济地理模型中所扮演的角色，正如在第6～8章中所研究的那样。当厂商出售同质产品时，它们要尽可能避免空间聚集，因为价格竞争对它们有很大的负面效应。如果改变这种同质产品假设，因而厂商出售差异化产品，则结果表明此时厂商集中在市场中央区位上，因为此时价格竞争减弱了。

最后，空间寡头垄断模型可以扩展到多维空间。引入第二个维度看起来很自然，因为代理人就在二维地理空间中从事经济活动。然而，更有趣的是考虑这样一种情况，即用一维或若干维的地理维度来描述产品特征的情况，如同根据兰开斯特的方法制定产品规格一样。这样，不同维度使我们能够处理不同类型的水平差异化（可以联想到不同风味的冰激凌或不同颜色的衬衫）。然后，在进行相当复杂的证明后我们看到，厂商是根据对本身而言最重要的维度来表现自己的，同时尽可能最小化它在其他维度上的差异（Irmen and Thisse，1998）。为了深入分析这个结果，考虑单位正方形这一简单的例子。如果厂商想最大化它们之间的距离，则它们选择区位（0，0）和（1，1），此时厂商都以相同价格出售，两个厂商的市场区边界由对角线给出。当厂商选择区位（0，1/2）和（1，1/2）时，两个厂商的市场区边界由经过点（1/2，1/2）的垂线给出。能够证明，这两个区位定义了区位博弈的纳什均衡，还有（1/2，0）和（1/2，1）的情况。因此，似乎厂商尽可能减少它们之间的接触区域，因为接触区域越大，会激发越激烈的竞争。

说到这里，我们考虑一下在下面的情形中厂商选择产品和区位的过程。当交通成本很高时，空间维度占支配地位，厂商也没有差异化产品的动力。空间分割有利于保护它们，每个厂商只供给自己所在的本地市场。另外，如果运输成本大幅下降，则距离不再提供保护。此时，每个厂商尽可能差异化它的产品以减弱价格竞争。这种行为可以看成是厂商对运输成本下降带来的利润缩水趋势所做出的反应（第1章）。因此，我们可以得出结论，即在历史上，货物运输成本的下降趋势都起到了向心力作用，所以厂商用产品差异化替代了空间差异化。这样，尽管情况很不相同，但我们又回到在第6章中讨论过的核心-边缘模型中。

9.1.5 空间竞争与品种偏好

在前文中，我们已经看到把霍特林模型扩展到厂商向具有多样化偏好的消费者提供差异化产品的情形。现在，把消费者的行为表述为购买概率（或频率），购买概率取决于厂商所选择的价格和区位。这种可以同基本的经济地理模型进行直接比较的方法是德帕尔马等（de Palma et al.，1985）提出的。由于个人选择不再相互排斥，因此，这种方法使我们可以把空间竞争和多样化偏好融合在同一个框架中。

我们从两个厂商的出厂价相同的消费者行为开始分析。如同在第3章，如果消费者选择过程的第一阶段是由逻辑特模型描述的，与霍特林模型中的情况一样，尽管消费者购买一单位产品，但对每个厂商而言都有一个正的概率。换言之，位于 $x \in [0, 1]$ 处的消费者购买厂商1的产品的概率（或者频率）$P_1(x)$ 由下式给出：

236

$$P_1(x) = \frac{\exp[(-|x-x_1|)/v]}{\exp[(-|x-x_1|)/v] + \exp[(-|x-x_2|)/v]}$$
$$= \frac{1}{1 + \exp[(|x-x_1|-|x-x_2|)/v]}$$

其中，v 是一个正的参数，用来衡量消费者与厂商的匹配程度，如同第3章和第8章中的情况一样，此时 $P_2(x)=1-P_1(x)$。请注意，支撑这种方法的随机效用框架，可以解释支配消费者日常采购行为的各种环境，以及导致厂商和消费者之间不同匹配结构的周围环境。当 $v=0$ 时，由于当且仅当 $x<(x_1+x_2)/2$ 时 $P_1(x)=1$，我们又回到每个消费者到最近厂商处购买产品的情形。

当 $v>0$ 时，所有消费者购买厂商1的产品的概率严格为正。相应地，市场不再是分割的，而是重叠的。重叠范围取决于消费者的区位。计算 $P_1(x)$ 关于 v 的导数可以发现，如果消费者到厂商1的距离比到厂商2的距离近［即 $x<(x_1+x_2)/2$］，则当 v 增加时 $P_1(x)$ 减小。反之，$P_1(x)$ 增大。正如在第3章中所看到的那样，多样化偏好的密度随着 v 的增加而增加，这意味着，从消费者的角度而言，距离在他的决策中所占权重较小。因此，靠近厂商1的消费者没有倾向于厂商1，反而靠近厂商2的消费者更倾向于厂商1。然而，当且仅当 $x<(x_1+x_2)/2$ 时 $P_1(x)>P_2(x)$，意味着如果厂商1更接近消费者，则它比厂商2更有吸引力。这些不同的性质在图9.3中进行了说明。

237   因此，似乎这两个厂商出售差异化的产品，而其差异化程度由 v 衡量，如

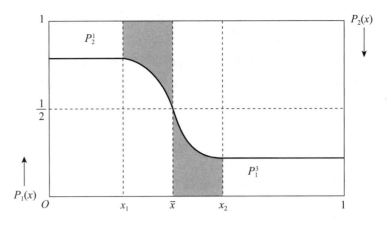

图 9.3　购买概率函数

同在 CES 型模型中一样，产品差异化至今还没有精确的模型化。

把价格加入分析框架中，距离由在购买概率中的足价替代，变成（见第 3 章）如下形式：

$$P_1(x) = \frac{\exp[(-p_1 - t \mid x - x_1 \mid)/v]}{\exp[(-p_1 - t \mid x - x_1 \mid)/v] + \exp[(-p_2 - t \mid x - x_2 \mid)/v]} \qquad (9.10)$$

当 $v > 0$ 时，由于对所有 x 有 $0 < P_1(x) < 1$，故厂商不再以很低的价格供应整个市场。厂商 1 追求利润最大化，由下式给出：

$$\Pi_1 = \int_0^1 p_1 P_1(x) \mathrm{d}x$$

由于概率 P_i 关于价格（p_1，p_2）和区位（x_1，x_2）是连续的，因此函数 Π_1 和 Π_2 也是连续的。

比起序贯博弈分析，同步博弈分析比较简单，因此我们采取后一种方法。首先，应该指出，当两个厂商位于同一个地点时，它们不再处于伯特兰类型的竞争状态了，因为此时它们出售的是差异化产品。如果 $x_1 = x_2$，则式（9.10）变为如下形式：

$$P_1(x) = \frac{\exp(-p_1/v)}{\exp(-p_1/v) + \exp(-p_2/v)}$$

通过 Π_1 关于 p_1 的偏微分，可以看出厂商对 $p_2^* = 2v$ 的最佳价格反应是以 $p_1^* = 2v$ 的价格出售它的产品，从而容易看到，$p_1^* = p_2^* = 2v > 0$ 是唯一的价格均衡。当厂商销售同质产品（$v = 0$）时，发现又回到伯特兰解上来了。反之，当厂商出售差异化产品（$v > 0$）时，它们能够维持正的加成定价。

现在假定厂商 2 位于市场中心（$x_2 = 1/2$），且其产品价格等于 $2v$。如果厂商 1 位于 $1/2$ 的左边，计算 Π_1 关于 x_1 的偏导数就可以看出，只要 $v \geqslant t/2$，则厂商的利润随着厂商接近市场中心而增加。因此，厂商 1 将区位定于市场中心。在这种区位下，厂商 1 的最佳反应是 $p_1^* = 2v$。相应地，如果 $v \geqslant t/2$，那么 $(x_1, p_1) = (1/2, 2v)$ 是厂商 1 对 $(x_2, p_2) = (1/2, 2v)$ 的最佳反应。因此，这是一个两厂商都位于市场中心且制定的价格都为 $2v$ 的、对称的纳什均衡。然而，当 $v<t/2$ 时，则不存在纯策略均衡，或者两个厂商相互分开（如同 9.1.2 节的情况）。从而，可以得出结论，即相对于产品差异化，产品购买成本的下降将导致厂商在最大市场潜力区位上的聚集，这就是线段的中点。对任意数量的厂商，这种结论仍然成立，这可以看成是在第 6 章讨论的核心-边缘模型的主要性质的对应形式。

9.2 古诺框架下的空间寡头垄断

大多数研究空间竞争的文献所关注的是出厂价。当产品是同质的时，每个消费者都选择提供给他最低足价的厂商。然而，这种方法至少在如下三个方面是无法确定的。

（1）拥有市场势力的厂商能够采取比出厂价定价策略更复杂的定价策略。在这种情况下，购买较远处厂商产品的消费者转向购买就近厂商的产品。不过，此时竞争性厂商开始活跃起来，并且设计出差异化价格计划，这使得它们在较远的市场上更有竞争力。为了达到它们的目标，它们承担货物运输责任，并且发现承担部分运输成本以较低的交货价格出售给较远的顾客是有利可图的。大量向世界贸易组织投诉汽车生产厂家的倾销行为，就是上述行为在国际市场上的有力证据。

（2）分散力通常在标准的空间竞争模型中处于主导地位。正如在上面所看到的那样，厂商是通过相互分散开来的方式尽可能降低竞争强度的。但一旦采取降低竞争强度的策略，厂商就会聚集。厂商出售完全差异化的产品就是这样一种例子。另外一种降低竞争强度的方式是在博弈的第二阶段保持一定产量作为战略性变量。实际上，这种策略是众所周知的，比起价格竞争（伯特兰竞争）的市场结果，通常认为产量竞争（古诺竞争）的竞争强度是较低的。一些研究（尽管数量少，最近才开始研究）已经重新考虑了古诺竞争下区位选择的策略问题。

（3）伯特兰类型的空间竞争模型的另一个缺陷是，它们的市场区通常是不重叠的，因为每个厂商单独对部分消费者出售产品。相比之下，产量竞争通常以重叠市场为特征，也就是被称为国际背景下的产业内贸易。由于厂商很少在若干个领域处于垄断地位，这种预测与经济现实一致。只要贸易成本足够低，就会发生市场之间的相互交叉。每个厂商不仅向它的生产区位附近的消费者出售产品，也向其竞争对手的生产区位附近的消费者出售产品。这包含不同区位之间的类似产品或同质产品的两种贸易方式。根据埃克查德等（Ecochard et al.，2005）的研究，在 2002 年，欧盟 25 国之间贸易总量的约 64% 就属于上述类型的贸易。

由于上述这些原因，我们发现空间竞争与古诺寡头垄断的空间形式有更密切的联系。

9.2.1 空间差异化与产业内贸易

如前所述，我们假定空间由单位线段组成。现在，该线段上的每个点都代表每个厂商产品的特定市场。此外，我们还假定这些市场是分割的，这意味着厂商对每个市场选择不同策略（第8章）。这种现象在国际贸易中是相当普遍的，因此被广泛应用于贸易理论的寡头竞争研究中。此外，由于市场是分割的，因此我们可以独立地讨论每个市场的利润最大化问题，因为只要边际成本不变，则在这些市场中的供给和需求条件之间没有直接的相互作用。价格已确定，且市场间是无套利的（消费者在某一地方购买，在另一个地方出售）。事实上，如同后面将看到的那样，在均衡价格情况下不存在市场间套利的可能性。

为简化起见，我们假定有关 x 的反需求函数是线性的，且由下式给出：

$$p(x;x_1,x_2) = 1 - Q(x;x_1,x_2)$$

其中，$Q(x;x_1,x_2) = q_1(x;x_1,x_2) + q_2(x;x_1,x_2)$ 代表这个市场总的销售量和消费量。每个本地市场 x 是由以 $p(x;x_1,x_2)$ 价格购买产品的消费者组成的。每个厂商选择一种数量供应给每个本地市场。

当厂商1从区位 x_1 向市场 x 供给产品时，厂商1必须承担交易成本 $t|x-x_1|$。此时，将它的边际生产成本标准化为零[①]，从而厂商1从 x 处获得的利润可写成两个厂商区位的函数：

$$\Pi_1(q_1,q_2;x,x_1,x_2) = [1 - Q(x;x_1,x_2) - t|x-x_1|]q_1(x;x_1,x_2)$$

市场分割下的古诺竞争意味着，每个厂商选择其在每个市场上出售的产品数量。利用一阶条件，则可以求出厂商1的均衡产量和利润，如下所示：

$$q_1^*(x;x_1,x_2) = \frac{1}{3}(1 - 2t|x-x_1| + t|x-x_2|) \tag{9.11}$$

$$\Pi_1^*(x;x_1,x_2) = [q_1^*(x;x_1,x_2)]^2$$
$$= [\frac{1}{3}(1 - 2t|x-x_1| + t|x-x_2|)]^2$$

从而，在 x 处的均衡价格由下式给定：

$$p^*(x;x_1,x_2) = \frac{1}{3}(1 + t|x-x_1| + t|x-x_2|)$$

因此，在 x 处的现行交货价格是两个厂商贸易成本的增函数。

对位于两个厂商间的所有本地市场（$x\in[x_1,x_2]$），交货价格恒等于 $\frac{1}{3}[1 + t(x_2-x_1)]$。对所有位于某一厂商内部的本地市场，例如 $x\in[x_2,1]$，交货价格是

---

① 我们将看到，在这种状况下，9.1.2节中的纳什均衡的不存在性在市场分割情况下消失了。

市场 x 和两个厂商区位之间距离的增函数：

$$p^*(x;x_1,x_2) = \frac{1}{3}[1+| 2tx - t(x_2+x_1) |]$$

容易证明无套利是有利的，也就是说，两个市场之间的价格差异比在这两个市场之间的货物运输成本要小。这在区间 $[x_1,x_2]$ 上是容易理解的，因为均衡交货价格是恒定的。在区间 $[x_2,1]$ 上，均衡交货价格只以贸易成本的 2/3 倍的速率增加，所以价格差异无法抵消两个市场之间的产品的贸易成本。在其他腹地，无套利同样也是有利的。

241

图 9.4 揭示了两个富有意义的含义。首先，在消费者市场和产品生产区位之间的均衡价格差异通常是这两个市场间贸易成本的增函数，因而是它们之间距离的增函数。换言之，空间分割导致价格差异。各种实证研究都证明这种预期是成立的。例如，恩格尔和罗杰斯（Engel and Rogers，1996）研究了美国和加拿大城市之间同类产品价格差异的变化过程。他们发现，在调查的 14 种产品中，有 13 种产品的价格差异是由国内或国家间距离来解释的。更确切地说，根据恩格尔和罗杰斯的观察，距离解释了美国城市与加拿大城市之间 20% 左右的价格波动，而国界引起的价格差异为 30% 多一点。帕斯利和韦（Parsley and Wei，2001）对美国和日本的研究，以及恩格尔和罗杰斯（2001）对 11 个欧洲国家 55 个城市的研究，都证明空间分割对价格差异是有影响的。这些研究采用了可比较的研究方法和来自不同城市样本的数据，但都发现距离对价格差异有显著的影响。其次，单位贸易成本 t 的下降导致每个市场较低的均衡价格，尤其当 $t=0$ 时，厂商区位对均衡价格无任何影响。而且，竞争者之间的相互靠近降低了所有本地市场的均衡价格。所有这些都验证了我们在霍特林模型中发现的现象。

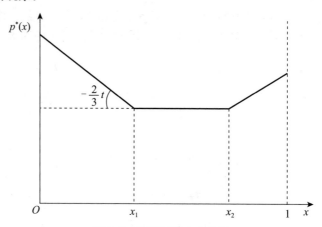

图 9.4 均衡时的交货价格

在下面，我们假定不存在远离其他区位，且从这些区位向所有其他区位的消费者出售产品均有利可图的区位（这就是"市场完全覆盖"条件）。因此，我们要寻找这样一种条件，即在该条件下能保证两个厂商都愿意向所有消费者出售产品，无论这些消费者位于何处。这一条件可以根据如下方式确定，即厂商 1 利润最小时的状况。在古诺博弈中，厂商的均衡利润通常是它自己成本的减函数和竞争对手成本的增函数。因此，厂商 1 的市场份额是它与它自己的市场之间距离的减函数以及它与厂商 2 的市场之间距离的增函数。由于厂商 1 位于厂商 2 的左边，因此最极端的情况是 $x_1 = 0$ 和 $x_2 = 1$。把这些代入式（9.11）的厂商均衡产量中，则可以得到市场完全覆盖条件：

$$t < 1/2 \tag{9.12}$$

这个条件进一步保证了不论厂商位于何处，每个市场都有产业内贸易。[①]
为了简化分析，我们假设这一条件成立。然而，这一假设并不影响结论。市场的完全覆盖削弱了厂商选择远距离区位的动机。尽管厂商通过选址于线性市场末端的方式增强它们的市场势力，但它们无法获取地方市场上的完全垄断地位，这相应地也阻止了扩散。

现在我们试图确定厂商的均衡位置。考虑厂商 1，它的总利润等于它在每个市场 x 处获得的利润总和，即：

$$\Pi_1^*(x_1, x_2) = \int_0^1 \Pi_1^*(x; x_1, x_2) \mathrm{d}x \tag{9.13}$$

对区位取一阶微分并最大化 $\Pi_1^*(x_1, x_2)$，则它变成如下形式：

$$
\begin{aligned}
\frac{\partial \Pi_1^*}{\partial x_1} = \frac{4t}{9} \Big\{ & -\int_0^{x_1} [1 - 2t(x_1 - x) + t(x_2 - x)] \mathrm{d}x \\
& + \int_{x_1}^{x_2} [1 - 2t(x - x_1) + t(x_2 - x)] \mathrm{d}x \\
& + \int_{x_2}^1 [1 - 2t(x - x_1) + t(x - x_2)] \mathrm{d}x \Big\} \\
= & \, 0
\end{aligned}
$$

经过积分和简化处理，这个表达式变成如下形式：

$$\frac{9}{4t} \frac{\partial \Pi_1^*}{\partial x_1} = (1 - 2x_1) + t\Big[(x_1 - x_2)^2 + \Big(2x_1 - x_2 - \frac{1}{2}\Big)\Big] = 0$$

为了寻找均衡区位，我们考虑一下厂商 1 改变其区位而竞争对手保持其区位不变的情形。假设厂商 2 位于市场中心（$x_2 = 1/2$）。此时，厂商 1 的一阶条件变成如下形式：

$$\frac{9}{4t} \frac{\partial \Pi_1^*}{\partial x_1} \bigg|_{x_2 = 1/2} = A(1 - 2x_1) = 0$$

其中，$A = 1 - [t(3 + 2x_1)]/4 > 0$。

因而，我们可以得出如下命题 9.2。

命题 9.2： 如果 $t < 1/2$，唯一的纳什均衡是两个厂商聚集在市场中心。

上述命题显示，古诺竞争导致空间差异最小化。这个结论看来似乎验证

---

① 这类似于布兰德和克鲁格曼（1983）确定的条件，即在古诺竞争下同质产品在两国间进行双向贸易的情形。

了霍特林模型的结论，但它与价格竞争下的结论是相矛盾的。存在这种区别的原因是，在那些以最小的成本向整个市场出售产品的点（类似于韦伯模型中的情况）即市场中心，聚集力得到进一步放大。当厂商间相互接近因而导致竞争时，就产生了分散力，但此时的竞争为产量竞争而不是价格竞争，因而此时的分散力比在霍特林模型中的分散力弱。换言之，聚集效应大于分散效应。

现在我们要评价命题 9.2 的稳健性。首先，该结论取决于所处的地理状况。例如，帕尔（Pal，1998）展示了两个竞争厂商沿着圆圈分布并最终设置面对面区位的情况，此时的情况与上面的聚集特性是相矛盾的。这种结论强调了在所处地理状况中有一个中心区位的重要性。当市场沿着圆圈展开时，这里没有市场中心，因而也就不存在聚集力，然而此时分散力保持不变。如果我们考虑两个对称的国家，那么这个结论仍然成立。在这种情况下，仍然没有中心区位，从而分散力总是占主导地位。

因前面章节所强调的各种原因，如果我们采取那种市场中心的生产成本最高的分配格局，则聚集的性质就消失了。在这种情况下，厂商选择分散以利用边缘区较低的生产成本（Mayer，2000）。格普塔等（Gupta et al.，1997）把额外的一种异质性引入消费者的地理分布中，并得出了在特定情况下市场中心容纳所有类型厂商的结论。通过使模型更加接近现实，我们可以向这种聚集性质发起挑战。这些研究可以证实本书的一个主要观点，即理解厂商如何选择区位对正确描述生产成本和需求空间分布是极其重要的，在空间竞争模型中两个效应通常可以不考虑。

最后，如果贸易成本超过某一临界值，则意味着市场完全覆盖条件不再满足。由于厂商希望相互分开以保持足够数量的接近线段边界的消费者，从而市场中心不再是一个均衡，进而形成了新的分散力，这有些类似克鲁格曼的核心-边缘模型（第 6 章）中由于不可流动消费者的需求而导致的分散力。当贸易成本较低时，该分散力不足以阻止聚集。反之，当贸易成本足够高时，均衡包括生产者的逐步分散。如上所述，聚集和分散均衡在某个 t 值下可以共存

（Gupta et al.，1997）。这些结果表明，空间竞争模型和经济地理学模型之间存在密切联系。

9.2.2 本地市场效应与空间竞争

在已知本地市场效应在经济地理中的作用的情况下，接下来的问题是，本地市场效应在存在厂商间战略性互动的情况下是否仍然有效。我们已经看到厂商之间的战略性相互作用是一种强有力的分散力。因此，在考虑这些相互作用时，尚不清楚规模较大的市场是否仍然能够吸引超出市场份额的厂商。

考虑两个区域，A 和 B。区域 A 拥有的消费者份额为 $\theta \geqslant 1/2$，消费者总数为 L。厂商总数固定不变，为整数 n，位于区域 A 的厂商份额为 λ。与之前一样，边际生产成本标准化为零。区域 A 的消费者所支付的价格如下：

$$p_A = 1 - [\lambda n q_{AA} + (1-\lambda)n q_{BA}]$$

其中，q_{AA} 和 q_{BA} 分别表示区域 A 和区域 B 的厂商出售给区域 A 的消费者的产品数量。因此，区域 A 的厂商的利润就等于：

$$\Pi_A = p_A q_{AA} \theta L + (p_B - t) q_{AB}(1-\theta)L$$

在古诺竞争条件下，均衡产量是通过对 Π_A 和 Π_B 应用一阶条件而得到的，即：

$$q_{AA}^*(\lambda) = \frac{1+(1-\lambda)nt}{n+1}, q_{AB}^*(\lambda) = \frac{1-t-(1-\lambda)nt}{n+1}$$

注意到，当 n 和（或）t 足够大时，厂商不再出口产品。此时，市场完全覆盖条件变为：

$$t < \frac{1}{n+1} \tag{9.14}$$

把均衡产量代入表达式 $\Pi_A^* = (q_{AA}^*)^2 \theta L + (q_{AB}^*)^2(1-\theta)L$ 中，则可以得到均衡利润，而从均衡利润中可以确定厂商选择区域 A 为其生产区位的原因，即：

$$\Pi_A^*(\lambda) - \Pi_B^*(\lambda) = \frac{2Lt}{n+1}\left[2\left(1-\frac{t}{2}\right)\theta - \left(1-\frac{n+1}{2}t\right) - nt\lambda\right]$$

正如在第 4 章中的情况一样，每个厂商都受到规模较大市场的吸引〔根据式（9.14），上式前两项之和为正〕，但是分散力（第三项为负）也随着区域 A 厂商数量的增加而变强。因此，厂商的均衡分布由式 $\Pi_A^*(\lambda) - \Pi_B^*(\lambda) = 0$ 决定，则[①]：

$$\lambda^*(\theta) = -\frac{1-(n+1)\dfrac{t}{2}}{nt} + \frac{2\left(1-\dfrac{t}{2}\right)}{nt}\theta$$

记住式（9.14），由于 $\lambda^*(1/2) = 1/2$ 以及 $\partial\lambda^*/\partial\theta > 1$，因此只要 $\theta > 1/2$，则上式将大于 θ。此外，$\partial^2\lambda^*/\partial t\partial\theta < 0$，因而贸易成本的下降提高了规模较大市场的厂商份额。因此，我们又回到了在第 4 章中讨论过的本地市场效应的主要性质。

9.2.3 空间竞争下的聚集

空间竞争模型可以整合一些战略性行为，如将战略性相互影响等纳入厂商区位选择行为的研究中。从这些模型中得出的结论，类似于从经济地理学模型中得出的结论。因此，通过空间古诺竞争，我们又可以得出克鲁格曼（1980）利用迪克西特-斯蒂格利茨垄断竞争模型所得出的结论。因此，所有这些组成

---

① 当 n 是整数时，通常无法证明这个等式。故应把它改写为两个符号相反的不等式，但这不影响结论。

部分似乎是为在经济地理框架中研究战略性相互影响而准备的，而在经济地理框架中，区位选择是内生的，而且区域收入水平取决于该区域经济活动所占的份额。不幸的是，由于两个方面的原因，经济学家很少研究这种类型的研究方法。第一个容易想到的原因是，如果两种方法的每个组成部分导致了类似的结果，那么以下这一问题是很难理解的：当把基本的组成要素组合在一起时，为什么不能发现类似的结果？然而，这有待证明。第二个原因是，在包含战略性相互影响的多市场模型中，很难得出解析结果，从而我们不得不采取数值分析方法。

9.2.3.1　区域差异与失业

库姆斯（1997）研究了两区域、两部门模型。照例，农业部门在规模收益不变、完全竞争框架下生产同质产品。农产品贸易没有贸易成本，并将农产品作为计价物。制造业部门在规模收益递增框架下生产同质产品。每个厂商的成本函数由以计价物表示的固定成本和用劳动力表示的边际成本组成。如在第8章中一样，用 t 来表示制造业产品的贸易成本，贸易成本为正且可加。消费者具有相同的柯布-道格拉斯型偏好，此时区域 A 的制造业产品的总需求为：

$$Q_A = \mu Y_A / p_A \tag{9.15}$$

其中，Y_A 表示区域 A 的总收入水平，p_A 为该区域制造业产品的价格，μ 为制造业产品消费在总消费中所占份额。最后，正如上面所指出的那样，市场是分割的，且在每个市场上，厂商之间展开产量竞争。换言之，位于区域 A 的厂商，分别选择在市场 A 的销售量 q_{AA} 和在市场 B 的销售量 q_{AB}。

与 DSK 模型的最主要区别在于，区际失业差异导致区际收入差异。为简化起见，我们对区域劳动力市场运行进行如下假设。劳动力总数和农业劳动力总数分别为 L 和 L_a，是外生给定的，且在每个区域都相同。此外，劳动力在部门间和区域间不能流动，因此每个区域制造业部门的劳动力供给都一样，且完全缺乏弹性，都等于 $L-L_a$。制造业部门的工资水平是外生的，且在两个区域相等，即 $w_A=w_B=w$。在这种框架下，制造业部门的劳动力需求（在区域 A 的制造业部门的劳动力需求为 L_A，这是内生的且取决于厂商的区位选择）并不必然等于劳动力供给。因此，当满足如下条件时，区域 A 实现完全就业，即：

$$L_A > L - L_a$$

当满足如下条件时，区域 A 面临失业，即：

$$L_A < L - L_a$$

在短期，两个区域的厂商数量是外生的，分别用 n_A 和 n_B 来表示。区域 A 的制造业产品市场均衡为：

$$Q_A = n_A q_{AA} + n_B q_{BA} \tag{9.16}$$

这样，如果用 f 来表示固定成本，则式（9.15）意味着，位于区域 A 的厂商的利润由下式给出：

$$\pi_A = \left(\frac{\mu Y_A}{Q_A} - w\right)q_{AA} + \left(\frac{\mu Y_B}{Q_B} - w - t\right)q_{AB} - f$$

根据所有厂商在这两个区域销售均衡的一阶条件，可以得出厂商在每个市场上的产出份额[①]：

$$\frac{q_{AA}^*}{Q_A} = \frac{p_A - w}{p_A}, \frac{q_{AB}^*}{Q_B} = \frac{p_B - w - t}{p_B} \tag{9.17}$$

247 最后，通过回顾区域收入等于具有工作的个人的收入总和来完成模型：

$$Y_A = L_a + w L_A \tag{9.18}$$

根据式（9.15）~式（9.18），短期均衡可以由下式描述，区域 B 也有相同的表达式[②]：

$$p_A^* = \frac{(n_A + n_B)w + n_B t}{n_A + n_B - 1}$$

$$[w - (n_A - 1)t]q_{AA}^* - (w + n_B t)q_{BA}^* = 0$$

$$n_A(1 - \mu)q_{AA}^* - n_A \frac{\mu}{p_A}(p_B^* - t)q_{AB}^* + n_B q_{BA}^* = \frac{\mu}{p_A}(L_a - n_A f)$$

在长期，厂商数量是内生的，而且 Π_A^* 和 Π_B^*（在此处，价格和产量由它们的均衡值替代）等于零，即：

$$\Pi_A^* = \Pi_B^* = 0$$

在这个阶段，区分聚集力和分散力是有用的。如前所述，战略性相互作用鼓励厂商远离它们的竞争对手，将区位设置于厂商数量最小的区域以尽可能削弱厂商间竞争。然而，在厂商聚集的区域，劳动力就业较多，这促进了区域收入水平的提高。这样就产生了与最终需求相关联的聚集力。可以得出结论：区域失业率越低，则区域收入水平就越高，这又吸引更多的厂商选择该区域。我们看到聚集力因较低的失业率而产生，而这种聚集力足够强大以便抵消为降低竞争而导致的分散力，从而加大区域差异。

9.2.3.2　长期均衡的数值分析

尽管均衡利润比 DSK 模型中的利润简单，但是由于厂商数量是内生的，248 因而仍然难以处理。所以，如同在第 7 章中，我们必须进行数值分析以得出结

[①]　容易证明二阶条件满足要求。
[②]　注意，一些厂商可能发现出口是无利可图的。因此，相应的短期均衡必须被考虑进去。从而，在所有可能的厂商结构下，计算一个厂商的短期收益成为可能。

论。对贸易成本较高且固定成本较低的情况而言，图9.5描述了当新的厂商进入市场时可能遵循的区域经济的动态变化过程。正象限上的一些点必须排除，因为在这些点处利润是负的，或者不符合就业约束条件。满足条件 $\Pi_A^* = 0$ 和 $\Pi_B^* = 0$ 的点，以及满足完全就业条件 $L_A = L - L_a$（曲线 $e_A e_A$）和 $L_B = L - L_a$（曲线 $e_B e_B$）的点勾画了经济演化的可行区域（没有阴影的部分）。轨迹沿着由平分线给出的利润相等的点，也就是曲线 $\Pi_A^* = \Pi_B^*$ 移动，在这条曲线上两个区域是完全一致的，然后穿过一条源于聚集力和分散力平衡的向下倾斜的曲线。这两条曲线在图上画成粗线。根据这两条曲线，我们可以确定 Δ_A^1、Δ_A^2、Δ_B^1、Δ_B^2 四个区间，每个区间表示不同的短期均衡。在区间 Δ_A^1，尽管区域 A 的厂商数量超过区域 B 的厂商数量，但区域 A 的厂商利润更高。相反的情况出现在区间 Δ_B^1。相比之下，在区间 Δ_A^2，区域 A 的厂商数量仍然大于区域 B，但利润水平低于区域 B 的水平。在区间 Δ_B^2，相同的情况发生在区域 B。换句话说，在短期均衡，例如点 a_1，就业量大增所引发的聚集力远大于竞争力，这种结构在收入水平外生决定的情况下是不能产生的。

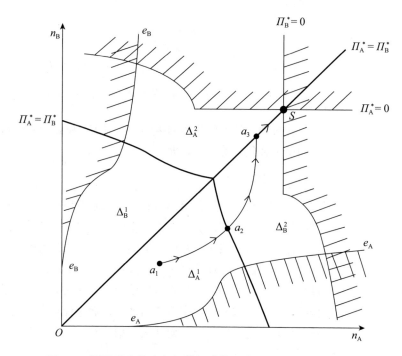

图9.5　贸易成本较高和规模经济较弱情况下的区域动态过程

根据图9.5，我们可以弄明白进入过程。例如，从点 a_1 开始，我们首先观察到随着经济从点 a_1 移动到点 α_2，出现了区域分异阶段。由于厂商在区域 A 的利润水平高于在区域 B，因此更多厂商将区位设置在区域 A。区际厂商份额的差异，必然导致区际就业和财富的差异。相反，从点 α_2 开始，两个区域的不对称程度很大，因此分散力占主导地位。这意味着，在竞争比较弱的区域利润变大。换言之，我们现在面临着区域收敛阶段，在这一阶段，越来越多的厂商将区位设置在厂商数量较少的区域，从而降低了区际的不对称程度。从点 a_3 开始，达到一个对称均衡，尽管此时利润还没有等于零。因此，厂商继续进入某一区域或另一个区域，直到实现长期均衡 S 为止。对于参数值（高贸易成本或低固定成本），长期均衡是对称的且没有显示出区域差异。

当贸易成本下降时，或者当制造业部门规模收益递增程度上升时，将会出现怎样的情况？图 9.6 说明了这一点，在这里，长期均衡是非对称的。零利润点轨迹转移到图的左下方，而且现在处在等利润点轨迹的左边。换句话说，相对于贸易成本，当固定成本比较高时，进入市场的厂商数量比较少。在这种情况下，在区域分异阶段的厂商进入过程就停止了。更确切地说，沿着路径 $b_1 b_3$，我们发现存在分异阶段。如上所述，此时厂商数量在两个区域都有增加，但在规模较大区域增加得相对多一些。然而，一旦达到点 b_2，规模较小区域的厂商利润就消失了。现在区域 B 的厂商不得不离开区域 B，而其他厂商继续将区位设置在区域 A，因此区域分异过程就加强了。从而，就可能发生如下两种情形。

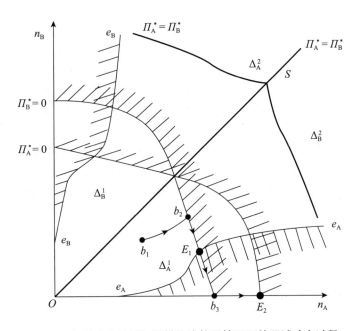

图 9.6　贸易成本较低和规模经济较强情况下的区域动态过程

（1）当区域人口规模较小时，长期均衡由 E_1 给出，制造业部门部分聚集。此时，厂商在区域 B 的利润为零，但在区域 A 的利润仍然为正，这意味着更多的厂商进入并将区位设置于区域 A。但区域 A 没有更多的劳动力可供给，故进入过程停止，此时大量的厂商将区位设置在区域 A，少量的厂商将区位设置在区域 B。

（2）当区域人口规模较大时，完全就业曲线 $e_A e_A$ 向下移动。[①] 此时，区域

B 最终失去了所有厂商（在点 b_3），所以区域 A 出现了制造业部门的完全聚集。由于此时厂商在区域 A 的利润为零而在区域 B 的潜在利润为正，因此厂商的进入过程在 E_2 停止。相比之下，经济的分异过程在 E_1 停止，由区域 A 的充分就业产生的分散力削弱了厂商分布的不对称性。

在上述两种情况下，因为大量厂商将区位设置于一个区域，因此发生了区际的不平衡。[①]

总之，长期非对称均衡可能在战略性相互作用框架中产生。在这种情况下，我们就遇到了在规模收益递增和贸易成本之间基本的权衡问题（第 2 章）、克鲁格曼的核心-边缘结构（第 6 章）以及与经济一体化和空间不平衡相关联的钟状曲线的右边问题（第 8 章）。尽管上述模型过分简化了本地劳动力市场的一些内容，但不可否认的是这种类型的研究太少了。

9.3　结束语

当厂商销售同质产品时，价格竞争是很强的分散力，这种分散力促使厂商相互远离。这意味着，不管怎样，所有能减少竞争影响的手段都有利于聚集。在包含大量区位的线性市场中，一旦产品是足够差异化的，且贸易成本足够低，那么厂商就将聚集在市场中心。此时，距离因素在消费者的行为决策中变

251

得无关紧要，这激励厂商尽可能将区位设置于市场潜力最大的区域。这与经济地理学的一个关键信息是一致的，即较低的贸易成本推动差异化产品生产厂商的聚集。就厂商生产同质产品这一情况而言，一旦厂商之间进行的是产量竞争，则这种结论仍然成立。最后，我们可以看到，可以把寡头竞争整合到经济地理学的方法中。所以，可以公正地说，战略性行为并没有对垄断竞争框架下所得出的结论产生很大影响，尽管基本机制不同。

9.4　相关文献

霍特林的文章发表至今已 75 年，它不愧为一篇杰作，仍然值得阅读。从霍特林模型中已经延伸出了三个不同的研究领域，即区位论、产业组织理论中的产品差异化理论和政党间竞争的经济理论。令人吃惊的是，霍特林的这篇文章有一个错误，但 50 年来均未能得到修正（d'Aspremont et al.，1979）。然而，这种修正需要用差异化原理来取代最小差异化原理，因而绝不是很轻松的。从霍特林模型延伸出的出版物相当多，因而做出有关选择并不是那么轻易

---

① 显然，由于区域 B 是发达地区，因此情形（1）中的对称点 E_1 是另一种可能的长期均衡。同样的情况可能发生在情形（2）中的点 E_2 上。

的事。霍特林模型的基本思想可以在伊顿和利普西（1977）以及加布斯泽维茨和蒂斯（Gabszewicz and Thisse，1986）的文章中找到。安德森等（1992）编写的第 8 章，对主要的结论进行了综述。我们在这里已经假定消费者通常选择购买，但欣卢彭和范马雷维克（Hinloopen and van Marrewijk，1999）提出了更一般化的分析框架。最后，格林赫特和格林赫特（1977）、布兰德（1981）、汉密尔顿等（Hamilton et al.，1989）、安德森和内文（1991）进行了古诺框架下的空间差异化研究。

第 3 篇
空间聚集程度
与决定因素

第10章 空间聚集的度量

对不平等的测度长期以来受到经济学家们的关注，尤其是那些试图通过个人收入水平（Sen，1973）或者某一特定部门的集中度（Scherer，1980）来评价不平等程度的经济学家。在第 1 章中我们提出了有关经济活动空间聚集的一些事实。然而，我们对收入分配的评价都限制在数字、表格、描绘人均 GDP图示等简单方法的范围内。尽管这些方法可以较好地传递空间不均衡范围的总体特征，然而其局限性也是显而易见的。首先，尽管简单的统计量比较容易表达 19 世纪区际不平衡程度单调递增的特征，然而当不平衡程度变得更加复杂和非单调时，我们就必须转向更复杂的分析方法。其次，当区域数量较多时，根据特定的发展指标对所有区域进行简单的排列将不再合适。再次，预测和政策处方在不同部门间显著不同，因此，要把我们的分析拓展到部门水平，则需要特定的分析工具。最后，要充分利用所有可能的信息（现代数据库可以提供500 多个部门的信息），则必须超出那种利用简单图表的方式，这些图表也无法正确表述这些信息的广度。

地理学家和经济学家都试图建立指标体系以获取行业、时间以及空间的不均衡程度。很显然，这个问题比它乍看起来更复杂。尽管一些指标已经成为标准指标，然而更理想化的指标有待我们去发现。10.1 节介绍了一套理想指标应该具备的特性，这为我们判断现有的指标体系是否合理提供了基准。随后的章节介绍了文献中常用的主要方法。第一种方法以用来度量个体间差异的指数

为基础，例如基尼系数，这也是用来评价同一部门厂商的产业聚集度的一种方法。据此，我们能够发现空间差异蕴含着新的和具体的限制。近来为解释这些

限制，经济学家做了许多努力。其中比较重要的是埃利森与格莱泽（Ellison and Glaeser，1997）的开创性研究，他们提出了能够对产业间空间聚集状况进行比较研究的一组新的指数。在最后一节，我们讨论了杜兰顿和奥弗曼（Duranton and Overman，2005）的方法，该方法向空间聚集的概念化和空间聚集的度量迈出了重要的一步。由于这种方法以厂商间的平均距离为基础，因而摆脱了需要进行空间分类的分析，从而降低了相应的偏差。

10.1 理想的空间聚集指标的性质

任何经验性工具，从最基本的工具到最复杂的工具，都取决于一组特定的假设。预先假设误差项有一个非常具体的结构，这不仅适合于线性回归，而且适合于描述性结构，如非均衡指标。因此，重要的是理解所提出的假设的含义，以及把它们与一个理想指标所应具有的合意的性质进行比较。一些假设比起其他假设缺乏一些含义，正如我们将看到的那样，即使是具有最明显特征的假设也不能总是让人感到满意。

由于大多数研究是在部门层面上进行的，因此必须满足第一个性质：

性质 10.1：空间聚集的度量必须可以在部门之间进行比较。

具体而言，这等于说我们必须能够将汽车行业的聚集程度与诸如化工之类行业的聚集程度进行比较。更一般地说，这意味着要证明根据区分一些部门的分类而度量的空间聚集，与根据另外一种区分更多部门的分类而度量的空间聚集能否进行比较的问题。

例如，养殖户的空间集中与种植业的空间集中能否进行比较，以及这种比较是否有意义？尽管这些比较看起来是完全可行的，但是它不满足最简化的指标体系的性质。问题就在于，同属于某部门的厂商的规模分布不同，其中一个特征就是我们熟悉的"产业集中"（Scherer，1980）。如果平均规模不同，则厂商（分支机构或商店）总数就不同，因此某部门的聚集程度影响它的空间聚集程度。因此，必须区分产业聚集与空间聚集，后者必须与工厂间的活动分布无关。如同下文将看到的，只有当工厂层面的数据是可以获得的时，或至少当所考察部门的厂商总数为已知时，这才是可能的。

性质 10.1 在空间中对应的内容如下。

性质 10.2：空间聚集的度量应该能够在不同空间尺度之间进行比较。

当具备这个性质时，在不同国家之间或者在不同层面的空间之间比较空间聚集程度是有意义的，比方说，可以比较某种经济活动在国家层面的聚集程度和在区域层面的聚集程度的大小。令人吃惊的是，尽管这两者是相互对称的，但性质 10.2 相对于性质 10.1 更容易理解。例如，地理学家早就指出，不同国家的地区数量很可能对它们的地区聚集度的比较有影响。尽管这个问题经常被提出，但最近的指标体系才正面回答了这一问题。

另外，两个有关空间单位定义和部门定义的性质也应该满足，第一个如下。

性质10.3：空间聚集度的度量对于空间分类的任意改变应该是无偏的。

比如，我们假设将法国大陆部分的94个省用以另外一种方式定义的94个空间单位来替代。当度量某特定部门的空间聚集状况时，这两种不同定义下的指数的值应该相同。这个问题很早以前就被提出来了，可能是为划定空间单位的边界而被提出来的。对于任何给定的地理区域，基本的经济问题源于这样的事实，即同质经济区很少与行政区一致，因而紧密联系在一起的经济代理人（如就业者和他们的就业区位，或者厂商与它们的分包商）常常被分割到不同的行政空间单位。因此，改变空间单位的定义可能导致很大的但是人为的经济活动的重新布局。换言之，尽管"实际"的聚集状况并没有发生变化，但这种改变可能导致聚集状况的不同量度。一般来讲，这些问题背后的在性质10.2和10.3中遇到的困难，关系到连续空间的离散化问题，这就是所谓的可变的区域单元问题（MAUP）。①

对任何已知的离散化而言，一个相关问题是，标准指数一般不考虑空间单元的相对位置［参见托马斯（2002）的文章以及第4章中关于两区域模型的讨论］。然而，性质10.3规定了当单位改变时，指数改变其数值（例如，假设你能在伦敦和利物浦之间转换位置，对英国的空间聚集活动的度量将改变）。作为一个反例，下面讨论的前两个指标体系不满足这种性质，即经济活动无论是在相邻地区展开还是在偏远地区展开，它们都应得到相同的值。

我们发现了一个有关产业方面的类似于性质10.3的标准。

性质10.4：空间聚集的度量对产业分类的任意改变应该是无偏的。

如上所述，空间单位的分割是任意的，因此空间单位之间的边界会把那些有着很强经济联系的地区相互分割开来。同样，给定一个有限数目的产业部门，那么产业分类也可能把密切相关的经济活动随意分隔开来。尤其是这种情况，即一些相关的经济活动必然被拆开，而其他一些有显著差异的部门可能组合在一起。此外，任何特定产业分类的精度往往都与正考虑的产业部门有关。例如，与服务业相比，现有的分类通常把制造业部门划分为更详细的子部门。这是导致在产业聚集度量方面存在差异的另一种人为的原因。借鉴自然空间中的接近思想，可以证明，通过建立一种"技术距离"量度来考察行业间技术接近程度是完全可行的。因此，当评价某一部门的空间聚集状况时，可以利用能够解释空间距离和技术距离的一般距离概念。

最后两个性质是关于可能的统计标准的问题，正因为存在这种标准，我们可以检测空间聚集的存在性。

性质10.5：空间聚集的度量应在稳固的基准下进行。

---

① 参见弗朗西斯等（Francis et al.，即将发表）对可变的区域单元问题的详细分析，以及布莱恩特等（Briant et al.，2007）的详细的经验评估。

很自然会想到的一种基准是均匀分布，实际上也是现有许多指数的一种基准。然而，当研究某部门的空间分布时，采用经济活动总体分布形式似乎更合适和有效。尽管这很少在实践中出现，但是利用以特定经济模式为基础的基准也可能导致更加一致的指数。尤其是，这种做法可以让人们考察观察到的分布是否不同于那些源于一个特定理论框架的分布。

最后，不论基准的定义方式如何，我们都能够确定所观察到的分布与它的至关重要的基准是否有显著差异。此外，何时空间聚集的两个评估量在区域间、在不同时段或在不同行业间显著不同？这一切引领我们进入理想指标体系应满足的最后一个性质。

性质 10.6：这种度量方法应当能够确定在观察到的分布与它的基准之间或两种情况（地区、时间或行业）之间是否存在显著差异的问题。

如果没有这种类型的统计测试，则聚集指标并没有多大的价值，因为我们无法确定聚集程度或者空间聚集的存在性。

10.2 空间聚集指标

10.2.1 基尼系数

毫无疑问，基尼系数是度量不平等程度的最流行的指数。最初，它是用来评估个体之间收入不平等程度的（Sen, 1973）。在本章中，我们利用就业量、产出量或增加值等项目的指数来评估某特定部门的空间聚集状况。用 x_r^s 来表示我们所考虑的某个项目（比如就业水平）的水平，$s=1, \cdots, S$ 表示部门，$r=1, \cdots, R$ 表示区域。如同在这一节所提出的所有指数，基尼系数取决于部门 s 的份额的区域分布，部门 s 的区域份额用符号 λ_r^s 表示，即：

$$\lambda_r^s = x_r^s / x^s$$

其中，$x^s \equiv \sum_{r=1}^{R} x_r^s$ 是部门 s 的总的就业水平。

让我们从这个指数的图示开始，这种图示容易传递直观含义。其主要思想是，根据部门 s 的专业化程度的升序对区域进行分类（通过 λ_r^s 来度量），从而画出著名的洛伦茨曲线。这条曲线上一点的 X 坐标代表 n 个区域在部门 s 的最低就业份额比例 n/R，而 Y 坐标对应于这 n 个区域的总就业份额的加总，也就是

$$\lambda_{r(n)}^s = \sum_{r=1}^{n} \lambda_r^s$$

如果部门 s 的就业水平在所有区域都是平均分布的，那么每个区域的总就

业水平为 $1/R$，在这种情况下，洛伦茨曲线就是 45°线。只要空间分布不均衡，则洛伦茨曲线位于 45°线以下。换言之，在部门 s，具有最低就业份额的区域拥有的就业份额小于 $1/R$，最前面的两个区域的组合份额小于 $2/R$，等等。在这种情况下，更加不平衡的分布就意味着更多的就业集中在少数规模较大的区域（因此在规模较小区域的就业水平较低），越不平衡，洛伦茨曲线离 45°线就越远。基尼系数由洛伦茨曲线与 45°线之间的面积给出（该系数的上限乘以 2 必等于 1）。这个系数的范围为从各部门的就业均匀分布时的 0 到所有就业集中在一个区域时的 1。

根据标准化 $\lambda_{r(0)}^s = 0$，基尼系数可以定义为：

$$G^s = 1 - \sum_{n=1}^{R} \frac{1}{R} \left[\lambda_{r(n-1)}^s + \lambda_{r(n)}^s \right]$$

加总的每一项等于洛伦茨曲线下方以及第 $n-1$ 个区域的界线和第 n 个区域的界线所围起来的梯形面积的两倍。这种基尼系数也被称为绝对基尼系数，因为它以均匀分布为基准，每个区域分配了相同的权重 $1/R$。

另一种可能的情形是，要对部门就业分布与总就业进行比较，以确定某一部门的聚集程度与整个经济的聚集程度相比较在何种程度上存在差异。这通过替换洛伦茨曲线的 X 坐标值很容易完成：不再如同在均匀分布中那样对每个区域使用相同大小的间隔（$1/R$），现在每个间隔的长度不等，每段长度对应于每个区域总的就业份额。对于区域 r，由下式给出：

$$\lambda_r = x_r/x$$

其中，$x_r = \sum_{s=1}^{S} x_r^s$ 表示区域 r 的总的就业，$x = \sum_{s=1}^{S} x^s = \sum_{r=1}^{R} x_r$ 表示我们研究的某区域的总的就业。这被称为相对基尼系数，它使用另一种洛伦茨曲线。具体来说，现在各区域是按它们各自有关就业总规模（用 λ_r^s/λ_r 来度量）的专业化水平的升序进行的分类。继而，我们用 $\lambda_{r(n)} = \sum_{r=1}^{n} \lambda_r$ 表示所考虑的部门里 n 个最小专业化区域的总就业份额的加总。份额 $\lambda_{r(n)}$ 现在被用在 X 轴。不像在绝对指数中间距是由 $1/R$ 给出，在相对指数中我们采用大小变化的间距，其大小等于 $\lambda_{r(n)} - \lambda_{r(n-1)}$。这仅仅是第 n 个区域的总就业的份额。如果规范地表述，则相对基尼系数等于这条新的洛伦茨曲线与 45°线之间面积的两倍：

$$G^s = 1 - \sum_{n=1}^{R} \lambda_r \left[\lambda_{r(n)}^s + \lambda_{r(n-1)}^s \right] \tag{10.1}$$

不幸的是，相对基尼系数与绝对基尼系数都仅仅符合理想指标体系的相当有限的性质。例如，它们没能让我们充分比较具有不同市场结构的行业（性质 10.1），我们将在下一节提出发展新一轮指标体系的促成因素的局限性问题。一个国家的厂商总数随时间推移而发生变化，因此检验随时间的变化过程也有偏差，尽管这种变化在各空间单位之间都是相同的。此外，还应当明确，比较不同的区间也存在问题，因为在区域数量不同的情况下，这些区间也会发生变化（性质 10.2）。例如，把一个区域分隔成两个小区域，则改变了区域的顺序，因而改变了基尼系数。

当最前面的两个性质无法满足时，可以断定第三、第四个性质也无法满足。另外，绝对和相对基尼系数的基准是很明确的（性质10.5），这个基准在绝对指数中是均匀分布，而在相对指数中是总经济活动的实际分布。然而，直到今天，还没能建立能够确定观测值是否明显偏离基准值的统计检验方法（性质10.6）。

应该强调，度量区域聚集程度的指数也有一个对应的版本，这就是度量区域产业结构的绝对和相对专业化指数。空间聚集程度决定了某种产业部门在区域间的聚集程度，而专业化程度确定了某一特定区域所具有的所有部门的均衡分布程度，比如我们可以建立一个专业化基尼系数来度量部门 s 在特定区域 r 的就业份额：

$$\mu_r^s = x_r^s / x_r$$

我们再次根据各部门在区域 r 的权重对它们按升序进行排序，然后通过在 X 轴上每个间距为 $1/S$ 的区间（用绝对指数）或每个部门的总就业份额（用相对指数）建立洛伦茨曲线。区域 r 的基尼专业化指数等于这条新的洛伦茨曲线与45°线之间面积的两倍，从而得到一个类似于式（10.1）的表达式。考虑到聚集指数和专业化指数都是以相同的原理为基础建立起来的，因此它们应具有相同的优点和局限性。

10.2.2 艾萨德指数、赫芬达尔指数与泰尔指数

其他指数与已在文献中提到的基尼系数或多或少具有相同的特点。它们和基尼系数都有相同的缺陷。它们也可以参照均匀分布或总的活动分布进行定义。在下文中，我们的基准是总的就业分布，从而将这些指数与相对基尼系数进行比较。在下面的表达式中我们用 $1/R$ 替换 λ_r，以得到相应的绝对指数。[①]

（1）艾萨德指数。由于克鲁格曼（1991c）的研究而重新流行起来的艾萨德指数，是根据实际和基准就业分布之间的绝对距离建立起来的一种对聚集程度的度量指标：

$$I^s = \frac{1}{2} \sum_{r=1}^{R} |\lambda_r^s - \lambda_r|$$

（2）赫芬达尔指数。赫芬达尔指数是每个区域部门就业份额的加权平方

[①] 在贝利和加特雷尔（Bailey and Gatrell, 1995）的论文中，读者可以找到有关空间自相关指标的讨论，这种讨论是以莫兰（Moran, 1950）的开创性研究为基础的。在考虑区域的相对位置时，这些指标有优势，也就是这些指标将依位置排列发生变化。然而，需要注意的是，自相关指标无法用目前所掌握的相同方式度量空间聚集程度。这些指标更接近一种聚集指数，因为它们可以用于评价某区域经济变量值和所有其他区域该变量值的距离衰减总和之间的相关性。不幸的是，这种类型的指标存在与本章中所有其他指标一样的局限性。

经济地理学：区域和国家一体化

之和：

$$H^s = \frac{1}{R} \sum_{r=1}^{R} \lambda_r (\lambda_r^s / \lambda_r)^2$$

绝对指数的简化表达式为

$$H^s = \sum_{r=1}^{R} (\lambda_r^s)^2$$

其中，$\lambda_r = 1/R$。

注意，艾萨德指数和赫芬达尔指数的上限都为 1（当所有属于部门 s 的厂商全部聚集在相同的区域时），而前者的下限是 0，后者的下限是区域数量的倒数。由于这些指数的取值范围取决于空间规模和定义区域的方式，故它们显然违背了在 10.1 节所述的前四个性质。

（3）熵。熵的概念来自物理学，它被用来度量无序状态。后来在经济学上被用来度量聚集和分散状态，它与逻辑特模型及 CES 型模型密切相关（Anderson et al.，1992，chapter 3）。熵指数由下式给出：

$$E^s(\alpha) = \frac{1}{\alpha^2 - \alpha} \Big[\sum_{r=1}^{R} \lambda_r (\lambda_r^s / \lambda_r)^\alpha - 1 \Big] \tag{10.2}$$

其中，α 是一个参数，当它小于（或大于）1 时，对分布的较低（较高）尾部的相应观察值赋予更大（更低）的权重。

最常见的版本对应于值 $\alpha = 1$。根据洛必达法则（又称"罗比塔法则"），可以得到如下表达式：

$$\lim_{\alpha \to 1} E^s(\alpha) = \sum_{r=1}^{R} \lambda_r \lim_{\alpha \to 1} \frac{(\lambda_r^s / \lambda_r)^\alpha - 1}{\alpha^2 - \alpha} = \sum_{r=1}^{R} \lambda_r \lim_{\alpha \to 1} \frac{(\lambda_r^s / \lambda_r)^\alpha \ln(\lambda_r^s / \lambda_r)}{2\alpha - 1}$$

这样，我们就可以得到泰尔指数：

$$E^s(1) \equiv T^s = \sum_{r=1}^{R} \lambda_r^s \ln \frac{\lambda_r^s}{\lambda_r} \tag{10.3}$$

当 $\alpha = 2$ 时，我们可以得到：

$$E^s(2) \equiv C^s = \frac{1}{2} \Big[\sum_{r=1}^{R} \lambda_r (\lambda_r^s / \lambda_r)^2 - 1 \Big]$$

264　这又等于如下式子：

$$C^s = \frac{R}{2}(H^s - 1/R)$$

因此，C^s 等于赫芬达尔指数与它的最小值的差。注意，C^s 也相当于变差系数的平方，其变化范围为 0 到 $(R-1)/2$。

熵测度法最吸引人的性质就在于它的可分性。例如，我们可以将欧洲地区的聚集度分解为各国之间的聚集度和每个国家内部各区域之间的聚集度。当 $\alpha = 2$ 时，这个性质更直观，因为一个变量、两个指数（国家 c 和区域 r）的总方差可以分解成"之间"方差和"内部"方差。一般来讲，对于所有 α 值，我们都能得到如下表达式：

$$E^s(\alpha) = E_b^s(\alpha) + E_w^s(\alpha)$$

其中，$E_b^s(\alpha)$ 是国家之间熵的大小（不考虑区域规模），$E_w^s(\alpha)$ 是每个国家内部各地区熵的加权平均值。因此，比率 $E_b^s(\alpha)/E^s(\alpha)$ 可以解释为源于国际不平等的总的不平等份额，而 $E_w^s(\alpha)/E^s(\alpha)$ 表示源于国家内部区际不平等的总的不平等份额。

不幸的是，据布吉尼翁（Bourguignon，1979）的研究，除了 $\alpha=1$，我们利用的熵内部的权重均取决于熵之间的关系，从而弱化了熵的可分性性质的吸引力。因此，这种分解方法只能适用于泰尔指数（$\alpha=1$）。在这种情况下，如下熵之间的组成部分：

$$T_b^s = \sum_{c=1}^{C} \Lambda_c^s \ln \frac{\Lambda_c^s}{\Lambda_c}$$

对应于针对所有国家的泰尔指数（10.3），正如 λ_r 由地区所定义那样，Λ_c 由国家所定义。更确切地说，Λ_c 表示国家 c 的部门份额，这样 Λ_c 和总的就业分别为：

$$\Lambda_c^s = \frac{X_c^s}{x^s}, X_c^s = \sum_{r \in c} x_r^s, \Lambda_c = \frac{\sum_{s=1}^{s} X_c^s}{x}$$

至于熵内部的组成部分，它可以用计算国家泰尔指数的方法得到，每个国家在部门 s 的总就业份额的权重由下式给出：

$$T_w^s = \sum_{c=1}^{C} \frac{X_c^s}{x^s} T_c^s$$

265 其中，T_c^s 是国家 c 的泰尔指数，它只计算属于这个国家［见式（10.3）］所有地区的指数，由下式给出：

$$T_c^s = \sum_{r \in c} \frac{\lambda_r^s}{\Lambda_c^s} \ln \frac{(\lambda_r^s/\Lambda_c^s)}{(\lambda_r/\Lambda_c)}$$

泰尔指数与之前提到的指数有着同样的缺陷。不过，它是根据比较明确的基准进行评估的，同时重要的还有，显著性检验可以根据布鲁哈特和特雷格（Brülhart and Traeger，2005）提出的自助法来进行。布鲁哈特和特雷格计算了泰尔指数，并对 17 个西欧国家（欧盟 15 国，再加上挪威和瑞士）的 236 个地区（NUTS2 或 NUTS3）的八大行业部门进行了统计显著性检验。图 10.1 显示了计算结果，并揭示出农业部门是迄今为止总就业人数的空间聚集程度最高的部门。此外，他们的分析表明，工业（包括能源部门）的聚集度从 20 世纪 80 年代中期开始有规律地提高，但运输和通信行业在过去的 25 年主要以分散为特征。

值得注意的是建筑业，它以开始时分散而后转向聚集为特征。然而，如在下面的章节中所讨论的那样，部门之间的产业聚集度存在差异，而部门间或跨期比较取决于部门间的产业聚集度，因此部门间或跨期比较可能存在偏差。

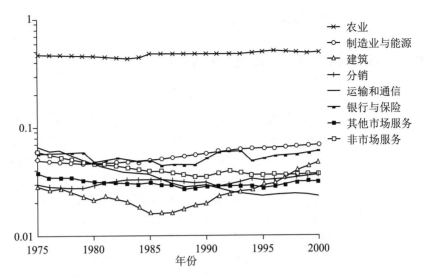

图 10.1　17 个西欧国家 1975 年到 2000 年期间八大行业的泰尔指数

资料来源：Brülhart and Traeger（2005）.

266　　　　为了说明在泰尔指数情况下可分性特征的优点，图 10.2 展示了 1982 年到 1996 年间欧洲各国之间和国家内部总体就业聚集度的变化情况。

　　图 10.2 表明，在欧洲，区域经济活动分布的短期变动的主要原因为国家之间的差别，而国内聚集度随时间的变化是相当稳定的。就长期而言，空间聚集度的总体变化较小。在这个阶段，我们很难说上述差异是由工厂区位变动所致还是由正研究的某行业的市场结构（由厂商数量和规模决定）变动所致。我们现在继续思考这些问题。

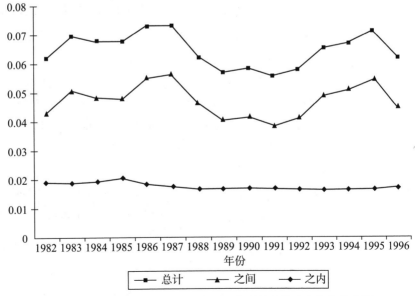

图 10.2　欧盟 12 国 1982 年到 1996 年总就业的泰尔指数的分解

资料来源：Combes and Overman（2004）.

10.3 解释产业聚集度的指标

埃利森和格莱泽（1997）对产业聚集的严格控制，从根本上背离了空间聚集的标准的度量方法。为解释他们的观点，他们举了如下例子：在美国，真空吸尘器行业 75% 的就业由四个工厂提供。从而必然的是，最多只能由四个地区控制这个行业四分之三的就业，这表明了在上一节所定义的很高的空间聚集度。然而，这种很高的空间聚集度明显依赖于一个事实，即就业集中在少数几个工厂。相反，那些就业分散在大量厂商中的部门，就很可能出现在大多数区

267

域。埃利森与格莱泽方法的新的特征就在于他们意识到了如下事实，即工厂数量有限，进而就业就限制在少数几个区域里，而这些反过来又影响这些部门的空间聚集。这与之前讨论的指数截然不同，之前的指数认为每个雇员独立于其他人而自己选择自己的位置。明确地说，虽然某部门的所有工厂随机分布在不同区位，但埃利森与格莱泽将某一给定部门的就业的空间聚集度与一个将出现的部门的就业的空间聚集度进行比较。注意，就像前面的绝对和相对聚集指数所描述的那样，有两种方式可以确定随机选择区位的权重。对各种区位赋予相同的权重（在这种情况下，某一工厂选择这些区位中的任何一个区位的概率是相同的，此时它对应的是均匀分布）或者不同的权重（此时，这种权重与该区位的总就业人数或人口份额是相匹配的）。

不同于埃利森与格莱泽的方法，我们进行一些修改并利用莫勒尔和塞迪洛特（Maurel and Sédillot，1999）的更直观的方法。他们把同属于一个部门的两个工厂 i 和 j 的区位选择之间的相互关系作为空间聚集指数，即：

$$\gamma^s = \mathrm{corr}(u^s_{ir}, u^s_{jr})$$

其中，如果部门 s 的厂商 i 位于区域 r，那么 $u^s_{ir}=1$，否则 $u^s_{ir}=0$。如果 $\gamma^s=0$，则区位选择是独立的，这遵循厂商在空间中的随机分布。如果 $\gamma^s=1$，则该部门的所有厂商位于同一个区域。如果把经济活动分布作为基准，则部门 s 的某厂商选择区域 r 的概率由该区域经济活动总体水平的相对规模确定。这就等于假定，如果 u^s_{ir} 是非独立的伯努利变量，则

$$P(u^s_{ir}=1)=\lambda_r$$

我们直接从观察到的厂商分布中得出聚集指数 γ^s 的一个估计。最后，我们从指出两个厂商将区位设置于相同地区 r 的概率开始，该概率由下式给出：

$$P^s_r = E(u^s_{ir}u^s_{jr}) = \mathrm{cov}(u^s_{ir}u^s_{jr}) + E(u^s_{ir})E(u^s_{jr}) = \gamma^s\lambda_r(1-\lambda_r)+\lambda_r^2$$

两个厂商位于相同地区内部的概率由下式给出：

$$P^s = \sum_{r=1}^R P^s_r = \gamma^s\left(1-\sum_{r=1}^R \lambda_r^2\right) + \sum_{r=1}^R \lambda_r^2$$

268

如果可以得到概率 P^s 的估计量，则我们可以推导出 γ^s 的估计量，如下

所示：

$$\hat{\gamma}^s = \frac{\hat{P}^s - \sum_{r=1}^R \lambda_r^2}{1 - \sum_{r=1}^R \lambda_r^2} \tag{10.4}$$

可能有许多 P_r^s 的估计量，因而同样也有许多 P^s 的估计量。对于 P_r^s，我们可以用部门 s 的厂商总数来除位于区域 r 的厂商总数。莫勒尔和塞迪洛特就考虑到了厂商规模不同的情况，因此他们对规模较大的厂商分配了较大的权重。尤其是我们可以用下式来表示：

$$\hat{P}_r^s = \frac{\sum_{i\in r, j\in r, i\neq j} z_i^s z_j^s}{\sum_{i,j,i\neq j} z_i^s z_j^s}$$

其中，z_i^s 是厂商 i 的就业占部门 s 的总就业量的份额。为了更加明确，我们可以用下式表示：

$$(\lambda_r^s)^2 = (\sum_{i\in r} z_i^s)^2 = \sum_{i\in r, j\in r, i\neq j} z_i^s z_j^s + \sum_{i\in r} (z_i^s)^2$$

类似地，通过不同地区的加总，我们可以得到如下式子：

$$1 = (\sum_r \lambda_r^s)^2 = (\sum_r \sum_{i\in r} z_i^s)^2 = (\sum_i z_i^s)^2$$
$$= \sum_{i,j,i\neq j} \sum z_i^s z_j^s + \sum_i (z_i^s)^2 = 2\sum_{i,j,i\neq j} z_i^s z_j^s + H^s$$

其中，$H^s = \sum_i (z_i^s)^2$ 是部门 s 的赫芬达尔指数，它度量该部门的产业聚集度，但它不考虑空间问题。整理这些表达式可以得到：

$$\hat{P}^s = \sum_{r=1}^R \hat{P}_r^s = \frac{\sum_{r=1}^R (\sum_{i\in r, j\in r, i\neq j} z_i^s z_j^s)}{\sum_{i,j,i\neq j} z_i^s z_j^s} = \frac{\sum_{r=1}^R (\lambda_r^s)^2 - H^s}{1 - H^s}$$

把这个值代入式（10.4）中，我们得到莫勒尔和塞迪洛特（1999）的空间聚集指数，用符号 $\hat{\gamma}_{MS}$ 来表示，则：

$$\hat{\gamma}_{MS} = \frac{G_{MS}^s - H^s}{1 - H^s}$$

269 其中，$G_{MS}^s = \{\sum_{r=1}^R [(\lambda_r^s)^2 - \lambda_r^2]\}/[1 - \sum_{r=1}^R \lambda_r^2]$ 类似于在 10.2 节中讨论的总聚集指数。这种空间聚集指数与 10.2 节所考虑的指数的主要区别是，它不仅取决于 λ_r^s 和 λ_r，还取决于产业聚集指数 H^s。这里，并没有忽略而是明确考虑了某部门的就业分布是以劳动者在厂商内的群聚方式为条件的这一事实。这一新指数更好地满足了性质 10.1，而这需要产业间具有可比性，这也许是产业间最主要的区别，也就是，新指数明确地考虑到了这些产业的聚集状况。不幸的是，除了性质 10.5，其他大多数性质仍然不能得到满足。

虽然文献反映了有关显著性检验方面的缺陷问题，但比如以自助法等为基础的任何努力，最终能够满足性质 10.6。值得提出的是，这些指数需要例如厂商规模等非常详细（或精确）的数据。如果能得到这些数据，那么根据国家层面的每个行业的厂商数量 n_s，且假定所有厂商的规模相同，则进行初步校正后可以得出 $H_s = 1/n_s$。

最后，比较由埃利森与格莱泽（1997）提出的指数以及由莫勒尔和塞迪洛特（1999）提出的指数是值得的。前者是以度量总体空间聚集度（G_{EG}）的艾萨德指数为基础的：

$$G_{EG}^s = \frac{\sum_{r=1}^R (\lambda_r^s - \lambda_r)^2}{1 - \sum_{r=1}^R \lambda_r^2}$$

由上式我们可以得到如下式子：

$$\hat{\gamma}_{EG} = \frac{G_{EG}^s - H^s}{1 - H^s}$$

可以证明，$\hat{\gamma}_{EG}$ 也是 γ^s 的无偏估计量。注意这与莫勒尔和塞迪洛特（1999）的总聚集指数的区别，而后者直接受益于厂商区位选择的概率模型。

表 10.1 显示了根据埃利森-格莱泽指数计算出的美国和法国两位数分类法中所有部门产业聚集度的排序。两个国家的排序非常类似。空间聚集度最大的两个部门在两个国家都是相同的，而在美国空间聚集度最低的四个部门中的三个部门，都属于法国空间聚集度最低的四个部门组成的集合中的元素。此外，在两个国家之间，部门排序的相关程度较高（0.6）。

表 10.1　美国和法国的空间聚集产业

两位数的产业划分（美国定义）	美国		法国	
	γ	排序	γ	排序
纺织厂产品	0.127	1	0.036	2
皮革和皮革产品	0.029	2	0.039	1
家具和设备	0.019	3	0.008	10
木材和木制品	0.018	4	0.012	8
初级金属工业	0.018	5	0.010	9
仪器及相关产品	0.018	6	0.018	5
运输设备	0.016	7	0.000	17
服装及其他纺织品	0.016	8	0.020	4
其他制造行业	0.012	9	0.014	6
化学品及有关产品	0.009	10	0.012	7
纸类及有关产品	0.006	11	0.007	11
电子产品及其他电器设备	0.005	12	0.004	13
印刷品和出版物	0.005	13	0.032	3

两位数的产业划分（美国定义）	美国		法国	
	γ	排序	γ	排序
金属制造业	0.005	14	0.003	14
橡胶及其他塑料制品	0.004	15	0.006	12
石制品、黏土和玻璃制品	0.004	16	0.003	15
工业机械和设备	0.003	17	0.002	16

资料来源：Maurel and Sédillot（1999）。

10.4 杜兰顿-奥弗曼连续方法

与那些来自其他领域的方法进行比较时可以看出，前面讨论的指数的另外一个主要的贡献是它们明确考虑到了产业层面在市场结构上的差异。然而，这些指数在限定地理区域范围方面还较弱，既没有考虑区域的相对位置，也没有考虑分离地区的距离。后一缺陷有着极大的局限性，区域之间的就业量变化是很大的，然而现有的指数无法反映这种情况。此外，如果能满足性质 10.2 和 10.3，那么可以确保发展出解释区际距离的方法。

尽管杜兰顿和奥弗曼（2005）的研究以地理学家（Bailey and Gatrell，1995）的早期研究为基础，但是，由于他们抛弃任何地理分类而采用以实际距离为基础的分离厂商的方法，因而他们的研究更加深入。由此，性质 10.2 和 10.3 得以满足。他们甚至通过设定聚集程度最强的空间尺度的方式，进一步精炼了他们的结论。这需要非常精确的数据才能保证厂商间距离的精确度量。杜兰顿和奥弗曼根据英国厂商的邮编获得了厂商的确切区位，该区位的精度为 100 米左右。根据他们的数据库，他们在非常详细的数据范围内进行了研究，他们涉及的行业达到 234 个部门。这使杜兰顿和奥弗曼能够画出类似于图 10.3 的地图。在该图中，他们只考虑了四种行业，每个点代表就业人数为十人以上的厂商。

杜兰顿和奥弗曼方法的出发点是计算给定距离时被分离的厂商数目。根据不同距离，把这些数量标在图上，就可以得到一个厂商间距离的简化的频率图。最高峰值出现在对任何两个厂商之间的距离而言，最经常出现的距离处。让我们假设某一部门出现两个峰值，一个峰值出现在 30 公里处，另一个峰值出现在 110 公里处。这意味着，厂商的空间分布是以平均 30 公里为间隔的厂商群为特征，同时，厂商群之间的平均距离为 110 公里。

然而，用给定距离分割的厂商数量作为空间聚集定义是不能令人满意的，这包括如下两个原因。第一，这种随意把距离分割成离散间隔的方法取决于所使用的长度单位。第二，距离的度量本身是值得商榷的。例如，在度量距离时，根据直线距离度量是否更合适？这两个局限意味着两个厂商间的距离常受

270

271

272

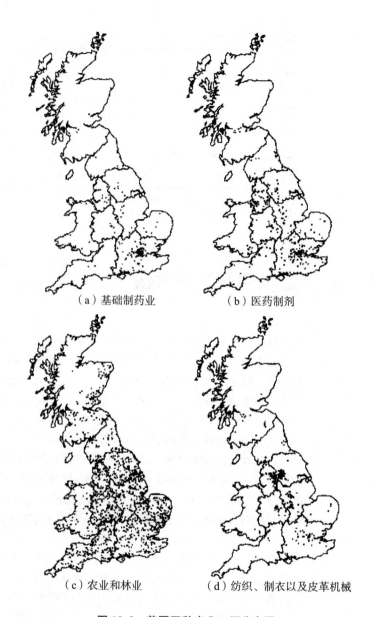

(a) 基础制药业　　　　　　　　(b) 医药制剂

(c) 农业和林业　　　　　　(d) 纺织、制衣以及皮革机械

图 10.3　英国四种产业工厂分布图

资料来源：Duranton and Overman（2005）.

到测量误差的影响。考虑到这一点，最好对厂商间距离的分布进行滑动平均处理。直观上，我们能估计出被某一距离 d 分隔的厂商数量，比方说 30 公里，我们可以获得相隔 28～32 公里距离的厂商数量，然后除以 4（对应于这两个边界间的距离，如果长度单位采用公里），用这个商来替代数据库中 30 公里的单一数据记录。然而，这种类型的滑动平均处理还是不完整的，因为它仍然忽略了以 27 公里或 33 公里距离分隔的厂商的存在，等等。此外，它分派给所有的点以相同的权重，而不顾相隔的距离已经超出了参考距离（在我们的例子里是 30 公里）。如果赋予异常观测值较小的权重，而赋予诸如 29 公里或 31 公里更大的权重则比较合理。满足这两个性质需要利用一种关键性的方法，而这正是杜兰顿和奥弗曼所采用的方法。他们的方法采用了一个权重体系，这个体系认为离参考点的距离为给定距离的所有的点均服从正态分布。一旦正态分布的密度函数被估计出来，就可以得到类似于图 10.4 中的曲线。就纺织品和服装而言，该图说明了前文所讨论的两个峰值。

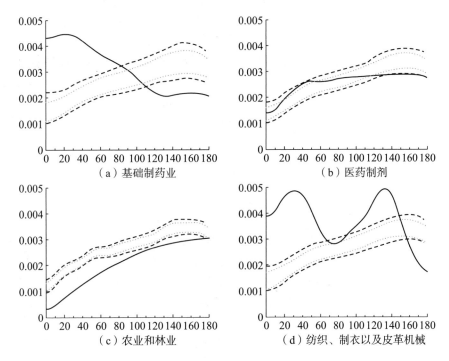

图 10.4　英国四种产业工厂分布图

资料来源：Duranton and Overman（2005）.

　　下面这个问题尚未得到解决，即对于每一个给定距离而言，如果厂商区位是随机选择的或者是根据某种基准分布的（性质 10.6），经过滑动平均处理后观察到的厂商数量明显地不同于实际观察到的数量差异到底有多大？相对于前面的指数，杜兰顿和奥弗曼的方法能够解决这些问题。当给定厂商数量时，他们为每个厂商随机分配任何可能的一种区位，然后计算出被一定距离分隔开的厂商的数量。重复操作这一过程，比方说 1 000 次，这意味着每个距离有 1 000 种这种数据。他们最后建立了包含这些数据中的 90% 的置信区间，也就是说，把这些值的 95% 和 5% 的百分位数分别作为上限和下限。这个过程生成了两条滑动平均曲线，如图 10.4 中的点线所示。如果经滑动平均处理后所观察到的厂商数目超过置信区间的上限，就说这个部门在所考虑的距离内是以 95% 的置信水平（由于我们忽视位于这个区间上限之上 5% 的观测值）在本地聚集的。如果厂商数量比下限小，就说这个部门在所考虑的距离内是本地分散的。

　　除了处理本地聚集和本地分散外，杜兰顿和奥弗曼也从全球化角度研究问题。他们是按如下方式界定置信区间的上限的，即所得出的整体数据量的

95％（在任何距离）处于置信区间上限之下。在这种情况下，如果在经过至少一次滑动平均处理后它的密度超过这个上限，则这个部门可以被称为全球聚集部门。他们也类似地处理了下限。相应的曲线为图 10.4 中的虚线。注意，基础制药行业对 80 公里以内的任何距离而言是本地聚集的，而对超出 110 公里的距离而言是本地分散的，但这又是全球聚集的。

最后，值得注意的是，在估计置信区间时通过直接处理厂商实际数量的方式，连续方法自动考虑产业聚集度的差异（性质 10.1）。从微观层面开始，这种方法回避了空间分类，这使得性质 10.2 和 10.3 得以满足。而且，这种方法也有别于现有的指数，因为该方法本身也寻找厂商在空间中的相对位置。相比之下，利用预先确定的产业分类，就意味着违背性质 10.4。所以，杜兰顿和奥弗曼的方法可能对如何划分部门反应很敏锐，应当进一步扩展以解释产业间的技术差距。

10.5　结束语

理想的空间聚集指标体系至今仍没有被建立起来。尽管如此，在有关空间层次数据的可获得性逐年提高的情况下，已经开始出现了比空间聚集度标准指数更好、更精确的指标体系。这些新的指标能够解释空间数据描绘的大量特征。这种类型的方法能满足理想的指标体系的一些性质，由此更好地跨期或跨行业评价变动情况。但是，收集所需的数据常常是非常昂贵的。

10.6　相关文献

马肯和皮尤科（Marcon and Puech，2003）也使用了类似于杜兰顿和奥弗曼（2005）的方法。他们受到林学中发展出的研究方法的启发，以此来研究树种的空间分布。他们的最新版本的指数（Marcon and Puech，2005）可以解释不同产业的产业聚集度的差异，也可以通过修正得到度量相同区位的方法。根据埃利森与格莱泽的建议，他们的指数可以度量某一行业与其他行业将区位设
置于相同地点的可能性。巴里奥斯等（Barrios et al.，即将发表）利用埃利森-格莱泽指数比较了比利时、爱尔兰、葡萄牙三个规模较小的国家的产业的空间结构。费舍尔等（Feser et al.，2005）利用了有关本地空间自相关的不同方法。最后，我们应提到森等（2005）的研究，根据性质 10.6 的需要，他们提出了一种替代方法，该方法基于总体数据但同时采取大量不同的检验，例如观测值分布与它的参考值分布之间的差异或者不同行业之间的差异的显著性检验。

第 11 章 空间聚集与地方生产效率的决定因素

276 上一章讨论了度量经济活动空间聚集的不同方法。本部分的研究只是一个期望回答以下基本问题的更综合的研究计划的一部分。第一个问题，在第 10 章研究过，可以表述如下：哪些产业以空间高聚集度为特征，以及这种空间聚集度如何随时间发生变化？接下来的第二个问题自然是：空间聚集的决定因素是什么，以及相应的解释变量是否与理论模型一致？

我们将在本章讨论这些问题。在 11.1 节，我们提出将特定产业的空间聚集指数对由理论模型提出的一些解释变量，如规模收益递增强度、贸易成本水平或中间产品的重要程度，进行回归的方法。遗憾的是，所选择的这些解释变量经常与理论模型不完全一致，同时得出的结论也存在一些相互矛盾的解释。

考虑到以上缺陷，11.2 节介绍了几乎完全不同的方法。该方法聚焦于部门生产效率或所要考察地区的经济增长的决定因素，而不是只研究整体的空间聚集。这种方法更好地利用了所有可获得的信息，并且能够对结果进行更严谨的解释，可以视为是对一些简单理论模型的估计设定。

介绍这两种方法旨在强调经济地理学实证研究中遇到的一些主要困难，即变量遗漏和内生性问题。正因为这些，我们可以把这些方法与下面两章将要讨论的与本书第 2 篇联系更密切的实证模型结合起来。在开始之前，有如下备注。在本章的讨论中经常出现"产业"这个词，同时我们还保留了之前277的章节中使用的"部门"这个词。出于这个原因，我们将混合使用产业和部门这两个词。

11.1 空间聚集的决定因素

正如在第 10 章中所看到的那样，当可以获得地区数据，诸如特定产业的地区就业人员数据时，计算不同产业的空间聚集指数是相对容易的。因此，一些学者开始研究这些空间聚集指数取值的决定因素，显然这是富有抱负的工作。

11.1.1 框　架

金（Kim，1995）可以视为这个领域的先行者，其研究工作也鼓舞了许多研究者。他的起点是把一个空间聚集指数对理论模型中提出的变量进行回归，并希望能有一个很好的解释。令 $I_{s,t}$ 表示部门 s 在 t 时期的空间聚集指数（例如，对于某一国的所有地区），并令 $X_{s,t}$ 表示解释变量向量。该方法是估计一个参数向量 β 以及另外两组参数 γ_s 和 δ_t（如在下面的 11.1.3 节将讨论的，前者对应每个部门，后者对应每个时期），如下式所示：

$$I_{s,t} = X_{s,t}\beta + \gamma_s + \delta_t + \varepsilon_{s,t} \tag{11.1}$$

其中，$\varepsilon_{s,t}$ 是一个误差项。在向量 $X_{s,t}$ 中，金（1995）考虑了两个解释变量：

（1）特定产业在给定时期的厂商平均规模；

（2）该部门所用原材料的比重。

这两个变量并没有它们初看起来时那样牵强。事实上，它们描述了解释生产活动空间分布的两条主要研究思路，即经济地理学和标准贸易理论研究思路的特征。

正如自第 2 章之后所看到的，规模收益递增看来是解释经济活动空间聚集所必须考虑的因素，至少当空间是同质的时是这样。因此，一个直觉上的检验，就是去核实那些规模收益递增程度更强的产业是否的确拥有相应的更强的空间聚集度。遗憾的是，无法获得度量给定产业规模经济程度的数据。因此，金选用每个产业的厂商平均规模作为替代指标，因为在零利润条件下，规模收益递增越强，厂商的平均规模就越大。特别是，如果发现厂商平均规模有一个正的且统计量显著的系数，则会证实规模收益递增有助于解释空间聚集的思想。金对根据 1880 年、1914 年、1947 年、1967 年和 1987 年美国 20 个产业的数据计算出的基尼系数进行回归后发现，规模经济对空间聚集指数有正向影响。几个学者对欧洲的研究也都得出了相同的结论。例如，阿米蒂（Amiti，1999）采用了相同的方法，也发现了不同产业的规模经济与空间聚集之间存在正相关关系。不过，在下文我们将会清楚地看到，这些结论的稳健性是值得怀疑的。

278

11.1.2　变量遗漏

经济理论一般都是在控制（即中性化）现实世界中起作用的大量其他因素的条件下，重点考虑某一特定因素的作用。例如，为了分离规模收益递增与贸易成本之间的权衡关系，我们在第2篇假设了地区间有相同的技术、禀赋和偏好。这种地区特定变量是潜在异质性的来源，并可能影响到我们想要研究的权衡关系。不过，这些异质性的源泉是标准贸易理论的关键变量，因而对经济活动的空间分布起重要的作用。因此，从理论角度省略这些效应可能是合理的，但对于目的是尽可能准确地解释现实并因而要求把所有相关变量都包括在内的实证研究而言，这种做法就失去了意义。而且，有理由相信现实世界的经济活动格局是经济地理学和标准贸易理论的主要变量相互作用的结果。这样，我们面临的挑战就是辨别哪种方法能更好地解释地区专业化或聚集。因此，经济地理变量必须由那些能够说明区域异质性效应的控制变量所补充。这正是金所试图要做的工作，即用一国原材料比重来控制自然禀赋的作用。这里的基本思想是，那些原材料密集型产业之所以聚集是因为对原材料投入的依赖，而不是由于规模收益递增现象的存在。

279　　　　遗憾的是，这种方法有严重的缺陷，并且难以提供有说服力的结论。首先，当试图解释各产业不同的空间聚集程度时，第2篇中的各种模型显示规模经济并不是聚集的唯一源泉。在金的方法中，几个相关的解释变量被完全遗漏了，尤其是贸易成本这一对于不同产品可能有很大差异的变量的遗漏（第5章）将产生较大影响。在垄断竞争框架下，遗漏的变量还包括对那些不同产业和不同时间段而言变动幅度都很大的替代弹性（第6章）。另一个潜在的缺陷是，在一些情况下被证明是特别重要的变量，即中间投入品，在回归过程中并没有得到考虑（第7章）。考虑第2篇的所有模型，则这些遗漏变量的清单将会更长。因此，期望一个变量（这里指某一给定产业的厂商平均规模）能够解释所有这些效应的想法就有点儿天真了。显然，如果这些效应恰巧在各产业间随机分布，遗漏这些变量将没有任何影响，因为在回归分析中误差项的功用正是解释这些效应。遗憾的是，在现实中这种很强的假设很难正确反映实际情况。

这一问题属于通常被称为变量遗漏的范畴，计量经济学家也早就强调过它可能导致的有偏估计。变量遗漏所导致的偏差并非特定变量集合所特有的，它既适用于经济地理学变量，也适用于其他变量，这正是金的方法的第二个主要缺陷。从这方面来讲，当他只考虑生产中原材料的比重而排除其他任何解释变量时，他做了很强的假设。例如，金的模型没有考虑作为赫克歇尔和俄林理论核心的资本和劳动力密集度。按照相同的思路（在现代经济中非常重要），加入区分技能劳动力密集度和非技能劳动力密集度的变量也可能是很重要的补充。这些变量在金（1995）的模型中全被遗漏了。而且，虽然考虑生产中的要素密集度无疑是很重要的，但如果撇开生产要素的空间分布单独研究其作用，肯定是不正确的。实际上，在标准贸易理论中，只有当地区间要素分布不均匀时，要素密集度才对空间聚集产生影响。

11.1.3 固定效应

280
第一个处理变量遗漏的方法是由金（1995）自己实施的。这个方法要求有不同产业不同时期的面板数据，从而使我们能够采用固定效应法。在式（11.1）中，γ_s 是产业固定效应，这是一个虚拟变量，对于部门 s 的所有观测值等于 1，否则等于 0。当所有固定效应组合都包括在计量分析清单中时，它们和截距（常数项）是完全共线性的，因此其中一个必须在估计中被抛弃。这样，这个被排除出去的产业就成为其他产业的参照物。例如，在其他条件不变的情况下，剩下的每个产业固定效应的度量值就等于被考察的部门与被排除的部门在空间聚集度上的差异。后者的聚集度（解释变量的净效应）由截距来度量。类似地，δ_t 为时间固定效应*，对相应年度 t 的每一个观测值取 1，否则取 0。同样，有一年的虚拟变量要被排除出去以避免共线性。[①]

固定效应的优点是，可以控制住所有不随时间推移而变化但对每个产业是特定的变量（产业固定效应），或者不随产业变化但对每个时期是特定的变量（时间固定效应），而不需要任何与这些变量相关的数据。利用固定效应的主要缺陷是，它只允许估计这些变量的总体效应而不能分别估计每个变量的效应。

在这种情况下，β 表示的是所谓的"时间和产业之间"效应。它可以同时揭示不同产业时期中 $I_{s,t}$ 和 $X_{s,t}$ 之间的相关性，而不只是部门截面或时间序列的相关性。如果 $I_{s,t}$ 对各产业是变化的，而对不同时期保持不变，则当方程根据产业固定效应估计时 β 为零。类似地，如果 $I_{s,t}$ 只对各时期是变化的，则根据时间固定效应估计时 β 也为零。换言之，当根据 $I_{s,t}$ 和 $X_{s,t}$ 的产业平均（表示为 $I_{s,\cdot}$ 和 $X_{s,\cdot}$）和时期平均（表示为 $I_{\cdot,t}$ 和 $X_{\cdot,t}$）标准化后二者存在相关性的偏离时，β 是非零的。在这种情况下，对式（11.1）的估计，或者简单计算式（11.1）后得到的式（11.2）的估计，将使 β 有一个相同的估计（在满足误差项分布的某种条件下）。

$$I_{s,t} - I_{s,\cdot} - I_{\cdot,t} = (X_{s,t} - X_{s,\cdot} - X_{\cdot,t})\beta + \varepsilon_{s,t} \tag{11.2}$$

---

* 原文中为 γ_t，疑为 δ_t 的笔误。——译者注

① 或者，可以选择排除常数项和一个产业（或时间）虚拟变量以保持所有的时间（或产业）虚拟变量。这种选择只意味着不同的标准化。

在上式中，$\varepsilon_{s,t}$是一个新的误差项。这个新的公式说明正确的解释在于$I_{s,t}$和$X_{s,t}$偏离其产业平均和时间平均的相关程度。相比之下，当不采用固定效应而通过下式来估计时，β可能就是不相同的，尽管从该公式也可得到式（11.2）。

$$I_{s,t} = X_{s,t}\beta + \nu_{s,t}$$

简言之，引入部门固定效应等价于假设那些遗漏变量在各个时期都是不变的，相比那些它们一点作用也没有的假设，这没有那么极端。例如，在一个比较短的时期内，假设不同产业之间替代弹性的差异几乎不变是合理的，因此可以由固定效应来布控。不过，在长期中，这个假设就变得有问题了，而且处理那些经常发生显著变化的变量的时候就更有问题了。在这种情况下，转向固定效应并没有太大帮助。同样，只要宏观类型的冲击对所有产业的影响都相同，那么时间固定效应可以控制这种冲击。例如，在某一给定年份，国家层面的经济增长能够暂时提高所有产业中所有厂商的平均规模，从而对各产业的空间聚集的影响就是相同的。周期性的宏观冲击并不能向空间聚集的决定因素提供任何额外的线索，因为时间固定效应吸收了这些周期性冲击的影响，而其他变量的影响仍保持不变。这使得时间固定效应的作用和部门固定效应是一样的。再次，正如当预期遗漏变量在短期内发生变化时部门固定效应是无效的，当遗漏变量随着产业而发生变化时，时间固定效应也是无效的。

进一步，值得注意的是，引入固定效应可能会解决空间聚集决定因素所特有的一个问题。如上所述，很多指数（比如，基尼系数）是不能在产业之间进行比较的（见性质10.1）。考虑到这一点，我们希望从各产业的这些指数的比较中获得对空间聚集方面的哪些认识呢？例如，如果我们精心选择可以在产业间进行比较的空间聚集指数，则估计式（11.1）是有意义的。然而，如果缺乏对指数的谨慎选择，则我们仍然可以依赖于部门固定效应来部分地约束这些问题。正如埃利森和格莱泽（1997）所指出的那样，这就意味着修订总聚集指数使得能够在产业之间进行比较，需要比那些重新调整对数线性模型使之符合固定效应的策略更复杂的变换。

11.1.4 附加变量

利用固定效应需要面板数据。此外，因为存在随着空间和时间维度变化的遗漏变量，因而仍存在一些问题。直觉上，另一种纠正遗漏变量所导致的偏差的方法是在式（11.1）的$X_{s,t}$向量中加入新的解释变量。我们立即想到的附加变量包括规模收益递增程度、投入产出关联度、贸易成本、技术溢出程度、由技能劳动力和非技能劳动力组成的本地劳动力市场的结构等。

在这些方面，罗森塔尔和斯特兰奇（Rosenthal and Strange，2001）采用了一个迄今为止最详尽的设定。他们在三种不同空间层次（美国的市、县和州）上进行了估计，并且每一种设定都把反映产业聚集差异的埃利森-格莱泽指数作为被解释变量（第10章）。在不存在任何时间维度的情况下，罗森塔尔和斯特兰奇纳入了产业固定效应，但结果只是总和程度比计算因变量和解释变量时的总和程度较大而已。在这三个空间层次中的任何一个，他们的估计都显示了劳动力市场结构（技能劳动力和非技能劳动力的关系）对空间聚集而言是最稳健的。技术溢出变量也证明是稳健的，但限制在市的层面上。考虑到溢出效应理应在本地产生影响，因而这一点看起来是合理的。对州的层面而言，中间投入品和自然禀赋提高了空间聚集度，而贸易成本降低了空间聚集度。利用欧洲数据，阿米蒂（1999）也发现垂直关联对欧洲的空间聚集在统计上具有显著的影响。[1]

这种方法在许多方面存在不足。第一，覆盖所有遗漏变量的综合数据库的建立是遥不可及的。第二，仍存在一些更基础性的问题。至今，没有人能够在理论模型中解释在第10章中提到的每一个空间聚集指数是如何随着解释变量的变化而变化的。这一问题的长期存在并不奇怪，因为解决它的方法非常复杂，而且需要计算这些变量。为更好地了解在这些实践过程中存在的问题，应指出那些看起来最适度的努力也仍会遇到障碍：在许多模型中，那些支撑空间聚集指数的内生变量表达式很难确定。要使其更具有意义，这个过程应在这种模型中展开才有意义，即包含几个地区和几种产业且有特定技术和要素禀赋的模型。这些新的困难目前看起来几乎是无法克服的。

最后，进行以下评论。选择一个空间聚集指数作为被解释变量会带来信息方面的巨大损失。事实上，这些指数是加总变量，因而那些用于估计这些加总变量值的每个分支变量应当对每一个地区和部门而言都是有效的。因此，只研究一国某一部门的空间聚集状况就有问题，然而可行的是，利用这些数据可以确定任何地区每一个部门的就业、生产率或增长的决定因素。再者，利用理论模型去推导出联系这些分支变量与解释变量的函数形式看来是有希望的。详尽地估计理论模型是一件非常困难的工作，我们将在第12章和第13章中进行这方面的尝试。

在下一节，我们将集中关注第三种方法。虽然这种方法与经济地理学模型的差异很大，但是它具有易于进行解释的优点并能够提供重要的结论，且其方法也比金最初提出的方法更稳健。在这个过程中，我们将遇到在经济地理学的实证研究中经常面临的内生性问题。我们将会看到，应用这些解决内生性问题的方法，我们可以部分地解决上文讨论的遗漏变量问题。

---

① 参见库姆斯和奥弗曼（2004）对这篇文献的综合性评论。该文也讨论了一些不加入控制变量或固定效应而只研究空间聚集和给定要素之间的简单相关性的研究。

11.2 地方生产率的决定因素

现在我们的目标是要讨论利用非结构性或简化形式的设定去评估经济地理学主要变量的影响。这些设定并不直接与某个特定的理论模型相联系，但却有助于揭示有关聚集经济背后推动力的一些新的思想。

11.2.1 理论背景

经济地理学的主要思想可以通过一个比较简单的模型来把握。具体地，我们考虑将区位设置于区域 r 且属于部门 s 的某一厂商 j，该厂商使用数量为 l_j 的劳动力和数量为 k_j 的其他投入品，这种其他投入品可以视为是一种组合。我们假设厂商的生产函数为柯布-道格拉斯型生产函数：

$$y_j = A_j(s_j l_j)^\mu k_j^{1-\mu} \tag{11.3}$$

其中，A_j 为希克斯中性的要素放大型技术水平，s_j 是劳动力的效率水平，这两者都是厂商的特定变量。厂商的利润函数为：

$$\pi_j = \sum_b p_{jb} y_{jb} - w_j l_j - r_j k_j$$

其中，y_{jb} 是出口到区域 b 的数量，p_{jb} 是扣除中间产品边际成本后的区域 b 的出厂价，w_j 是工资率，r_j 是扣除劳动和中间产品后的其他投入的成本。因此，利润函数可重新写成如下形式：

$$\pi_j = p_j y_j - w_j l_j - r_j k_j$$

其中，$p_j = \sum_b p_{jb}\left(\dfrac{y_{jb}}{y_j}\right)$ 是扣除中间产品成本后的产品平均单位价值。因此，$p_j y_j$ 表示厂商的增加值而不是产值。这种改变是为了与数据相匹配。对厂商的利润最大化问题运用一阶条件，然后重新排列各项可以得到如下两个方程：

$$w_j = \mu p_j A_j s_j^\mu \left(\frac{k_j}{l_j}\right)^{1-\mu}, \quad r_j = (1-\mu) p_j A_j s_j^\mu \left(\frac{k_j}{l_j}\right)^{-\mu} \tag{11.4}$$

把第二个表达式代入第一个表达式中，我们可以得到如下式子：

$$w_j = \mu(1-\mu)^{\frac{1-\mu}{\mu}} s_j \left[\frac{(p_j A_j)}{r_j^{1-\mu}}\right]^{\frac{1}{\mu}} \tag{11.5}$$

式（11.5）需要用到最近才可以获取的个体层面的工资数据。之前的研究依赖于区域 r 中部门 s 的如下形式的平均工资：

$$w_{rs} = \frac{\mu(1-\mu)^{\frac{1-\mu}{\mu}}}{n_{rs}} \sum_{j \in (rs)} s_j \left(\frac{p_j A_j}{r_j^{1-\mu}}\right)^{\frac{1}{\mu}} \tag{11.6}$$

其中，n_{rs} 是区域 r 的部门 s 的厂商数量。

哪一个地区的等于均衡工资的劳动力边际生产率最高？式（11.5）显示，正如 s_j 所反映的那样，工资与劳动力的生产率成正比。虽然这个发现并不是经济地理学所特有的，然而我们将会看到当研究区际工资差异时记住这一点至关重要。此外，式（11.5）又考虑了变量 p_j 和 r_j，这些变量可以解释在第 2 篇中所讨论的聚集力和分散力。如果价格水平 p_j 较高（不管是由于需求较高、竞争较弱，还是由于中间投入品价格较低），那么工资水平也就较高，这又促使大量劳动力聚集在该区域。相反，需求水平较低或者竞争激烈则会降低该区域的工资水平，从而促使劳动力离开该区域。工资方程中的 r_j 可以解释其他要素价格所导致的影响。例如，如果许多新的供应商靠近它们的顾客（给定生产要素供给的增长），则相应的要素价格将下降，这反过来会提高工资水平。相反，如果生产要素的供给弹性较低（土地就是典型例子），则经济活动聚集区域的这种要素价格就很高，这又降低了工资水平。第 2 篇中的各个模型的目的就是深入探究这些机制并赋予它们以微观基础，然而这里仍把它们表示为"黑箱" p_j 和 r_j。

直到现在我们一直没有引入技术外部性。这是为了避免将一些额外的因素加入进来，我们的目标是把那些成为微观基础的内生现象分离出来。不过马歇尔已经强调了技术外部性的潜在重要性，例如知识和学识的外溢。在这里，它们包含在 A_j 里面。直观而言，正如式（11.5）所示，那些能够容易积累信息以及技能劳动力聚集度很高的区域，得益于高生产率技术，从而工资水平就较高。另外，拥挤的交通网络或人口密集地区的高污染将会降低生产率并且带来工资水平的下降，这又成了分散力。

简言之，尽管工资公式［即式（11.5）］或它的加总形式［即式（11.6）］都能够解释聚集力和分散力的所有方面，但基础模型的微观基础仍然不甚明确。例如，许多细节都被掩盖，包括消费者偏好或关于产品和要素流动的假设。此时的目的并不是像前面章节那样去构建一个完全成熟的经济地理模型。

因此，构建一个简单的框架使得价格和成本取决于不同区域和部门的特性，这将为更好地理解下面给出的实证结论提供有利条件。

许多不同产业的地方层面的工资数据往往较为容易得到，因此现有的大部分研究都以工资作为自变量。不过，当有关增加值和资本存量的数据也可以得到时，不应忽略利用平均劳动生产率或全要素生产率估计类似的结构的可能性。尤其是，从式（11.3）和式（11.4）可知，平均劳动生产率由下式给出：

$$\frac{p_j y_j}{l_j} = (1-\mu)^{\frac{1-\mu}{\mu}} s_j \left(\frac{p_j A_j}{r_j^{1-\mu}} \right)^{\frac{1}{\mu}} \tag{11.7}$$

全要素生产率由下式给出：

$$\frac{p_j y_j}{l_j^\mu k_j^{1-\mu}} = p_j A_j (s_j)^\mu \tag{11.8}$$

注意，上述两个表达式与式（11.5）几乎一致，左边的变量对应着不同生产率的量度，但都与右边相同的变量相联系，即地方投入和产出价格、技术水平和劳动效率。[①] 同时也要注意，除劳动力之外的其他中间投入品的成本并没有出现在式（11.7）和式（11.8）中。

11.2.2　计量分析

经济地理学中最重要的实证问题之一可以表达为：经济活动聚集地区的劳动生产率是否较高？如果是，高多少？换言之，首要的任务是揭示地方劳动生产率与该区域经济活动密集度之间的相关性。一个简单的想法是考虑就业或人口密度增加一倍时生产效率发生多少变化。看起来这种类型的问题可以直接回答了。我们可以把全要素生产率或名义工资对就业（或人口）密度进行回归[②]：

$$\ln w_{rs} = \alpha + \beta \ln \mathrm{den}_r + \varepsilon_{rs} \tag{11.9}$$

其中，ε_{rs} 是一个误差项，$\mathrm{den}_r = \dfrac{\mathrm{emp}_r}{\mathrm{area}_r}$ 是区域 r 的总就业人数（emp_r）除以该区域的面积（area_r）。从回归过程中估计出的系数表明，就业密度增加 1% 时，劳动生产率提高 β %（当 β 为正时）。当就业密度翻番时，工资会增加 $(2^\beta - 1) \times 100\%$。[③]

与 11.1 节的几乎所有研究一样，出现了许多计量上的问题。首先，值得注意的是，在如下假设下，估计式（11.9）等同于估计式（11.6）：

$$\ln \frac{1}{n_{rs}} \sum_{j \epsilon(rs)} S_j \left(\frac{p_j A_j}{r_j^{1-\mu}} \right)^{\frac{1}{\mu}} = \beta \ln \mathrm{den}_r + \varepsilon_{rs} \tag{11.10}$$

这样，隐含的假设就是密度通过如下变量来影响工资水平：

（1）本地技术水平 A_j；

（2）产出价格 p_j；

（3）除了劳动力之外的其他中间投入品的价格 r_j；

（4）本地劳动力效率 s_j。

不过，我们不能确定哪些变量的影响最大。再者，我们确定的只是密度的净效应，这使我们无法知晓是否某些变量可能的负向效应被其他变量可能的正向效应所抵消。尽管如此，对于那些想要制定经济政策以促进经济活动的聚集或分散的政策制定者而言，知道净效应仍然是至关重要的。一旦某种给定政策已经开始实施，那么当前的框架也可以量化总生产率的提高或损失部分。

考虑潜在计量偏差的来源时，首先关注的是上文讨论过的并将在这里用工资数据说明的大量潜在的变量遗漏问题。在继续讨论之前，我们强调一下将所有变量表示成对数形式的主要优点。除了便于解释之外（估计系数变成弹性），

---

① 需要记住的是，谈论生产效率是语言上的一种滥用，因为 $p_j y_j$ 不是产值而是增加值。

② 为了把系数解释为弹性，我们对所有变量都取对数。

③ 设想一下两个人分别住在区域 1 和区域 2，这两个区域唯一不同的是密度。这样，式（11.9）意味着两个区域生产率的差异是 $\log(w_2/w_1) = \beta \log(\mathrm{den}_2/\mathrm{den}_1)$。当 $\mathrm{den}_2/\mathrm{den}_1 = k$ 时，我们有 $w_2/w_1 = k^\beta$。

采用对数形式使残差接近于正态分布（在回归分析中，大量的统计检验都假设残差是服从正态分布的）。

288地区间劳动生产率差异的很大一部分并非来自地方外部性的存在，而是来自这一事实，即一些劳动力比起其他劳动力具有更高的技术水平。忽略那些能够说明地区间平均技术水平差异的变量，这等于假设劳动技术水平在地区间随机分布且包含在 ε_{rs} 项中。由于这种假设在经验上是容易被驳斥的，因此标准的做法就是在回归分析中引入能够说明劳动力技术、资质或学业成就的控制变量。可以直接断定如果遗漏这些变量将会发生什么。如果在经济活动聚集区域的劳动力技能水平更高（一般情况下都是这样），那么忽视这些变量就意味着高估密度的影响，因为这些变量也可以解释 s_j 的影响。

注意，我们要解释的变量 w_{rs} 既依赖于区域 r 也依赖于部门 s，但在式（11.9）中所考虑的解释变量（密度）随地区变化而不随部门变化。因此，文献通常也试图控制地区的产业结构，即当地经济活动在一系列产业之间的分布方式。实际上，拥有相同密度的地区可能具有不同的产业部门，或者拥有相同的产业部门但比例构成却大不相同。例如，如果产品只出售给少数产业，或使用的要素是产业特定的，此时产业结构是至关重要的，因为它通过上面描述的价格效应影响生产率水平。[①] 产业在当地经济活动中所占份额通常是在模型设计时首先要包括进去的变量：

$$spe_{rs} = \frac{emp_{rs}}{emp_r}$$

其中，emp_{rs} 是区域 r 中部门 s 的就业人数。专业化指数是通过度量部门 s 在当地经济中所占的相对规模而得到的，通过专业化指数，我们可以解释产业内外部性效应（来自该部门的聚集），也可以把它从那些可能由密度变量解释的产业间外部性（来自整个经济活动的聚集）中区分出来。认识这两种外部性的相对重要性，对地区经济发展政策的设计而言是相当重要的。实际上，这方面的知识将使公共政策制定者制定有利于少数产业聚集在该区域的政策，这类似于意大利产业区，或者制定有利于吸引任何产业聚集在该区域的政策，因为所有产业都会从其他产业产生的外部性中受益。

289一些作者进一步扩展了解释变量集合并且考察了另一些类型的产业内外部性和产业间外部性。关于前者，当地某部门的厂商数量，是能够确定产业内外部性取决于当地产业的平均厂商规模而不取决于就业人数总量（已经通过 spe_{rs} 对此进行了解释）的变量。产业间外部性则常常用"产业多样化"来度量。对给定密度和规模的产业而言，这种变量的目的就是要评价就业是如何在当地其他产业部门之间分布的以及确定该产业是否得益于其他产业。经常使用的是以某产业部门就业人数占当地总就业人数的比重来表示的赫芬达尔指数的倒数：

---

① 不过，要注意的是，所考虑的产品是出售给当地大部分产业或者出售给最终消费者的，因此产业结构就不那么重要了。当生产该产品的中间投入品来自很多当地产业时，或者主要的投入为当地劳动力时，产业结构也不太重要。

$$\mathrm{div}_r = \left[\sum_s \left(\frac{\mathrm{emp}_{rs}}{\mathrm{emp}_r} \right)^2 \right]^{-1}$$

最后，把每个区域的面积 area, 纳入解释变量中是合理的。实际上，对给定人口密度而言，某一区域的绝对规模起重要的作用，因为它能够说明作为外部性基础的总体人口规模。

注意，几种以对数形式表示的模型设定在形式上是完全相同的。例如，估计如下模型，即：

$$\ln w_{rs} = \beta \ln \mathrm{den}_r + \eta \ln \mathrm{area}_r + \varepsilon_{rs} \tag{11.11}$$

就等于估计如下模型，即：

$$\ln w_{rs} = \beta \ln \mathrm{emp}_{rs} + \varrho \ln \mathrm{area}_r + \varepsilon_{rs} \tag{11.12}$$

因为 $\varrho = \eta - \beta$，因此解释计量结果时要慎重。例如，对给定面积而言，密度增加效应 [在式（11.11）中的 β] 就相当于在给定面积上的就业人数增加的效应 [在式（11.12）中的 β]。不过，如果密度保持不变，则此时面积增加 [在式（11.11）中的 ϱ] 的效应不等于就业水平不变时面积增加 [在式（11.12）中的 ϱ] 的效应，因为前者要求当密度保持不变时，就业应按比例增长。

在一般所称的自然便利条件和地方公共物品中，还有许多需要控制的变量。自然便利条件指的是从宜人的气候、海岸线位置、湖泊、高山到原材料等自然禀赋方面的优势。不过，需要强调的是某些福利设施是公共政策实施的结果，这可以联想到休闲设施（剧院、游泳池等）或者公共服务设施（学校、医院等）等。当公共物品的好处只能由当地消费者享用，而远处的消费者享用这290种公共物品的成本非常高时，这种公共物品称为地方公共物品。厂商也可以利用地方公共物品，如交通基础设施、研究实验室以及工作培训中心等。当这些便利条件和地方公共物品没有包括在回归过程中时会发生什么情况？地方公共物品会提高劳动力、中间投入品等生产要素的生产率。如果这些地方公共物品在空间上是随机分布的，那么遗漏这些项所导致的误差将由误差项来解释。然而遗憾的是，地方公共物品的供给是特定政策的产物，且在经济活动聚集地区供给得较多。在这种情况下，由于密度变量也包括了这些（遗漏的）地方投入的正向效应，因此密度效应常常被高估。正如罗巴克（Roback，1982）所指出的那样，处理自然便利条件稍微复杂。要了解这一点，假设在其他条件不变的情况下，某一区域具有能够吸引移民的便利条件。这些新进入该区域的人口将对住房需求施加向上的压力，从而会抬高地租。土地租金的提高促使厂商使用其他能够替代土地的生产要素，如劳动。由于劳动的边际生产率下降，因此用劳动来替代土地就导致工资水平的下降。这样，当这些自然便利条件在人口高密度地区更加聚集（类似于休闲设施的情况）时，密度效应就被低估了。关键是这种变量遗漏使得估计偏向两个方向，因而我们无法得知偏差的方向和大小。

在空间方面，还有另一组遗漏变量。到目前为止所考察的所有解释变量都被限定在所考察的地理区域 r 内，而没有考虑那些可能由邻近区域引发的效应，比如产业间外部性或产业内外部性。换言之，到目前为止一直隐含地假设地区间完全不存在非市场的相互作用。也就是说，一切都是在地区间不存在溢出效应或溢出效应在地区间随机分布的假设下进行估计的。如果如第5章所指出的，距离对地区间的相互作用有负向的影响（通过贸易流或知识转移），那么这种假设看起来是经不起考验的。这无疑是该方法到目前为止的主要缺陷。很少有人尝试去改正这种有偏估计。一种方法是引入一个将每个区域的密度根据到该区域的距离的倒数加权加总而得到的市场潜力变量。[1] 另一种方法是运用空间计量学中的技巧，加入空间滞后变量并考察残差的潜在自相关程度。[2] 在这两种情况下，引入这些变量的目的都是修正计量偏差，但是它们经常以一种特殊形式被引入（例如，有时会选择反映距离衰减效应的函数形式），而且很难解释为什么采取这种特殊形式。我们将在下一章中看到如何引入这些变量可能更好一些。

从某种程度上说，我们发现了不断向回归过程中加入一系列控制变量的研究方法。如在11.1节中那样，利用固定效应是一个选择。也就是说，当可以获得不同地区的各个产业的面板数据时，我们可以引入地区和产业固定效应来控制变量遗漏。例如，若可以获得至少两年的数据并且合理地假设便利设施和公共物品禀赋在考察的较短期限内是不变的，我们就能够控制住地区固定效应来评估产业间外部性强度。同样，我们也能够引入产业固定效应。实际上，除了控制遗漏的部门特定变量之外，产业固定效应也是解释不同产业之间劳动力份额差异所必需的。在式（11.6）中，用 μ_s 替代 μ 就意味着式（11.9）中的截距 α 应该是产业特定的。由于获得的数据越来越多，我们甚至应该考虑产业和时间固定效应以清除某些地区特有的经济周期效应模型。

11.2.3 内生性偏差

上述方法阐述了经常给经济地理学实证研究带来麻烦的问题，即一些解释变量的内生性问题。形式上，当一些解释变量与回归残差相关时，OLS 估计是有偏的，这些变量称为内生性解释变量。只要可以获得足够数量的外生变量，那么在合适的统计技术的帮助下就能够检测出这种相关性是否存在。我们首先以密度变量作为例子，获得关于内生性问题性质的一些线索。为此，假设某给定区域经历了一种经济代理人能够观察到然而却被计量经济学家所忽略的冲击。例如，地区政府做出的有关提高本地生产率的决策是一种正向冲击；反之，石油价格的提升对那些拥有石油密集型产业的地区而言就是一种负向冲击。这些冲击可能随机影响所有投入要素的生产率，同时也可以假设这种冲击在地区间为独立同分布的。在这种情况下，这种影响完全被残差项

---

[1] 见第12章关于市场潜力概念的更详细的讨论。

[2] 见贝利和加特雷尔（1995）对这些技术的一个介绍，以及安瑟林等（Anselin et al.，2003）的一个更深入的讨论。

ε_{rs} 所吸纳。不过，在经济地理学中，这种冲击经常是地方性的，因而会影响代理人的区位，这是由于代理人常常被正向冲击的好处（导致工资水平的提高）所吸引而厌恶负向冲击。这种区位的重新调整将影响区域层面的经济活动，因而影响区域的就业密度。换言之，就业密度必然与残差相关（在我们的例子中是正相关）：

$$\operatorname{corr}(\ln \mathrm{den}_r, \varepsilon_{rs}) \neq 0$$

这样，密度就是内生的，这与支持 OLS 估计有效性的假设相矛盾，在这里，估计是向上偏离的。内生性经常被看成是反向因果关系问题，如上述未观察到的冲击最初影响工资，接着通过劳动力的区位选择过程影响就业密度，而并非与方程（11.9）暗指的路径相反。但是，如果生产要素几乎不能流动，人们会预期内生性偏差是较弱的。这就是说，即使在生产要素不能流动的情况下，给定的冲击也可能通过创造就业机会或毁掉就业机会的方式影响区域的就业水平。结果，就业密度变量还是内生的。

我们想要强调计量经济学中的内生性问题与经济模型中选择的内生变量（即在均衡中确定的变量）之间的区别。如上面所提到的，在计量经济学中，内生性来源于一些解释变量与残差项之间的相关性。这样，从经济学角度来看是内生的，从计量经济学角度来看很可能仍然是内生的。这意味着，即使是与残差项不直接相关的解释变量，也可能与同残差项相关的其他内生变量（通过描述均衡结果的方程组）是联系在一起的。不过，情况也不一定总是这样。人们可能会遇到这样的情况，即从经济学角度来看是内生的，但从计量经济学角度来看却是外生的，反之亦然。这完全取决于对残差的经济解释，确定这一点在计量模型的设定中是关键的一步。只有在确定经济模型中残差项的来源的情况下，才有可能评估给定解释变量的计量内生性程度。

293　　　内生性问题不是经济地理学所特有的问题，在其他经济学领域也会遇到这些问题。这种普遍性问题也有一种好处，即已经可以利用各种各样的计量技术来解决这些问题。最普遍的方法就是利用工具变量技术，这包括寻找被称为工具的、与内生解释变量相关但与残差不相关的变量。第一步是利用所选择的工具变量来回归那些可能是外生的变量。在当前情况下，我们用时期 t 的区域就业密度对该区域几十年前的就业密度进行回归。例如，这种工具性回归可以表示如下：

$$\ln \mathrm{den}_r = \rho \ln \mathrm{den}_{r, t-150} + v_r$$

其中，$\mathrm{den}_{r, t-150}$ 是该区域所考虑年份 150 年前的就业密度，v_r 是一个误差项。这向我们提供了一个密度的预测值，由 $\widehat{\ln \mathrm{den}_r} = \hat{\rho} \ln \mathrm{den}_{r, t-150}$ 给出，其中 $\hat{\rho}$ 是 ρ 的 OLS 估计值。下一步，初始回归方程（11.9）中的密度被其预测值代替（此时解释变量 den_r 被称为工具变量）。根据定义，工具变量是外生的，因此该预测值与残差是不相关的：

$$\operatorname{corr}(\widehat{\ln \mathrm{den}_r}, \varepsilon_{rs}) = \operatorname{corr}(\hat{\rho} \ln \mathrm{den}_{r, t-150}, \varepsilon_{rs}) = \operatorname{corr}(\ln \mathrm{den}_{r, t-150}, \varepsilon_{rs}) = 0$$

在这种情况下，如下方程的 OLS 估计值不再包含内生性偏差，同时可以提供就业密度效应的无偏估计［更深入的讨论请见伍德里奇（2002）的论文］。

$$\ln w_{rs} = \alpha + \beta \widehat{\ln \mathrm{den}_r} + \varepsilon_{rs}$$

进行如下评论。首先，一切都取决于所选择的工具变量所确定的外生性。其次，必须从经济学和计量经济学两个角度去考虑。从经济学角度看，以密度为例，则过去的就业密度和当前的生产率冲击之间没有相关性可能是正确的。不过，冲击的来源可能与那些随时间推移一直持续的未观察到的因素相关联，因此150年或者更长的时间间隔并非外生性的充分条件。请记住，思考解释变量和可能的工具变量的内生性的所有可能的来源是很有必要的。无论我们对这些或那些变量的外生性有多么自信，采取高级识别检验都是计量经济学中的标准做法。该检验可以理解为对所提出的工具变量的外生性检验。这些检验是相对直观的，但是它们需要的工具变量的数量要比已被工具化的变量的数量大。至于密度，多余的工具变量可以是过去几个不同时期的人口水平，或者是以前的人口增长率。其他潜在的工具变量可以建立在由该区域过去的文化水平或学生数量来度量的地区技术禀赋之上。

利用工具变量技术的另一个优势是它可以解决与遗漏变量有关的问题。实际上，对于反向因果关系，也以一个或多个解释变量与残差项之间的相关性为基础进行解释。为了说明这些问题，我们假设在我们的回归方程中遗漏了公共基础设施（遗漏效应因而由残差项来解释），而这些基础设施在人口稠密地区更流行。结果，残差和其中一个解释变量（同样是人口密度）之间就存在一个正相关关系，导致上面提到的向上偏差。目前的公共基础设施水平只能与最近的政府决策有关，因此，它与几十年前的人口密度不相关。通过进行工具变量回归，当前人口密度和公共基础设施之间存在的任何相关性都归结到残差中，这意味着根据密度所做的新的预测值就不再有变量遗漏的偏差了。[①]

最后，值得注意的是，这一小节讨论的内生性问题只是以密度变量为例进行说明。但几乎所有其他的变量，包括上文讨论的和在这种类型的回归中引入的变量，很可能都是内生的。例如，任何与产业结构有关的变量与区位决策都密切相关，因此这也会导致有偏的 OLS 估计。

11.2.4 密度对工资的影响

在实践中，密度经济以及由于变量遗漏和内生性而导致的偏差有多大？库姆斯等（2008b）的结论就提供了解决这些问题的一个起点。该研究以个体层面上可获得的法国的各部门数据为基础，估计了聚集经济规模。也就是，数据

---

① 注意，由于一个或多个解释变量与残差项之间存在相关性，因此遗漏变量和反向因果关系的存在都使得 OLS 估计有偏。不过，这种相关性的来源却是不同的。在第一种情况下，残差不是随机的，因为它与非随机的遗漏变量相关。在第二种情况下，残差可能事前是随机的，但反向因果关系影响了解释变量的确定性，代理人事后可以观察到这些，因此它们与残差是相关的。

集给出了与每个劳动力 i 在时期 t 相联系的区位 $r(i,t)$ 和部门 $s(i,t)$。而且，它还包含了 1976 年到 1998 年时间段。因变量是给定时期的劳动力工资水平。模型设定与上文给出的模型设定有些类似：假设时期 t 厂商 j 使用的有效劳动力数量表示如下（现在所有变量都取决于时期 t）：

$$s_{j,t}l_{j,t} = \sum_{i \in (j,t)} s_{i,t}\ell_{i,t}$$

其中，$s_{i,t}$ 是时期 t 劳动力 i 的效率，$\ell_{i,t}$ 是他的劳动供给。在均衡时，一阶条件如下：

$$w_{i,t} = \mu(1-\mu)^{\frac{1-\mu}{\mu}} s_{i,t} \left(\frac{p_{j,t}A_{j,t}}{r_{j,t}^{1-\mu}} \right)^{\frac{1}{\mu}}$$

所以，估计的工资方程为：

$$\ln w_{i,t} = \theta_i + \lambda \text{age}_{i,t} + \mu(\text{age}_{i,t})^2$$
$$+ X_{r(i,t),t}\beta + Z_{r(i,t)s(i,t),t}\phi + \gamma_{s(i,t)} + \delta_t + \varepsilon_{i,t} \qquad (11.13)$$

其中，$\varepsilon_{i,t}$ 表示与个人特有的生产率水平有关的某种冲击，剩下的四组变量解释工资水平。即，$X_{r(i,t),t}$ 是与劳动力在时期 t 的区位 $r(i,t)$ 有关的变量向量，其目的是解释产业间的外部性（密度、面积和多样化程度）；$Z_{r(i,t)s(i,t),t}$ 是解释产业内外部性（专业化和厂商数量）的变量向量；$\gamma_{s(i,t)}$ 和 δ_t 是产业和时间固定效应。最后，直接取决于 i 和 t 的劳动力特定变量构成第四组变量：这些变量解释给定劳动力技能水平的影响 $s_{i,t} \equiv \theta_i + \lambda \text{age}_{i,t} + \mu(\text{age}_{i,t})^2$，假设该影响取决于劳动力的固定效应 θ_i 以及由他的年龄和年龄平方所反映的他的工作经历（注意 μ 通常是负的）。

最后一组变量区分了使用整体数据的估计和使用个体数据的估计。尤其是，利用整体数据解释平均工资 $w_{rs,t}$ 和包括协方差的区域 r 中部门 s 在时期 t 的劳动力的平均技术水平 $Q_{rs,t}$ 的模型可以设定如下：

$$\ln w_{rs,t} = Q_{rs,t}\theta + X_{r,t}\beta + Z_{rs,t}\phi + \gamma_s + \delta_t + \varepsilon_{rs} \qquad (11.14)$$

296　　　　一般来讲，假设 $Q_{rs,t}$ 取决于本地产业雇员的平均文化、教育或技术水平。这可以与式（11.13）相比较。在式（11.13）中，θ_i 是从属于每个劳动力的效率，它由个体特有的固定效应来估计。换言之，正如利用整体数据时的情况一样，它并不只取决于劳动力的教育或技术水平，它还包括劳动力特定的任何效应，而这些效应无论是否被观察到（可从数据组合获取）都不会随时间推移而改变。如果能够获得跨年度的数据，则我们可以引入这样一种固定效应，即对这种效应的估计是以劳动力的工资随时间变化，或者如果他迁移，则随区位变化为基础的。不过，这个固定效应没有考虑个体技术水平随时间推移的变化。这样，为了使模型更加完善，我们加入了劳动力的年龄及其平方，目的是解释个体技术水平随时间变化中的大部分（劳动经济学家常采取这种方式）。

最后，这种类型的估计要比基于整体数据的模型更具有一般性，这体现在如下方面：

（1）它利用了更多的信息（例如，利用个体工资水平来替代平均工资水平，利用个体技术水平来替代平均技术水平）；

（2）包括在模型中的技术变量不再受到它与其他可获得的解释变量应成比例的限制。

再次，我们利用密度来说明由变量遗漏和内生性引发的偏差问题。最综合的估计使用个体特有的数据，包括控制自然便利条件、地方公共物品和邻近地区的市场潜力的各个变量，且所有解释产业间外部性的变量都是工具变量（如上文所讨论的）。[1] 工资对密度的弹性为 0.03，意味着就业密度翻番会使生产效率提高 $(2^{0.03}-1)\times100\%=2.1\%$。当内生解释变量没有工具化时，相同的回归导致了一个更高的估计 0.037。这样，没有控制内生性会导致过高估计聚集经济 20% 多。当与由变量遗漏引发的更大的偏差相比较时，这样的结论也是合理的。现在我们就转向这个问题。

当根据总体数据进行研究时，式（11.14）的估计表明，工具化之后密度对工资的影响为 0.056，没有工具化时这一影响为 0.063。而且，面积的影响在个体数据的情况下是统计不显著的，但在这里面积的影响为 0.034。这表明使用整体数据而不使用个体数据可能会是一个非常重要的偏差来源，这是因为这些数据无法正确解释劳动力技术水平的区际差异。平均技术水平作为控制变量可以解释个体间技术水平的实际差异，但其解释是不完整的。采用对每个工人的固定效应加上年龄及其平方，此时尽管面积的影响消失了，但所估计的密度扩大到原来的两倍了。其原因是，劳动力是根据他们的整体技术水平在空间上进行分类的。甚至当劳动力具有相同的可观察的技术水平（例如，他们的教育水平或资历）时，那些由无法观察到的特征（例如劳动力的动机或心理上和文化上的特点）所决定的最高效的劳动力，就将区位设置在人口稠密地区。因而，忽视或不能充分控制这种无法观察的技术水平的空间分布状况（也就是变量遗漏问题），可能会导致对聚集经济的很不准确的估计。这种估计偏差可能比内生性导致的偏差还要大。经济活动密度翻番会使要素生产率提高 2.1% 还是 4.5%，这对于公共政策制定者而言是完全不同的。

以库姆斯等的研究为基础，米恩和纳蒂乔尼（Mion and Naticchioni，即将发表）研究了意大利工资水平的空间变化情况。他们也利用了个体数据，他们的结论证实了我们刚才看到的现象，即工资对密度的弹性在很大程度上由劳动力技术水平的差异所解释（占总体的 66%），而且如果考虑到内生性，则该弹性几乎下降 50%。米恩和纳蒂乔尼还观察到，在人口稠密地区的那些技能劳动力中，只有部分技能劳动力是随着人口迁移而来的。更准确地说，出生地本身似乎就是劳动力技能水平空间分类的手段。作者的假设是把技能水平的区际分布与作为知识生产者的城市规模联系起来，正如格莱泽和梅尔（Glaeser and Mare，2001）研究美国时所做的那样。在这种情况下，技术水平的空间选择过程可以视为是动态过程，此时大城市起到了关键作用，因而大城市的技术积累比其他地区更迅速。不过，在还没有对这些重要议题有任何确定性的结论之

---

[1] 使用的工具变量是取自足够远的时期以保证其外生性的滞后变量。库姆斯等（2008c）通过把工资或者全要素生产率作为因变量以及把地质特征作为工具变量来证实他们的结论。

前，我们还需要进行更多的研究。

为正确地理解上面的估计，值得关注西科恩和霍尔（Ciccone and Hall，1996）、西科恩（Ciccone，2002）对密度影响的研究，前者研究了美国，后者研究了大部分欧盟国家。两篇论文都利用了工具化的工资方程，并且发现工资对密度的弹性估计值为 0.04～0.05。他们指出这些估计几乎没有受到内生性偏差的影响。乍一看来，该结论与根据法国数据所得到的结论有些不一致。但注意到在这两篇文章中劳动生产率的差异只在总体水平上受到控制，因此这些估计对于被遗漏的不可观察的特征是否稳健并不确定。

11.2.5 区域的动态过程

有一些与本研究相关但年代早一些的文献也曾试图利用类似的思想来分析区域经济的动态过程。其基本的思想是很容易理解的，即与其说聚集经济立刻影响生产率，不如说聚集经济对经济的作用是一个动态的过程，从而影响区域经济增长。换言之，如果 $X_{rs,t}$ 包含了所有本地的外部性（以对数形式表示），且如果劳动的边际生产率的对数形式表述如下[①]：

$$g_{rs,t} \equiv \ln\left[s_{rs,t} \left(\frac{p_{rs,t} A_{rs,t}}{r_{rs,t}^{1-\mu}} \right)^{\frac{1}{\mu}} \right]$$

则习惯上也按如下方式估计：

$$g_{rs,t} - g_{rs,t-k} = X_{rs,t-k}\beta + \varepsilon_{rs,t}$$

其中，k 为外部性的滞后效应，以年度来度量，且至今一直有如下假设：

$$g_{rs,t} = X_{rs,t}\beta + \varepsilon_{rs,t}$$

格莱泽等（1992）和亨德森等（1995）对另一种至今经常使用的模型设定进行了基础性研究。这个设定包含选择不同的因变量，也就是把生产率变化替换为就业水平变化。尽管这种因变量的选择是很诱人的，这是因为相关数据在合适的空间范围容易得到，但缺点是，接下来的设定偏离了它的理论基础，因而引发了解释估计结果方面的新问题，例如生产率的提高可能导致地区就业水平的下降，这与这种替代设定的假设不一致［详细内容请参见库姆斯等（2004）］。

文献中的另一个重要的问题是，外部性随时间的推移消失得多快？对该问题令人信服的答案，对区域政策制定的最佳时机而言有着重要的意义。亨德森（2003）通过把滞后外部性（K 年中的每一年）视为解释变量解决了这个问题。估计模型为：

$$g_{rs,t} = \sum_{k=0}^{K} X_{rs,t-k}\beta_k + \varepsilon_{rs,t}$$

---

① 正如上文讨论的那样，人们可以类似地利用平均劳动生产率或全要素生产率。

不过，解释这个设定需要谨慎，因为我们会冒将滞后密度值对地方外部性的影响与简单的生产率在时间上的惯性相混淆的风险。这种惯性的存在似乎是正确的，因为调整生产要素并建立新的工厂是要花费时间的。考虑到这些，亨德森（1997）提出了一个似乎更合适的检验本地外部性动态过程的模型[①]：

$$g_{rs,t} = \sum_{k=1}^{K} \alpha_k \, g_{rs,t-k} + \sum_{k=0}^{K} X_{rs,t-k} \, \beta_k + \varepsilon_{rs,t}$$

这种模型设定的优点是，在控制因变量的惯性效应的同时也可以检验随时间推移而变化的外部性。而且，在动态面板数据框架下发展起来的计量方法，如广义矩法，使人们不需要寻找特定的工具变量也能够处理内生性问题。实际上，这些表明，足够滞后的水平变量值对于一阶内生变量是有效的工具变量，反之亦然。换言之，这个模型可以重新写成：

$$g_{rs,t} - g_{rs,t-1} = \sum_{k=1}^{K} \alpha_k \, (g_{rs,t-k} - g_{rs,t-k-1})$$
$$+ \sum_{k=0}^{K} (X_{rs,t-k} - X_{rs,t-k-1}) \beta_k + \varepsilon_{rs,t} - \varepsilon_{rs,t-1}$$

这种模型设定也允许人们考虑地区和产业固定效应的影响。而且，$g_{rs,t-1}$ 和 $X_{rs,t}$ 的滞后值可以作为通过高级识别检验法检验其有效性的工具变量。[②]

有些令人意外的是，库姆斯等（2004）发现，尽管法国劳动力的流动性较低，但是美国的调整过程相比于法国显示出更强的惯性。在法国，发现静态外部性是显著的（一年后，滞后值不再显著），这与亨德森（1997）发现的六年或七年的滞后期完全不一致。库姆斯等还提出那些促进现有厂商发展的要素（集约边际）并不一定与那些促进建立新厂商的要素（广延边际）完全相同。更确切地说，大量不同规模厂商的存在确实影响现有厂商的发展，而更多的新厂商将选择有少量类似规模厂商的区位。最后，具有大的劳动力市场和少量类似规模的产业的区位，有利于新厂商的建立和现有厂商的发展。因而，不同于一般的观点是，以地方产业结构多样化为目标的战略并不一定是推动地区经济发展的好战略。

11.3　结束语

根据产业特有特征去解释空间聚集的简单回归看起来是很诱人的，但它却带来了大量无法完全解决的计量和分析问题。当进行这些回归时，应有足够的谨慎，并且要特别注意变量遗漏和内生性偏差问题。在本章中讨论的其他方法尽管与经济地理学模型的关系较弱，但是它们说明了关于聚集经济的规模和产

[①] 库姆斯等（2004）重新研究过这种方法，这种方法可以同时估计就业和厂商数量的动态过程。

[②] 阿雷拉诺（Arellano，2003）详细说明了该技术。

业地区结构的一些程式化的事实。这里我们同样遇到了很多在实证经济地理学中很普遍的计量问题，即与区域特征的不完美度量相关的变量遗漏问题以及由于劳动力和厂商的内生性区位选择而产生的内生性偏差问题。话虽如此，但分析大量的解释变量和计量问题后发现，聚集经济仍然是重要的，这就吸引我们继续对经济聚集的奥秘进行解释。

我们所利用的方法被认为是非结构性的，因为它们不直接来自特定的模型，也不是以估计这种特定模型的参数为主要目标（但这并不妨碍我们在一般的理论框架下构建这些非结构性方法）。本书的最后两章将会详细讨论应用结构性模型的好处。作为一种预览，它的好处就是告诉我们，结构性模型可以解释不同类型的地区间相互作用的问题，而在本章提到的各种文献并没能完成这一任务。与经济学的所有领域一样，这两种方法（结构性方法和非结构性方法）应视为是互补的，前者有助于确定大量经济地理学核心变量之间相关性的稳健性，而后者的目的是以更严谨的方式确认特定理论模型，但是经常缺乏一般性。

11.4 相关文献

聚集经济的思想至少可以追溯到韦伯（1909），但产业多样化在推动当地经济发展中的潜在作用问题是由雅各布斯（1969）首次提出的。产业内外部性被称为地方化经济（Hoover，1936）或马歇尔-阿罗-罗默（MAR）外部性，产业间外部性被称为城市化经济或雅各布斯外部性。这种丰富多彩的内容本身就是导致混乱的主要原因之一。直到格莱泽等（1992）和亨德森等（1995）研究美国城市的就业增长问题，才有新的研究方法开始被用来精确地估计聚集经济规模。之后学者们又花了好几年时间才充分了解了与这些估计相关的许多困难。罗森塔尔和斯特兰奇（2004）对这些文献进行了综述。在辛加诺和施瓦尔迪（Cingano and Schivardi，2004）的论文中，读者会发现一篇有关分析意大利地区生产率增长的文章。奥和亨德森（Au and Henderson，2006）考察了中国的城市规模对工资的影响问题。该文证实了钟状曲线的存在，同时得出了大量中国城市规模不足以充分发挥聚集经济这一显著的结论。

第 12 章　　经济地理学的实证研究

302　　　正如在第 2 篇中所讨论的那样，经济地理学研究的中心内容之一就是要揭示不同区位对厂商的吸引力大小以及所观察到的厂商空间分布模式存在差异的主要原因。尤其是当大多数厂商自由选择区位时，经济地理学就是要寻找对厂商最有吸引力的那些区位的特点。经济地理学研究的另一个主要目标就是对观察到的厂商空间分布模式进行令人信服的解释。从这个角度出发，我们将讨论经济地理学是支持还是反对欧洲空间发展展望项目所提出的如下主张：

> 贸易自由化的初步迹象表明……竞争和商业用途正引导投资趋向于有高需求的地区，因为这些地区看起来是最有前途的。市场潜能较低的偏远地区会受到进一步衰退的威胁。
>
> European Commission （1999，p. 14）

　　本章总结了在最近的一系列经济地理学实证研究文献中所提到的方法和结论。虽然我们曾试图把现有的研究组合成一个统一的框架，但由于仍有一些问题尚未解决，我们终究没能对这些文献进行完整统一的概述。12.1 节对厂商区位决策的影响因素进行了综述。由于厂商会选择给它们提供最大预期利润的区域，因此 12.2 节介绍了那些以这种假设为基础并运用离散选择模型来评估区位间利润差异以及影响的新兴研究方向。12.3 节介绍了一个不同的方法，即根据区域生产份额和需求份额来估计本地市场效应，本地市场效应是我们在
303　第 2 篇中讨论的几种经济地理学模型的核心。12.4 节的思想基础是利润差异也可以表示为地方生产要素价格的差异，尤其是工资差异，这种方法可能与理

论模型更加一致。12.5 节介绍了在有关经济地理学背景下工人迁移的一些比较新的文献。

我们应该知道，尽管近来实证研究取得了很大的进展，但它仍然缺乏以一般均衡模型为基础的理论研究。更确切地说，这一章提出的计量模型显示出许多局部均衡分析所固有的局限性，例如内生性等问题。尽管如此，这些研究可以作为评估经济地理学模型的经验关联性和预测能力的有用基准，同时也能为新的研究提供基础，第 13 章将考察其中一些内容。

12.6 节介绍了最后一种方法，该方法试图直接通过经济地理学模型的主要预测，也就是根据区位选择对厂商最重要的变量很敏感这样的预测来解决内生性问题。借鉴劳动经济学和其他领域的方法，这种研究的目的是利用某种较大规模的冲击（自然实验）来揭示决定厂商区位的关键变量。这些冲击包括从突发的、未曾预料到的经济的开放到那些直接影响厂商区位决策的变化。虽然这种方法比较有独创性，但明显偏离理论，因而对有些问题很难做出解释。

12.1　一般框架

我们从设置基准时的标记开始，r 和 s 表示任何给定地区或国家；p_r 表示位于地区 r 的某厂商的出厂价；m_r 表示该厂商的边际生产成本[①]；q_{rs} 表示该厂商在市场 s 的产品销售数量；τ_{rs} 表示把货物从 r 运到 s 的冰山类型的贸易成本。如在第 4 章中所看到的，由于市场 s 的均衡价格为 $p_{rs}^* = \tau_{rs} p_r^* = \tau_{rs} m_r \sigma/(\sigma-1)$，因此该厂商在市场 s 获得的均衡时的经营利润（包含固定成本）可以由下式给出：

$$\pi_{rs}^* = (p_r^* - m_r)\tau_{rs} q_{rs}^* = m_r \frac{\tau_{rs} q_{rs}^*}{\sigma-1}$$

304　　在短期，厂商数量是外生的，且厂商利润为正，因此 q_{rs}^* 由如下 CES 型需求函数决定，即：

$$q_{rs}^* = (p_r^* \tau_{rs})^{-\sigma} \mu_s Y_s P_s^{\sigma-1}$$

其中，$P_s = \left[\sum_{r=1}^R n_r (p_r^* \tau_{rs})^{-(\sigma-1)} \right]^{-1/(\sigma-1)}$ 为地区 s 的 CES 价格指数，Y_s 为该地区的收入，μ_s 为所考察的产品在地区 s 的总消费中所占份额。因此，位于地区 r 的厂商的总利润为：

$$\Pi_r^* = \sum_s \pi_{rs}^* - F_r = cm_r^{-(\sigma-1)} \mathrm{RMP}_r - F_r \tag{12.1}$$

其中，$c = \sigma^{-\sigma}/(\sigma-1)^{-(\sigma-1)}$，$F_r$ 为厂商的固定成本，且

[①]　注意 m_r 为边际成本，而不是在第 2 篇的模型中的边际劳动力需求。

$$\mathrm{RMP}_r \equiv \sum_s \phi_{rs}\mu_s Y_s P_s{}^{\sigma-1} \qquad (12.2)$$

其中，$\phi_{rs}=\tau_{rs}^{-(\sigma-1)}$。根据地理学家昌西·哈里斯（Chauncy Harris，1954）的开创性研究，RMP 表示实际市场潜能。我们将会看到，被称为利润方程的式（12.1）是用于估计经济地理学提出的一些预测的各种不同方法的基础。

哈里斯（1954）的思想是简单的，即在许多部门，生产者都会选择那些能够保证它们更容易地进入不同市场的区位。尤其是，哈里斯的贡献之一就是他把市场潜能作为对地区 r 的市场接近程度的度量指标：

$$\mathrm{MP}_r \equiv \sum_s \frac{Y_s}{d_{rs}} \qquad (12.3)$$

其中，d_{rs} 是地区 r 和地区 s 之间的距离。正如哈里斯本人所承认的那样，这个指标明显带有在第 5 章讨论的引力方程的痕迹：

> 市场潜能被用于度量生产者与市场之间的空间相互作用，这种相互作用反映了从一个点到可达地区可能的产品流。大量的研究指出，任意两点之间的货物运输量以及许多其他的关系都与它们的规模成正比，而与它们之间的距离成反比。

Harris（1954，p. 325）

305　　要从上面定义的 RMP 推导哈里斯的表达式，我们必须做出三个附加假设。第一个假设是 $\phi_{rs}=d_{rs}^{-\delta}$。考虑到从引力方程的估计中所得到的 δ 值接近于 1（见第 5 章），这个表达式可以简化为 $\phi_{rs}=\dfrac{1}{d_{rs}}$。此外，一个更强的假设是，每种产品支出在总消费支出中所占的份额在各地区都是相同的。当处理最终产品消费时，这种简化假设是可以接受的。不过，对中间投入品而言，这种简化假设存在问题，它意味着要么所有部门消费相同数量的不同要素，要么地区部门结构完全相同。显然，这两点都不符合实际。最后值得注意的是，RMP 与哈里斯市场潜能之间的根本区别是，前者存在价格指数而后者没有。然而，我们可以预期如果增加给定地区的竞争者数量，会进一步分解需求，这反过来意味着 RMP 的下降。这样，RMP 考虑到了那些影响特定区位盈利程度的更多的效应，而哈里斯的市场潜能顶多是 RMP 的近似表示罢了。

利润方程（12.1）表明，地区 r 的盈利能力取决于两个基本要素，即地区 r 的边际生产成本 m_r 和位于地区 r 的厂商对所有市场的接近程度的综合性度量指标，也就是实际市场潜能 RMP_r。这样，就可以把方程（12.1）用在那些估计厂商区位选择的不同决定因素的实证检验中。这些检验可以描述如下。

区位选择　最简单的方法包括对利润方程的直接估计。在控制区域成本差异后，利润方程可以预测厂商是如何根据所考察地区的市场接近程度而选择不同的空间分布模式的。这种研究最初被用来分析跨国公司的区位选择，因为相对于国内厂商（"自由"程度较低），跨国公司进行区位选择的基本决定要素更容易把握。尤其是，跨国公司只是在近几十年才出现，而且它们的区位选择不会受到那些经常影响国内厂商的历史事件的影响。12.2 节将考察这种类型的研究。

本地市场效应 区际的正利润差异与长期的空间均衡是不相容的。可以通过两种方式实现区际利润的均衡化：首先，它可以通过厂商重新选择生产区位来实现，这将最终导致经济活动聚集在市场潜能较大的地区。这些研究是第4章讨论的考察本地市场效应的文献的对应实证研究。我们将在12.3节讨论此问题。

当地要素价格 另一种调整区际利润的方式是，通过提高生产成本（例如提高工资水平）来抵消核心区域的高市场接近性，从而实现利润均等化目标。这种机制引起了大量的对工资方程的研究，我们将在12.4节对此进行考察。[①]

人口迁移 如果市场接近程度较高地区的工资水平也较高，则可以预期这一情况会导致人口迁移，正如第6章中的核心-边缘模型所讨论的那样。同时，人口迁移规模取决于劳动力的空间流动性。12.5节将讨论这种类型的检验。

空间结构的稳定性 经济地理学模型的特征是存在多重稳定均衡。这意味着较大的冲击能够使整个经济从某种聚集形式转变为另一种聚集形式。12.6节的研究强调了历史的作用，他们指出大的冲击并没有使空间模式发生变化。

所有这些研究的共同点是把市场接近性（用RMP来度量）作为一个主要的解释变量。不过，应把第6章和第7章的模型和不完全竞争的国际贸易模型区分开来，因为这两者存在根本的区别，即前者的需求区位是内生的而后者的需求区位是外生的。内生性来源于许多机制，例如劳动力（消费者）迁移（Krugman，1991a），或者进行中间投入品贸易的厂商同时选择区位（Krugman and Venables，1995）。无论是哪一种情况，地区的RMP都是内生的，因为RMP取决于区位选择。因此，在实证检验中考虑这一特征是很重要的，但这同时也是一项很困难的任务。

12.2　厂商区位

这一节描述估计利润方程的第一种策略，即直接考察厂商的区位选择过程。某一厂商想要在能为其提供最高利润的区位建立一个分厂[②]，因此，如果

---

① 在现实世界中，两种调整机制都发挥作用（见第7章）。尤其是，当区际利润差异导致厂商向市场潜能大的区域聚集时，工资水平也同时上涨。并且，劳动供给的弹性越大，工资上涨幅度越小。因此，在确定实际中哪一种调整机制占主导地位时，对劳动供给弹性的度量是十分关键的。

② 我们假设厂商在所考察的地区只建立一个工厂。考虑拥有几个工厂从而能够分割固定投入的厂商也会非常有趣。不幸的是，这可能会使模型及其实证检验变得极端复杂。读者可以参考纳瓦雷蒂和维纳布尔斯（Navaretti and Venables，2004）对专门研究对外直接投资的文献的一个综述，其中涉及这种类型的问题。

对所有的 $s \neq r$，$\varPi_r^* > \varPi_s^*$，则厂商就会选择区域 r，其中利润方程由式（12.1）给出。利用我们将在下文中给出解释的一些假设，利润方程的参数可以通过逻辑特模型来估计。[1] 据我们所知，卡尔顿（Carlton，1983）是第一个利用这种方法来研究厂商区位选择的学者。从那以后，许多实证研究将该方法应用到对跨国厂商子公司的研究中。

12.2.1 区位的计量经济模型

任何研究区位选择的实证研究都包括一系列变量，我们试图获得的是其中两个主要的决定利润的要素，即对现行需求的接近程度和生产成本水平。对于需求，研究使用了简单的近似值，这些近似值或者只包含所考察地区的收入水平，或者既包含所考察地区的收入水平也包含更远地区的收入水平，并将二者的关系设为特别形式。学者们已经考察过从邻近地区的收入水平（Head et al.，1999）到哈里斯的市场潜能（Friedman et al.，1992）等不同形式的表达式，几乎所有研究都得出这些变量对厂商的区位选择有正向影响的结论，从而支持了厂商尽可能接近消费者的思想。不过，这些结果并不能解释为是对经济地理学模型预测的经验支持。实际上，在存在正的贸易成本的情况下，任何关注厂商区位选择的理论都会以这种或那种方式预测出厂商尽可能靠近它们的消费者的结论。这样，为从经验上支持经济地理学模型的结论，就需要有不同的研究方法和检验方法，也就是需要那些能够把 RMP 对厂商区位选择的影响以及其他经济地理学特定变量进行模型化的方法。不过，值得强调的是，上面的研究并没有推翻经济地理学的主要结论。

308 黑德和迈耶（2004a）提出了第一个与理论完全一致的区位选择模型。这两位作者考察了 1984 年至 1995 年间日本厂商在欧洲 9 国（比利时、法国、德国、爱尔兰、意大利、荷兰、葡萄牙、西班牙和英国）57 个地区中建立的 452 个子公司的样本。假设每个厂商的区位选择都是以利润函数（12.1）为基础的，因此可以计算出每个厂商在不同地区获得的利润，同时也可以按照从大到小的顺序进行排列。对函数 $\varPi_r^*$ 的任何变换都会保持原有利润大小排序不变，因此区位选择也不会发生变化。考虑到这一点，黑德和迈耶首先做了很强的假设，即固定生产成本在各地都相同。接着，把固定成本加入利润函数中，然后表达式乘以 σ，并取 $\dfrac{1}{(\sigma-1)}$ 次方。最后，两边取对数。结果用 U_r 来表示[2]，则：

$$U_r \equiv \frac{-\ln c + \ln(\varPi_r^* + F)}{\sigma - 1} = \frac{1}{\sigma - 1}\ln \text{RMP}_r - \ln m_r \tag{12.4}$$

---

[1] 参见特雷恩（Train，2003）对用于估计这种模型的技术的详尽说明。

[2] 为了简化标记，我们可以省略厂商指标，记住我们关注的是单个厂商的区位选择。实际上，利润方程中的一些变量是对每个厂商特定的。

必须说明 m_r 项的结构。指数和为 1 的柯布-道格拉斯函数是表示可变成本的最普遍形式之一。在一般情况下，这个函数包括工资水平为 w_r 的劳动和价格水平为 v_r 的由其他生产要素（例如土地和中间投入品）组合而成的复合投入。劳动在生产成本中所占份额为 α，同时 A_r 表示地区 r 的全要素生产率。这样，边际成本的对数形式表示为：

$$\ln m_r = \alpha \ln w_r + (1-\alpha)\ln v_r - \ln A_r \tag{12.5}$$

把式（12.5）代入式（12.4）中，则可以得到：

$$U_r = \ln A_r + \frac{1}{\sigma - 1}\ln \mathrm{RMP}_r - \alpha \ln w_r - (1-\alpha)\ln v_r \tag{12.6}$$

到这里，我们会想到这样一个问题，即既然所有厂商都有相同的表达式（12.6），为什么它们不选择同一个区位？对于这一问题，可能存在下面两种解释：

（1）区位决策是序贯的；

（2）市场存在一定程度的拥挤。

最初进入的厂商受到该区域提供的高利润的吸引。这些厂商的不断聚集加剧了该区域内的竞争（降低了市场潜能），但同时也提高了最终需求（提高了市场潜能）。换句话说，向下的压力和向上的压力都施加在实际市场潜能 RMP_r 上。只要 RMP_r 仍较高，则厂商持续进入该区域，但如果 RMP_r 下降到某一临界值，则其他区域开始吸引新的厂商，等等。这种调整过程是以厂商需要支付高额的区位重新选择成本的隐含假设为基础的。

这只是许多种解释中的一种，而且不是最令人信服的解释。尤其是那些具有相似的可观测特征的厂商（例如，厂商拥有相同的投资日期、部门、地方劳动力市场、产品市场等），可能因为无法观测到的或无法度量的异质性而有所差异。不过，这种异质性可以由 A_r 乘以一个随机变量 ε_r 来部分地进行解释。随机部分是每对厂商和区域所特有的，它反映了厂商之间的全要素生产率的差异。厂商可以观察到这种差异，但建模者观察不到。

依据这些假设，包含这些区位选择变量的表达式变成如下形式：

$$\tilde{U}_r = \ln A_r + \frac{1}{\sigma - 1}\ln \mathrm{RMP}_r - \alpha \ln w_r - (1-\alpha)\ln v_r + \varepsilon_r \tag{12.7}$$

在这种形式下，区位选择不再是确定性的，而是变成或然性的了，即厂商选择每一个区域的可能性为一种正的概率，这就意味着每个区域都成了生产区位的潜在候选者。尤其是当 ε_r 的绝对值较大时，区位要素如市场接近性和区域 r 的生产成本对厂商而言就不再那么重要了。

选择给定区域的概率的函数形式由随机变量 ε_r 的基本的分布函数确定。如果我们假设这个变量服从冈贝尔法则，则其累积分布函数如下：

$$F(\varepsilon_r) = \exp[-\exp(-\varepsilon_r)]$$

这样，选择区域 r 的概率可以通过逻辑特模型计算出来（参见第 3、8 和 9 章），即：

$$P_r = \frac{\exp U_r}{\sum_s \exp U_s}$$

反过来，逻辑特模型使我们能够利用极大似然法来估计式（12.6）中的参数。

该方法的基本思想是很直观的。对于任意给定的厂商，与每个地区相联系的潜在利润是不能观察到的。不过，厂商实际的区位选择以及厂商能够选择的区位的一些特征是可以观察到的。基于这些观察，我们可以根据潜在利润对地区进行分类，同时也可以揭示出包含在 U_r 中的变量的影响。

12.2.2　决定因素：生产成本和生产效率

许多部门的地区工资数据 w_r 都比较容易获得。因此，可以把劳动力成本的一个主要组成部分直接纳入估计中。但要记住，工资只是劳动力成本的组成部分之一。我们还需要做出很大的努力去解释随不同地区或国家而变化的劳动力市场制度。再者，值得回顾的是，如在第 11 章中所看到的那样，区际劳动力构成的差异可能会导致生产效率的巨大差异[1]，但我们在这里仍然假设劳动力是同质的。很难得到能够精确度量区际劳动力异质性的数据，因此在文献中几乎不考虑劳动力异质性的影响。

进一步，正如在上一章中所讨论的那样，v_r 和 A_r 都不能直接观测到，并且忽视这些变量会导致变量遗漏偏差。因此，人们试图寻找某些可观测变量来近似地表示这两个变量。例如，通过加入土地价格，或者，如果没有相关数据，则加入区域的面积来说明工业用地价格的差异，并以此作为 v_r 的一个近似值。[2] 一个明显影响 A_r 的因素是当地劳动力的受教育水平。注意高技能自然转化为高工资，这就意味着 A_r 的提高。因此，如果是完全竞争的劳动力市场，在回归中加入当地工资应该是足够的。此外，存在有关工资的另一个问题。实际上，我们将会在下文中看到，厂商的区位选择也可以导致高工资，从而导致反向因果问题。这对在下一节讨论的 RMP 的作用同样成立。这提出了对工资的工具化策略的需要。当地的教育水平并不是工具变量的很好的候选变量，因为它可能通过 A_r 直接影响外国直接投资的区位。刘等（Liu et al.，2006）提出了对这种问题的可能的解决方法。他们研究了外国直接投资在中国的区位，且利用了中国劳动力市场的特性，即国有厂商和民营厂商的劳动力市场的二元性。中国国有厂商的工资差异似乎拥有作为私人厂商工资空间差异的工具变量的特征，即在某特定城市，国有厂商工资水平的提高会影响当地劳动力市场，从而影响当地私人厂商的工资水平。不过，那

---

①　如在第 11 章中一样，我们可以在式（12.5）中加入一个附加项 $\alpha \ln s_r$，其中 s_r 反映了区域 r 的劳动力技能水平。

②　如果地区土地价格是可以观测到的，那么地区面积自然成为多余的，或至多是 v_r 的一部分。

▶ 经济地理学：区域和国家一体化

些国有厂商的工资形成过程很可能与该城市获得的外国直接投资数量没有直接联系。刘等（2006）在研究中国的外国直接投资选择生产区位的有条件的逻辑特模型中运用了这种方法，且得出了一些重要的结论。不过，看起来很难把这种类型的工具化策略一般化，因为该研究所利用的分割的劳动力市场是该案例所特有的。

除了劳动力成本外，税收和补贴也会影响资本成本，从而影响厂商的区位决策。因此，一些研究包括了反映公司税率差异的变量以及反映补贴和区域政策的相关测度。实际上，对利润征收的税率的边际差异对厂商区位决策有非常重要的影响，从实证研究角度而言，这一结论是很稳健的。在有关这些主题的实证研究的综合分析中，穆伊和埃德温（Mooij and Ederveen, 2003）指出：税率提高一个百分点会导致外国直接投资数量下降5%。投资补贴的影响并不是很清晰，尽管某些类型的补贴看起来比其他类型的补贴更有效。专项补贴（如1993年梅赛德斯从亚拉巴马州地方政府获得3亿美元作为其2.5亿美元投资的返还）确实看起来对区位决策有显著的影响（Head et al., 1999）。相比之下，这些研究发现源于区域规划政策补贴的影响是很微弱的（Crozet et al., 2004）。以同样的方式，德弗罗等（Devereux et al., 2007）证实补助金在吸引工厂到特定地区方面的影响较小，并发现在那些本行业工厂较少的地区，厂商对政府补贴的反应更不明显。

关注跨国公司区位选择的实证研究都显示厂商聚集趋势很明显，且具有某些共同的特征。重要的特征包括：

（1）它们属于同一个部门；

（2）投资者来自相同的国家；

（3）工厂隶属于同一个厂商或同一个集团。

312   已经深入研究的并明显具有上述特征的厂商集团是日本的厂商系列，这些厂商系列是围绕许多部门（汽车、机械设备和电子）的投入产出链而建立起来的。以这种类型经济关联为特征的厂商的空间聚集，导致了区域生产体系的形成。在这种生产体系中，厂商相互交易中间投入品，从而降低 v_r（见第7章）。而且，通过第11章中描述的那种聚集经济，厂商可以共享各自的知识和技术诀窍，这有助于提高厂商整体的生产效率 A_r。最后，厂商的空间聚集也可能依赖于外生优势，如自然资源禀赋和靠近沿海地区的区位条件，以及其他许多反映更低的要素价格和更高的生产效率的特征。

当可以获得几年的数据且生产效率和成本参数很少随时间推移而变化时，这些不同的机制就可以通过区域固定效应来解释[1]，或者也可以考虑附加控制变量的方法。我们将会看到，对这些变量实施控制是一个很艰巨的任务。

---

[1] 请参见第11章对该问题的详细讨论。

12.2.3 决定因素：市场潜能

除了考察以厂商生产成本和生产效率为基础的关键变量之外，经济地理学也主张高需求区域的利润水平较高，这会导致厂商的空间聚集。反过来，大量聚集了同属于某一产业厂商的区域，可能会导致对每个厂商的产品需求变小，从而降低该地区对厂商的吸引力。DSK 类模型通过式（12.2）给出的实际市场潜能抓住的正是这两种效应的相互作用。

遗憾的是，估计 RMP_r 不是件简单的事情。实际上，它要求有关 ϕ_{rs} 和 P_s 值的信息，但二者都不能直接观察到，因为它们都依赖于未知参数。这样，可能的策略就在于利用 ϕ_{rs} 和 $\mu_s Y_s P_s^{\sigma-1}$ 的估计值，并通过如下表达式来估计 RMP_r：

$$\widehat{\mathrm{RMP}}_r = \sum_s \hat{\phi}_{rs}\mu_s \widehat{Y_s P_s^{\sigma-1}} \tag{12.8}$$

在第 5 章讨论的通过贸易量来估计 ϕ_{rs} 的方法，通常在区域层面是不可行的，因为有关该空间层面的贸易量数据几乎不存在。此外，在已知这些贸易量取决于厂商的区位决策（这正是我们要解释的）的情况下，采用这种方法会面临内生性问题。类似地，直接估计 $\mu_s Y_s P_s^{\sigma-1}$ 也是不可能的，因为缺乏有关地区价格的相关数据，以及需要估计替代弹性 σ。故利用唯一的可得变量去处理国家间双边贸易的方法，其思想是以对应于这些变量的国内变量为基础得出这些变量的近似值。下面，我们将概述这个方法。

如果 R 和 S 表示样本中的两个国家，从国家 R 到国家 S 的出口量用 X_{rs} 表示，则：

$$\ln X_{RS} = \mathrm{FX}_R + \ln \phi_{RS} + \mathrm{FM}_S + \varepsilon_{RS} \tag{12.9}$$

其中，FX_R 和 FM_S 是在第 5 章中的固定效应引力模型中使用的变量。尤其是，FM_S 等于下式：

$$\mathrm{FM}_S = \ln(\mu_S Y_S P_S^{\sigma-1})$$

如同在第 5 章中所看到的那样，距离（d_{RS}）会阻碍自由贸易，同时贸易双方是不同国家（当 R 和 S 不同时，虚拟变量 B_{RS} 的值设定为 1）或者缺乏共同语言（此时虚拟变量 L_{RS} 等于 0）也会阻碍自由贸易：

$$\ln \phi_{RS} = -\delta \ln d_{RS} - \beta_S B_{RS} + \lambda L_{RS} B_{RS} \tag{12.10}$$

第一步，将式（12.10）代入式（12.9）后，首先，估计出系列变量 $\hat{\delta}$、$\hat{\beta}_S$、$\hat{\lambda}$、$\widehat{\mathrm{FX}}_R$ 和 $\widehat{\mathrm{FM}}_S$。最后的两个变量对应于第 5 章中的固定效应。其次，假设两个国家和地区具有决定贸易量的相同的经济要素，然后利用上述参数计算地区指数 $\hat{\phi}_{rs}$：

$$\begin{cases} \hat{\phi}_{rs} = \exp(-\hat{\beta}_S + \hat{\lambda}L_{RS})d_{rs}^{-\hat{\delta}}, r \neq s \\ \hat{\phi}_{rr} = d_{rr}^{-\hat{\delta}} = \left(\frac{2}{3}\sqrt{\frac{\mathrm{area}_r}{\pi}}\right)^{-\hat{\delta}} \end{cases} \tag{12.11}$$

其中，r 和 s 表示地区。

第二步，国家 S 的实际市场潜能由下式决定：

$$\mu_s \widehat{Y_s P_s^{\sigma-1}} = \exp(\widehat{\mathrm{FM}_S})$$

为了获得区域层面的估计，黑德和迈耶（2004a）提出根据国家 S 的各地区在国民收入中所占的相对份额，把该值在国家 S 的各地区之间进行分配，这相当于忽视同一国家地区间的价格差异。在这种情况下，我们需要进行的第二个估计是：

$$\mu_s \widehat{Y_s P_s^{\sigma-1}} = \left(\frac{Y_s}{Y_S}\right) \exp(\widehat{\mathrm{FM}_S}) \tag{12.12}$$

第三步，把式（12.11）和式（12.12）代入式（12.8）中就可以得到有关每一地区、年份、部门的 RMP 的表达式。正如上面所描述的那样，根据离散选择模型，可以利用上面相应的值估计利润方程（12.6）。[①]

在总结日本对欧洲的投资研究时，黑德和迈耶对于经济地理学预测能力的评价是很不明朗的。他们发现，RMP 确实干扰厂商的区位决策。即对于任意给定的地区，当 RMP 提高 10％ 时，根据不同的具体设定，厂商选择该地区的概率会提高 3％ 到 11％ 不等。RMP 的一个不足是，相对于哈里斯的市场潜能，它的有关厂商区位选择预测的可靠性较低。而且，没有包含在 DSK 模型中的许多变量（如当地经济规模、相对于日本厂商的本国厂商数量、厂商是否属于同一厂商系列等）对厂商的区位决策有重要的影响。这些结果表明，DSK 模型强调的那些聚集力并不是决定外国直接投资空间聚集的唯一的（抑或是最重要的）力量。尤其是，聚集经济对厂商生产率有直接的影响（见第 11 章），因此无可非议地发挥作用。[②] RMP、经济活动水平和当地厂商网络三者之间密切相关，因此在实证研究中区分出这些不同机制是比较困难的，这需要开发新的研究方法。

12.3　本地市场效应

我们刚才看到，厂商的决策行为与经济地理学的主要预测在一定程度上是一致的。具体来说，厂商会选择市场潜能较高的地区，并离开市场接近程度较低的地区。厂商个体的这种区位选择过程会导致何种长期均衡？从理论上说，最终得到的是这样一种厂商空间分布格局，即此时没有区位能够提供给厂商比这一区位更高的利润。简言之，在那些有厂商的地区，利润必然相同，而其余地区的利润较低。最近的一种研究思路是从这种假设出发，根据地区相对规模

[①]　从计量经济学的角度看，我们注意到在回归中的某些解释变量是在第一阶段估计的，并且由误差项度量，这会导致我们熟知的有偏的标准差。不过，在逻辑特模型中修正这一点是困难的。

[②]　因这些观察到的现象，我们在研究理论和经验模型时，要特别注意不同的空间规模。

的差异评价经济地理学的基本预测能力。

12.3.1 赫尔普曼-克鲁格曼模型

克鲁格曼（1980）是第一个研究我们在第 4 章中提及的本地市场效应的学者。让我们回顾一下由赫尔普曼和克鲁格曼（1985）提出的理论模型及其相应的实证设定。假定 λ 表示位于区域 r 的生产者数量份额，θ 表示该地区的需求份额，即 $\lambda = \frac{n_r}{N}$ 和 $\theta = \frac{(\mu_r Y_r)}{E}$，其中，$n_k$ 是地区 k 的厂商数量，$N = \sum_k n_k$ 是厂商总量，$E = \sum_k \mu_k Y_k$ 是总支出。当只考虑两个地区 r 和 s 时，空间均衡由 $\lambda^* \in (0,1)$ 所表征，使得 $\Pi_r(\lambda^*) - \Pi_s(\lambda^*) = 0$。利用利润方程（12.1）可以得到下式：

$$\Pi_r(\lambda^*) - \Pi_s(\lambda^*) = c(m_r^{1-\sigma}\mathrm{RMP}_r - m_s^{1-\sigma}\mathrm{RMP}_s) - (F_r - F_s)$$

为了获得适合于估计的解，有关本地市场效应实证研究的文献做了几种很强的假设。传统部门的特点是规模收益不变、完全竞争和贸易成本为零。两个地区的消费者都需求足够多的传统产品，因此在均衡时两个地区都生产该种产品。假设劳动力是唯一的生产要素并在部门间自由流动。两个地区的技术水平和传统产品的价格水平都相等，这意味着两个地区的工资水平和固定成本也相等，即：$w_r = w_s, F_r = F_s$。

采用与第 4 章中相同的方法，则地区 r 和 s 的利润差异可以表示为：

$$\Pi_r(\lambda) - \Pi_s(\lambda) = \frac{cE}{N}\left[\frac{\lambda(\phi-1) - \phi + \theta(\phi+1)}{\lambda(1-\phi)(1-\lambda) + \phi(1-\phi)}\right] \tag{12.13}$$

当 $\frac{1}{2}\left(1-\frac{1}{M}\right) < \theta < \frac{1}{2}\left(1+\frac{1}{M}\right)$ 时，解方程 $\Pi_r(\lambda) - \Pi_s(\lambda) = 0$，则可以得到如下有关本地市场效应的关系式：

$$\lambda^* = \frac{1}{2} + M\left(\theta - \frac{1}{2}\right) \tag{12.14}$$

³¹⁶其中，$M = \frac{(1+\phi)}{(1-\phi)}$，以及当 $\theta < \frac{1}{2}\left(1-\frac{1}{M}\right)$ 时，$\lambda = 0$。方程（12.14）适合于几种类型的实证检验。最简单的就是在 λ^* 和 θ 之间进行线性回归。估计系数的理论值应等于 $(1+\phi)/(1-\phi)$ 且应大于 1。而且，上述关系在选择所使用的经济计量模型时起到一个向导的作用。实际上，如果地区 r 对制造业产品的需求很低，则不能吸引任何厂商，在这种情况下，θ 的增加对 λ^* 不会有任何影响。从计量经济学角度来看，因变量可能取零值意味着普通最小二乘估计可能导致系数向下的有偏估计。托比特类型的估计可以纠正这一问题。最后，系数 M 是关于 ϕ 的增函数，因而是贸易成本的减函数。这提供了第二种可能的检验类型，即在贸易自由化进程中 λ^* 和 θ 之间的斜率应向下急剧倾斜。

12.3.2 经验的有效性

有些令人惊讶的是，有关本地市场效应的第一批实证研究并没有把式 (12.14) 视为它们进行估计的理论基础。尤其是，戴维斯和温斯坦 (1996，1999，2003) 在他们的研究中所利用的方法，与理论的匹配程度较差。其主要的区别在于，他们的设定所利用的变量是程度变量而不是如式 (12.14) 所要求的份额变量。他们估计的是在国家 r 的产品 k 的产出量 y_r^k 与两个分别标记为 share_r^k 和 $\mathrm{idiodem}_r^k$ 的变量之间的关系，即：

$$y_r^k = \beta_1 \mathrm{share}_r^k + \beta_2 \mathrm{idiodem}_r^k + \varepsilon_r^k \tag{12.15}$$

其中，$\mathrm{share}_r^k = (y_R^k / y_R) y_r$。$y_R^k = \sum_{s \neq r} y_S^k$ 和 $y_R = \sum_k X_R^k$ 分别表示世界其他地区 (在他们的研究中为 OECD 国家) 产品的产出量和所有产品的总产出，是国家的总产出。值得注意的是，不同于它的名称，这里并不是用份额来表示，而是用当部门在国家所占份额与世界其他地区所占份额相同时该国家产品的产出量来表示。作者的核心变量是，它被定义为国家在产品上的支出相对于世界其他地区对该产品的支出的一个偏差，即：

$$\mathrm{idiodem}_r^k = \left(\frac{E_r^k}{E_r} - \frac{E_R^k}{E_R} \right) y_r$$

其中，支出变量 E 类似于 y 产出变量。在国家之间在需求上不存在超常差异的情况下 (这等于假设 $\mathrm{idiodem}_r^k = 0$)，戴维斯和温斯坦预期 $y_r^k = \mathrm{share}_r^k$，因而系数 β_1 也应接近 1。系数 β_2 解释本地市场效应的潜在存在性，即均衡厂商数量对需求空间差异的反应。令式 (12.15) 中 $\beta_1 = 1$，则可以得到与理论十分接近的表达式：

$$\frac{y_r^k}{y_r} - \frac{y_R^k}{y_R} = \beta_2 \left(\frac{E_r^k}{E_r} - \frac{E_R^k}{E_R} \right) + \varepsilon_r^k$$

用这种方式，我们可以有效地处理以份额形式表达的方程 (或更准确地说，与世界其他地区份额的差异)，这可以视为是式 (12.14) 在 R 国框架下的一般化。因此，戴维斯和温斯坦 (1996，1999，2003) 把他们的设定看成是近似于式 (12.14) 的设定，其中 β_2 是 M 的一个估计值。我们将在下文中讨论这种解释的局限性。

戴维斯和温斯坦在式 (12.14) 的设定中增加了一系列与每个国家特定的土地、资本和劳动禀赋有关的变量，且以向量 factors, 来标示。这种扩大设定主要是为了区分那些依赖于比较优势的解释变量 (变量 factors,) 和经济地理学提出的解释变量 (受 share_r^k 控制的 $\mathrm{idiodem}_r^k$) 的需要。[1] 戴维斯和温斯坦研究的核心是解释变量的系数 β_2，因为它可以区分出比较优势变量和经济地理学

---

[1] 有关产业空间聚集的决定因素的 11.1 节也讨论过区分这两种类型模型的需要。

变量。也就是说，当 $\beta_2>1$ 时，人们相信经济地理学模型，而 $\beta_2<1$ 时的估计则只能与依赖于比较优势和规模收益不变的模型相兼容。[①]

人们普遍认为戴维斯和温斯坦（1999，2003）的贡献在于提供了对本地市场效应和整个经济地理学重要的经验支持。例如，藤田等（1999，p. 59）指出："最近由戴维斯和温斯坦（1999）所做的研究试图利用国际贸易模式去度量本地市场效应的重要性，且出人意料地发现它具有重要的影响。"鲍德温等（2003，p. 4）也认为上述两篇文章"发现了聚集力，也就是所谓的本地市场效应发挥作用的计量经济学的证据"。事实上，要考察戴维斯和温斯坦的结论，则需要更加谨慎和细致的解释。

表 12.1 综合了戴维斯和温斯坦（1996，1999，2003）三篇论文中所有部门综合在一起时所获得的结论。括号中的数为标准差，第二列表明是否将控制当地禀赋的变量向量 factors，包括在估计模型中。1996 年和 1999 年的结果表明，当采用作者的偏好设定时，如果将禀赋变量引入方程中，则 idiodem 系数小于 1。换句话说，如果我们接受他们的计量经济学设定，估计结果并没有提供对本地市场效应的经验支持。他们 2003 年论文的估计结果显示，即使不存在禀赋变量，$\beta_2>1$ 同样成立，但此时他们的设定省略了变量 $share_r^k$。由于这些明显偏离了最初的理论框架，因而这个结论是存在问题的。

表 12.1　戴维斯和温斯坦有关综合回归的估计值

文章/样本	factors$_r^k$	$share_r^k$ ($\hat{\beta}_1$)		idiodem$_r^k$ ($\hat{\beta}_2$)	
		估计系数	标准差	估计系数	标准差
DW96，OECD	否	1.103	(0.002)	1.229	(0.005)
	是	0.259	(0.198)	0.712	(0.033)
DW99，日本	否	1.033	(0.007)	1.416	(0.025)
	是	−1.744	(0.211)	0.888	(0.070)
DW03，OECD	否	0.96	(0.01)	1.67	(0.05)
	是	—	—	1.57	(0.10)

如果这些首次估计结果拒绝本地市场效应的存在，那么就得考虑戴维斯和温斯坦采取的方法的有效性。实际上，第一个批评也许会把注意力集中在包含在综合估计中的部门异质性。贸易成本、规模收益和中间投入品是在部门间存在较大差异的一些特征。这些特征差异意味着生产和需求份额之间不同的理论

[①]　有些研究质疑过这种解释。芬斯特拉等（2001）、特里恩费蒂（Trionfetti，2001）以及黑德等（2002）都表明在不存在比较优势的情况下将收益递增、正的贸易成本和 $\beta_2<1$ 结合在一起是可能的。这样，既然相反的情况不能排除规模收益递增而支持规模收益不变，唯一稳健的结论是 $\beta_2>1$ 与规模收益不变的情况不相容，这样就肯定了收益递增的假设。最后，找到一个与 $\beta_2<0$ 一致的理论模型是很困难的，这种经验结果表明模型设定或数据存在问题。

▶ 经济地理学：区域和国家一体化

联系。这样，假设估计系数对所有部门都相同看起来是有些冒失了。如在两区域模型中，$\beta_2 > 1$ 直接取决于参数 ϕ，但由于揭示的是贸易成本，因此它随部门发生变化。考虑到这一点，逐个部门地估计回归方程也许是更明智的。

表 12.2 给出了戴维斯和温斯坦（1996，1999）按部门估计的主要结果的描述性统计。乍看起来，这些结果更有利于本地市场效应。在这一系列结果中，变量 idiodem_t^k 的系数 $\hat{\beta}_2$ 的平均值大于 1。不过，平均值可能会受到极端值的影响，而中位数受到这种影响的可能性较小且小于 1。尤其是，一半以上的系数小于 1 且相当大一部分甚至是负的，这种情况与任何模型都不相符。考虑到这一点，戴维斯和温斯坦论文的主要观点，即支持本地市场效应的存在，是过于乐观的观点。在 50 个部门（2003 年论文里的行业四位数分类）中只有 11 个部门在严格意义上符合作者对本地市场效应的定义。由于估计结果的差异太大，无法对本地市场效应的存在与否得出明确的结论，因此需要一个更加谨慎的解释。

表 12.2　戴维斯和温斯坦（1999，2003）对部门特定效应 idiodem_t^k 的描述性统计

文章	$\hat{\beta}_2$		N	$\hat{\beta}_2 > 1$ (%)	sgn>1 (%)	$\hat{\beta}_2 < 0$ (%)	sgn<0 (%)
	平均值	中位数					
DW99，日本							
表 6	1.63	0.45	20	45	40	40	5
DW03，OECD							
表 2[a]	1.47	0.95	50	50	22	38	4
表 3[b]	1.20	1.02	13	54	31	0	0
表 4[c]	4.23	0.71	24	37.5	8.3	37.5	12.5

注：a. 行业四位数分类，分别回归；b. 行业四位数分类，综合回归；c. 行业三位数分类，分别回归。

让我们回到对本地市场效应理论预测的一个更严格的应用上。如果我们把两个国家 A 和 B 单独考虑，且只考虑两国的不同部门 k 在时期 t 的双边贸易，则自然有一个与式（12.14）相对应的方程。国家 A 的产出量可以定义为它为本国市场生产的产出量和出口到 B 国的产出量之和。类似地，消费是它消费的本国产品数量和它从国家 B 进口的产品数量之和（对国家 B 也一样）。这种方法本质上是对包含产业部门和年份的面板数据的线性回归，用国家 A 的产出量在两国总产出量中所占的份额（λ_t^k）作为左边的变量，用国家 A 的消费在总消费中所占的份额作为右边的变量，则：

$$\lambda_t^k = a_1 + a_2 \theta_t^k + \varepsilon_t^k \tag{12.16}$$

尽管 a_2 与戴维斯和温斯坦的系数 β_2 很相似，但在估计得到的参数和从理论模型中得到的结构性参数之间的关系上存在很大的差异。也就是说，在这种解释下，我们就有：

$$\alpha_2 = M = \frac{1+\phi}{1-\phi}$$

根据第 5 章中提出的方法，黑德和里斯（2001）先利用加拿大和美国不同部门的贸易流计算了 ϕ_t^k，然后把 ϕ_t^k 作为样本中部门的中位数去度量 α_2 的大小顺序。这样就得到了估计值 $\alpha_2 = 1.15$。他们还提出，利用部门的年度面板数据直接估计 α_2 的值，也就是分别研究每一个维度。换言之，他们首先引入时间固定效应，这样就只利用了部门之间的变动；第二个估计利用了部门固定效应，这样就从部门内不同时期的变动去估计 α_2。部门维度（部门之间）的估计结果是 $\alpha_2 = 1.13$，该值及其对应的标准差 0.07 在一定程度上证实了本地市场效应的存在。时间维度（部门内部）的估计结果是 $\alpha_2 = 0.84$，明显小于 1。和以前的情况一样，这种结果可以用许多不同方式来解释。一个最乐观的解读是只考虑部门间的估计结果而避开时间维度的估计结果，因为时间维度的估计结果缺乏稳健性（只有六年的数据是很不充分的）。不过，时间维度中确实消除了比较优势的影响，比较优势的相应变量不包含在回归分析中，但部门固定效应却潜在地包含了这些变量，这可能导致在部门维度中对 α_2 的高估。

还有第三种策略可以更好地评估和区分这两种解释。这种方法包含了贸易自由化随时间推移而变化所产生的影响。理论模型预测，降低加拿大和美国之间的关税，可以提高 α_2 的值，这应该会表现在人口较少国家（在这里是指加拿大）的那些初始需求较大而其产出量变化较小的部门。然而，这与黑德和里斯（2001）的经验观察相矛盾，这意味着本地市场效应的有效性是不确定的。

目前，存在如下评论。第一，值得注意的是，在上面讨论的黑德和里斯的研究中，为了更适合于理论模型，作者只考虑了两个国家。这隐含地假设两国内和两国间发生的任何事情都不受它们与世界其他地区的联系的影响，这类似于在经济模型中经常提出的"不相关项目的独立性"。但在这里，这种假设会招致批评。尽管由众多贸易伙伴国构成的全球经济更适合于考察本地市场效应，然而把本地市场效应扩展到更高维度（多个地区、国家和部门）往往是非常困难的。尤其如在第 4 章中所讨论的那样，一旦包含两个以上的地区，则占主导地位的市场的概念就变得很混乱。此外，贸易伙伴的相对区位是一个关键变量，但上面讨论的所有研究都忽略了这一点。例如，戴维斯和温斯坦对整个国家体系只估计了一个 β_2，尽管该变量考虑了双边贸易成本，但双边贸易成本又随着不同国家而发生变化。在理论研究领域，最近才开始出现有关本地市场效应一般化的研究（Behrens et al.，2004），因此推断它们的实证含义可能为时尚早。

最后应指出的是，本节和前一节解释变量的计量经济的内生性都被忽略了。这等于假设区位选择并不是内生的，这多少与那些试图解释区位选择过程的研究相抵触。这也等于忽视了表明不完全竞争的国际贸易模型与经济地理学模型的差异的主要参数。我们将会看到，下一节要讨论的研究在这一方面是更

321

加严谨的。

12.4　要素价格与经济地理

上一节做出了这种假设，即市场潜力较大地区的利润剩余通过厂商重新选取区位机制被完全吸收，从而使相同部门的厂商在各地区的利润都相等。名义工资由于传统产品的无阻碍流动也被假设是瞬间均等化的。另一种调整机制是提高市场潜能较大地区的生产要素成本，或者降低那些厂商利润较低地区的生产要素成本。

根据利润方程（12.1），零利润条件可以写成如下形式：

$$m_r = \left(\frac{c\mathrm{RMP}_r}{F_r}\right)^{1/(\sigma-1)} \tag{12.17}$$

与前面的情况一样，下一步的分析取决于我们采取何种生产成本结构的假设，即 m_r 的基本假设。这里，假定劳动力是同质的且部门间不能流动，它是主要的生产要素，但是厂商还使用其他生产要素和中间投入品。对于后面的这种投入，通常是假设（如在第 7 章）每个厂商的生产函数包括制造业产品（所有的产品种类按 CES 函数形式加总）和基本投入组合。这样，边际生产成本 m_r 由类似于生产函数的柯布-道格拉斯函数给出，m_r 取决于工资（w_r）、其他基本要素价格（x_r）和多样化产品的价格指数（P_r）：

$$m_r = w_r^{\alpha} x_r^{\beta} P_r^{\gamma} \tag{12.18}$$

其中，α、β、γ 三个参数之和等于 1。最后，如果固定成本包含相同的生产要素且其比重与可变成本的比重相同，则我们有 $F_r = aw_r^{\alpha}x_r^{\beta}p_r^{\gamma}$，其中 a 是一个度量规模收益递增程度的常数，假设在各地区都相同。令式（12.17）和式（12.18）所表示的边际生产成本相等，则我们可以得到一个将地区不同要素价格联系起来的长期均衡关系：

$$\ln w_r = \frac{1}{\alpha\sigma}\ln\mathrm{RMP}_r - \frac{\gamma}{\alpha}\ln p_r - \frac{\beta}{\alpha}\ln x_r - \frac{1}{\sigma\alpha}\ln\left(\frac{\alpha}{c}\right) \tag{12.19}$$

雷丁和维纳布尔斯（2004）曾经考虑过该方程，该方程与第 11 章所描述的工资方程类似。尽管地区工资在式（12.19）的左边出现[①]，但它同时又被包括在式（12.19）的右边（在价格指数和市场潜能中），只是被隐含表示。此外，一个很大的区别是，在这种情况下右边的变量直接来源于理论模型（这不同于或多或少取决于一些特别设定的情况），因而估计是结构性的。根据汉森（1998）的研究思路，一些学者通过假设劳动力是唯一的生产要素，即 $\beta=\gamma=0$，大大简化了该方程。值得注意的是，正如在 12.2 节中所考虑的，尽管这种方法

---

① 注意，w_r 可以广泛解释为所有不可流动要素的价格，而 x_r 是可流动要素的价格。

是不同的，但表达式（12.19）仍然与生产区位的盈利概念直接相关。特别是，它确定了当那些区位的厂商的利润为零时所需的要素价格水平。[1] 到目前为止，这种方法已经在两个领域里得到广泛应用。

12.4.1　人均收入的区际差异

地区 r 的人均 GDP 的对数（$\ln\text{GDPC}_r$）是该地区工资水平的对数值的近似表示。如果我们做出较强的假设，即技术水平和其他基本投入要素的价格在各地区都是相同的（可能是因为它们是完全流动的），或者其差异在空间上是随机分布的[2]，则我们可以得到如下方程：

$$\ln\text{GDPC}_r = \frac{1}{\sigma\alpha}\ln\widehat{\text{RMP}}_r + \frac{\gamma}{\alpha(\sigma-1)}\ln\widehat{\text{SP}}_r + \zeta + \varepsilon_r \qquad (12.20)$$

其中，$SP_r \equiv P_r^{1-\sigma}$ 表示雷丁和维纳布尔斯（2004）的"供给者潜能"，ζ 是一个常量，ε_r 是一个描述其他基本投入要素价格的地区差异或这些投入要素生产率的地区差异的误差项，假设 ζ 和 ε_r 服从随机分布。在分析过程中的核心变量仍然是实际市场潜能 RMP_r。要注意的是较高的 RMP_r 值是如何导致高工资的问题，其实这反映了与最终市场规模相联系的聚集机制。至于供给者潜能变量 SP_r，它所描述的是在第 7 章中讨论的中间投入品的作用：厂商离中间投入品供应商越近，它支付给雇员的工资水平越高，因为它的盈利水平越高。

正如 12.2 节的情况一样，雷丁和维纳布尔斯利用双边贸易流的初步回归计算了每个国家的 RMP 和 SP。也就是说，沿用第 5 章中的方法，地区 r 和 s 的双边贸易流可以表示为：

$$\ln X_{rs} = \text{FX}_r + \ln\phi_{rs} + \text{FM}_s$$

其中，$\text{FX}_r \equiv \ln(n_r p_r^{1-\sigma})$、$\text{FM}_s \equiv \ln(\mu Y_s p_s^{\sigma-1})$。$\phi_{rs}$ 可借助于标准变量，如距离、接壤等近似表示。接着，通过双边贸易流回归，可以计算出式（12.20）中的解释变量：

$$\widehat{\text{RMP}}_r = \sum_s \exp(\widehat{\text{FM}}_s)\hat{\phi}_{rs}, \ \widehat{\text{SP}}_r = \sum_s \exp(\widehat{\text{FX}}_s)\hat{\phi}_{rs}$$

如在第 11 章中所看到的，工资方程要求包括一定数量的控制变量作为保护，以防出现潜在的变量遗漏问题。利用这些控制变量去解释在理论模型中都不存在的劳动力的技能水平、技术水平、禀赋水平以及制度质量的国际差异是十分有必要的。[3]

---

① 同样要注意，传统部门隐含地消失了，由此导致名义工资在部门和地区间不再相等。

② 必须假设地区的不完全流动的投入要素价格与地区的市场潜能或中间投入品的价格指数均不相关。

③ 最近黑德和迈耶（2006）、赫林和庞塞特（Herring and Poncet，即将发表）所进行的研究，在雷丁和维纳布尔斯（2004）的框架中加进了对地区或个体技能的度量。

考虑到这一点，雷丁和维纳布尔斯以 101 个国家 1994 年的样本数据为基础估计了式（12.20）。两个变量 RMP_r 和 SP_r 也是在相同的国家体系结构基础上建立起来的。在他们最简单的设定中，回归结果的解释能力很大，RMP 独自解释了 73% 的人均 GDP 的变化。当作为一个单独的解释变量来考虑时，供给者潜能是唯一具有类似解释能力的变量。[①]

遗憾的是，这些结论对于度量参数 ϕ_{rs} 和 ϕ_{rr} 的基本假设非常敏感。雷丁和维纳布尔斯假定 $\ln\phi_{rs} = -\delta\ln d_{rs} + \beta \text{bord}_{rs}$ 以及三种内部距离 d_{rr} 的不同表达式（因而 ϕ_{rr} 也采用三种不同的表达式）。选择内部距离的设定特别重要，因为它部分地决定了地区 r 自身的 GDP 对 RMP 的影响程度，进而又影响人均 GDP。在贸易成本 ϕ_{rr} 和 ϕ_{rs} 分别接近 1 和 0 的极端情况下，地区 r 的 GDP 是包含在解释该地区人均 GDP 的回归过程中的唯一变量。尽管 ϕ_{rr} 和 ϕ_{rs} 不取这些极端值，但此时会出现其他问题。当在经济地理学框架内处理内生的区位选择问题时，代理人能观察到而计量经济学家不能观察到的地区工资或 GDP 的冲击会导致误差项与解释变量之间的相关性。由于 RMP 包括了该地区的最终需求，地区的存在导致情形尤其如此。这种相关关系引起了那些在第 11 章和本章前面的章节中讨论过的内生性问题。

一种降低这种潜在偏差的可能方法是只利用 RMP 的非本国部分来估计这个模型。雷丁和维纳布尔斯建议区分市场潜能的本国部分和国外部分。[②] 尽管它可能会解决大部分的内生性问题，但是这种方法的缺点是会带来潜在的变量遗漏问题和设定误差。根据这种方法，雷丁和维纳布尔斯发现，在他们的样本中，人均 GDP 变动的 35% 是由变量单独解释的。虽然该结论比起之前的结论相对较弱，但提出了一国的发展水平在很大程度上取决于邻国的经济动态的主张，而这种结论提供了对经济地理学模型（以牺牲本地市场效应方法为代价）的较强的经验支持。这与盖洛普等（1999）的结论类似，他们观察到自然地理对经济发展有显著影响。更准确地说，他们的研究显示，热带气候和位于内陆的位置与一个国家的人均 GDP 负相关。不过，虽然新加坡靠近赤道，奥地利和瑞士是内陆国家，但这三个国家位于世界最富有国家之列。简单地说，就是自然地理并不能解释一切。与此相反，如果考虑到经济地理学，则既可以解释卢旺达的贫穷问题，也可以解释上面提到的三个国家的富有问题。此类方法的主要问题是，理论模型预测要素价格随邻国市场规模和本国市场规模的扩大而提高。如果我们只应用市场潜能的第一部分，则我们会预测加拿大的工资水平明显高于美国的工资水平，但事实并非如此。

最好的解决方法是，当构建 RMP 变量时既包含本国部分也包含国外部

[①] 当把控制变量包括在内时，市场和供给者潜能变量仍然具有较强的影响。不过，它们之间可能具有高相关性，因而它们无法同时都表现为很显著。注意这里使用的计量经济学技术既考虑到了贸易量中大量存在零值的情况（这一点在第 5 章中讨论过），也考虑到了一些解释变量是在第一阶段中估计出来的情况（标准差是根据自助法估计的），这是与上一节给出的研究不一致的地方。

[②] 例如，美国的市场潜能被"分解"为解释美国需求的项和解释来自世界其他国家的需求的项（以贸易成本为权重）。注意，这种分解与模型的实际预测并不完全相符。首先，在函数形式上，模型是要取总需求的对数而不是需求的对数之和。其次，对于为什么分解的项应有不同的影响，没有任何理论上的理由。

分，同时利用 RMP 的工具变量来充分修订内生性问题。雷丁和维纳布尔斯（2004）通过将至纽约、布鲁塞尔和东京的距离作为工具变量，在这方面迈出了可喜的一步。[1] 这种方法的优势是，如果这些工具变量是完全外生的，那就可以避免内生性问题。不过，这些相关城市的选择非常重要，即那些促使这三个城市如此富裕的力量很可能包括在模型里面，从而这些工具变量变成了内生变量（从计量经济学角度而言）。如果我们想要得到对该类型模型中 RMP 效应的满意的估计量，则还需要进一步的努力。[2]

12.4.2 区际工资差异

雷丁和维纳布尔斯（2004）试图通过经济地理学模型用人均收入差异来解释国际工资差异。不过，这种有关空间差异的初始研究所关注的是地区层面的工资差异。

如果在式（12.19）中劳动力是唯一的生产要素（$\beta = \gamma = 0$，因而 $a=1$），则我们可以得到由汉森（1998，2005）提出并估计的方程，该方程定义的地区 r 的均衡工资如下：

$$\ln w_r = \frac{1}{\sigma} \ln \mathrm{RMP}_r - \frac{1}{\sigma} \ln\left(\frac{a}{c}\right) \tag{12.21}$$

如在以前框架中的情况一样，工资仍是 RMP_r 的一个函数。不过，供给者潜能效应现在消失了，因为生产过程不再包含中间投入品。汉森利用理论模型结构进一步估计了这个新的工资方程，但他没有利用基础的引力方程。此时，他考虑了两个额外的均衡条件：

（1）如在克鲁格曼（1991a）模型中的情况一样，劳动力的迁移使区际实际工资相等；

（2）如在第 8 章讨论的赫尔普曼（1998）模型中的情况一样，在家庭消费中他用住房代替了农产品。

这样，如果 H_r 表示地区 r 的住房存量，P_r^H 是它的价格，则对所有 r 和 s，实际工资相等就意味着：

$$w_r P_r^{-\mu_r} (P_r^H)^{-(1-\mu_r)} = w_s P_s^{-\mu_s} (P_s^H)^{-(1-\mu_s)}$$

在上式中，第二个均衡条件反映了在均衡价格下住房的供给和需求必须相等，即：

$$H_r = (1-\mu_r)\frac{Y_r}{P_r^H}$$

---

① 之所以选择这些城市作为工具变量，是因为它们位于世界的三个主要经济区的中心，形成所谓的三元组合。

② 赖斯等（Rice et al.，2007）利用英国的 NUTS3 数据分析了收入和生产率空间变化的决定因素。他们确定了生产率（而不是收入）的空间变化与经济体接近性之间的稳健关系。迈耶（2008）将雷丁和维纳布尔斯（2004）的回归模型扩展到 1965 年到 2003 年间的一些国家组合，运用了面板数据技术和新的工具变量。当利用国家固定效应和时间变动工具变量时，得出的结论被证明是稳健的。最近发现，在工资方程上的应用是很成功的。

由式（12.21），我们可以将 RMP$_r$ 的两个价格项代入以得到下式[1]：

$$\ln w_r = B + \frac{1}{\sigma}\ln\Big[\sum_s Y_s^{[\sigma(\mu-1)+1]/\mu} w_s^{(\sigma-1)/\mu} H_s^{(\sigma-1)(1-\mu)/\mu}\phi_{sr}\Big] + \varepsilon_r \quad (12.22)$$

其中，B 是一个常数，ε_r 是一个与上一节的描述类似的误差项。

汉森以美国 3 075 个县的样本为基础，利用非线性最小二乘法估计了式（12.22）的两种版本[2]，即用哈里斯的市场潜能替代 RMP 的简化版本和直接由理论模型得来的结构版本。这些估计有以下特点：变量为时间差，这相当于在某一期间内采用县的固定效应；尤其是引入许多解释县之间技术异质性的控制变量；运用工具变量去处理与内生区位选择相关的内生性问题。[3]

纯粹的结构估计可以确定出理论模型下的所有变量，也可以拒绝那些不符合结构约束的变量。在事前对住房成本没有施加任何约束的情况下，结构估计显示出住房成本在消费中所占份额在 0 和 1 之间变化，替代弹性大于 1，以及贸易成本为正。因此，数据并没有拒绝汉森所考虑的经济地理学模型。地区的主流工资随相邻地区收入水平的提高和住房存量的增加而提高。非黑洞条件也能得到满足（见第 6 章）。在 1980 年到 1990 年间，R^2 值等于 0.35，这进一步证实了这种类型的实证策略是相对成功的。替代弹性 σ 的估计值被限定在 4.9 至 7.6 之间，这与文献中给出的水平基本一致。而且，结构估计的好处还在于它使我们能够确定模型中其他变量的可能值。例如，发现生产者的提价率 $[\sigma/(\sigma-1)]$ 在 15% 和 25% 之间，这看起来是合理的。另外，在收入中非转移型产品（住宿和不可转移的服务）消费所占的份额为 3% 和 7% 之间，这低于实际观测值。

最后，有趣的是紧跟理论模型的计量设定（Hanson，2005）比包括哈里斯市场潜能的计量设定总体结果更好。比起黑德和迈耶（2004a）所得出的经济地理学结论，汉森的上述结论是更能令人信服的经济地理学结论。尽管黑德和迈耶采用了与经济地理学理论更加一致的设定，但是他们的结论对区位选择的解释不能令人完全信服。话虽如此，汉森的上述结论的实证检验范围应该被谨慎评估。虽然在进行结构估计时调用的参数值与理论值是相符的，但是这些值也并非完全切合实际。

米恩（2004）和布雷克曼等（2004a）以汉森（1998，2005）的开创性研究为基础，分别分析了意大利和德国的数据。虽然不是完全相同，但这些学者

---

① 汉森假定，住房成本在收入中的比重在区域间是相同的且住房部门的收入在空间上是均匀分布的。虽然这个假设还没有说清楚（见第 8 章），但这等于抑制了一种聚集力量，因为土地价格（以及相应的土地所有者收入和消费）在中心地区会更高一些。

② 式（12.22）对未知参数 σ 和 μ 是非线性的，这使得汉森不能使用普通最小二乘法。米恩（2004）曾使用过的另一种方法是，在利用普通最小二乘法进行估计之前，对该方程进行泰勒展开。尽管这种设定与理论模型之间存在一定的偏离，但是这种偏离程度是可以检测并量化的。而且，普通最小二乘法有更加稳健的优点（不依赖于预置不动点算法研究的方式）和渐近线特征。

③ 有关利用工资方程估计的详细内容可以参考第 11 章。

的研究结果十分接近汉森的结果。首先，这两个国家的情况并没有拒绝模型的结论。替代弹性 σ 在德国等于 6.2，在意大利位于 5.9 和 6.7 之间。在控制内生性后我们发现，德国是 3.9，意大利是 1.9。类似于汉森的研究中的情况，非转移型产品生产部门在整个经济中所占比重的估计值很小，这种情况与现实不符。但是对式（12.20）进行泰勒展开，然后进行估计，则可发现意大利的该比重相对较高。

12.4.3　工资方程：墨西哥的例子

　　上面描述的两种类型的经验分析是严格遵循经济地理学理论模型的应用研究。不过，其他研究也考察过要素价格与市场接近性之间的关系问题。虽然与理论相背离，但类似于前面章节中的情况，这些模型也解释了市场的相对位置（第 11 章提出的聚集经济估计缺乏这一点）。为了说明这一点，汉森（1996）利用了墨西哥迅速国际贸易自由化的例子。在 1985 年，这个国家多少有些突然地结束了 40 年的贸易保护主义，不久就加入了《关税及贸易总协定》（GATT，1986）和《北美自由贸易协定》（NAFTA，1994）。墨西哥厂商经济环境的这种变化，以及墨西哥城在国内生产中的主导作用，使得墨西哥几乎成了检验经济地理学主要预测内容的理想场所。汉森利用到首都的距离和到美国边界的最近距离解释了墨西哥的工资。因变量是墨西哥每个地区工资相对于墨西哥城同部门的工资的比。他考察了 1985 年前后模型的值和解释能力。汉森发现，到墨西哥城的距离增加 10%，则对应的工资下降 1.9%，而到美国边界的距离增加 10%，则对应的工资下降 1.3%。这表明市场接近程度在决定地区工资方面的作用是很明显的。不过，该研究提出的其他预测，如在 1985 年后，在决定地区工资方面，到墨西哥城的距离相比到北部边界的距离的重要性下降了，并没有得到证实。

　　总之，市场潜能无论对国际层面的工资还是对地区层面的工资都有显著影响。虽然许多方法论问题仍有待进一步考察，但这些结论与经济地理学的结论是一致的。

12.5　人口迁移

　　上一节讨论的实证研究表明，市场潜能较大地区的要素名义价格比其他地区高，尤其工资更是如此。这样，如果劳动力是可流动的，他们就被那些拥有强大市场潜能的地区所吸引，这些地区是劳动力净流入地区（假定此地的生活成本并不是很高）。在克鲁格曼（1991a）的模型中，劳动者是根据地区间实际工资差异选择他们的居住区位的。在多于两个地区的模型中，地区 r 吸引还是排斥劳动者取决于该地区提供的实际工资比其他地区是高还是低。克洛泽特（2004）把这种思想应用于对欧洲地区间劳动力转移的分析中[①]，同时他还想结合这些地区可能有比较高的失业水平的情况。根据哈里斯和托达罗（Harris and Todaro，1970）的研究方法，克洛泽特假设地区 r 的预期实际工资由实际工资 ω_r 乘上劳动力在这个地区能找到工作的概率 e_r 给出。假设 e_r 与失业水平成反比。而且，变更区位就得支付迁移成本，因此每个个体都根据扣除这些费用之后的预期实际工资的最大化做出他们的居住区位决策。因为假设劳动力是异质的（第 8 章给出了原因），因此他们并不一定在同一时间内转移，也并不一定选择同一个区位。

正如在第 8 章中所看到的那样，离散选择模型可以简单而有效地处理迁移决策问题。更确切地说，克洛泽特假设地区 r 的个体 i 的满意程度由 $\ln(\omega_r e_r) + \varepsilon_r(i)$ 给出，其中 $\varepsilon_r(i)$ 表示个体 i 与地区 r 之间的匹配质量。从地区 r 迁移到地区 s 导致了迁移成本 $1/\rho_{rs}$，该成本一般与两个地区间的距离正相关。通过假设迁移成本只降低转入区的生活效用，对原来居住在地区 r 的个体现在居住在地区 s 时的满意程度由下式给出：

$$V_{rs} + \varepsilon_s(i) \equiv \ln(\omega_s e_s \rho_{rs}) + \varepsilon_r(i)$$

如果上述效用大于其他任何地区所能提供的效用，则个体 i 会选择 s 作为他的居住地。如在 12.2 节的情况，我们只能以概率形式描述这种选择。这意味着要给出随机变量 $\varepsilon_s(i)$ 的分布函数形式。如在 12.2 节的情况，假设随机项服从冈贝尔法则，则会得到原来居住在地区 r 的劳动力转移到地区 s 的逻辑特类型概率，即：

$$P_{rs} = \frac{V_{rs}}{\sum_t V_{rt}} = \frac{\omega_s e_s \rho_{rs}}{\sum_t \omega_t e_t \rho_{rt}}$$

这样，如在 8.2.3 节的情况，通过将个体迁移概率乘以地区 r 的人口就可以得到从 r 到 s（mig_{rs}）的总迁移数量 $P_{rs}L_r$，则迁出地区 r 的总数量（mig_r）为 $L_r(1-P_{rr})$。因此，从地区 r 迁入地区 s 的移民比重由下式给出：

$$\frac{\text{mig}_{rs}}{\text{mig}_r} = \frac{\omega_s e_s \rho_{rs}}{\sum_t (\omega_t e_t \rho_{rt} - \omega_r e_r \rho_{rr})} \tag{12.23}$$

最后一步是确定式（12.23）中的实际工资变量以获得能估计的方程。与前面章节中的研究类似，克洛泽特从克鲁格曼（1991a）的研究框架中得到了均衡工资。

与厂商的例子一样，良好的市场接近性被证明对个体的吸引力更大，但显示吸引力的机制不同：高市场潜能既吸引厂商也吸引个人，前者是因为高市场

---

① 样本包括德国（1983—1992）、意大利（1983—1993）、荷兰（1988—1994）、西班牙（1983—1993）和英国（1980—1985）的地区间总迁移数量。

潜能能够带来更高的利润［见式（12.1）］，后者是因为高市场潜能能够提高迁移方程中的名义工资水平［见式（12.21）］。对于劳动力而言，接近生产者会降低价格指数。对厂商而言，接近核心区的中间投入品可以提高利润水平，如在12.4.1节的雷丁和维纳布尔斯（2004）的供给者潜能所描述的那样。

克洛泽特利用了该模型的准结构形式，这种形式的模型具有良好的预测能力以及估计参数的符号和值都与理论相符的双重优点。所要估计的参数是：

（1）制造业部门的替代弹性 σ；

（2）贸易成本对距离的弹性 δ（在总消费中非贸易产品所占比重不能确定，故要选择一种特定形式）。

注意，μ 不能与 σ 分别确定，它需要固定为一个特定值。当非贸易产品的比重固定为0.4时，所有 σ 的估计值都显著大于1，从英国的1.3到荷兰的4.3。而且，贸易成本关于距离的弹性的估计值都是正的，并有一个非常高的均值（约1.8），虽然该弹性值随着国家和非贸易产品的消费份额的取值显著发生变化。

庞斯等（Pons et al.，2007）效仿了上述分析方法，他们利用的是完全不同的样本，即两次世界大战间隔期间西班牙各省之间的移民流。再次，拥有高度中心特征的地区吸引了劳动力的迁入。注意，那个时期的劳动力对迁移成本已经很敏感，而且马德里和巴塞罗那的移民基本上来自这两个城市的附近地区。实际上，马德里和巴塞罗那接纳的来自较远地区的移民很少，即使这些较远地区属于很贫穷的地区。

12.6 空间模式的稳定性

332   多重稳定均衡的存在是经济地理学的主要特征之一。多重均衡存在性的经验检测本身并不能说明本书所讨论的聚集机制的存在性得到了证实，因为其他力量也会引发累积机制进而导致多重均衡（Farrell and Klemperer，2007）。另外，拒绝多重均衡存在性的实证研究支持聚集的比较优势模型，因为这些模型具有由地区特定的外生特征所决定的唯一均衡。

戴维斯和温斯坦（2002）研究了日本城市分布的主要变化，而这种变化可能揭示出多重均衡的存在性。他们的结果简单概括如下，表明他们几乎没有发现多重均衡存在性的重要证据：

> 这样，一个重要的现实问题就是这种空间突变是一个理论珍品还是数据表现出的一种核心趋向。我们的结果提供了一个清楚的答案。在过去的几十年中，甚至原子弹也几乎没能改变城市相对规模。暂时性冲击产生空间突变的理论可能性并不是得到数据支持的核心趋向。
>
> Davis and Weinstein（2002，p. 1284）

首先，让我们回到图6.8，并假设经济参数的取值与三个稳定均衡（一个

是对称均衡，另外两个是聚集均衡）一致。每个均衡都是局部稳定均衡，因此
小型冲击的效果可能很快消失，但大规模冲击很可能推动聚集均衡转向分散均
衡，反之亦然。甚至当唯一的稳定均衡为聚集均衡时，较大规模冲击很有可能
改变聚集区位，即聚集从一个地区转移到另一个地区。人们已经提出了考察空
间经济模式稳定性的两种实证方法，即部门间和不同期间聚集程度相关性的考
察，以及聚集对可辨认冲击的空间稳健性研究。

12.6.1 聚集的历史稳定性

第一种方法是计算时期 t 地区 r 的人口占总人口的比重 $\lambda_{r,t}$ 与 b 年前该比重
$\lambda_{r,t-b}$ 之间的相关性。尽管可以预测在短期内这两者之间会存在高度相关性，但
在长期内由于容易受到人口和经济发展或重要冲击的影响，因而这两者之间存
333 在较低的相关性是比较合理的。只要城市的管理体制在一定时期内不变，那么
城市就是计算 $\lambda_{r,t}$ 的一个自然地理单位。但在长期内不存在管理体制的这种连
续性，因此戴维斯和温斯坦（2002）在考察 39 个日本地区时，把人口除以面
积以便把人口密度作为聚集的一个度量单位，这样就可以消除某一城市边界范
围内因管理体制变化所导致的各种影响。引人注目的结果是，1998 年和 1600
年($b=398$)人口密度之间的跨期相关性等于 0.76，而等级相关系数甚至高达
0.83。换言之，在 400 年期间，日本人口增长了 10 倍，且经济由以农村经济
为主转变为以工业经济甚至是服务经济为主，然而地区层级体系仍然保持极端
的稳定性。

布雷克曼等（2004b）根据德国的城市体系重复进行了这种研究。相对于
日本，德国样本的优点在于很少受到自然地理的影响，人口居住受制于山地影
响的部分只是总面积的一小部分（在日本的情况是占 30%）。在考察 60 个城市
后他们发现，1939 年和 1999 年的人口等级相关性是 0.84。注意到戴维斯和温
斯坦发现日本（1920 年和 1998 年）的人口等级相关性为 0.93，看上去德国的
城市结构比日本的城市结构显示出较低的稳定性，尽管德国的相关性也很高。
这样，戴维斯和温斯坦（2002）研究中的一个核心信息就是，自然地理是经济
地理的一个重要的决定因素，而现有文献很少注意到这些方面的问题。①

相反，阿西莫格鲁等（Acemoglu et al.，2002）说明了初始的地理优势转
变为劣势的案例，即从 1500 年开始的欧洲对美洲、非洲和大洋洲大陆的殖民
扩张。根据经济地理学原理，人们预期欧洲人会居住在那些他们到达之前能够
提供良好的要素和市场接近条件的地区。如果是这样，那么为了在初始优势基
础上建设居住地，殖民者会选择那些人口密集的城市化地区。阿西莫格鲁等试
334 图研究这些地区在 1500 年的繁荣是否为 1995 年发展水平的一个指示器。回答
毫无疑问是否定的，1995 年的人均收入水平与 1500 年的城市化水平及人口密

---

① 不过，最近的一些研究，尤其是在 12.4.1 节中讨论的盖洛普等（1999）的研究，已经强调了自然地理在一国经
济命运中所起的主导作用。

度是负相关的。实际上，根据阿西莫格鲁等的研究，殖民者把当时的人口中心视为掠夺资源的场所，所以他们所建立起来的制度对未来发展贡献甚少。这些学者是这样解释这种现象的，即那些人口密度高的地区也是疾病最流行的地区，因而阻止了欧洲人在这些地区的居住，这又反过来妨碍了有助于市场经济发展的经济制度的建立。换言之，在这个时期，自然地理的作用与经济地理相反。尽管需要方法论上的进一步提升，但这种迷人的历史分析提供了量化自然地理、内生聚集现象和经济活动分布冲击等的作用的许多机会。

杜梅斯等（Dumais et al., 2002）以埃利森和格莱泽（1997）的研究为基础，研究了 1972 年到 1992 年间美国各县的埃利森-格莱泽聚集指数的变化过程。尽管重要的历史事件发生了，然而我们仍然观察到部门相对聚集的很强的稳定性以及每个部门主要中心区位的高度的稳定性。要记住的是，这里的聚集指数对于相邻地理单元的任何排列都是不变的，但只能评估第一种状态（见第 10 章）。因此，杜梅斯等估计了一个任何给定部门在每一个地区比重的均值回归模型，并利用该模型来处理第二种状态。均值回归允许每个部门中一定程度的地理流动性，但同时保持相同的地理聚集指数。一个重要的初步结果是，聚集程度的时间变化是相当稳定的，1972 年和 1992 年制造业部门地理聚集指数的相关系数是 0.92。利用不同的聚集指数（但仍然考察的是美国），金（1995）得到了 1860 年到 1987 年期间 0.64 的较弱的相关系数。这种相对很强的聚集的历史稳定性与厂商在空间上的可变行为相符。一种可能的解释是，对于任意给定部门，新的厂商取代了旧的厂商，但仍选择相同的区位。另一种对这种聚集随时间变化具有很强复原能力的解释是，即使部门区位发生很大变化，每个部门的基本结构随时间推移的变化也是很稳定的。事实上，杜梅斯等也发现厂商的转移能力一般而言是很强的，且高度聚集的部门也并没有显示出比分散的部门更低的厂商转移性特征。经济地理学模型所展示的特征正好与这些相反，即部门一旦在空间聚集，它们就具有一定程度的空间惰性。

335

利用与杜梅斯等相同的方法，巴里奥斯等（Barrios et al., 2005）也观察到，在作为爱尔兰和葡萄牙两个国家实现工业化的重要时期的 1985 年到 1998 年期间，这两个国家的产业聚集也是比较稳定的。不过，这些国家的情况并不像杜梅斯等所观察到的那样很稳定，葡萄牙的相关性是 0.68 而爱尔兰的相关性是 0.41。所观察到的产业聚集的稳定性，又伴随着较高的厂商的地理流动性。这些结果自然带来一个疑问：如果地理集中或多或少地保持稳定，那么厂商重新选择区位背后的特定原因是什么？

12.6.2 暂时性的冲击有长期影响吗

一些经受重大冲击的城市，经过很长的历史过程改变原有的空间均衡时，有理由相信研究历史相关性就特别吸引人了。直接考察这种冲击的类型及其对经济活动区位的影响，可能是富有成效的。如果我们假设冲击是倍增的，则我们可以得到如下表达式：

$$(\ln\lambda_{r,t+a} - \ln\lambda_{r,t}) = a + \beta(\ln\lambda_{r,t} - \ln\lambda_{r,t-b}) + \varepsilon_{r,t} \tag{12.24}$$

其中，a 表示发生在时期 $t-b$ 的冲击结束后过去的时间长度，b 是冲击的持续时间长度。β 的估计值告诉我们冲击后的动态调整：如果 $\hat{\beta} \approx 0$，这表示城市的规模是随机变化的，此时暂时性冲击会有持久效应。相反，如果 $\hat{\beta} \approx -1$，这意味着经过 a 年之后冲击完全被吸收了。在戴维斯和温斯坦（2002）的研究中，冲击从 1940 年延续到 1947 年（$b=7$），该期间是日本遭到美国空军轰炸的期间。冲击结束后经历的期间为 1947 年到 1960 年（$a=13$）。戴维斯和温斯坦的结果表明 $\hat{\beta} \approx -1$。那些经过轰炸之后人口大量下降的城市，在之后的战后时期经历了最显著的人口增长。一般来说，到 1960 年每个城市所遭受的冲击都已被完全吸收。虽然长崎和广岛（遭受了核爆炸，人口分别下降了 8.5% 和 20%）的人口增长率分别到 1960 年和 1975 年都恢复到了它们在战前 1925 年到 1940 年期间的水平，但早在这以前很长时间这两个城市的人口规模就已经达到了战前水平。

336 　　简言之，与我们所相信的经济地理学模型不同，这些结果并没有使人们相信在城市等级中仍存在那种冲击的影响。不过，在这些研究的理论与经验证据之间的差距，使得很难对此种现象进行解释。例如，模型预测原先均衡发生变化所需的冲击强度应为多大？日本遭受的轰炸是否相当于能够改变原有均衡的足够大的冲击？要正确回答这些问题，则必须借助这些模型的模拟。如果我们记住"所需"冲击的大小还取决于冲击发生时该地区的经济一体化水平，则这个问题就变得更加复杂了。事实上，存在多重均衡的贸易成本的取值范围是相当小的，当与藤田等（1999，table 5.1）所取的值一样 μ 和 σ 分别取 $\mu=0.4$ 和 $\sigma=5$ 时，这种贸易成本的取值范围为 $1.63 < \tau < 1.81$。在这个范围之外，有两种可能情况：当 τ 大于 1.81 时，则无论冲击强度多大，任何现有的对称均衡都是稳定的；当 τ 小于 1.63 时，则非常细微的冲击也能改变现有的聚集均衡模式。

　　戴维斯和温斯坦对于轰炸时期的相关值的假设是很不清楚的。可以想象那个时期的经济也许需要比美国的轰炸更强大的冲击才能改变空间均衡，因而无法知晓他们的结果是否对突然改变空间格局确实是无效的。在这种类型的分析中加入理论预测的条件性质（随着贸易成本值、产品差异化程度、消费中的产品份额、劳动力流动性等而发生变化）可能是较好的处理方法。

　　戴维斯和温斯坦（2002）的文章导致了另一个问题，即他们选择的是一个自然地理起主导作用的案例。由于多山的地形特征和可用于建设大型城市的土地的缺乏，日本也就成了一个由于欠缺可替代方案因而经济活动只能恢复到初始区位的特殊例子。虽然当把经济活动视为一个整体时这种批评是有效的，但对于部门而言这种批评并不会那么令人信服。例如，戴维斯和温斯坦（2008）的研究表明，许多日本城市遭到轰炸以后，尽管大规模的破坏对不同城市的部门分布都有一个很大但暂时的影响，但每个部门都趋向于选择它的初始生产区位。

布雷克曼等（2004b）利用类似的方法研究了德国。他们发现，当将恢复时间设置为四年（$a=4$）时，轰炸所带来的强烈而持续的冲击导致联邦德国城市 $\hat{\beta}=-0.42$ 的估计。当时间扩展到 17 年时，该系数达到-0.52。这个结果可以与民主德国的情况相比较，他们没有观察到遭受轰炸后民主德国的城市有恢复到它们初始规模的任何趋向，这表明经济制度的性质可能是一个关键变量。

总体而言，可以公平地说，到目前为止所做的这些研究似乎都表明，诸如突变和历史事件等现象的存在都是无效的。也就是说，即使在存在很大冲击（不是突变）的情况下，城市规模的分布仍然很稳定；不管不同部门的空间聚集程度如何，可以发现不同部门都具有相同程度的流动性，这就说明由历史事件导致的锁定效应也是不存在的。这使我们认为经济地理学标准模型所预测的突变现象（见第 6 章）不应该是经济地理学核心原理的一部分。确切地说，它们类似于产业组织理论中伯特兰模型的预测：理论好奇充当着垫脚石。

最后，不得不考虑到这些方法过于认真地对待 DSK 模型。无论如何，这些模型肯定会使（其中）一些历史学家竖起眉毛，尽管这些历史学家意识到城市结构的惰性可以由这些狭隘的经济设定之外的大量其他决定因素来解释。例如，这些剧变依赖于克鲁格曼的两个地区的劳动力对提供相同工资的两个地区天生无差异的假设。考虑到偏好异质性，则非聚集在其他地区而是聚集在所有劳动力认为缺乏吸引力的地区，是贸易成本取值范围很小时出现的一种均衡（Tabuchi and Thisse，2002）。换言之，日本市民对它们各自城市的依恋足以解释为何克鲁格曼（1991a）所预言的人口迁移在现实中很少观察到。更一般来说，在经济地理学模型中重新引入偏好、技术或禀赋的异质性是可行的，并且能使它们在保留基本直觉的同时更加符合现实。

12.6.3　作为天然实验工具的德国分裂

最后，我们考察最近由雷丁和斯特姆（Redding and Sturm，即将发表）发展起来的方法，该方法在辨别较大冲击对空间均衡的影响方面更加稳健。不同

于前两个小节讨论的研究策略，这两位学者采用了完全遵照理论的方法，并借鉴了利润方程（12.1）。另外，他们提出了解决市场潜能内生性问题的具有原创性的方法。最后，通过运用被称为倍差法的方法（即对空间和时间维度都差分），他们消除了大量的时间固定效应和地区固定效应。这些固定效应是非经济地理学模型的特点，并且在之前的研究中没有受到控制。

对市场潜能的内生性问题而言，一个主要的问题是，地区收入或要素价格的变动对该地区市场潜能的变化起到了重要作用，而这反过来又解释了这些地区的收入水平或要素价格等变量。寻找市场潜能的工具变量，可以视为从任何给定地区市场接近性特征中找出意外发生变化的原因。如果可以证明市场潜能

的突然变化因而冲击的突然变化与地区工资及其他非流动要素价格不直接相关，则大的历史冲击可能是引致这种外生变化的主要原因之一。[1]

考虑到这些，雷丁和斯特姆把第二次世界大战后德国分裂作为天然的实验工具，揭示了德国不同地区经济活动市场潜能的外生变化。实际上，在冷战升级到两个新的政府之间任何形式的交换都被严格禁止之前，德国的这两部分是高度一体化的。而且，新的边界是任意划定的，因为这是同盟军权力分享谈判的结果。在这种实验背景下，经济地理学的预测是很清晰的，靠近两德边界的地区的吸引力较小。换言之，可流动要素尽可能回避这些区位，同时不可流动要素的价格应该下降。总之，我们会预测到，那些靠近边界的地区的经济增长率明显滞后于那些远在德国西部的地区，以及分裂前其经济活动很少依赖于与德国东部地区的贸易的地区。

339　　雷丁和斯特姆通过比较德国分裂前后坐落在联邦德国和民主德国边界75公里以内的20个德国城市（总样本中的城市数量为99个）的人口增长率，检验了这种推测。[2] 该方法考察的是德国东西两部分在经历了一个影响深远的冲击之后的增长率差异。确切地说，通过包含所有城市的一般趋势和靠近民主德国的影响的回归（用其最简单的形式），解释七个时期中每个城市的人口增长率。因为该思想认为离新边界的距离只对分裂之后的增长率有影响，因此额外引入一个分裂前等于0、分裂后等于1的虚拟变量，并令其乘以表示边界接近程度的表达式。雷丁和斯特姆发现，德国东西两部分在分裂之后才有显著的发展差异。根据他们的系数，在38年的分裂时期里累积的增长差异估计为33%。

除了市场潜能的下降，还有其他能说明这种增长率差异的令人信服的解释吗？当然，可以考虑对这种现象的其他解释。例如，禀赋或制度差异可以解释所观察到的发展水平差异的一大部分。不过，在这个特殊的例子中，自1949年之后，联邦德国的制度整体上是相同的，同时联邦德国东西部的自然禀赋差异肯定没有受到德国分裂的影响。这样，该方法具有使我们能够辨别出对经济发展过程的不同解释的额外好处。为了强调经济增长差异确实是市场潜能下降所导致的结果，他们把哈里斯的市场潜能引入上述回归过程中（假设分裂之后来自民主德国城市的需求为零，这就考虑了分裂的影响）。由于缺乏足够的数据，哈里斯的市场潜能变量显著偏离理论，但该变量几乎完好地解释了分裂后的经济增长差异。

另一个有趣的问题是城市规模。在那些靠近新的民主德国边界的地区，有
340　几个不同规模的城市。根据经济地理学理论，大城市更多地依赖于那些不会受到分裂影响的初始本地需求，因此大城市应该更少受到分裂的影响。通过把样本分为两部分，雷丁和斯特姆发现，小城市确实比大城市受到更大的影响。

最后，还有一种推测是城市专业化差异导致经济增长差异的结论。如果凭

---

① 例如，那些毁坏交通基础设施如国际贸易港口的自然灾难，可以看成是外生改变市场潜能的例子。相比之下，建设机场并不是一个很可靠的工具变量，因为这个决策肯定与地区贸易，因而它自己的市场潜能的发展相联系。

② 他们的基准回归排除了第二次世界大战期间和德国重新统一之后的城市增长率的观测值。考察的七个时期是1919—1925年、1925—1933年、1933—1939年、1950—1960年、1960—1970年、1970—1980年和1980—1988年。

直觉我们相信城市专业化在空间上是相互联系的，那么可以预测第二次世界大战后的边界城市不利于专业化的发展。为了比较靠近边界的城市和其他城市（被控制的样本组），雷丁和斯特姆对这两组城市进行了匹配。这意味着：（1）找到一个产业结构与给定边界城市相匹配的离边界距离至少 75 公里的城市；（2）利用一个简单的只包含匹配城市的受控样本组，比较这两组城市的发展差异。结果与之前的结论非常一致，这再次支持市场潜能是一个很重要的解释变量的观点。

12.7　结束语

经济地理学的实证研究已经有了很大的发展（我们应该为此感到高兴），但结束本章时说我们没有留下任何失望是不切实际的。实际上，在理论和实证研究之间仍有很大的鸿沟。而且，区分那些不同的相互冲突的解释经常是困难的。不过，这些批评不应扩大化，因为在现有文献中出现了许多比较稳健的结论。尤其是那些直接根源于特定理论模型的结构性方法，比起传统的简化形式更令人信服。这应该理解为反映了对新的和更严谨的理论的需求。反过来，近年来实证研究的蓬勃兴起，促使研究者进行研究时着眼于不同的视角。更准确来说，实证研究思路就强调了假设应足够简单以便于进行检验、假设应足够一般化从而使得实证研究富有意义、假设应足够准确从而能够区分经济地理学模型的解释和其他解释之间的区别。这种类型的研究并不一定与理论研究人员的倾向性一致，但如果希望理论预测能经得住检验，则这些就提供了必须具备的功能方面的基本要求。

341　　虽然从理论角度来看，毫无疑问，一些结论是令人失望的，但是许多发现经受住了实证分析的检验。首先，如在第 5 章中所看到的那样，经济地理学为引力和市场潜能模型提供了坚实的微观基础。其次，我们并未能总是观察到本地市场效应并预设它在现实世界中的重要性。不过，这并不意味着经济地理学不能解释观察到的经济活动模式。毋庸置疑，导致这些令人沮丧的结论的一个主要原因在于，当前用来检验理论的实证模型都过于特定化且有很大的局限性。再次强调，经济地理学模型过分依赖于两个地区和单一部门的假设，而现实是很复杂的。想把这些简单情况扩展到包含几个地区和几种产业的情形显得有点儿过于天真。最近由贝伦斯等（2004）所做的研究可以使人相信这样一种思想，即在多区域体系中，区域的产业份额不仅取决于它自身的市场规模，而且取决于它能够进入其他市场的容易程度。毫无疑问，未来的实证研究必须超出现有研究经常所做的那种在简单的双边线性关系下的检验假设。最后，我们看到本地市场效应与工资方程在经济地理学中存在对偶关系。在劳动力不能充分流动时，拥有较强市场潜能的地区的要素价格势必会上升，这反过来又能降低本地市场效应的强度。

这实际上是本章所讨论的模型的第三个内容，即对工资方程的经验支持是很强的。换言之，那些市场潜能较强的地区的劳动力会得到较高的报酬。另外，这种关系也意味着劳动力的空间流动并不足以保证工资的均等化。不过，在我们对该问题做出定论之前，考虑迄今为止只有汉森（2005）研究过的且在家庭预算中占很大比例的住房价格的区域差异是合适的（见第 8 章）。在这些方面，赖斯和维纳布尔斯（2003）的初步研究表明，在英国重新调整这种类型的机制是确实发挥作用的。

尽管如此，对人口迁移的实证分析使我们相信，欧盟不会成为由单一中心和大边缘区组成的核心-边缘结构。可能的情况是在一个共同体下出现几个核心-边缘结构。事实上，已经在几个成员国内部观察到了这种结构。在下一章，我们将会看到以调整模型的模拟为基础的方法在许多部门得出了相同的结论。

12.8 相关文献

342　　　布雷克曼等（2001）介绍了有关本章讨论的许多议题的实证检验方法。黑德和迈耶（2004b）比较完整地综合了证实经济地理学模型成立的各种实证研究，同时奥弗曼等（2003）综合给出了主要在贸易和地理学领域里进行的实证研究方法。

第 13 章　　数字理论

343
为了超出第 11 章中有关空间聚集机制的描述性实证研究，第 12 章介绍了 DSK 型经济地理学模型的估计和计量检验的工作机制。这些模型构成了经济地理学的重要分支，而且这些模型的实证检验主要以尽可能不背离其基本理论框架为特征。在某些情况下，主要在工资方程和人口转移的研究范围内，可以估计出一些完全确定模型的基本参数（如贸易成本、差异化产品之间的替代弹性、差异化产品在消费中的份额等）。这些估计可以应用在两个方面。首先，它们可以作为对经济地理学模型的一组检验。特别是，当没有把握接受某一模型时，可以通过它强加的结构性约束条件直接拒绝这个模型，例如 DSK 模型只在产品间替代弹性大于 1 时是合理的，如果替代弹性的估计值小于 1，那么必须拒绝这个模型。但是，正如之前所提到的，这个方面要有更实质性的进展，尤其在涉及验证某一模型是否优于另一模型时更是这样。

其次，结构性估计可以成为模拟的基础，这种模拟加深了我们对这项研究工作以及包含大量区域和部门的复杂的经济地理学模型含义的理解。实际上，不能完全用解析解给出大多数包含许多产业和区位的经济地理学模型。因此，必须借助于模拟，这又需要对大量参数事先设定好数值。不过，这种做法的好处是值得怀疑的。设定这些数值的过程常常是随意的，此外，空间聚集的解释与只包含两个区域的简单框架很难协调起来。换言之，当随意设定参数值时，

344
把模型扩展到更多区域或部门并没有多大意义。与此相反，如果利用根据实际数据估计出来的参数值，则模拟更有用。在这种情况下，如果大型模型在经济计量估计的第一阶段没有被拒绝，那么模拟这些模型的结果是可接受的，且具

有重要的启发意义。例如，这种模拟可以为某种特定政策的实际应用提供详尽的设计。不幸的是，人们很少进行这种类型的实践活动（估计后进行模拟）。

然而，这种方法与那些经济地理学模型的所有预测的完整分析大不相同。首先，出人意料的是，很少有人去研究能否根据实际数据画出空间聚集与经济一体化之间的钟状曲线的问题，就如同经济地理学所预期的那样。本章介绍了一些研究文献，这些文献都专门致力于对这些议题的研究，而且严格遵循经济地理学模型。令人遗憾的是，到目前为止，这种关系的检验都是在系统性地忽略初始"估计"阶段的情况下进行的。换言之，研究者利用由实际数据得出的参数值进行大型经济地理学模型的模拟，而这些参数还没有从相应模型的估计中得出。从严格的计量经济估计中得出的参数值不仅能够提供标准误差，而且能够为模型的结论构建置信区间。不过，现有的模拟可以使人们深入考虑一个很重要的问题：一旦人们选择了实际参数值，更深入的经济一体化是否会导致更多的空间聚集？

在 13.1 节中，我们将介绍以 DSK 框架为基础的一些经济地理学模型。根据汉森（2005）的研究，这些研究中的一部分主要依靠基本参数的最初估计。不幸的是，他们所提供的证明很不完整，也没有检验钟状曲线。相反，讨论钟状曲线的研究又省略了初始的估计阶段。通过采用例如在第 12 章介绍的由雷丁和维纳布尔斯（2004）提出的方法，在不久的将来学者们应该会纠正这种疏忽，从而"勾销"这种程序。在 13.2 节中，我们将介绍一个简单的标准方法，该方法是以那些为了检验竞争与战略性相互影响（在第 9 章讨论的模型）之间关系而放弃垄断竞争假设的经济地理学模型为基础的。在这种类型的方法中，除了部门特定的贸易成本参数值是估计值外，其他所有参数值都进行了标准化。因此，根据实际情况，人们可以进行大范围的模拟，并且根据这些模型集合进行某种程度的预测。

13.1　基于 DSK 模型的预测

345　　由于 DSK 模型已经接受了理论扩展和实证检验的考验，因此在评价经济地理学模型如何解决实际问题的各种研究中，这些模型自然就占主导地位。考虑到这一点，本节将重点讨论这些模型。

13.1.1　源自估计的模拟

汉森（1998）是第一个沿着这种思路把美国数据应用到经济地理学模型并得出在第 12 章介绍的相关估计的学者。在他的文章的最初版本中，他试图模拟本地冲击对美国一些县的影响。在最终版本中，汉森（2005）检验了对给定县的市场潜力由 10％的正向冲击所带来的空间扩散问题。采用结构性估计而不是工具性估计，他揭示了距离的重要性：这种冲击对本地工资有大约 1％的正向效应，但当距离超过 250 公里时，这种效应就完全消失了。然而，这种估计忽略了当代理人的区位选择为内生的时，大多数解释变量也为内生的这一事实（如在第 12 章所研究的）。从而，从技术角度来说，最合适的估计应该既是结构性估计又是工具性估计。这样就提出了较弱的距离衰减效应。对 1980 年到 1990 年间的这种估计而言，这种冲击对本地工资的影响为 4％，而对 200 公里处的工资的影响为 0.5％，但达到 450 公里后这种影响就消失了。对任何给定距离，该期间的影响都比在 1970 年到 1980 年间的影响大。这意味着，距离的影响随时间推移逐渐增强了，而这一直令人费解。然而，这一结果与距离对贸易流的影响日趋重要（见第 5 章）一致。需要注意的是，这种变化可能来源于非贸易部门规模的结构性扩张，这种可能性是汉森无法用手中的数据来控制的。最后，基于该模型的非结构性估计，汉森进行了相同的模拟，但用哈里斯的市场潜力替代了主要的解释变量。在 1980 年到 1990 年间，这个冲击对当地工资的提高估计是 2.6％，在 200 公里处的工资提高 1％，在 400 公里处的工资提高 0.5％，该效应在 700 公里之后才消失。再则，在 1980 年到 1990 年间，距离的影响更强了，本地效应上升到 3.7％，但在 300 公里后就消失了。

在工资对初始冲击的反应问题上，在任何情况下，距离的作用都是很明显的。这可能是由于所估计的贸易参数值很高的缘故。具体来说，汉森利用了 $\tau_{rs} = \exp(td_{rs})$ 的函数形式，而距离 d_{rs} 用千公里来度量，他得到的 t 值等于 3.22。这就意味着，运送 2 000 公里距离等于把产品的价格乘上 $\exp(2 \times 3.22) = 626$，这种结果对美国这种高度一体化的市场而言是难以置信的。这种结果可以部分解释为由于汉森选择了直接把工资和距离联系起来，而不事先估计贸易流和距离之间的联系。回顾引力模型估计，它已经系统地证明了贸易流的对数值与距离的对数值之间存在线性关系，因此引力模型估计显示，贸易成本可以用不同的函数形式来表示，即 $\tau_{rs} = d_{rs}^{\beta}$。

对于意大利的情况，米恩（2004）通过对贸易成本应用上述对数线性关系重新检验了汉森的方法，但得到了似是而非的结论。对拉丁姆省收入 10％的负向冲击，对本地有 1％的影响，但是它影响每一个意大利省份，这个影响逐步减弱到大约 0.1％。另一个有趣的现象是，研究者在这项研究中发现了程序化的现象。尽管拉丁姆省位于意大利中部，但从这种区位向意大利全国发出的冲击，对意大利南部省份的影响比对北部省份的影响更大。这是因为，相对于北部地区，意大利南部的市场潜力依赖于拉丁姆省经济活动的强度更大，因此南部地区更容易受到这种冲击。因此，当利用汉森（2005）的贸易成本设定时，米恩发现估计出的距离的影响更重要。因此，反映贸易流和距离之间关系的函数形式对得到的结论有很大影响。

克罗泽特（2004）用他自己的估计得到了有关在规模大的区域吸引人口的范围大小和区际人口迁移规模的预测值。这种结果必须谨慎处理，因为克罗泽特对非贸易消费品份额设定了一个特殊值。有趣的是，估计结果显示这些距离很小，因此他就提出了在欧洲极化效应规模相对小的主张。例如，虽然伦巴第区的内部距离为 58 公里，但是该模型显示，伦巴第区的吸引半径为 95 公里到150 公里。因此，伦巴第区不会威胁意大利其他主要区域，由于最靠近米兰的最大城市，也就是都灵，到米兰的距离为 141 公里，而热那亚和罗马到米兰的距离分别为 164 公里和 576 公里。

　　简言之，这些不同的结论意味着，尽管欧盟的个人都被市场潜力很大的区域所吸引，但相应的吸引力是非常本地化的，因而不能形成大空间范围的核心-边缘结构。不幸的是，几乎没有人提出以模型参数的实际估计为基础对DSK 经济地理学模型进行模拟的主张。我们现在把注意力转向那些用特殊方式调整这些参数的研究，这些研究能够提供具有更丰富内涵的框架，这超越了之前所考虑的模拟。

13. 1. 2　模拟钟状曲线

　　普格（1999）提出，经济地理学的 DSK 模型可以描绘出体现一体化和空间聚集之间关系的钟状曲线。这是对克鲁格曼和维纳布尔斯（1995）（在第 7章讨论过）所建立的模型的扩展，其新颖之处是将一种新的投入品（即土地）引入农产品生产函数中。由于工资水平的提高将导致农业部门用更多的土地来替代劳动力，因此土地的引入使得制造业部门将面对具有不完全弹性的劳动力供给。这种方法不仅不同于克鲁格曼（1991a）的方法（劳动力是部门特有的，因此劳动力供给弹性为零），也不同于克鲁格曼和维纳布尔斯（1995）的方法（劳动力供给具有完全弹性，因此只要工业部门的工资水平超过农业部门的工资水平，农业部门就立刻消失）。由于现在劳动力供给缺乏弹性，因此对劳动力要素的竞争比前面所说的那两种模型更激烈。尤其是产业向某一区域的聚集，将导致该区域工资水平的大幅提升。普格的研究显示，一旦贸易成本下降到某一临界值以下，这种分散力将导致经济活动的进一步分散，当贸易成本严格为正时，实现对称格局（见第 8 章）。换言之，贸易成本有两个临界值，当贸易成本处于这两个临界值之间时，某一区域的工业化程度大于另一区域的工业化程度。当贸易成本处于这个临界值区间以外时，经济活动区位是对称的。普格（1999）分别用 $\bar{\phi}_s$ 和 $\underline{\phi}_s$ 来表示贸易成本的上下临界值，也就是下面这个

二次方程的根：

$$
\begin{aligned}
&[\sigma(1+\alpha)-1][(1+\alpha)(1+\eta)+(1-\alpha)\mu]\phi^2 \\
&-2\{[\sigma(1+\alpha^2)-1](1+\eta)-\sigma(1-\alpha)[2(\sigma-1)-\mu\alpha]\}\phi \\
&+(1-\alpha)[\sigma(1-\alpha)-1](\eta+1-\mu)=0
\end{aligned} \tag{13.1}
$$

　　方程的根取决于模型的参数：σ 表示产品间的替代弹性，假定所有任意两种最终消费品或中间消费品之间的替代弹性都相同；μ 表示制造业产品在最终消费中所占的份额；α 表示中间投入品在最终产品生产部门投入中所占的份额。注意，一个部门只消费它自己生产的产品作为中间投入品，这是对克鲁格曼（1991a）模型的改进，克鲁格曼（1991a）模型完全忽略了这些产品。尽管

这个框架更一般化，但是无法解释不同部门使用其他部门的产品作为中间投入品的事实。新的参数 η 表示区域的劳动力供给弹性，它是潜在的内生变量，但在此处考虑为常量。

这一实验过程的思路如下：如果我们假设所考虑的模型反映了实际情况，那么预测的其他部门的空间聚集度又如何？换言之，我们并不是寻求模型的估计和检验，而是把重点放在模型结论的特定含义上，同时也想评估（事后）这些结论的现实性和可接受程度。当认同这种框架时，一个明显的局限性就是它只适用于两国或两个区域的情况。

黑德和迈耶（2004b）介绍了对人为选择的两对国家（法国和德国、美国和加拿大）的式（13.1）进行调整的情况。对每个部门 s 而言，他们对 μ 和 α 的定义与理论模型中的定义类似，他们搜集了有关 μ 和 α 的数据，一般而言这些数据从国民收入核算统计中是容易得到的。然而，参数 σ 与国民收入核算概念无关，因此为 σ 赋值是一件棘手的事。考虑到这些，他们参考了赫梅尔斯（1999）的研究，赫梅尔斯是用引力估计方法估计包括税率在内的这个值。实际上，在这个模型里，由税率系数获得的需求的价格弹性正好与替代弹性 σ 相等（如在第 5 章中所看到的那样）。至于 η，在文献中没有找到合适的估计方法。黑德和迈耶为得到比较真实的估计，对所有部门取了（很大的）相同的值 200。[①]

349 利用这些值，可以解出每个部门的数值方程（13.1），这样黑德和迈耶就得出了部门的聚集区间 $[\underline{\phi}_s, \overline{\phi}_s]$。接着，他们根据双边的贸易流偏差（如在第 5 章中所描述的那样）直接估计每个部门的经济一体化程度 $\hat{\phi}_s$。所得结果表示在图 13.1 中。

对于每个部门，实线代表对称均衡不稳定的区间。对一些部门，当式（13.1）不能得到实根（最上面的五个部门）时，这种区间是无法界定的。对每一个 $\phi \in [0, 1]$ 而言，方程的左边是正的，这意味着对称均衡是稳定的。

350 点和三角形分别对应于法国和德国、美国和加拿大两对国家的 $\hat{\phi}$ 值。由于这些点的位置，我们根据模型能够鉴别出某部门是分散的（$[\underline{\phi}_s, \overline{\phi}_s]$ 之外）还是聚集的（$[\underline{\phi}_s, \overline{\phi}_s]$ 之内）。例如，车辆制造部门显示出聚集性质，而纺织或造纸部门显示出分散性质。

此外，必须区分出那些位于区间 $[\underline{\phi}_s, \overline{\phi}_s]$ 右边的部门和那些位于该区间左边的部门。前者已经达到了很高的一体化程度，因此贸易成本的任意下降只能导致轻微的空间聚集。根据图 13.1，似乎还没有一个部门已经达到这种程度的一体化水平。反过来，在后者的情况下，这些部门仍处于到达钟的顶点之前的位置，因此，提高经济一体化程度，首先要提高空间聚集度，然后一体化程度的进一步提高将逐渐降低空间聚集度。

图 13.1 显示，大多数部门位于这个区间之外并靠近它的左边，或者位于

---

① 这是这项工作的局限性之一。η 的值务必很大，这样才能得到式（13.1）的实际解。需要进行更多的工作，以使得这种设定与更多的实际值一致。

该区间内并靠近区间的左边界。这意味着，除了处于对称稳定均衡的五个部门以外，不论其一体化程度如何，一体化程度的提高都意味着聚集度的提高（至少在最初阶段是这样的）。然而，由于估计对所选择的参数值是相当敏感的，因此解释这些结果时必须谨慎。可以利用在第 12 章中提出的方法更精确地估计结构参数，这对强调上面的结论是很有利的。[1]

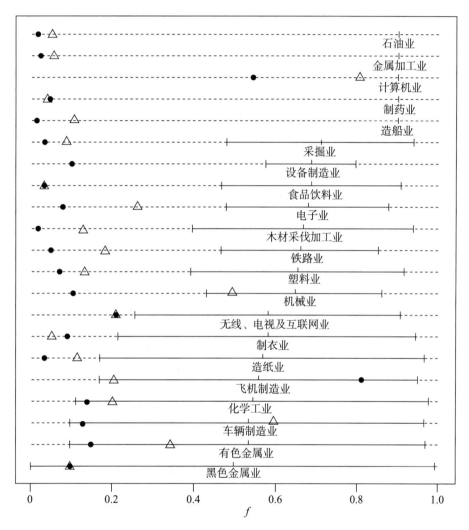

图 13.1　不同工业部门的一体化程度

资料来源：Head and Mayer，2004b.

下一阶段将包括，证实在图 13.1 的基础上做出的有关空间聚集的未来预测是否符合现实世界的问题。初始的办法是把聚集指标同部门在钟状曲线上的位置联系起来。然而，用这种方法对这个模型进行预测有点过于冒险。例如，

---

① 布雷克曼等（2006）已经把这种方法应用到不同的欧盟国家之间。他们的发现进一步证实了贸易自由化估计主要位于聚集区间左边的思想，这表明贸易一体化程度的提高导致欧盟在地理上更加聚集。

当观察这个模型时发现，在区间 $\left[\underline{\phi_s}, \overline{\phi_s}\right]$ 以外的区域，某一部门的特点应当是一个完全对称的空间配置。这个模型尚未考虑区际外生差异（技术、禀赋等方面的差异），这意味着不可能观察到任何给定部门完全分散或完全聚集的情形。然而，根据部门的聚集度，对部门进行排序以及这一排序与图 13.1 的结果之间密切程度的评估，对支持或拒绝这个模型是很有用的。

尽管很有趣，但这种方法仍然受到基本理论模型的限制。即使我们不考虑所有最终消费品和中间投入品的替代弹性相同的简化假设以及部门只利用它们自己的产品作为中间投入品的假设，我们还得面对其他两个严格的限制条件，即只考虑两个地区以及完全忽略禀赋和技术差异。要修订这种方法，需要发展更丰富的理论框架。

13.1.3 欧洲一体化的影响

福斯里德等（2002）对 1992 年的欧盟建立了模型，对此进行调整并模拟成一个完全成熟的一般均衡模型。他们的目的是把该模型扩展到更大的空间范围以及现实场景，以便评价该模型的特性。他们也回避了那种区际比较优势相同的简化假设，这种假设是大多数理论模型的共同假设，但经不起实证研究的考验。

值得注意的是，如果我们把比较优势重新纳入这个分析框架中，那么两类模型（比较优势模型和经济地理学模型）的主要区别在于：比较优势模型预测提高了贸易一体化程度，就提高了各国的专业化程度以及各部门的空间聚集度。然而，相对于经济地理学模型，这个关系是单调的。因此，在赫克歇尔-俄林的框架中，市场一体化程度越高，则聚集度就越高，这不同于钟状曲线模型中的情形。在钟状曲线模型中，很低的贸易成本将导致更加均衡的空间模式。考虑到这些，福斯里德等试图从那些符合大多数经济地理学模型钟状曲线的部门中，分离出比较优势模型可以准确解释现实的部门。

他们的可计算的空间均衡模型考虑了十个大区域：涵盖西欧 18 个国家的 4 个大的区域（中部、北部、南部和西部）；美国和加拿大；东南亚（包括日本）；中国和南亚；前苏联国家；东欧；世界其他地区。[①] 这项研究特别强调了后 4 个区域之间深入的一体化的影响。同时，这项研究区分了 14 个部门，而这些部门是通过区域特定的投入产出矩阵相联系的。换言之，福斯里德等构建了一个包含丰富内涵的框架：

（1）引入了大量区域与部门；

（2）考虑区际技术和禀赋差异；

（3）某一部门用它自己生产的产品以及其他部门生产的产品作为中间投入品。

---

① 中欧包括奥地利、丹麦、德国、瑞士；北欧包括芬兰、冰岛、挪威和瑞典；南欧包括希腊、意大利、葡萄牙和西班牙；西欧包括比利时、荷兰、卢森堡、爱尔兰、法国和英国。

在所考虑的 14 个部门中，假设两个（农业和能源）部门是完全竞争的，对劳动力投入的规模收益递减，只使用一种生产要素，生产同质产品。假设这些部门的贸易成本为零。这在形式上完全等同于普格（1999）的农业部门，这意味着其他部门的劳动力供给是缺乏弹性的。代表当地非贸易部门的两个部门（公共服务和私人服务）遵循垄断竞争框架。最后，假设其余十个部门遵循 DSK 类型的市场结构，而且贸易成本遵循冰山交易成本，这种冰山交易成本随着出口国、进口国以及不同部门而发生变化。资本、技能劳动力以及非技能劳动力是三个主要的生产要素，还有来自其他部门的中间投入品。假设所有主要的要素均不能在区域之间流动，但在部门之间可以流动。

福斯里德等通过进一步扩展模型以及一般化有关消费者偏好和厂商技术的假设，使得该模型更加符合现实。扩展模型包括两个方面的内容，涵盖所有 14 个部门消费的柯布-道格拉斯生产函数，而每个部门生产的产品是按行业特定的替代弹性，并按 CES 产品组合来进行加总的（除了同质产品以外）。根据这种思路，制造业部门的生产函数由嵌套的 CES 函数组成。首先，用 CES 函数加总相同部门的可贸易商品，这适用于最终消费品（这是很强的假设）。其次，根据具有不同替代弹性的 CES 函数，对每种部门生产的产品组合进行加总；根据相同的 CES 函数，对完全竞争部门生产的产品进行加总。最后，根据 CES 函数对每种基本投入进行加总；通过最终 CES 函数（具有不同的替代弹性）对三种投入进行加总。此外，如在第 5 章所假设的那样，为了正确反映所加总的要素的份额，对每个 CES 函数采用不同的权重。这些权重由最终消费的预算系数以及编制投入产出矩阵的元素给出，而这些可以从国民消费账户和生产要素数据库中得到。至于贸易成本和替代弹性，福斯里德等借鉴了其他研究所做的估计。总之，这种方法反映了模型尽可能符合现实的愿望，并尽可能使用实际数据。遗憾的是，一些数值（替代弹性和贸易成本）仍有待确定。理想的情况是，这些值应来自研究的内部估计，但在这里，他们只借用了外部资源，即用一些特殊方式进行选择。

用这种方式进行调整，就可以对这个模型进行模拟。换言之，当这个模型处于一般均衡状态时，可以通过数值方法计算出每个部门在每个区域的份额。为了数据收集的方便以及避免过度冗长或计算，模型只包含了 4 个区域和 14 个部门。为检验经济一体化如何影响 4 个西欧区域中每一个区域的经济活动分布，福斯里德等以一个百分点为基本单位调整了贸易成本（可以变大或变小）。对每个值，重新运算整个模型。他们是从研究不同部门的区际分布开始的。这种方法揭示了如下规律：对某些部门而言，一体化程度较低导致区域相对规模变化较小；对其他部门而言，区域相对规模变化很大，常形成大范围的专业化区域或非工业化区域。这些结论是综合部门间空间聚集指数差异而得出的，现在我们要详细地讨论这个问题。

从福斯里德等（2002）的研究中得出的图 13.2，说明了空间聚集度的简化指数如何在不同部门之间发生变化。这个指数反映了四个欧洲区域中每个部门的生产份额分布的标准差是如何随着贸易成本（标准化为 1，作为基准）的变化而变化的。引人注目的结果是，四个部门（金属制品制造业、化学工业、运输设备制造业和机械制造业）显示出贸易成本与空间聚集之间存在钟状关系，这与从一部门两区域的模型中得出的钟状关系是一致的。其他可贸易的部门，尤其是纺织业、皮革制造业和食品制造业的特点是聚集度的持续

上升，这与比较优势模型的解释是一致的。正如所料，显示出钟状特征的部门是那些规模收益最高的部门和那些在中间投入品中使用本部门生产的产品份额最大的部门。

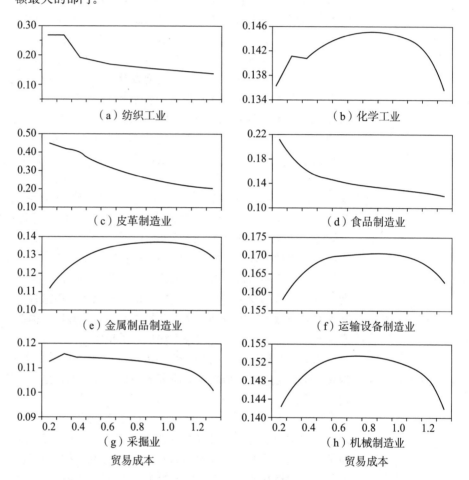

图 13.2 各种产业部门的空间聚集度

资料来源：Forslid et al.（2002）.

此外，值得注意的是，图 13.2 也表明那些具有钟状特征的部门正处于聚集过程的开始阶段，这与黑德和迈耶（2004b）在前面章节所做出的预测是一致的。然而，需要注意的是，比起与比较优势模型解释一致的部门的空间聚集度的变化，那些大体上以钟状曲线为特性的部门的空间聚集度的变化并不很明显。尽管理论研究主要集中在产业部门如何受到经济地理学各种力量的约束问题上，但是未来欧洲经济活动空间分布的根本性变化，很可能发生在那些容易发生空间聚集的传统的经济部门。然而，要注意的是，福斯里德等的研究也得到了有关制造业部门整体聚集度的钟状曲线。这条曲线显示，

空间聚集变化中的很大一部分已经在总体水平上发生了。目前的空间聚集度将持续提高，直到贸易成本再下降30％为止，但超出30％的那个点之后空间聚集度将开始下降。

同时也可以模拟区域间代理人直接效用水平的差异，这可以通过绘制区域间的实际要素回报率而实现，如图13.3所示。

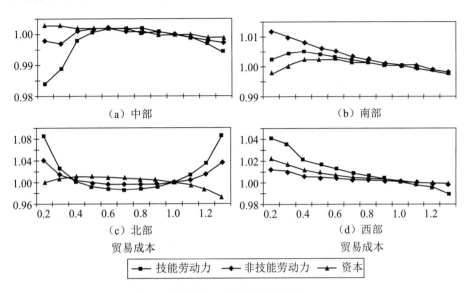

图 13.3 实际要素回报率

注：产值单位为十亿美元。

资料来源：Forslid et al. (2002).

随着经济一体化程度的提高，并不是所有生产要素都获得相同的实际收益，有些要素可能受到损失。欧洲西部的实际要素价格持续提高，然而技能劳动力（在一定程度上还包括资本）的收益水平比非技能劳动力的收益水平高得多。欧洲北部的要素价格的动态变动过程很复杂，起初劳动力（包括技能劳动力和非技能劳动力）的工资水平下降而资本的收益水平提高。后来，当一体化程度很高时，技能劳动力获得的收益比其他要素获得的收益更多，因此这种趋势发生了逆转。反过来，在欧洲南部，非技能劳动力从深层次的经济一体化中获利，而技能劳动力和资本开始时获利而后遭受损失。欧洲中部的资本和非技能劳动力的情况相同，但技能劳动力总是从更高层次的一体化中获利。

最后，尽管与经济地理学的特定效应有细微差异，但上述结论与斯托尔弗-萨缪尔森定理是一致的。福斯里德等也提供了每个区域总的 GDP 的变化情况。尽管每个区域均得益于经济一体化，然而其获益甚微，且区际差异进一步扩大。事实上，欧洲中部的 GDP 几乎不变，而欧洲南部的 GDP 有微弱的增长。在欧洲西部，GDP 增长明显，但欧洲北部从一体化中受益最多。此外，如果恢复到经济一体化程度较低的情况，那么欧洲北部获益（这种效应呈 U 形）而其他三个区域会遭受损失。

根据利用 194 个欧洲区域重新进行调整的垂直联系模型，博斯克等（Bos-ker et al.，2007）进行了更深入的研究。他们首先估计了贸易成本函数的参数，该贸易成本函数可以写为：

$$\tau_{rs} = \alpha d_{rs}^{\beta}(1 + \text{bord}_{rs})^{\gamma}$$

其中，α 为贸易成本参数，d_{rs} 为区域 r 与 s 之间的距离，β 为衡量距离衰减效应的参数；bord_{rs} 为虚拟变量，如果区域 r 与 s 被边界分开则等于 1，否则等于 0；γ 为度量边界障碍强度的参数（第 5 章）。博斯克等（2006）估计了 β 和 γ，然后模拟了当参数 α 很低时的经济活动空间分布的变化情况。他们考虑了两种情况。第一种情况是，劳动力是可流动的，此时如果降低贸易成本，则强化了聚集过程，而且如果贸易成本非常低，则在巴黎大都市区域甚至会出现突发性的聚集过程。第二种情况是，劳动力是不可流动的，此时如果降低贸易成本，则会出现钟状曲线。这些结论进一步证实了经济地理学主要的理论预测（第6～8 章）。

也许是对藤田等（1999）所呼吁的建立可计算的空间均衡模型的回应，福斯里德等（2002）第一次建立了这种类型的模型，这种模型提出了许多理论预测。这些理论预测以及博斯克等（2007）的结论，得到了从事实以及从现实经济地理学模型所得出的数字的支持，而这些经济地理学模型考虑了技术和生产要素禀赋差异的作用。正如福斯里德等（2002）所承认的那样，相对于严谨的实证结论，福斯里德等在研究中所使用的方法更类似于数字理论。在讨论模拟以前，下一个逻辑步骤将是估计和检验模型。

13.2　法国空间经济估计模型的模拟

库姆斯和拉弗凯德（Combes and Lafourcade，2001）尝试了另一种可计算的空间均衡模型的模拟。他们以 9.2.3 节讨论的内容为基础建立了模型，并通过投入产出矩阵把中间投入品纳入模型中。由于现在成本关联开始发挥作用，因而就激励厂商尽可能地聚集。在某一区域中，厂商间竞争越激烈，则产品价格就越低，因而在边际成本中中间投入品所占份额就越低（请参见第 7 章有关 DSK 框架下对这种效应的介绍）。利用大量区域（法国 341 个就业区）和部门（10 个或 64 个部门）的目的，就是用这些模型来进行预测。此外，在这种模拟开始阶段已经估计了贸易成本的影响，而其余参数都来自法国国民核算的数据。

357

13.2.1　估　计

第一个目的是要避免对一些参数随意取值的现象。库姆斯和拉弗凯德是从国民核算统计中得到了有关技术、预算以及工资的所有的值。这样，只确定一组参数就可以，即每个部门特定的贸易成本和每对产品来源地-目的地的贸易成本。一旦这些估计出来了，就可以根据均衡条件计算内生变量的值。假设在同一个部门内，两个区域之间的贸易成本与普遍的道路运输成本指数成正比，这种指数可以从每对就业区域中得到。这种比例系数是随着部门不同而不同的，这种（每个部门一个）比例系数是经济计量步骤要估计的参数。如果估算的系数是显著负相关的，则拒绝该模型。

这个模型的另一个与众不同的特性是，它能推出短期均衡时的价格和产量的线性方程，这些方程容易解出。然而，在给定区域和部门中的厂商规模（进行估计的基础变量）不是所估计的参数的线性函数。不同于汉森（2005）所利用的非线性经济计量技术，库姆斯和拉弗凯德是在完全一体化的均衡附近（贸易成本为零）进一步扩展了这种均衡关系。尽管这种方法导致繁重的代数运算，但它的优点在于能够推出利用最小二乘法进行估计的一种设定。这种估计被认为更稳健，到目前为止，比起那些非线性估计技术，人们对该方法更熟悉。

法国的数据没有拒绝这个模型。在所考虑的 64 个部门中，只有天然气和石油部门显示出显著的负相关关系。另有两个部门也显示出负相关关系，但在统计上并不显著。所有其他部门都显示出正相关关系，且有 47 个部门在统计上是很显著的。当把所有部门统合为十种类型时，所有类型的估计系数都是正的，其中九种类型的值都不等于零。此外，从该模型中去除中间投入品效应时，估计值显著下降且对制造业部门的影响很不明显，这使得人们更加相信投入产出联系在解释经济活动空间分布方面具有重要意义。反过来，从该模型中去除中间投入品效应后，对服务行业的估计值几乎不变，考虑到在服务行业中劳动力占主导地位的情况，这种现象并不令人吃惊。此外，在增加地理变量（如靠近海岸或边界）或区域固定效应后，估计会得到明显改进。这意味着，区域的自然地理和历史也在确定当地就业过程中发挥着重要作用。

13.2.2 模　拟

根据均衡关系，适当调整模型，则在没有数据的情况下也可以得到变量值。例如，图 13.4 以装备制造业部门为例，说明了从位于法兰西岛大区（巴黎大区）[见图 13.4（a）]和罗纳-阿尔卑斯区 [见图 13.4（b）]的就业区出口到法国所有就业区的情况。

除了提供对制定政策有用的数据以外，通过调整该模型也可以在大规模框架下进一步研究其理论性质。例如，该模型似乎涉及了在第 5 章中讨论的引力理论的主要原理，如图 13.3 所显示的那样，出口到附近就业区的数量是很多的，而出口到很远的就业区的数量很少。但是，出口到就业规模很大的就业区的产品数量也是相当大的，甚至在距离遥远的情况下也如此。像波尔多、图卢

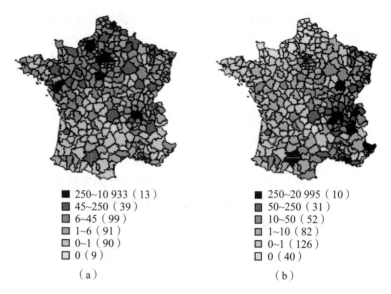

**图 13.4 法兰西岛大区（a）和罗纳-阿尔卑斯区（b）的就业区出口的
装备制造业产品数量（平均值等于 100，括号内数字为就业区数量）**

资料来源：Combes and Lafourcade（2008）.

兹、马赛、尼斯和斯特拉斯堡这些城市都是作为法兰西岛大区和罗纳-阿尔卑斯区的主要出口区而区别开来的。库姆斯和拉弗凯德的研究也显示，在包括
21 个法国行政区的空间范围内，所预测的区际贸易流和区际贸易流实际值
（这是观察到的）之间的相关系数为 0.48，考虑到该模型的许多假设，这种结果是相当令人满意的。

现在我们转向能够说明模型的聚集力和分散力的模拟过程。根据短期均衡模拟，库姆斯和拉弗凯德计算了厂商的营业利润，也就是固定成本总额。正如图 13.5 所显示的那样，模拟装备制造业部门的结果显示，存在一个强大的核心-边缘结构。

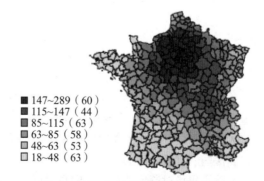

图 13.5 装备制造业部门的营业利润

资料来源：Combes and Lafourcade（2008）.

靠近巴黎地区的厂商营业利润很高，且当与巴黎的距离增加时，营业利润几乎单调递减。因此，如果就业区之间的固定生产成本大体上相同，则我们可

以预测新的厂商会选择布局于法国的核心区（巴黎大都市区），从而损害了边缘区。把握这种过程的根本原因是值得的。图 13.6 给出了营业利润的两个决定要素，也就是图（a）的价格加成率和图（b）的产出量。

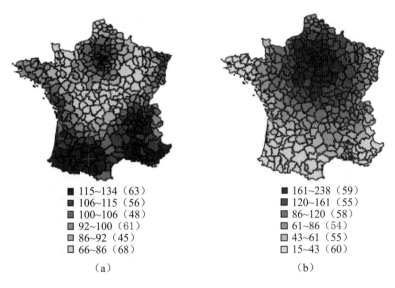

■ 115~134（63）   ■ 161~238（59）
■ 106~115（56）   ■ 120~161（55）
■ 100~106（48）   ■ 86~120（58）
■ 92~100（61）   ■ 61~86（54）
■ 86~92（45）   ■ 43~61（55）
□ 66~86（68）   □ 15~43（60）

（a）   （b）

图 13.6　装备制造业部门每个厂商的价格加成率（a）和产出量（b）
（平均值等于 100，括号内数字为就业区数量）

资料来源：Combes and Lafourcade（2008）.

尽管在巴黎周边地区模拟的价格加成率高于在法国中部（我们称其为中间地带）就业区的价格加成率，但在边缘区的加成率可能很高。据库姆斯和拉弗凯德的研究，这种模式是在相当复杂的一组力量作用下形成的。在巴黎周边地区，竞争很激烈，这就意味着低价格和低加成率。然而，从该地区能够进入大多数的市场，因而贸易成本就很低。由于边际生产成本直接取决于产品价格，而在核心区竞争更加激烈，故产品价格也较低，因此在巴黎周边地区的边际生产成本也较低。由于存在这样两种竞争力，所以在核心区，较低的边际生产成本和贸易成本超过了竞争的利润降低效应。边缘区的情况则正好相反，即边缘区竞争较弱，这就提高了边缘区的价格水平和加成率，但由于距大市场的运输距离远，因而贸易成本就高。同样，在边缘区竞争较弱，这就抬高了边缘区的要素价格，因此边缘区的边际生产成本就高。因此，在这种情况下，竞争的正向效应大于成本抵消效应，这就解释了边缘区价格水平高的原因。中间地带无法从两种效应中的任何一种（低成本或弱竞争）中受益，这就导致了中间地带较低的价格加成。

我们还可以了解不同区域每个厂商的产出量［图 13.6（b）］是如何使得利润分布（图 13.5）和价格加成率［图 13.6（a）］分布一致的。容易看到，随着与巴黎的距离越远，产出量急剧下降。结果，核心区可以从高价格和相当大的产出量中获益，这就解释了核心区的高利润。然而，在其他区，产出量和价格对利润的作用与在核心区的作用相反。中间地带的产品价格较低但销售量大于边缘区（但少于核心区），这样中间地带的利润水平就为中等水平。最后，尽管边缘区价格水平很高，但低销售量的抵消作用太强，限制了利润水平的提升。

最后，我们应该提到一种模拟，该模拟的目的是评价贸易成本大幅下降的影响。到目前为止，还不能模拟新厂商的进入过程，这主要是由于计算能力有限。因此，库姆斯和拉弗凯德在厂商不改变区位的假设下评价了贸易成本下降所起的作用。在这种情况下，贸易成本的下降只影响不同区域的厂商规模、价格、就业以及销售量。图 13.7 和图 13.8 给出了每个厂商的营业利润，这些图描述了贸易成本下降 30% 后（这相当于过去 20 年间法国运输成本下降的 38.5%，可以参见第 5 章）刺激新的厂商聚集在特定区域的动力。

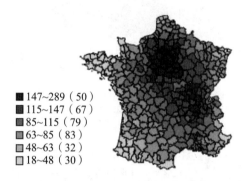

■ 147~289（50）
■ 115~147（67）
■ 85~115（79）
■ 63~85（83）
□ 48~63（32）
□ 18~48（30）

图 13.7　贸易成本下降 30% 后装备制造业部门的营业利润
（平均值等于 100，括号内数字为就业区数量）

资料来源：Combes and Lafourcade（2008）.

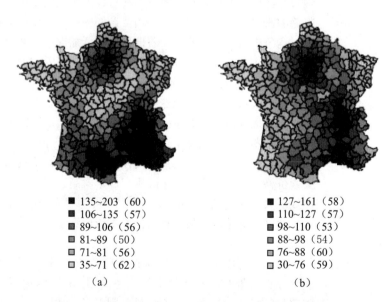

■ 135~203（60）　　　　　　■ 127~161（58）
■ 106~135（57）　　　　　　■ 110~127（57）
■ 89~106（56）　　　　　　　■ 98~110（53）
■ 81~89（50）　　　　　　　　■ 88~98（54）
□ 71~81（56）　　　　　　　　□ 76~88（60）
□ 35~71（62）　　　　　　　　□ 30~76（59）

　　　　（a）　　　　　　　　　　　　（b）

图 13.8　贸易成本下降 30% 后（a）建筑业和（b）保险业
的营业利润（平均值等于 100，括号内数字为就业区数量）

资料来源：Combes and Lafourcade（2008）.

对装备制造业部门而言，我们注意到利润的第二个峰值出现在里昂周围。换言之，如果新的厂商进入，它们不仅可能聚集在巴黎周围，也可能聚集在里昂周边地区，这与位于钟状曲线左侧的结论是一致的。然而，利润变化率的确在这些城市周围是上升的。换言之，如果现有两个核心区而不是一个，那么它们与其周边地区之间的利润差异就会进一步加大。换句话说，尽管产业聚集的吸引力在国家层面上减弱了，但是在地方层面上却得到加强。所有制造业部门都表现出相同的行为。

在建筑业部门、服务业部门以及保险业部门中，出现了一些明显的差别。对该模型的模拟显示，这些部门的初始分布模式是不同的，这些部门有三个主要的中心（巴黎、里昂和马赛），而不像其他制造业部门那样只有一个中心（巴黎）。如图13.8（a）所示，对建筑业部门而言，随着贸易成本的下降，原有的里昂和马赛两个中心合并成单一的东南部中心区，该中心区的范围向西延伸到图卢兹，其规模已经比巴黎周边地区大得多。对于保险业部门而言〔图13.8（b）〕，随着巴黎周边地区保险业的逐渐萎缩，罗纳河河谷地带的保险业得到了迅速发展，范围包括从里昂到马赛的周边地带，但无论是从该河谷地带向东还是向西，利润都急剧下降了。

埃利森和格莱泽（第10章）计算的空间聚集指数显示，贸易成本下降30%，将导致在国家层面上就业聚集度的下降，但其影响程度在部门之间是不同的。按不同地区考虑这些指数，就可以发现在大多数地区的空间聚集度都提高了。因此，如果假设厂商区位不变，则贸易成本下降30%导致了区际差异的缩小，但扩大了区内差异。换言之，贸易成本的下降减弱了国家层面的极化效应，却强化了地方层面的极化效应。

泰克西拉（Teixeira，2006）利用葡萄牙的数据复制了库姆斯和拉弗凯德的研究。这就给了我们一个难得的机会，即用经济地理学中两个关键变量相互不同的真实背景去比较同一个模型，这两个不同的关键变量是初始空间聚集度和总体交通基础设施格局。估计结果显示，在考虑的所有25个部门中贸易成本都具有正的影响，当然此时所考虑的是18个地理区域。考虑到内生原因，这会提高估计质量。引人注目的现象是，葡萄牙的一体化程度比法国低，估计出的葡萄牙的运输成本是边际生产成本的5~10倍。此外，里斯本和波尔图周边地区将成为葡萄牙的两个经济活动聚集区，这里是葡萄牙最发达的地区。尽管该较小区域（如同在法国）的价格加成率最高，但聚集还是发生了。再次在假设现有厂商区位不变的情况下，对2010年的基础设施计划的影响建立模型并进行了模拟。模拟结果表明，该计划的影响将处于钟状曲线的左侧，这就意味着该计划可以提高边缘区的就业水平，同时适度降低经济活动的空间聚集度。正如法国的情况一样，核心区的盈利水平高于边缘区，因此新厂商是同时进入核心区的。如果我们意识到这些，就可以确定上述基础设施建设计划的影响是存在的。再者，模拟贸易成本下降的影响并考虑新厂商的进入，仍是令人望而却步的。

13.3 结束语

利用"数字理论"的方法，人们可以正确地阐述经济地理学模型的主要作用力在现实世界中如何实现空间均衡的问题。在此处，我们的目的并不是挖掘新的空间理论，而是把不同的理论模型应用到具有实际数据的现实世界中，并且要跳出不切实际的2×2×2框架的范围。由这种更丰富的结构设置得到的结论应该能使人们更好地理解推动区域发展的过程，并且可能帮助政策制定者辨别出不同经济项目之间的区别。

我们应该意识到这些研究只是刚刚起步。至少，应通过进一步放宽现有的相同且约束力很强的各种假设以及各种检验，进一步完善现有的理论框架。大多数模型都假设所有部门有相同的市场结构，同时也没有考虑一些厂商在不同区位设立工厂的事实。对于今后的研究而言，这些领域的研究既是一种挑战，又具有广阔的前景和领域。目前的两种趋势很可能在今后的研究中发挥重要作用：现有数据库的质量不断提高，这使得今后能够更准确地调整各种参数；计算技术不断提高，这使得今后的模拟更加逼真。

最后需要注意的是，毫无疑问，上述这些进步是通过两阶段方法取得的，这种两阶段方法是指，首先估计一些相关的参数值，正如第12章所描述的那样，然后利用这些估计值模拟模型。尽管一些人在这些领域已经进行了多次尝试，但还有许多工作要做。

364

13.4 相关文献

那些适用于欧洲一体化的不完全竞争下的可计算空间均衡的实践，源于史密斯和维纳布尔斯（1988）、哈兰和诺曼（Haaland and Norman，1992）以及加西奥雷克等（Gasiorek et al.，1992）的研究。加西奥雷克和维纳布尔斯（1997）进行了与经济地理学密切相关的首次研究，着重研究了改善基础设施对经济活动空间聚集的影响。

第 14 章 结 语

普遍认为，我们现在生活在均衡的世界里。距离不再是约束因素，边界时常被看作是从过去沿袭下来的任意划界而已，因而国家和区域空间分割在经济生活中不会起多大作用。与此同时，大量的有关经济空间差异的争论开始进入政治舞台，由此大众也开始对这种差异具有清醒的认识。乍一看，这就形成了悖论，即市场一体化并没有引领我们走向更加一体化的世界。其实这种疑问掩盖了空间接近和空间均衡不能并进的简单事实。对这种现象，经济地理学提供了能够揭示全球化和空间不平衡之间错综复杂的相互作用的工具。它的主要观点比较精深，可以概括为：对空间而言，贸易成本必为正是相当重要的，但不能因此而得出如果贸易成本下降，区位重要性也将下降的结论。事实上正好相反，如果厂商更加自由，那么在贸易成本很低时，厂商对微小的区际差异也很敏感，故细微的区际差异对经济活动的空间分布将产生重大影响。因此，不管一体化进程如何，经济地理学认为"从自然、文化、经济角度来说，世界并不是均衡的"（Leamer，2007，p.123）。

14.1 地球村怪事

大量时事评论员极力宣扬目前全球化浪潮的新奇之处。随着边界成本和贸易成本逐渐消失，人们认为全球正在经历前所未有的市场和社会的一体化过程。但是，这种宣扬应有所收敛。正如在第 1 章所描述的那样，第一次世界大战中断了重要的全球化浪潮，在把我们引向战争深渊的那几十年间，第一次自由贸易协定破裂了，尽管在此期间运输成本急剧下降。最近出版的费里的文集（2005）也令人信服地说明了全球化并不是新的现象的观点。其中，全球化带来的恐惧和期盼成了目前主要的话题。追溯到古代，塞讷卡人似乎早已见证了这样一些变化：

> 所有壁垒都被废黜了。
> 城市建在处女地上。
> 世界被纵横交错的路网所覆盖。
> 任何事物都发生了变化。
> 没有不会变化的事物。

Ferri（2005，p. 20）［译文］

每一次全球化浪潮都激起了相似的忧虑和期盼，而每一次全球化浪潮的内在机制都是唯一的，但技术和制度条件赋予每一次全球化浪潮不同的特征。然而这些具体特征并没有因每次浪潮的终结而消失，也没有阻碍我们去把握促进全球化的作用力，而这种作用力对所有全球化阶段而言都是相同的。实际上，所有全球化浪潮都伴随着巨大的忧虑，这可能是由于经济一体化逼迫生活方式发生变化的缘故，而这种生活方式的变化迫使经济代理人在新的空间尺度中思考、做事和工作。

下面是具有很强地域情结的当前主要议题的部分清单的内容：

● 国家间经济和社会的不均衡发展；
● 欧盟内部在就业和收入方面持续的巨大的区际差异；
● 贸易全球化以及很可能发生的新的国际劳动分工；
● 生产过程的空间分离以及在贸易成本下降条件下的经济活动重新布局；
● 城市暴力和因接近当地劳动力市场受阻而出现的贫困区；
● 大都市区在推进创新和促进增长方面的作用；
● 蔓延在城市中心地区的住宅以及由此带来的当地公共基础设施融资遇到的挑战；
● 新建或在原有基础上扩展的交通基础设施（高速公路、高速铁路、机场）所导致的各种污染（空气污染、噪声污染等）；
● 源于交通运输网络拥挤的所有问题。

14.2　经济地理学的目标

前述的地球村怪事是迷惑人的。通过各种技术进步可以缓和距离对经济活动的约束，但这绝不意味着空间问题将从经济和社会生活中永远消失。相反，因两个方面的原因，空间现象的研究实际上变得更加复杂。一是个人或厂商的区位选择是在影响要素日趋多样化的基础上做出的。给出大量的解释变量，则研究者很容易"看到他们想看到的"东西，并找出能够支持实际中一些命题的变量。二是区位决策的相对重要性取决于选择何种尺度的空间作为参照。这种复杂化程度可以让我们联想到试图建设一个适合各种轨距的铁路枢纽。

经济学家对上述议题保持沉默，而这种沉默是无奈的沉默。他们无法给出令人信服的答案，这主要与他们自身对空间研究的可悲的疏忽和冷漠有关。毋庸置疑，那种态度使得他们无法给出令人信服的答案，而且使得其他学科怀疑经济学在我们进一步把握空间现象中的作用。因此，现在是把空间问题放在经济分析的正确位置的时候了。

本书涉及的议题很有限。由于教学计划中区域和城市经济学的内容相对薄弱，我们把重点放在一些与此有关的主要议题上。尤其是，城市经济学研究逐渐壮大且具有很强的实用性，然而区域经济学研究长期以来处于休眠状态。也就是说，在最近十年我们才看到在研究区际和国际差异的原因和效应方面掀起了高潮，包括理论和实证研究。考虑到这些，我们把我们的分析限制在区际差异范围内，这显然有局限性。特别是，微观空间变量在空间现象研究中发挥了重要作用，但我们对宏观空间问题的研究缺乏微观空间的内容。

最后，我们掌握了哪些内容？对这一问题既无法简单回答，也没有现成的答案。由于本书以追求教学价值为主要宗旨，因此并没有给出所有的答案，这些留给读者自己来系统地总结。不过，这种总结常常偏离传统的看法，故我们还是要总结主要的功课内容。此外，在此过程中，我们仍然相信那些跳过本章的学生和教师，从认真阅读其他章节中也可以找到一些新的且相关的主题供他们深思。在本章的最后一节，我们指出了目前研究的局限性，并为今后的研究指明了方向。

14.3　我们学会了什么

368　　　为清晰起见，我们以主要观点的清单形式展现我们的主要发现。

贸易并不等同于同质化　通常认为，贸易的发展促进了消费的同质化，它损害了原有的多样性。那种认为更多的贸易必然降低供给和消费商品的多样化的观点并不一定成立。事实上，很可能存在相反的情况。反对生活方式同质化经常会忽略一些关键问题：最终，从个人角度来考虑，世界总的产品数量对他而言并不是很重要，重要的是他实际可以享用的总的产品数量（第 4 章）。总的来说，除了因新产品质量好、价格便宜或者两者兼而有之而存在新的产品挤兑旧产品的情况以外，那种认为国际贸易会降低产品多样性的主张是站不住脚的。[1]　实际上，产业组织理论的原理之一就是厂商偏好生产差异化的产品和提

---

① 当消费中的网络外部性很强的时候，也会发生这种挤兑现象。例如，弗朗索瓦和冯·伊珀赛勒（François and van Ypersele，2002）指出，在文化商品产业中的贸易开放可以导致当地多样性的降低，因而就降低了文化的多样性。根据同样的方法，格里罗等（Grilo et al.，2001）指出，市场规模的增大可能促使网络商品的退出。

升它们的产品档次，至少在现有的技术条件允许的范围内是这样的。在竞争极其严酷的国际市场上，厂商的这种战略具有重要意义。总之，必须搞明白，国内产品不同于国外产品，因此贸易扩大了每个人接触更多产品的机会，即使在总的产品数量减少的情况下也是如此。意大利葡萄酒不同于法国葡萄酒，因此一旦开放市场，消费者将发现极其丰富的新产品，即使这些贸易是以国内一些产品种类不久将会消失为代价的。

需要进一步指出的是，扩大贸易而获得的收益不能在贸易伙伴之间均匀分配。生产较少种类产品的国家获得更多的收益，因为这些国家的居民能够消费更多由国外生产的产品从而获益（见第 4 章）。从理论角度来说，只有贸易伙伴的经济规模相等时，才能获得相等的收益。

369 　　**距离在经济和社会生活中继续发挥着重要的作用**　　信息和通信技术的进步大大降低了贸易成本，而且贸易协定使得关税壁垒，也就是传统的贸易壁垒也逐渐消失了。不过，那种认为转移货物、提供服务以及传递信息可以在瞬间完成且几乎可以免费提供的想法是错误的。经察看，大多数市场离这种无摩擦的世界还很远。19 世纪，第一次经历了运输和通信领域的革命，这些革命对社会和经济产生了重大影响，然而这种革命也没能消除经济联系中距离的影响。甚至在今天，距离仍然影响经济代理人的行为，尽管强度比以前减弱了许多。很多新闻记者和时事评论员"观察到"或"预言"了距离的死亡，却弄巧成拙。例如，当我们把引力模型应用在存在大量流动性要素的情形时可以看到，距离仍然持续施与很强的影响力，虽然在处理无形的商品时这种结论有它的局限性。

不管怎样，应记住距离在许多研究中经常被处理为一个"黑箱"，它遮住了一些复杂的相互作用和作用力。不同于一般的看法，从经验上看很明显的现象是，全球化并没有导致本地贸易的相对减少。全球贸易的增加是无可置疑的，但当地业务以更快的速度增加，其中的缘由目前还没有得到圆满解释。运输和通信成本的下降可能遮掩住了另一个重要的事实，即需要熟练技巧的差异化商品的贸易需要更加频繁的交易，而这种频繁的交易导致了贸易成本的下降。①

再者，尽管存在一些反例，贸易成本（尤其是国际贸易成本）仍然是很大的。在世界的许多地区，运输成本一直是主要的贸易壁垒，而这种贸易壁垒可以比得上产业革命时期由基础设施短缺或缺乏所导致的那种贸易壁垒。换句话说，与距离相关的成本仍然很重要，区际贸易理论和国际贸易理论不应低估它。考虑到不同生产要素的流动，厂商可以选择离特定区位很远的区位，此时这种与距离相关的成本显得更加重要。

370 　　正如伯蒂尔·俄林（Bertil Ohlin）曾在 1933 年指出并在 1976 年纪念诺贝尔而召开的诺贝尔科学大会上反复强调的那样，上面的现实和讨论都要求国际

---

　　①　这种原因与伊（Yi, 2003）对垂直专业化的解释是类似的。伊指出，当运输成本下降时，厂商发现把自己的产品配送到不同地区对自己有很大的好处。在该案例中，较低的运输成本导致贸易更大比例的增长，且如果为了更加协调，把生产过程分散在邻近地区，则当地的交易次数比以前更多。

贸易理论和区位理论必须进行综合。这就是经济地理学所追求的确切目标。因此，经济地理学不同于城市经济学，尽管这两个学科具有一些共同的特点。

空间差异的形成 经济地理学主要研究商品贸易和生产要素的流动性，因而提供了全新的研究框架。回顾一下，新古典的国际贸易理论常把国家模型化为国际上不可流动的要素的汇集处，但这种国际上不可流动的要素在国内是完全自由流动的（也就是生产要素从某一产业转移到另一产业或从一个地区转移到另一地区不存在任何摩擦）。在规模收益不变和完全竞争框架下，新古典模型预测要素价格将趋同，因而得出经济规模差异不会影响空间差异的动态过程的结论并不令人吃惊。

如果在规模收益递增和不完全竞争框架下讨论，则不同于新古典的标准模型，经济地理学模型主要研究国家和市场规模的影响。这种规模差异是经济差异的主要的和突出的原因（见第 4 章、第 11 章和第 12 章）。反过来，如果考虑到技能劳动力的空间流动性和（或）中间投入品的空间转移，那么整个制造业部门总是聚集在少数几个地区，因此我们可以预测区际差异将变大（见第 6～8 章）。尽管这种结论可能是很极端的，即便弱化这些结论也能说明正在不断扩大的空间经济差异。也就是说，贸易和要素流动性扩大了区际差异。

因此，经济地理学的主张与传统的主张截然不同。例如，新古典模型主张区际差异收敛（以及要素价格的均等化）与现存的贸易壁垒强度反向变化，而经济地理学主张贸易成本较高时会出现区际差异的收敛。在经济地理学框架中，尽管人们可以预测贸易成本较低时经济代理人整体上更加自由，然而区际差异在贸易成本较低时更容易出现。正如我们所看到的那样，当贸易成本低于某个门槛值时，聚集力的下降速度比贸易成本的下降速度要小，但分散力的下降速度快于贸易成本的下降速度。经济地理学告诉我们，在贸易成本较低时，聚集力强度大于分散力强度，但在贸易成本较高时，分散力强度大于聚集力强度。也就是，尽管各种拥挤现象促使经济活动向边缘区重新布局，但这种现象只有在贸易成本很低的情况下才会出现。

类似地，虽然发散阶段以区际 GDP 差异的扩大为主要特征，但在该阶段那些控制（甚至是消除）区际福利水平差异进一步扩大的力量开始逐渐占据主导地位。实际上，价格差异随着贸易成本的下降逐渐消失。与此同时，福利水平差异将持续扩大，且我们很难知道何时（或者是否）贸易成本将达到某一门槛值，从而在该门槛值之下福利水平差异将缩小。此外，因劳动者之间和厂商之间存在异质性，名义工资差异可能持续存在，但在经济地理学框架下，最近才开始研究这些特征。当这些要素组合在一起时，将导致巨大的地区差异，而这种区际差异常表现为空间实体之间在政治上的紧张局势。

最后，重要的是要正确区分人际差异和区际差异。要记住的是，那些具有相同社会经济特征的人是趋向聚集的，这就形成了自我强化的动态过程。这种过程是一种根据社会经济特征把每个人划分为不同类型、进而进一步扩大这些不同类型的人之间的初始差距的动态过程，并因此形成了恶性循环。换言之，不能把空间差异仅仅视为人际差异的累积。

交通基础设施的改善对某些区域有害 一般认为大规模交通基础设施的建

设或改善可以大大降低运输成本。然而，根据经济代理人的生产区位是外生决定的还是内生决定的（见第4章），这种政策的效应具有很大差异。当生产区位为外生决定的时，我们曾指出两个区域都是赢家。当生产区位是内生决定的时，尽管这种政策使得所有劳动力都有机会消费所有商品，但新的基础设施使得一些厂商重新选择市场规模较大的区域作为生产区位，这将导致市场规模较小的区域出现逆工业化过程。因此，规模较大区域的居民将从新的基础设施中获得更多的好处，除非规模较小区域的工资或城市成本比规模较大区域低很多。因此，政策制定者必须记住，不应把公共交通政策视为空间问题的外生变量，改善现有的交通基础设施很可能促使一些代理人重新选择区位，进而触发自我强化的动态过程，从而导致空间经济的巨大差异。交通运输规划者常常会低估这种结果，当以贫穷区受损为代价，在繁荣区出现大量没有预期到或者不期望出现的经济活动时，他们感到很惊讶（见第6章和第7章）。实际上，20世纪60年代法国和意大利大量建设高速公路就证实了这种现象的存在。

今后如何应对区际贸易壁垒，尤其是欧盟内部的贸易壁垒？ 欧洲很低的劳动力流动性并不是由欧盟范围内的大型核心-边缘结构的出现造成的。这种预测在实证研究和标准模型模拟结果中得到了证实。不过，实证研究和数字模拟都表明，小尺度的核心-边缘结构是存在的（见第12章和第13章）。就这种核心-边缘结构而言，最有可能的模式包含一些大的城市区域，而这些城市区域都具有由附近区域组成的边缘区。因此，这种大范围的区际均衡常常伴随着区内差异的日趋扩大。换言之，经济一体化的深化也许能够调整空间差异和空间不公平，但它不可能消除空间差异和空间不公平。

另外，已经证实，那些更符合现实的迁移模型在控制核心-边缘模型的一些极端情况方面是很有用的。特别是，当调控好潜在迁移者的偏好时，我们可以质疑克鲁格曼模型（见第8章）中那些技能劳动力全部聚集在一起的不切实际的预测。尤其是，欧洲劳动力对原有地区的强大的附着力，导致了欧洲极其微弱的人口迁移流。而且，如果一体化超出某一门槛，那么人口迁移将导致经济活动的新的分散。一旦考虑到劳动者偏好的异质性，那么上述过程在不损失经济效率的前提下可以促进空间的公平。另外，如果我们把自己的注意力只限制在可以直接观察到的经济总量方面，那么这种较低的经济活动聚集将导致大经济空间体之间较小的经济差异。但随着时间的流逝，这些较小差异将导致人均GDP之间的显著差异。如果这些机制确实发挥作用，那么由于欧洲较低的劳动力流动性，欧洲将维持相对于美国等其他大经济体的显著的收入差异。

最后，第7章指出中间投入品供给在经济活动聚集中发挥重要的作用，尤其是当相应的服务是由空间流动性较低的劳动力提供时更是如此。在记住这些要点的同时，我们可以预期生产过程的空间分散将导致经济活动在大城市区域的高度专业化。同时，贸易成本的逐渐下降将有利于其他厂商重新选择生产区位，专门化程度较低的经济活动将区位设置于劳动力成本较低的地区。[①] 由于

---

① 该结论是藤田和蒂斯（2006）在类似于DSK模型的经济地理学模型中提出的。

科斯（1937）的开创性工作，我们知道交易成本的存在是厂商存在的主要原因之一。商品的贸易成本是交易成本的一种特殊的表现形式，因此全球化将导致包括商务的外购和厂商垂直分解两方面的变化。实际上，目前的趋势也指出，存在着厂商围绕它们的核心生产能力重新组合的倾向，而这种核心生产能力通常取决于厂商所拥有的耐用的、专门化的和不可贸易的生产要素。如果今后证实这种趋势确实存在，那么我们将看到不同类型的核心区和边缘区将如何存在于同一个经济空间中，进而形成富裕区和贫困区相互镶嵌的复杂的社会经济体，而这种社会经济体将会在许多城市中观察到。

经济地理学中的建模策略　在过去的十年间，经济学强调了代理人的异质性是市场经济功能的关键要素之一。经济地理学通过研究经济代理人的空间差异与这种研究方法保持一致，并融入目前占主导的现代研究方法中。我们已经多次指出，规模收益递增（对厂商而言或是内生的或是外生的）对解释聚集和空间差异的形成至关重要（见第 2、6、7 和 8 章）。如果规模收益不是递增的，那么根据新古典模型，可以得出分散力将起主导作用，因而可以保证要素价格均等化的结论。平均成本曲线向下倾斜时厂商可能影响市场，这就要求我们解释在这种条件下大量厂商如何运行的问题。此时，第二个关键假设即产品差异化发挥作用。出售差异化产品的厂商都拥有一定的市场支配力，因而，这些厂商自己可以制定各自产品的价格。这两种假设（规模收益递增和产品差异化）组合在一起，就成了类似于张伯伦垄断竞争模型的模型的核心。

接着，我们同时也曾指出，如果在研究中加进贸易成本，那么有关垄断竞争的 DSK 模型和线性模型都变得很灵活，进而这些模型更加适用于处理经济地理学研究的主要内容。首先，考虑到连接不同经济部分的一般均衡效应，这些模型可以用于研究市场一体化进程中的宏观经济结果。因这种特性，垄断竞争模型变得如此吸引人。同时我们也发现，厂商之间缺失战略性相互作用，是导致这种特性存在的主要原因。实际上，为了使相互作用研究不受与此密切相关的作用力的影响，可以把这种厂商间的相互作用分解为不加任何修饰的基本要素。不应把从上述两个模型中得出相同结论看成是这些模型的缺陷。正好相反，它为众多的得出相同（定性或定量）结论的系列模型的存在提供了佐证。

与讨论空间竞争时的情况一样，详细地分析战略性相互作用不会得出与垄断竞争模型相矛盾的结论（见第 9 章）。但要强调的是，空间竞争模型需要进行进一步的简化（例如采用局部均衡分析），或者需要跳出这种几乎无法处理的框架。考虑到垄断竞争模型有很强的灵活性，利用垄断竞争模型仍是正确的。同样，也需要很好地把握这两种类型的市场结构如何与所参照的空间尺度衔接起来的问题。[①]

最后，毫无疑问，经济地理学文献中的主要障碍之一为模型的独特性，这就意味着这些模型都是适合于个案的模型而不是通用的模型。因此，不管有多少个案例相互支持，研究者都应不断地探究自己的结论的稳健性。建立一个可

374

---

① 有些意外，平克斯等（Pinkse et al.，2002）指出，对一些产业而言，空间竞争模型与它的宏观空间范围有关，也就是说，与在某种范围的空间内，预期何种类型的竞争为全球化竞争有关。

以把不完全竞争和规模收益递增结合起来的很成熟的一般均衡模型是很艰巨的工作，仍遥遥无期。同时，考虑包含不同个案的研究策略是合理的。这种类型的研究同样也推动更多的基础性研究进入一般模型的建立之中。

14.4 下一步我们将研究什么

和从前一样，我们还需要做大量的工作。下面是我们今后需要研究的一些主要问题：

（1）空间经济特殊的性质之一是它遵从一些很强的经验性法则。引力模型就是很好的例子，引力模型可以解释商品、资本和人口的流动，也可以解释随到大城市距离的不同而发生变化的工资问题。另一个例子是齐夫法则，该法则告诉我们城市等级系统遵循着特定的分布。经济地理学合理解释了这些模式化的事实，同时从理论和经验事实角度进行了更严谨的分析。然而，为了更好地把握支配经济空间的许多法则，我们仍需要做大量的工作。[①]

这些法则的演进也面临着需要克服的诸多问题。如果考虑引力模型，则最近的研究提出，贸易流对距离变得更加敏感了。不过，它顶多只是违反了直觉而已。进一步来说，为什么在过去的50年间贸易距离越来越短？是否正如适时发展策略所主张的那样，在现代经济中时间比距离更重要？这种贸易距离的缩短是否可以用周边国家之间兴起的关税优惠协定来解释？是否这种距离悖论与日趋复杂化的产品的出现联系在一起，使得当地的商品具有更大的吸引力？[②] 至今，仍有人认为这种悖论可能是由贸易统计量的变动引起的，而贸易统计量包括近距离和远距离贸易伙伴的贸易量。

（2）因厂商数量和产品种类之间的对称假设，我们经常把市场环境看成是对称的。我们已经看到，消费者的异质性影响核心-边缘模型的主要结论。于是，我们将理所当然地怀疑厂商的异质性是否也影响本书第2篇中得出的主要结论。如果答案是肯定的，那么在这种情况下其影响程度有多大？异质性表现为多种形式，许多异质性并没有直接与空间问题相关。或迟或早，在经济学其他领域发现的一些观点和研究成果将帮助我们进一步把握这些异质性的作用。尤其是，对许多经济地理学研究而言，这种异质性应当起着催化剂的作用。[③]

根据相同的思路，劳动力同质性假设也许是最不可置信的假设。在现实世界中，国家和区域的劳动力市场经常被分割，形成当地的劳动力市场，而这种当地的劳动力市场以部门间劳动力的低流动性为主要特征。在这种情况下，加强劳动力的空间流动性可以看成是劳动力选择新的就业的过程。因此，人力资本禀赋和劳动者培训项目是必须考虑的另外两个因素。一般来讲，大家都知道

---

① 杜兰顿（2007）的观点是很好的例子。
② 参见杜兰顿和斯托弗（2008）的更多解释。
③ 诺克（Nocke，2006）、鲍德温和大久保（Baldwin and Okubo，2006）是步入该研究方向的最早的学者。

376 不同国家和区域在劳动力市场制度方面具有很大的区别。可以说，在目前的经济地理学中，最令人不满之处就是对劳动力市场的处理过于简化。

（3）逐渐增加的实证研究表明，高强度竞争刻画出大都市区遴选代理人的过程，只有那些（最）有创新力的厂商和有（最）高技能的劳动力可能留在大都市区（Syverson，2004；Combes et al.，2008a）。尽管这种产业聚集体的出现对空间经济的形成是至关重要的，但在经济地理学模型中这种产业聚集体的形成常被忽略。① 同时，它还招来了一些挑战和棘手的政治问题，例如空间分类和空间分割、空间的自我维持特征、单个空间之间的差异、区域政策的设计与关联以及城市规划等。最重要的是，经济地理学应充分关注有关本地发展的微观经济和微观空间机制，进而也应关注建模时涉及的空间尺度的影响。为了这些，我们必须关注知识溢出及其与本地的互动，尽管这些很少留下活动记录，但它（部分地）影响了土地租金资本化。在这种空间范围，为揭示这种外部性的作用原理，经济地理学必须与城市经济学结合起来。

（4）到目前为止，经济地理学模型依然假设产品是水平差异化的。尽管这种假设在建立理论阶段是合理的，然而应记住的是质量竞争在国际贸易中发挥了越来越重要的作用。这种类型的竞争可以解释许多厂商无法维持其原有的市场份额而退出市场的原因，这也是许多空间不平衡的根源所在。我们必须搞清楚，充分关注质量差异进而改善目前的经济结构，可以提供更加准确和更加切题的结论。但其主要的困难在于我们缺乏像迪克西特-斯蒂格利茨模型一样容易操作的、垂直差异化的产业组织模型。因此，我们在这里提出，研究者应同时关注那些与经济地理学并不直接关联的问题。

（5）区位选择通常是涉及沉没成本的长期决策。因此，当做出这种决策时，代理人就期望他在某时间段内的利润或效用实现最大化，而根据这种预期，他将关注区域和市场的变化情况。反过来，这种预期的准确性取决于其他 377 人的区位选择，而这些人也根据自己的预期做出反应（Krugman，1991b）。在这种情况下劳动者如何形成他自己的预期是一个很大的挑战。文献中的完备预测假设是经不起考验的，至多只能用来做基准。② 在考虑经营多个工厂的厂商的区位选择时，问题变得更加复杂。尽管经济地理学揭示了一些有关全球化的相关性问题，但文献至今仍然热衷于考察跨国厂商的空间行为。这也许是需要解开的、最富有挑战性的谜团。事实上，跨国厂商经营网络化工厂，由公司总部操纵，但同样也密切关注它的竞争对手的动向。

（6）尽管经济地理学主张多重均衡的存在，但历史表明大都市聚集体在演化过程中具有很强的抗击外来冲击的能力和很强的惯性。这种推测是可以接受的，即这种惯性在很大程度上由于住房、公共设施和运输网络等各种不同类型的基础设施的存在以及这些设施的跨越几代的使用而得到强化（Glaeser and Gyourko，2005）。至今，经济地理学完全忽略了基础设施的耐用性，但毫无疑问，耐用性在跨期决策中起着重要的作用。在这里，经验方法可能对于解释持

---

① 梅莉兹和奥塔维诺（2008）也许是最早在经济地理学框架内解释遴选现象的学者。

② 参见小山（Oyama，2006）对核心-边缘模型的严格证明，但该核心-边缘模型包含了向前看的代理人。

续且相当稳定的城市结构和很不稳定的地区专业化共存的原因是最适合的。

（7）经济地理学认为区域差异可能是很大的。这就是说，大多数模型忽略了能够提高人们福利水平的许多要素，如城市生活成本、自然的适宜性、学校教育以及社会网络等。为了更好地评价不同区域之间的差距，必须解释这些能够影响福利水平差异的各种要素（见第8章）。换句话说，只比较人均GDP无法正确地给出真实的福利水平。

（8）实证研究也因一些严重的缺陷而感到苦恼。要强调的是，在近期，实证研究比理论研究提供了更多的研究视角。我们看到，评价特定产业的聚集程度以及比较产业间或不同时段的产业聚集带来的结果是很困难的。我们同样需要很好地把握产业聚集和空间聚集之间、厂商区位和空间尺度之间的关系。

此外，应该用更严谨的方法来评价那些能够解释区位选择和当地生产率的变量。甚至这些变量与基本理论模型之间并没有多大联系，因而产生了一些计量经济问题。由于可以获得更多个体水平的数据，因此可以更深层次地考虑特定产业和特定区位的异质性，这为研究者进一步提炼他们在空间选择和空间分类方面的发现提供了可能性。由于计量经济学的面板数据分析技术，我们容易区分出经济地理学强调的特定机制问题和各个地区在全球空间中的位置之间的区别。而且，这种分析技术同样可以有效地处理内生性问题，这种内生性是以解释区位选择为主要目标的模型所特有的问题，它影响大量的解释变量。

正如我们所看到的那样，利用结构性方法密切贴近理论模型，可以更准确地解释所发现的结果。毋庸置疑，这种新的研究方法需要进一步完善。而且，如果我们提升研究方法，那么通过非结构性方法也同样能够继续发现日趋格式化的现象。为形成新的理论研究思路，我们仍需要这些模型。这些模型还为更加成熟的经验性方法的出现提供了基础。

尽管许多经济学家对空间问题缺乏兴趣是一件令人遗憾的事，但与此相反的态度（以非空间为借口，整体上对经济理论很冷漠）也是不可取的。长期以来，传统的区域经济学家通常对经济理论持漠视态度，这也在很大程度上解释了区域经济学领域的研究停滞不前的原因。正如我们所看到的那样，空间以大量的现实世界问题为其主要特征，然而经济理论的每一个重要的进展都忽略了对空间的研究。从这个方面来看，有必要回顾在空间经济学理论发展史上很重要的两个例子：哈罗德·霍特林以古诺和伯特兰的理论为基础建立了空间竞争理论；保罗·克鲁格曼以迪克西特-斯蒂格利茨理论为基础建立了贸易理论。当克鲁格曼在他的理论框架中加入要素流动性时，也就开创了经济地理学。这两个例子值得我们深思。

参考文献

379   Acemoglu, D. , S. Johnson, and J. Robinson. 2002. Reversal of fortune: geography and institutions in the making of the modern world income distribution. *Quarterly Journal of Economics* 117: 1231 – 1294.

Ago, A. , I. Isono, and T. Tabuchi. 2006. Locational disadvantage of the hub. *Annals of Regional Science* 40: 819 – 848.

Ahearne, A. , W. Griever, and F. Warnock. 2004. Information costs and home bias: an analysis of US holding of foreign equities. *Journal of International Economics* 62: 313 – 336.

Alonso, W. 1964. *Location and Land Use*. Cambridge, MA: Harvard University Press.

Amiti, M. 1999. Specialisation patterns in Europe. *Weltwirschaftliches Archiv* 134. : 573 – 593.

Amiti, M. and C. A. Pissarides, 2005. Trade and industrial location with heterogeneous labor. *Journal of International Economics* 67: 392 – 412.

Anas, A. 1983. Discrete choice theory, information theory, and the multinomial logit and gravity models. *Transportation Research*, B 17: 13 – 23.

——. 1987. *Modeling in Urban and Regional Economics*. Chur, Switzerland:

Harwood Academic Publishers.

Anderson, J. 1979. A theoretical foundation for the gravity equation. *American Economic Review* 69: 106 – 116.

Anderson, J., and E. van Wincoop. 2003. Gravity with gravitas: a solution to the border puzzle. *American Economic Review* 93: 170 – 192.

——. 2004. Trade costs. *Journal of Economic Literature* 42: 691 – 751.

Anderson, S. P., and D. Neven. 1991. Cournot competition yields spatial agglomeration. *International Economic Review* 32: 793 – 808.

Anderson, S. P., A. de Palma, and J. -F. Thisse. 1992. *Discrete Choice Theory of Product Differentiation*. Cambridge, MA: MIT Press.

Anselin, L., R. Florax, and S. Rey. 2003. *Advances in Spatial Econometrics*. Springer.

Arellano, M. 2003. *Panel Data Econometrics*. Oxford University Press.

Armington, P. 1969. A theory of demand for products distinguished by place of production, *IMF Staff Papers* 16: 159 – 178.

Arrow, K., and G. Debreu. 1954. Existence of an equilibrium for a competitive economy. *Econometrica* 22: 265 – 290.

Arthur, W. B. 1994. *Increasing Returns and Path Dependence in the Economy*. Ann Arbor, WI: The University of Michigan Press.

Au, C. -C., and J. V. Henderson. 2006. Are Chinese cities too small? *Review of Economic Studies* 73: 549 – 576.

Aumann, R. J. 1964. Markets with a continuum of traders. *Econometrica* 32: 39 – 50.

——. 1966. Existence of competitive equilibria in markets with a continuum of traders. *Econometrica* 34: 1 – 17.

Bade, K. J. 2002. *Migration in European History*. Oxford: Basil Blackwell.

Baier, S. L., and J. H. Bergstrand, 2001. The growth of world trade: tariffs, transport cost, and income similarity, *Journal of International Economics* 53: 1 – 27.

——. 2004. Do free trade agreements actually increase members' international trade? Mimeo, University of Notre-Dame.

Bailey, T. C., and A. C Gatrell. 1995. *Interactive Spatial Data Analysis*. Essex: Longman Scientific & Technical.

Bairoch, P. 1988. *Cities and Economic Development: From the Dawn of History to the Present*. University of Chicago Press.

——. 1993. *Economics and World History: Myths and Paradoxes*. University of Chicago Press.

——. 1997. *Victoires et déboires*. *Histoire économique et sociale du monde du XVIe siécle à nos jours*. Paris: Editions Gallimard.

Baldwin, R. E. 1999. Agglomeration and endogenous capital. *European Eco-

nomic Review 43: 253 – 280.

———. 2006. *In or Out: Does It Make a Difference? An Evidence Based Analysis of the Trade Effects of the Euro.* London: CEPR.

Baldwin, R. E., and P. Krugman. 2004. Agglomeration, integration and tax harmonisation, *European Economic Review* 48: 1 – 23.

Baldwin, R. E., and T. Okubo. 2006. Heterogeneous firms, agglomeration and economic geography: spatial selection and sorting. *Journal of Economic Geography* 6: 323 – 346.

Baldwin, R. E., R. Forslid, P. Martin. G. I. P. Ottaviano. and F. Robert-Nicoud, 2003. *Economic Geography and Public Policy.* Princeton University Press.

Barbieri, K. 2003. *The Liberal Illusion. Does Trade Promote Peace?* Ann Arbor, MI: The University of Michigan Press.

Barrios, S., L. Bertinelli, E. Strobl, and A.-C. Teixeira, 2005. The dynamics of agglomeration: evidence from Ireland and Portugal. *Journal of Urban Economics* 57: 170 – 188.

———. Forthcoming. Agglomeration economies and the location of industries: a comparison of three small European countries. *Regional Studies.* in press.

Beckmann, M. J., and J.-F. Thisse. 1986. The location of production activities. In *Handbook of Regional and Urban Economics* (ed. P. Nijkamp), volume 1, pp. 21 – 95. Amsterdam: North-Holland.

Behrens, K. 2004. Agglomeration without trade: how non-traded goods shape the space-economy. *Journal of Urban Economics* 55: 68 – 92.

———. 2005. How endogenous asymmetries in interregional market access trigger regional divergence. *Regional Science and Urban Economics* 35: 471 – 492.

Behrens, K., and Y. Murata. 2007. General equilibrium models of monopolistic competition: a new approach, *Journal of Economic Theory* 136: 776 – 787.

Behrens, K., A. Lamorgese, G. I. P. Ottaviano, and T. Tabuchi. 2004. Testing the home market effect in a multi-country world: the theory. CEPR Discussion Paper no. 4468.

———. 2005. Testing the "home market effect" in a multi-country world. CORE Discussion Paper no. 2005/55.

Behrens, K., J. H. Hamilton, G. I P. Ottaviano, and J.-F. Thisse. 2007. Commodity taxation harmonization and the location of industry. *Journal of International Economics* 72: 271 – 291.

Belleflamme, P., P. Picard, and J.-F. Thisse. 2000. An economic theory of regional clusters. *Journal of Urban Economics* 48: 158 – 184.

Bénabou, R. 1994. Working of a city: location, education and production. *Quarterly Journal of Economics* 106: 619 – 652.

Bénassy, J.-P. 1991. Monopolistic competition. In *Handbook of Mathematical Economics* (ed. W. Hildenbrand and H. Sonnenschein), volume 4, pp. 1997 – 2045.

381

Amsterdam: North-Holland.

———. 1996. Taste for variety and optimum production patterns in monopolistic competition. *Economics Letters* 52: 41 – 47.

Bentolila, S. 1996. Sticky labor in Spanish regions. *European Economic Review* 41: 591 – 598.

Bergstrand, J. H. 1985. The gravity equation in international trade: some microeconomic foundations and empirical evidence. *Review of Economics and Statistics* 67: 474 – 481.

Bonanno, G. 1990. General equilibrium theory with imperfect competition. *Journal of Economic Surveys* 4: 297 – 328.

Bosker, M., S. Brakman, H. Garretsen, and M. Schramm. 2007. Adding geography to the New Economic Geography, CESifo Working Paper 2038.

Bossuyt, A., L. Broze, and V. Ginsburgh, 2001. On invisible trade relations between Mesopotamian cities during the Third Millennium B. C. *The Professional Geographer* 53: 374 – 383.

Bourguignon, F. 1979. Decomposable income inequality measures. *Econometrica* 47: 901 – 920.

Brakman, S., and B. J. Heijdra. 2004. *The Monopolistic Competition Revolution in Retrospect*. Cambridge University Press.

Brakman, S., H. Garretsen, and Ch. van Marrewijk. 2001. *An Introduction to Geographical Economics*. Cambridge University Press. (Second edition published in 2008: *The New Introduction to Geographical Economics*.)

Brakman, S., H. Garretsen, and M. Schramm. 2004a. The spatial distribution of wages and employment: estimating the Helpman-Hanson model for Germany. *Journal of Regional Science* 44: 437 – 466.

———. 2004b. The strategic bombing of German cities during WWII and its impact on city growth. *Journal of Economic Geography* 4: 201 – 217.

———. 2006. Putting new economic geography to the test: freeness of trade and agglomeration in the EU regions. *Regional Science and Urban Economics* 36: 613 – 635.

Brander, J. 1981. Intra-industry trade in identical commodities. *Journal of International Economics* 11: 1 – 14.

Brander, J., and P. R. Krugman. 1983. A "reciprocal dumping" model of international trade. *Journal of International Economics* 15: 313 – 321.

Braudel, F. 1979. *Civilisation matérielle, économie et capitalisme, XVe-XVIIIe siècle: le temps du monde*. Paris: Armand Colin. (English translation, 1985: *Civilization and Capitalism 15th-18th Century: The Perspective of the World*. New York: Harper Collins.)

Braunerhjelm, P., R. Faini, V. Norman, F. Ruane, and P. Seabright. 2000. *Integration and the Regions of Europe: How the Right Policy Can Pre-*

vent Polarization. London: Centre for Economic: Policy Research.

Briant, A. , P. -P. Combes, and M. Lafourcade. 2007. Do the size and shape of spatial units jeopardize economic geography estimations. Mimeo, Paris School of Economics.

Broda, C. , and D. E. Weinstein. 2006. Globalization and the gains from variety. *Quarterly Journal of Economics* 121: 541 - 585.

Brülhart, M. and R. Traeger. 2005. An account of geographic concentration patterns in Europe. *Regional Science and Urban Economics* 35: 597 - 624.

Campbell, J. R. , and H. A. Hopenhayn. 2005. Market size matters. *Journal of Industrial Economics* 53: 1 - 25.

Cantillon, R. 1755. *Essai sur le nature du commerce en général*. London: Fletcher Gyles. [English translation (H. Higgs), 1964: *Essay on the Nature of Trade in General*. New York: A. M. Kelley.]

Carey, H. C. 1858. *Principles of Social Science*. Philadelphia, PA: J. Lippincott.

Carlton, D. 1983. The location and employment choices of new firms: an econometric model with discrete and continuous endogenous variables. *Review of Economics and Statistics* 65: 440 - 449.

Carrère, C. 2006. Revisiting the effects of regional trade agreements on trade flows with proper specification of the gravity model. *European Economic Review* 50: 223 - 247.

Casetti, E. 1980. Equilibrium population partitions between urban and agricultural occupations. *Geographical Analysis* 12: 47 - 54.

Cavailhès, J. , C. Gaigné, T. Tabuchi, and J. -F. Thisse. 2007. Trade and the structure of cities. *Journal of Urban Economics* 62: 383 - 404.

Ceglowski, J. 2006. Does gravity matter in a service economy? *Review of World Economics* 142: 307 - 329.

Chamberlin, E. 1933. *The Theory of Monopolistic Competition*. Cambridge, MA: Harvard University Press.

——. 1951. Monopolistic competition revisited. *Economica* 18: 342 - 362.

Chaney, T. 2007. Distorted gravity: heterogeneous firms, market structure and the geography of international trade. Mimeo, MIT. (Also forthcoming in *American Economic Review*.)

Charlot, S. , C. Gaigné, F. Robert-Nicoud, and J. -F. Thisse. 2006. Agglomeration and welfare: the core-periphery model in the light of Bentham, Kaldor, and Rawls. *Journal of Public Economics* 90: 325 - 347.

Chaterjee, S. , and G. A. Carlino. 2001. Aggregate metropolitan employment growth and the deconcentration of metropolitan employment. *Journal of Monetary Economics* 48: 549 - 583.

Ciccone, A. 2002. Agglomeration effects in Europe. *European Economic*

382

Review 46: 213 - 227.

Ciccone, A., and R. E. Hall. 1996. Productivity and the density of economic activity. *American Economic Review* 86: 54 - 70.

Cingano, F., and F. Schivardi. 2004. Identifying the sources of local productivity growth. *Journal of the European Economic Association* 2: 720 - 742.

Cipolla, C. M. 1962. *The Economic History of World Population*, 7th edn. Harmondsworth: Penguin.

Clark, W. A. V. 1986. *Human Migration*. Thousand Oaks, CA: SAGE.

Clark, X., D. Dollar, and A. Micco. 2004. Port efficiency, maritime transport costs, and bilateral trade. *Journal of Development Economics* 75: 417 - 450.

Coase, R. 1937. The nature of the firm. *Economica* 4: 386 - 405.

Cohen, D. 2007. *Globalization and Its Enemies*. Cambridge, MA: MIT Press.

Combes, P. -P. 1997. Industrial agglomeration and Cournot competition. *Annales d'Economie et de Statistique* 45: 161 - 182.

Combes, P. -P., and M. Lafourcade. 2001. Transport costs decline and regional inequalities: evidence from France. CEPR Discussion Paper no. 2894.

——. 2005. Transport costs: measures, determinants, and regional policy. Implications for France. *Journal of Economic Geography* 5: 319 - 349.

——. 2008. Competition, market access and economic geography: structural estimations and predictions for France. Mimeo, Paris School of Economics (available at www. enpc. fr/ceras/lafourcade/ artinf270207. pdf).

Combes, P. -P., and H. G. Overman, 2004. The spatial distribution of economic activities in the European Union. In *Handbook of Regional and Urban Economics* (ed. J. V. Henderson and J. -F. Thisse), volume 4. Amsterdam: North-Holland.

Combes, P. -P., T. Magnac, and J. -M. Robin. 2004. The dynamics of local employment in France. *Journal of Urban Economics* 56: 217 - 243.

Combes, P. -P., M. Lafourcade, and T. Mayer. 2005. The trade creating effects of business and social networks: evidence from France. *Journal of International Economics* 66: 1 - 29.

Combes, P. P., M. Lafourcade, J. -F. Thisse, and J. -C. Toutain. 2008a. The rise and fall of spatial inequalities in France (1860 - 1930 - 2000). Mimeo, Paris School of Economics.

Combes, P. -P., G. Duranton, and L. Gobillon. 2008b. Spatial wage disparities: sorting matters! *Journal of Urban Economics* 63: 723 - 742.

Combes, P. -P., G. Duranton, L. Gobillon, and S. Roux. 2008c. Estimating agglomeration economies with history, geology, and worker effects. CEPR Discussion Paper on. 6728.

Crafts, N., and A. Mulatu. 2005. What explains the location of industry in Britain, 1871-1931? *Journal of Economic Geography* 5: 499–518.

Cronon, W. 1991. *Nature's Metropolis. Chicago and the Great West*. London: W. W. Norton.

Crozet, M. 2004. Do migrants follow market potentials? A calculation of a new economic geography model. *Journal of Economic Geography* 4: 439–458.

Crozet, M., T. Mayer, and J.-L Mucchielli. 2004. How do firms agglomerate? A study of FDI in France. *Regional Science and Urban Economics* 34: 27–54.

d' Aspremont, C., J. J. Gabszewicz, and J.-F. Thisse. 1979. On Hotelling's "Stability in Competition". *Econometrica* 47: 1045–1050.

d'Aspremont, C., R. Dos Santos Ferreira, and L.-A. Gérard-Varet. 1996. On the Dixit-Stiglitz model of monopolistic competition, *American Economic Review* 86: 623–629.

Davis, D. R. 1998. The home market, trade and industrial structure. *American Economic Review* 88: 1264–1276.

Davis, D. R., and D. Weinstein. 1996. Does economic geography matter for international specialization? NBER Working Paper 5706.

——. 1999. Economic geography and regional production structure: an empirical investigation. *European Economic Review* 43: 379–407.

——. 2002. Bones, bombs, and break points: the geography of economic activity. *American Economic Review* 92: 1269–1289.

——. 2003. Market access, economic geography and comparative advantage: an empirical assessment. *Journal of International Economics* 59: 1–23.

——. 2008. A search for multiple equilibria in urban industrial structure. *Journal of Regional Science* 48: 29–65.

Debreu, G. 1959. *Theory of Value*. Wiley.

Delisle, J.-P., and F. Laine. 1998. Les transferts d'établissements contribuent au desserrement urbain. *Economie et Statistique* 311: 91–106.

de Palma, A., V. Ginsburgh, Y. Y. Papageorgiou, and J.-F. Thisse, 1985. The principle of minimum differentiation holds under sufficient heterogeneity. *Econometrica* 53: 767–781.

——. 2007. Firm location decisions, regional grants and agglomeration externalities. *Journal of Public Economics* 91: 413–435.

Diamond, J. 1997. *Guns, Germs, and Steel. The Fate of Human Societies*. New York: W. W. Norton.

Dierker, E., H. Dierker, and B. Grodal. 2003. Cournot competition in a general equilibrium model with international trade. Mimeo, University of Vienna.

Di Mauro, F. 2000. The impact of economic integration on FDI and exports: a gravity approach. Centre for European Policy Studies (Brussels) Work-

384

ing Document 156.

Dinopoulos, E. , K. Fujiwara, and K. Shimomura. 2007. International trade and volume patterns under quasi-linear preferences. Mimeo, University of Florida.

Disdier, A. C. , and K. Head. 2008. The puzzling persistence of the distance effect on bilateral trade. *Review of Economics and Statistics* 90: 37 – 48.

Dixit, A. K. , and J. E. Stiglitz. 1977. Monopolistic competition and optimum product diversity. *American Economic Review* 67: 297 – 308.

Dumais, G. , G. Ellison, and E. L. Glaeser. 2002. Geographic concentration as a dynamic process. *Review of Economics and Statistics* 84: 193 – 204.

Duranton, G. 2007. Urban evolutions: the fast, the slow, and the still. *American Economic Review* 97: 197 – 221.

Duranton, G. , and V. Monastiriotis. 2002. Mind the gaps: the evolution of regional earnings inequalities in the U. K. 1982 – 1997. *Journal of Regional Science* 42: 219 – 256.

Duranton, G. , and H. G. Overman. 2005. Testing for location using microgeographic data. *Review of Economic Studies* 72: 1077 – 1106.

Duranton, G. , and M. Storper. 2008. Rising trade costs? Agglomeration and trade with endogenous transaction costs. *Canadian Journal of Economics* 41: 292 – 319.

Eaton, B. C. , and R. G. Lipsey. 1977. The introduction of space into the neoclassical model of value theory. In *Studies in Modern Economics* (ed. M. Artis and A. Nobay), pp. 59 – 96. Oxford: Basil Blackwell.

——. 1997. *On the Foundations of Monopolistic Competition and Economic Geography.* Cheltenham, U. K. : Edward Elgar Press.

Eaton, J. , and S. Kortum. 2002. Technology, geography and trade. *Econometrica* 70: 1741 – 1780.

Ecochard, P. , L. Fontagné, G. Gaulier, and S. Zignago. 2005. Intra-industry trade and economic integration. CEPII report for JETRO-IDE.

Economist Intelligence Unit. 2001. *International Price Comparisons. A Survey of Branded Consumer Goods in France, Germany, Sweden, the U. K. and the U. S.* London: *The Economist.*

Eichengreen, B. 1993. Labor market and European monetary unification. In *Policy Issues in the Operation of Currency Unions* (ed. P. Masson and M. Taylor), pp. 130 – 162. Cambridge University Press.

Ellison, G. , and E. L. Glaeser. 1997. Geographic concentration in U. S. manufacturing industries: a dartboard approach. *Journal of Political Economy* 105: 889 – 927.

Engel, C. , and J. Rogers. 1996. How wide is the border? *American Economic Review* 86: 1112 – 1125.

——. 2001. Deviations from purchasing power parity: causes and welfare costs. *Journal of International Economics* 55: 29 – 57.

Estevadeordal, A., B. Frantz, and A. M. Taylor. 2003. The rise and fall of world trade, 1870 – 1939. *Quarterly Journal of Economics* 118: 359 – 407.

Ethier, W. 1982. National and international returns to scale in the modern theory of international trade. *American Economic Review* 72: 389 – 405.

European Commission. 1999. *ESDP The European Spatial Development Perspective. Towards Balanced and Durable Development of the Territory of the European Union.* Luxembourg: Office for Official Publications of the European Communities.

Evenett, S., and W. Keller. 2002. On theories explaining the success of the gravity equation. *Journal of Political Economy* 110: 281 – 316.

Faini, R. 1984. Increasing returns, non-traded inputs and regional development. *Economic Journal* 94: 308 – 323.

——. 1999. Trade unions and regional development. *European Economic Review* 43: 457 – 474.

Faini, R., G. Galli, P. Gennari, and F. Rossi 1996. An empirical puzzle: falling migration and growing unemployment differentials among Italian regions. *European Economic Review* 41: 571 – 580.

Farrell, J., and P. Klemperer. 2007. Co-ordination and lock-in: competition with switching costs and network effects. In *Handbook of Industrial Organization* (ed. M. Armstrong and R. Porter), volume III, pp. 1967 – 2072. Amsterdam: North-Holland.

Feenstra, R. C. 2004. *Advanced International Trade: Theory and Evidence.* Princeton University Press.

Feenstra, R. C., J. Markusen, and A. Rose. 2001. Using the gravity equation to differentiate among alternative theories of trade. *Canadian Journal of Economics* 34: 430 – 447.

Ferri, L. 2005. *Ils racontent la mondialisation. De sénèque à Lèvi-Strauss.* Paris: Saint-Simon.

Feser, E., S. Sweeney, and H. Renski. 2005. A descriptive analysis of discrete U. S. industrial complexes. *Journal of Regional Science* 45: 395 – 419.

Findlay, R., and K. H. O'Rourke. 2003. Commodity market integration: 1500 – 2000. In *Globalization in Historical Perspectives* (ed. M. D. Bordo, A. M. Taylor, and J. G. Williamson), pp. 13 – 64. University of Chicago Press.

Fontagné, L., T. Mayer, and S. Zignano. 2005. Trade in the Triad: how easy is the access to large markets. *Canadian Journal of Economics* 38: 1401 – 1430.

Forslid, R., and G. I. P. Ottaviano. 2003. An analytically solvable core-periphery model. *Journal of Economic Geography* 3: 229 – 240.

Forslid, R., J. Haaland, and K. -H. Midelfart-Knarvik. 2002. A

U-shaped Europe? A simulation study of industrial location, *Journal of International Economics* 57: 273 – 297.

Francis, R. L., T. J. Lowe, B. Rayco, and A. Tamir. Forthcoming. Aggregation error for location models: survey and analysis. *Annals of Operations Research*, in press.

François, P., and T. van Ypersele. 2002. On the protection of cultural goods. *Journal of International Economics* 56: 359 – 369.

Frankel, J. 1997. *Regional Trading Blocs*. Washington, DC: Institute for International Economics.

Friedman, J., D. Gerlowski, and J. Silberman. 1992. What attracts foreign multinational corporations. *Journal of Regional Science* 32: 403 – 418.

Fujita, M. 1989. *Urban Economic Theory: Land Use and City Size*. Cambridge University Press.

Fujita, M., and J.-F. Thisse. 2002. *Economics of Agglomeration: Cities Industrial Location and Regional Growth*. Cambridge University Press.

——. 2003a. Agglomeration and market interaction. In *Advances in Economics and Econometrics: Theory and Applications* (ed. M. Dewatripont, L. P. Hansen, and S. T. Turnovsky), pp. 302 – 338. Cambridge University Press.

——. 2003b. Does geographical agglomeration foster economic growth? And who gains and loses from it? *Japanese Economic Review* 54: 121 – 145.

——. 2006. Globalization and the evolution of the supply chain: who gains and who loses? *International Economic Review* 47: 811 – 836.

Fujita, M., P. Krugman, and A. J. Venables. 1999. *The Spatial Economy: Cities, Regions and International Trade*. Cambridge, MA: MIT Press.

Gabszewicz, J. J., and J.-F. Thisse. 1986. Spatial competition and the location of firms. In *Location Theory* (ed. J. J. Gabszewicz, J.-F. Thisse, M. Fujita, and U. Schweizer), pp. 1 – 71. Chur, Switzerland: Harwood Academic Publishers.

Gallup, J. L., J. D. Sachs, and A. Mellinger. 1999. Geography and economic development. *International Regional Science Review* 22: 179 – 232.

Gasiorek, M., and A. J. Venables. 1997. Evaluating regional infrastructure: a computable equilibrium approach. " Modelling Report" by The European Institute and the London School of Economics.

Gasiorek, M., A. Smith, and A. J. Venables. 1992. "1992": trade and welfare. A general equilibrium model. In *Trade Flows and Trade Policies* (ed. L. Winters), pp. 35 – 63. Cambridge University Press.

Giersch, H. 1949. Economic union between nations and the location of industries. *Review of Economic Studies* 17: 87 – 97.

Ginsburgh, V., Y. Y. Papageorgiou, and J.-F. Thisse. 1985. On existence and stability of spatial equilibria and steady-states. *Regional Science and Urban Economics* 15: 149 – 158.

Glaeser, E. L., and J. Gyourko. 2005. Urban decline and durable housing. *Journal of Political Economy* 113: 345 – 375.

Glaeser, E. L., and J. E. Kohlhase. 2004. Cities, regions and the decline of transport costs. *Papers in Regional Science* 83: 197 – 228.

Glaeser, E. L., and D. C. Mare. 2001. Cities and skills. *Journal of Labor Economics* 19: 316 – 342.

Glaeser, E. L., H. Kallal, J. Sheinkman, and A. Schleifer. 1992. Growth in cities. *Journal of Political Economy* 100: 1126 – 1152.

Glaeser, E. L., J. Kolko, and A. Saiz. 2001. Consumer city. *Journal of Economic Geography* 1: 27 – 50.

Greenhut, J. J., and M. L. Greenhut, 1977. Nonlinearity of delivered price schedules and predatory pricing. *Economica* 45: 1871 – 1875.

Greenhut, M. L. 1981. Spatial pricing in the United States, West Germany and Japan. *Economica* 48: 79 – 86.

Greenhut, M. L., G. Norman, and C. -S. Hung. 1987. *The Economics of Imperfect Competition: A Spatial Approach*. Cambridge University Press.

Greenwood, M. L. 1997. Internal migration in developed countries. In *Handbook of Population and Family Economics* (ed, M. R. Rosenzweig and O. Stark), pp. 648 – 719. Amsterdam: North-Holland.

Grilo I., O. Shy, and J. -F. Thisse. 2001. Price competition when consumer behavior is characterized by conformity or variety. *Journal of Public Economics* 30: 385 – 408.

Guiso, L., P. Sapienza, and L. Zingales. 2004. Cultural biases in economic exchange. NBER Working Paper 11,005.

Gupta, B., D. Pal, and J. Sarkar. 1997. Spatial Cournot competition and agglomeration in a model of location choice. *Regional Science and Urban Economics* 27: 261 – 282.

Haaland, J., and V. Norman. 1992. Global production effects of European integration. In *Trade Flows and Trade Policies* (ed. L. Winters), pp. 67 – 88. Cambridge University Press.

Hamilton, J., J. -F. Thisse, and A. Weskamp. 1989. Spatial discrimination: Bertrand vs. Cournot in a model of location choice. *Regional Science and Urban Economics* 19: 87 – 102.

Hansen, N. 1990. Do producer services induce regional development? *Journal of Regional Science* 30: 465 – 478.

Hanson, G. 1996. Localization economies, vertical organization, and trade. *American Economic Review* 86: 1266 – 1278.

——. 1997. Increasing returns, trade and the regional structure of wages.

387

Economic Journal 107: 113 – 133.

——. 1998. Market potential, increasing returns, and geographic concentration. NBER Working Paper 6429.

——. 2005. Market potential, increasing returns, and geographic concentration. *Journal of International Economics* 67: 1 – 24.

Harrigan, J. 1996. Openness to trade in manufactures in the OECD. *Journal of International Economics* 40: 23 – 39.

Harris, C. 1954. The market as a factor in the localization of industry in the United States. *Annals of the Association of American Geographers* 64: 315 – 348.

Harris, J. R., and M. P. Todaro. 1970. Migration, unemployment and development: a two sector analysis. *American Economic Review* 60: 126 – 142.

Haskel, J., and H. Wolf. 2001. The law of one price. A case study. *Scandinavian Journal of Economics* 103: 545 – 558.

Head, K., and T. Mayer. 2000. Non-Europe: the magnitude and causes of market fragmentation in Europe. *Weltwirschaftliches Archiv* 136: 285 – 314.

——. 2002. Illusory border effects: distance mismeasurement inflates estimates of home bias in trade. CEPII Working Document 2002 – 1.

——. 2004a. Market potential and the location of Japanese investment in the European Union. *Review of Economics and Statistics* 86: 959 – 972.

——. 2004b. The empirics of agglomeration and trade. In *Handbook of Regional and Urban Economics* (ed. J. V. Henderson and J.-F. Thisse), volume 4, pp. 2609 – 2669. Amsterdam: North-Holland.

——. 2006. Regional wage and employment responses to market potential in the EU. *Regional Science and Urban Economics* 36: 573 – 594.

Head, K., and J. Ries. 2001. Increasing returns versus national product differentiation as an explanation for the pattern of U. S.-Canada trade. *American Economic Review* 91: 858 – 876.

Head, K., J. Ries, and D. Swenson. 1999. Attracting foreign manufacturing: investment promotion and agglomeration. *Regional Science and Urban Economics* 29: 197 – 218.

Head, K., T. Mayer, and J. Ries. 2002. On the pervasiveness of the home market effect. *Economica* 69: 371 – 390.

——. 2007. How remote is the offshoring threat? Mimeo, University of British Columbia.

Helpman, E. 1998. The size of regions. In *Topics in Public Economics: Theoretical and Applied Analysis* (ed. D. Pines, E. Sadka, and Y. Zilcha), pp. 33 – 54. Cambridge University Press.

Helpman, E., and P. R. Krugman. 1985. *Market Structure and Foreign Trade*. Cambridge, MA: MIT Press.

388

Henderson, J. V. 1974. The sizes and types of cities. *American Economic Review* 64: 640 – 656.

———. 1988. *Urban Development: Theory, Fact and Illusion.* Oxford University Press.

———. 1997. Externalities and industrial development. *Journal of Urban Economics* 42: 449 – 470.

———. 2003. Marshall's scale economies. *Journal of Urban Economics* 53: 1 – 28.

Henderson, J. V. , A. Kuncoro, and M. Turner. 1995. Industrial development in cities. *Journal of Political Economy* 103: 1067 – 1090.

Herring. L. , and S. Poncet. Forthcoming. Market access impact on individual wages: evidence from China. *Review of Economics and Statistics*, in press.

Hicks, J. H. 1969. *A Theory of Economic History.* Oxford: Clarendon.

Hinloopen, J. , and Ch. van Marrewijk. 1999. On the limits and possibilities of the principle of minimum differentiation. *International Journal of Industrial Organization* 17: 735 – 750.

Hohenberg, P. M. 2004. The historical geography of European cities. An interpretative essay. In *Handbook of Regional and Urban Economics: Cities and Geography* (ed. J. V. Henderson and J. -F. Thisse), pp. 3021 – 3052. Amsterdam: North-Holland.

Hoover, E. M. 1936. *Location Theory and the Shoe and Leather Industries.* Cambridge, MA: Harvard University Press.

Hotelling, H. 1929. Stability in competition. *Economic Journal* 39: 41 – 57.

Hummels, D. 1999. Toward a geography of trade costs. Mimeo, University of Chicago.

———. 2007. Transportation costs and international trade in the second era of globalization. *Journal of Economic Perspectives* 21 (3): 131 – 154.

Hummels, D. , and V. Lugovskyy. 2006. Are matched partner trade statistics a usable measure of transportation costs? *Review of International Economics* 14: 69 – 86.

Husson, C. 2002. *L'Europe sans territoire.* La Tour D'Aigues: Editions de l'Aube.

Irmen, A. , and J. -F. Thisse. 1998. Competition in multi-characteristics spaces: Hotelling was almost right. *Journal of Economic Theory* 78: 76 – 102.

Isard, W. 1956. Regional science, the concept of region, and regional structure. *Papers of the Regional Science Association* 2: 13 – 26.

Jacobs, J. 1969. *The Economy of Cities.* New York: Random House.

———. 1984. *Cities and the Wealth of Nations.* New York: Random House.

Jaffe, A. , M. Trajtenberg, and R. Henderson. 1993. Geographic localization of knowledge spillovers as evidenced by patent citations. *Quarterly Journal of Economics* 108: 577 – 598.

389

Kaldor, N. 1935. Market imperfection and excess capacity. *Economica* 2: 35 –
50.

——. 1970. The case for regional policies. *Scottish Journal of Political Econo-
my* 17: 337 – 348.

Keller, W. 2002. Geographic localization of international technology diffusion.
American Economic Review 92: 120 – 142.

Keynes, J. M. 1919. *The Economic Consequences of the Peace*. London: Mac-
millan.

Kim, S. 1995. Expansion of markets and the geographic distribution of econom-
ic activities: the trends in U. S. regional manufacturing structure, 1860 – 1987.
Quarterly Journal of Economics 110: 881 – 908.

Kirman, A. 1992. Whom and what does the representative individual represent?
Journal of Economic Perspectives 6: 117 – 136.

Koopmans, T. C. 1957. *Three Essays on the State of Economic Science*. New
York: McGraw-Hill.

Kremer, M. 1993. Population growth and technological change: 1, 000, 000
B. C. to 1990. *Quarterly Journal of Economics* 108: 681 – 716.

Krugman, P. R. 1979. Increasing returns, monopolistic competition, and in-
ternational trade. *Journal of International Economics* 9: 469 – 479.

——. 1980. Scale economies, product differentiation, and the pattern of trade.
American Economic Review 70: 950 – 959.

——. 1991a. Increasing returns and economic geography. *Journal of Political
Economy* 99: 483 – 499.

——. 1991b. History versus expectations. *Quarterly Journal of Economics*
106: 651 – 667.

——. 1991c. *Geography and Trade*. Cambridge, MA: MIT Press.

——. 1995. *Development, Geography, and Economic Theory*. Cambridge,
MA: MIT Press.

Krugman, P. R., and R. Livas Elizondo. 1996. Trade policy and the Third
World metropolis. *Journal of Development Economics* 49: 137 – 150.

Krugman, P. R., and A. J. Venables. 1995. Globalization and the inequality
of nations. *Quarterly Journal of Economics* 110: 857 – 880.

Lampard, E. E. 1955. The history of cities in the economically advanced areas.
Economic Development and Cultural Change 3: 321 – 342.

Landes, D. S. 1998. *The Wealth and Poverty of Nations*. London: Abacus.

Launhardt, W. 1885. *Mathematische Begründung der Volkswirtschaftslehre*.
Theipzig: B. G. Teubner. (English translation, 1993: *Mathematical Principles of
Economics*. Cheltenham, U. K. : Edward Elgar.)

Leamer, E. E. 2007. A flat world, a level playing field, a small world after
all, or none of the above? A review of Thomas L. Friedman's *The World is Flat*.

Journal of Economic Literature 45: 83 - 126.

Leamer, E. E. , and J. Levinsohn, 1994. International trade theory: the evidence. In *Handbook of International Economics* (ed. G. Grossman and K. Rogoff), pp. 1339 - 1394. Amsterdam: North Holland.

Léon, P. 1976. La conquète de l'espace national. In *Histoire économique et sociale de la France* (ed. F. Braudel and E. Labrousse), volume III, pp. 241 - 273. Paris: Presses Universitaires de France.

Lepetit, B. 1988. *Les ville dans la France moderne* (1740—1840). Paris: Albin Michel.

Limão, N. , and A. J. Venables. 2001. Infrastructure, geographical disadvantage and transport costs. *The World Bank Economic Review* 15: 451 - 479.

Liu, X. , M. Lovely, and J. Ondrich. 2006. The location decisions of foreign investors in China: untangling the effect of wages using a control function approach. Mimeo. Syracuse University.

Lösch, A. 1940. *Die Räumliche Ordnung der Wirtschaft*. Jena: Gustav Fischer. (English translation, 1954: *The Economics of Location*. New Haven, CT: Yale University Press.)

Ludema, R. D. , and I. Wooton. 2000. Economic geography and the fiscal effects of regional integration. *Journal of International Economics* 52: 331 - 352.

Maddison, A. 2001. *The World Economy: A Millennial Perspective*. Paris: OECD. Marcon, E. , and F. Puech. 2003. Evaluating the geographic concentration of industries using distance-based methods. *Journal of Economic Geography* 3: 409 - 428.

——. 2005. Measures of the geographic concentration of industries. Mimeo, Université de Paris-I.

Marshall, A. 1890. *Principles of Economics*. London: Macmillan. (The eighth edition was published in 1920.)

Martin, P. , and C. A. Rogers. 1995. Industrial location and public infrastructure. *Journal of International Economics* 39: 335 - 351.

Matsuyama, K. 1992. The market size, entrepreneurship, and the Big Push. *Journal of the Japanese and International Economies* 6: 347 - 364.

——. 1995. Complementarities and cumulative process in models of monopolistic competition. *Journal of Economic Literature* 33: 701 - 729.

Maurel, F. , and B. Sédillot. 1999. A measure of the geographic concentration in French manufacturing industries. *Regional Science and Urban Economics* 29: 575 - 604.

Mayer, Th. 2000. Spatial Cournot competition and heterogeneous production costs across locations. *Regional Science and Urban Economics* 30: 325 - 352.

——. 2008. Market potential and development. CEPR Discussion Paper no. 6798.

McCallum, J. 1995. National borders matter: Canada-U. S. regional trade patterns. *American Economic Review* 85: 615 – 623.

McFadden, D. 1974. Conditional logit analysis of qualitative choice behavior. In *Frontiers in Econometrics* (ed. P. Zarembka). New York: Academic Press.

Melitz, M. J. 2003. The impact of trade on intra-industry reallocations and aggregate industry productivity. *Econometrica* 71: 1695 – 1725.

Melitz, M. J. , and G. I P. Ottaviano. 2008. Market size, trade, and productivity. *Review of Economic Studies* 75: 295 – 316.

Midelfart-Knarvik, K. H. , and H. G. Overman. 2002. Delocation and European integration: is structural spending justified? *Economic Policy* 35: 321 – 359.

Mills, E. S. 1972. *Studies in the Structure of the Urban Economy*. Baltimore, MD: The Johns Hopkins Press.

Mion, G. 2004. Spatial externalities and empirical analysis: the case of Italy. *Journal of Urban Economics* 56: 97 – 118.

Mion, G. , and. P. Naticchioni. Forthcoming. The spatial sorting and matching of skills and firms. *Canadian Journal of Economics*, in press.

Mooij, R. A. , and S. Ederveen. 2003. Taxation and foreign direct investment. A synthesis of empirical research. *International Tax and Public Finance* 10: 673 – 693.

Moran, P. A. P. 1950. Notes on continuous stochastic phenomena. *Biometrika* 37: 17 – 23.

Moretti, E. 2004. Human capital and cities. In *Handbook of Regional and Urban Economics: Cities and Geography* (ed. J. V. Henderson and J.-F. Thisse) pp. 2243 – 2291. Amsterdam: North-Holland.

Mori, T. , and A. Turrini. 2005. Skills, agglomeration and segmentation. *European Economic Review* 49: 201 – 225.

Mori, T. , K. Nishikimi, and T. E. Smith. 2005. A divergence statistic for industrial localization. *Review of Economics and Statistics* 87: 635 – 651.

Mossay, P. 2006. The core-periphery model: a note on the existence and uniqueness of short-run equilibrium. *Journal of Urban Economics* 59: 389 – 393.

Mundell, R. 1957. International trade and factor mobility. *American Economic Review* 47: 321 – 335.

Murata, Y. , and J.-F. Thisse. 2005. A simple model of economic geography à la Helpman-Tabuchi. *Journal of Urban Economics* 58: 137 – 155.

Murphy, K. M. , A. Shleifer, and R. W. Vishny. 1989. Industrialization and the Big Push. *Journal of Political Economy* 791: 1003 – 1026.

Muth, R. F. 1971. Migration: chicken or egg? *Southern Economic Journal* 3: 295 – 306.

Myrdal, G. 1957. *Economic Theory and Underdeveloped Regions*. London: Duckworth.

Navaretti, G. B. , and A. J. Venables. 2004. *Multinational Firms in the*

World Economy. Princeton University Press.

Neary, J. P. 2001. Of hype and hyperbolas: introducing the new economic geography. *Journal of Economic Literature* 39: 536 – 561.

——. 2003. Globalization and market structure. *Journal of the European Economic Association* 1: 245 – 271.

Neven, D. , G. Norman, and J.-F. Thisse. 1991. Attitudes toward foreign products and international price competition. *Canadian Journal of Economics* 24: 1 – 11.

Nitsch, V. 2005. Zipf zipped. *Journal of Urban Economics* 57: 86 – 100.

Nocke, V. 2006. A gap for me: entrepreneurs and entry. *Journal of the European Economic Association* 4: 929 – 955.

Ohlin, B. 1968. *Interregional and International Trade*. Cambridge, MA: Harvard University Press. (First edition published in 1933.)

O'Rourke, K. H. , and J. G. Williamson. 1999. *Globalization and History: The Evolution of a Nineteenth Century Atlantic Economy*. Cambridge, MA: MIT Press.

Ottaviano, G. I. P. , and F. Robert-Nicoud. 2006. The "genome" of NEG models with vertical linkages: a positive and normative synthesis. *Journal of Economic Geography* 6: 113 – 139.

Ottaviano, G. I. P. , and J.-F. Thisse. 2002. Integration, agglomeration and the political economics of factor mobility. *Journal of Public Economics* 83: 429 – 456.

——. 2004. Agglomeration and economic geography. In *Handbook of Regional and Urban Economics: Cities and Geography* (ed. J. V. Henderson and J.-F. Thisse), pp. 2563 – 2608. Amsterdam: North-Holland.

Ottaviano, G. I. P. , and J.-F. Thisse. 2005. New economic geography: what about the N? *Environment and Planning* A 37: 1707 – 1725.

Ottaviano, G. I. P. , and T. van Ypersele. 2005. Market size and tax competition. *Journal of International Economics* 67: 25 – 46.

Ottaviano, G. I. P. , T. Tabuchi. and J.-F. Thisse. 2002. Agglomeration and trade revisited. *International Economic Review* 43: 409 – 436.

Overman, H. G. , S. Redding, and A. J. Venables. 2003. The economic geography of trade, production, and income: a survey of empirics. In *Handbook of Internatiorial Trade* (ed. J. Harrigan and K. Choi), pp. 353 – 387. Oxford: Basil Blackwell.

Oyama, D. 2006. Potential methods in a core-periphery model with forward-looking expectations. Mimeo, Hitotsubashi University.

Pal, D. 1998. Does Cournot competition yield spatial agglomeration? *Economics Letters* 60: 49 – 53.

Papageorgiou, Y. Y. , and T. R. Smith. 1983. Agglomeration as local instability of spatially uniform steady-states. *Econometrica* 51: 1109 – 1120.

Parsley, D. C. , and S. -J. Wei. 2001. Explaining the border effect: the role of exchange rate variability, shipping costs and geography. *Journal of International Economics* 55: 87 – 105.

Pascoa, M. 1993. Non-cooperative equilibrium and Chamberlinian monopolistic competition. *Journal of Economic Theory* 60: 335 – 353.

Peri, G. 2005. Determinants of knowledge flows and their effects on innovation. *Review of Economics and Statistics* 87: 308 – 322.

Pflüger, M. 2004. A simple, analytically solvable, Chamberlinian agglomeration model. *Regional Science and Urban Economics* 34: 565 – 573.

Picard, P. , and D. -Z. Zeng. 2005. Agricultural sector and industrial agglomeration. *Journal of Development Economics* 77: 75 – 106.

Pinkse, J. , M. Slade, and C. Brett. 2002. Spatial price competition: a semiparametric approach. *Econometrica* 70: 1111 – 1155.

Plassard, F. 1977. *Les autoroutes et le développement régional*. Paris: Economica.

Pollard, S. 1981. *Peaceful Conquest: The Industrialization of Europe 1760 – 1970*. Oxford Universty Press.

Pons, J. , E. Paluzie, J. Silvestre, and D. A. Tirado. 2007. Testing the new economic geography: migrations and industrial agglomeration in Spain. *Journal of Regional Science* 47: 289 – 313.

Portes, R. , and H. Rey. 2005. The determinants of cross-border equity flows. *Journal of International Economics* 65: 269 – 296.

Puga, D. 1999. The rise and fall of regional inequalities. *European Economic Review* 43: 303 – 334.

———. 2002. European regional policies in light of recent location theories. *Journal of Economic Geography* 4: 373 – 406.

Rauch, J. E. , and V. Trindade. 2002. Ethnic Chinese networks in international trade. *Review of Economics and Statistics* 84: 116 – 130.

Ravenstein, E. G. 1885. The laws of migration. *Journal of the Royal Statistical Society* 48: 167 – 227.

Redding, S. , and D. Sturm. Forthcoming. The cost of remoteness: evidence from German division and reunification. *American Economic Review*, in press.

Redding, S. , and A. J. Venables. 2004. Economic geography and international inequality. *Journal of International Economics* 62: 53 – 82.

Reilly, W. J. 1931. *The Law of Retail Gravitation*. New York: Pilsbury.

Ricardo, D. 1817. *On the Principles of Political Economy and Taxation*. London: John Murray.

Rice, P. , and A. J. Venables. 2003. Equilibrium regional disparities: theory and British evidence. *Regional Studies* 37: 675 – 686.

Rice, P. A. J. Venables, and E. Patacchini. 2007. Spatial determinants of productivity: analysis for the regions of Great Britain. *Regional Science and Urban Economics* 36: 727 – 752.

Rietveld, P., and R. Vickerman. 2004. Transport in regional science: the "death of distance" is premature. *Papers in Regional Science* 83: 229 – 248.

Rignols, E. 2002. La consommation des ménages depuis quarante ans, INSEE Première, no. 832.

Roback, J. 1982. Wages, rents and the quality of life. *Journal of Political Economy* 90: 1257 – 1278.

Robert-Nicoud, F. 2005. The structure of simple "New Economic Geography" models. *Journal of Economic Geography* 5: 201 – 234.

Romer, P. 1992. Increasing returns and new developments in the theory of growth. In *Equilibrium Theory with Applications* (ed. W. A. Barnett, B. Cornet, C. d'Aspremont, J. J. Gabszewicz, and A. Mas-Colell), pp. 83 – 110. Cambridge University press.

Rosen, S. 2002. Markets and diversity. *American Economic Review* 92: 1 – 15.

Rosenthal, S., and W. Strange. 2001. The determinants of agglomeration. *Journal of Urban Economics* 50: 191 – 229.

——. 2004. Evidence of the nature and sources of agglomeration economies. In *Handbook of Regional and Urban Economics* (ed. J. V. Henderson and J.-F. Thisse), volume 4, pp. 2119 – 2171. Amsterdam: North-Holland.

Samuelson, P. A. 1952. Spatial price equilibrium and linear programming, *American Economic Review* 42: 283 – 303.

——. 1954. The transfer problem and transport cost. II. Analysis of effects of trade impediments. *Economic Journal* 64: 264 – 289.

——. 1983. Thünen at two hundred. *Journal of Economic Literature* 21: 1468 – 1488.

Santos Silva, J., and S. Tenreyro. 2006. The log of gravity. *Review of Economics and Statistics* 88: 641 – 658.

Scherer, F. M. 1980. *Industrial Market Structure and Economic Performance*. Boston, MA: Houghton Mifflin.

Scitovsky, T. 1954. Two concepts of external economies. *Journal of Political Economy* 62: 143 – 151.

Scotchmer, S., and J.-F. Thisse. 1992. Space and competition: a puzzle. *Annals of Regional Science* 26: 269 – 286.

Scott, A. J. 2004. A perspective of economic geography. *Journal of Economic Geography* 4: 479 – 499.

Scott, A. J., and M. Storper. 2003. Regions, globalisation, development. *Regional Studies* 37: 579 – 593.

Sen, A. K. 1973. *On Economic Inequality*. Oxford: Clarendon Press.

Sen, A. K. , and T. E. Smith. 1995. *Gravity Models of Spatial Interaction Behavior*. Springer.

Smith, A. , and A. J. Venables. 1988. Completing the internal market in the European Community. Some industry simulations. *European Economic Review* 32: 1501 - 1525.

Spence. M. 1976. Product selection, fixed costs, and monopolistic competition. *Review of Economic Studies* 43: 217 - 235.

Spulber, D. F. 2007. *Global Competitive Strategy*. Cambridge University Press.

Starrett, D. 1978. Market allocations of location choice in a model with free mobility. *Journal of Economic Theory* 17: 21 - 37.

Stein, E. , and C. Daude. 2002. Longitude matters: time zones and the location of foreign direct investment. Mimeo, Inter-American Development Bank.

Syverson, C. 2004. Market structure and productivity: a concrete example. *Journal of Political Economy* 112: 1181 - 1222.

Tabuchi, T. 1998. Urban agglomeration and dispersion: a synthesis of Alonso and Krugman. *Journal of Urban Economics* 44: 333 - 351.

Tabuchi, T. , and J.-F. Thisse. 2002. Taste heterogeneity, labor mobility and economic geography. *Journal of Development Economics* 69: 155 - 177.

——. 2006. Regional specialization, urban hierarchy, and commuting costs. *International Economic Review* 47: 1295 - 1317.

Tabuchi, T. , J.-F. Thisse, and D.-Z. Zeng. 2005. On the number and size of cities. *Journal of Economic Geography* 5: 423 - 448.

Teixeira, A. C. 2006. Transport policies in light of the new economic geography: the Portuguese experience. *Regional Science and Urban Economics* 36: 450 - 466.

Tharakan, P. K. M. , I. Van Beveren, and T. Van Ourti. 2005. Determinants of India's software exports and goods exports. *Review of Economics and Statistics* 87: 776 - 780.

Thomas, I. 2002. *Transportation Networks and the Optimal Location of Human Activities: A Numerical Geography Approach*. Cheltenham, U. K. : Edward Elgar.

Tinbergen, J. 1962. *Shaping the World Economy: Suggestions for an International Economic Policy*. New York: Twentieth Century Fund.

Tirado, D. A. , E. Paluzie, and J. Pons. 2002. Economic integration and industrial location: the case of Spain before World War I. *Journal of Economic Geography* 2: 343 - 363.

Tirole, J. 1988. *The Theory of Industrial Organization*. Cambridge, MA: MIT Press.

Toulemonde, E. 2006. Acquisition of skill, labor subsidies, and agglomer-

394

ation of firms. *Journal of Urban Economics* 59: 420 – 439.

Train, K. 2003. *Discrete Choice Methods with Simulation*. Cambridge University Press.

Trionfetti, F. 2001. Using home-biased demand to test trade theories. *Weltwirtschaftliches Archiv* 137: 404 – 426.

U. S. Department of Labor. 2002. *Labor Markets in the 21st Century: Skills and Mobility. Proceedings of a Joint United States and European Union Conference* (available at www. dol. gov/ilab).

Venables, A. J. 1996. Equilibrium locations of vertically linked industries. *International Economic Review* 37: 341 – 359.

Verdon, J. 2003. *Voyager au moyen age*. paris: Editions Perrin.

Vickerman, R. , K. Spiekermann, and M. Wegener. 1999. Accessibility and economic development in Europe. *Regional Studies* 33: 1 – 15.

von Thünen, J. H. 1826. *Der Isolierte Staat in Beziehung auf Landwirtschaft und Nationalökonomie*. Hamburg: Perthes. (English translation, 1966: *The Isolated State*. Oxford: Pergamon Press.)

Weber, A. 1909. *Über den Standort der Industrien*. Tübingen: JCB Mohr. (English translation, 1929: *The Theory of the Location of Industries*. University of Chicago Press.)

Williams, E. E. 1896. *Made in Germany*. London: William Heinemann.

Williamson, J. G. 1965. Regional inequality and the process of national development. *Economic Development and Cultural Change* 14: 3 – 45.

——. 1990. *Coping with City Growth during the British Industrial Revolution*. Cambridge University Press.

Wilson, A. G. 1970. *Entropy in Regional and Urban Modelling*. London: Pion.

Witzgall, C. 1964. Optimal location of a central facility: mathematical models and concepts. National Bureau of Standards (Washington, DC) Report 8388.

Wolf, H. 2000. Intranational home bias in trade. *Review of Economics and Statistics* 82: 555 – 563.

Wooldridge, J. 2002. *Econometric Analysis of Cross Section and Panel Data*. Cambridge, MA: MIT Press.

——. 2006. *Introductory Econometrics: A Modern Approach*. Belmont, CA: South-Western.

World Bank. 1991. *World Development Report: The Challenge of Development*. Oxford University Press.

——. 1995. *World Development Report: Workers in an Integrating World*. Oxford University Press.

World Trade Organization. 2000. *International Trade Statistics 2000*. Lausanne, Switzerland: World Trade Organization.

——. 2001. *Market Access: Unfinished Business. Post-Uruguay Round*

Inventory and Issues. Special Studies 6. Lausanne, Switzerland: World Trade Organization.

———. 2005. *International Trade Statistics 2005*. Lausanne, Switzerland: World Trade Organization.

Wrigley, E. A. 1988. *Continuity, Change and Chance: The Character of the Industrial Revolution in England*. Cambridge University Press.

Yi, K.-M. 2003. Can vertical specialization explain the growth of world trade? *Journal of Political Economy* 111: 52 – 102.

Young, A. A. 1928. Increasing returns and economic progress. *Economic Journal* 38: 527 – 542.

Young, E. C. 1924. The movement of farm population. Cornell Agricultural Experimental Station (Ithaca, New York), Bulletin 426.

Yu, Z. 2005. Trade, market size, and industrial structure: revisiting the home-market effect. *Canadian Journal of Economics* 38: 255 – 272.

Zweig, S. 1944. *Die Welt von Gestern-Erinnerungen eines Europäers*. Stockholm: Bermann-Fischer. (Translated, 1964: *The World of Yesterday: An Autobiography*. Lincoln, NE: University of Nebraska Press.)

术语索引 *

A

B

线或关系，24，168，189 - 192，194 - 222，250，301，344，347，350 - 351，353 - 354，356，362 - 363

bias 偏差

econometrics bias 计量偏差，107 - 108，113 - 115，279，282，287，290 - 294，296 - 298，310，316，325

border 边界，3，11，16 - 17，27 - 28，107，111，117，127，241，243，257 - 258，329，333，338 - 340，356，358，365

border effects 边界效应，117，120 - 127，197

break point 突破点，149 - 150，203

C

calibration 校准，348

capital 资本，29，63，81 - 82，90 - 95，97 - 100，103，131，138，150，155，164，167，279，286，311，317，329，352，355，374 - 375

human capital 人力资本，99，150，163，193

causality 因果关系

circular causality，循环性因果关系，130

cumulative causality，累积性因果关系，130，167，193

reverse causality，逆向性因果关系，11，114，292，294，310

CIF price 到岸价格

commuting costs，交通成本，30，195，210 - 213，221

competition 竞争

imperfect competition 不完全竞争，31，33，35，42 - 43，47 - 48，53，70 - 71，79，132，163，204，306，321，364，370，374

monopolistic competition 垄断竞争，43，49，53 - 81，107 - 110，127，194，224，228，232，245，251，279，344，352，373 - 374

oligopolistic competition 寡头竞争，34，43，49，65，70 - 71，76，79，199，224，251

perfect competition 完全竞争，26，30，33，35，48，53 - 55，62，64，79，127，134，169，208，211，245，310，315，352，370

spatial competition 空间竞争，30 - 31，42，57，84，223 - 251，374，378

computable general equilibrium (CGE) model 可计算一般均衡模型，351 - 356

computable spatial equilibrium model 可计算空间一般均衡模型，351 - 363

core-periphery 核心-边缘，18，20，130，133，140，142，144，147 - 148，150 - 151，153，155 - 160，162 - 174，176 - 177，180，182 - 183，186 - 187，190 - 192，195 - 196，203 - 207，209，211，213 - 217，219，221，235，238，243，250，306，341，347，358，372，375，377

D

delivered price 交货价格，见 price，delivered

398

141，153，160，166，191，197，203，205，213，279，282，352，355

land rent 地租，37，195，210 - 212，221，290，376

M

market 市场

potential market 潜在市场，17 - 21，304 - 314，325 - 331，338 - 341，345 - 347

market size 市场规模，81 - 82，90，96 - 97，99，127，200，368，370

migration 迁移，4，11，90，101，106，119，131 - 133，136 - 138，143 - 144，154，162，173，191，195，202，204 - 205，207，215 - 217，219 - 220，246，297，303，306，326，329 - 331，337，343，346，372

mill price 出厂价，见 price，mill

mobility 流动性

mobility of agents 要素流动性，27，156

mobility of capital 资本流动性，90，94，100，131，155

mobility of labor 劳动力的流动性，62，88，131，137 - 138，142 - 143，154 - 155，164，166 - 167，169，173，175，192，215，220 - 221，299，306，336，341，370，372

mobility of production factors 生产要素的流动性，25，38，42，81，98，207，285，292，369 - 370，378

O

omitted variables 遗漏变量，见 variables，omitted

P

price 价格

CIF price 到岸价格，78，84，119

delivered price 交货价格，78，84 - 86，89，170，196 - 198，238，240

FOB price 离岸价格，78，84，102，108 - 109，119 - 120，127

mill price 出厂价，78，84 - 85，87，89，161，173，175，195，197，199，224 - 228，235，238，284，303

R

redispersion 再分散，213 - 214，347，372

reduced form 简化形式，283，340

regional agreement 区域协定，114，128

regional disparities 区域差异，区域不平衡，12，16，20，81，94，99，131，133，137，153，159 - 160，163，167 - 168，183，187 - 188，191，195，206 - 207，220，222，247，249 - 250，362，371，377

returns 收益

constant returns 收益不变，固定收益，26，30，33，35，48，55，62，87，89，169，208，211，245，315，317，370

decreasing returns 收益递减，133 - 136，352

increasing returns 收益递增，27，31 - 35，43 - 49，53 - 55，62，67，71，87，89，92，133，136 - 137，140，152，163，204，206，222，245，249 - 250，276 - 278，282，317，322，370，373 - 374

S

sector 部门

agricultural sector 农业部门，10 - 11，82，133，135，138，142，159，169，175，178，180，182，186，196，207 - 208，220，245，347，352

manufacturing sector 制造业部门，44，55，62 - 63，67，69，83，90，93 - 95，97 - 98，131 - 132，138 - 140，142，144 - 148，150 - 153，160，162，164，169 - 170，173 - 175，177 - 180，182 - 183，186 - 187，193，196，203，205 - 206，208 - 210，218 - 220，246，249 - 250，258，331，334，347，352，354，358，370

simulations 模拟，144，176，182 - 183，185，187，189，210，341，343 - 345，347，356 - 358，361，363，372

spatial concentration 空间聚集，22，24 - 25，147，193，196，207，219，221，255 - 259，262，266 - 267，269 - 270，272，276 - 283，300，312，314，336 - 337，343 - 344，347 - 348，350 - 351，353 - 354，362 - 364，378

spatial concentration index 空间聚集指数，见 index，spatial concentration

spatial impossibility theorem 空间不可能定理，36，38 - 39，41

spatial inequality 空间不平等，空间不平衡，3，12 - 13，43，100，133，138，153，162 - 163，167 - 168，176，185 - 192，204，210，222，250，255 - 256，326，365，370 - 371，373，376

strategic interactions 战略性相互作用，策略互动，战略互动，43，63，65，71，79，159，194，224，232，244 - 245，247，250，344，374

structural estimation 结构估测，113，128，327 - 328

sustain point 持续点，147，150，155，203

T

Theil index 泰尔指数，见 index，Theil

trade 贸易

trade barriers 贸易壁垒，7，115 - 117，121 - 122，127，159，369 - 370

trade costs 贸易成本，27，31，49，81 - 89，91，93 - 96，98，100 - 129，132，139，141 - 142，144 - 145，147 - 150，152 - 157，159 - 160，162 - 164，168，170，176 - 190，192，194 - 195，197 - 211，213 - 214，218 - 222，229，238 - 241，243，245，247 - 250，276，278 - 279，282，303，307，315 - 317，

319，321，324 - 325，328，331，336 - 337，343，346 - 347，350 - 353，355 - 357，360 - 363，365 - 366，369 - 371，373

intraindustry trade 产业内贸易，83，152，219，238 - 244

transport costs 运输成本，3 - 12，19，25，27 - 28，31，33，37 - 41，43 - 48，76，83 - 84，94，107，113，115 - 120，127，137，158 - 159，194 - 195，211，223 - 225，229，233，235，238，251，357，362 - 363，365，369，371

U

unemployment 失业，246 - 247，330

utility 效用

CES utility 不变替代弹性型效用，79

Cobb-Douglas utility 柯布-道格拉斯型效用，55 - 56，75，171，176，246，284，308，322，352

quadratic utility 二次效用，72 - 76，196

quasi-linear utility 拟线性效用，72，79，196，204

V

variables 变量

instrumental variables 工具变量，293 - 294，299，326 - 327

omitted variables 遗漏变量，278 - 279，281 - 283，287 - 288，290 - 291，294，296 - 297，300，310，320，324

W

wage equation 工资方程，141，285，295，297，306，322 - 329

译者后记

一

改革开放 40 年来，我国经济整体上获得了高速发展，但从 20 世纪 90 年代初开始，我国区际发展差距、城乡发展差距、社会阶层间的收入差距逐年扩大。东部地区继续高奏凯歌，从珠三角到长三角再到环渤海的开发开放，使得东部地区经济获得了长足的发展，成为我国经济的"隆起区"；中西部地区在经济总量、人均收入、结构提升等方面明显滞后于东部地区，这种滞后不仅指增速的相对滞后，更严重的是实际收入水平和经济结构提升的绝对滞后。近来，中国城乡发展差距逐渐加大，2007 年实际的城乡收入差距曾高达 6 倍之多，是世界上城乡差距最大的国家之一。不过，据国家统计局数据，自中共十八大以来，中国官方充分发挥再分配调节功能，加大对保障和改善民生的投入，农村居民收入增速快于城镇居民，城乡居民收入差距持续缩小。2017 年，城乡居民人均可支配收入之比为 2.71，比 2007 年下降 0.43，比 2012 年下降 0.17。社会不同阶层间的收入差距不断攀升，改革开放初期我国的基尼系数为 0.28，而 2007 年上升到 0.48，后来虽有所下降，2017 年依然高达 0.467。巨大的贫富差距不仅带来了内需和消费的不振，还带来了普通大众的严重不满和社会秩序的动荡。面对这些区域性的经济社会问题，中国政府提出了"协调发展"、建立"和谐社会"等战略，试图破解我国社会经济发展严重不协调的问题。在百年一遇的金融危机的影响下，我国实体经济出现了出口下降、就业困难、经济衰退等一系列问题，这些直接影响我国区域经济总体格局，而这种格局反过来又进一步加剧了社会经济发展的不协调。

经济活动空间分布的非均衡是导致区域发展差距的主要原因，因而经济活动空间聚集研究也成了区域协调发展研究的主要内容之一。经济活动在空间上的展开，主要体现在两个方面：一方面是大量的经济活动聚集在狭小的地理空间范围内，也就是我们常说的经济活动的空间聚集，城市就是典型例子；另一方面是某种类型的产业往往聚集在某一特定地理空间内并与其他地理空间之间进行产品交易，进而形成了地理空间之间的分工，也就是我们常说的区际分工或专业化。一般来讲，经济活动聚集都因某种形态的聚集经济性而产生并维持下去，其中经济活动空间聚集本身创造持续聚集或导致进一步聚集的环境。因此，要解决区域经济协调发展问题，必须揭示这种经济活动空间聚集不断自我强化的机制。以新古典为基础的传统的区域经济研究，对该聚集机制提出了许多富有意义的观点和政策主张，然而大量的研究都把这种空间聚集视为一种"黑箱"来处理。那么，为什么传统的区域经济研究无法对上述经济活动空间聚集现象给出令人满意的解释且把它处理为"黑箱"？其关键是长期以来缺乏处理规模收益递增和不完全竞争的技术工具，因为空间具有某种垄断力量，这与完全竞争是相悖的，因此，如果缺乏处理这种具有某种垄断特征的空间的技术工具，那么无法突破"空间不可能定理"的屏障，也就是无法把空间纳入新古典的一般竞争均衡模型中。空间不可能定理指出：当空间为均质的且存在运输成本时，如果所有需求均不能在本地得到满足，那么就不存在有关运输成本的竞争均衡。我们知道，如果在新古典的一般竞争均衡框架内存在有关区位（空间）的均衡解，那么此时肯定不存在规模经济，因为均衡解的存在性与规模经济是不相容的。规模经济不存在，则经济活动是完全可分的，任何经济活动均可以划分为最基本的生产单元，并存在于任何空间范围内，因此，此时任何规模的城市甚至连一个小村庄也不可能存在，整个经济系统由均匀散布的一个个自给自足的家庭农场或家庭作坊组成，因为此时只有这种自给自足的家庭农场或家庭作坊的均匀散布才是最有效的。这种结果，尽管在新古典的一般竞争均衡分析框架内存在均衡解，但这种均衡解是无区际贸易和无运输活动的均质世界。但在现实世界中，区位均衡并非自给自足的家庭农场或小型企业的均匀分布，而是存在经济活动聚集现象和城市，且存在区际贸易和区际分工的均衡，显然这种均衡必然伴随着规模经济。如果空间为均质空间，则意味着在不同地区之间不存在资源禀赋、人们的偏好以及生产技术等方面的差异。此时，如果规模收益不变且不存在运输成本，那么我们无法确定经济活动规模和经济活动区位；如果规模收益不变，但存在运输成本，那么任何人（企业）都在本地解决（生产）所需的消费品（或投入品），不会输入任何消费品（或投入品）；如果规模收益可变但不存在运输成本，那么所有经济活动都在本地的不变规模水平上进行，此时经济活动规模可以确定，但无法确定各种要素和商品在空间中的转移；如果规模收益递增但不存在运输成本，那么所有的经济活动都集中在某一特定区位上。这些说明，只有当存在运输成本且规模收益递增时，才会存在有经济意义的区位均衡，即不仅能够确定经济规模，也能够确定生产区位。

正如上面的讨论，由于长期缺乏处理规模收益递增和不完全竞争的技术工具，无法把具有某种垄断性特征的空间纳入标准的新古典竞争均衡框架中进行讨论，因而主流经济学也成了只有时间维度而没有空间维度的经济学，这是主流经济学的缺陷。任何经济现象都存在于时空中，但主流经济学只考虑时间维度而不考虑空间维度。任何经济现象随时间的变化过程都是连续的过程，因此只包含时间维度的主流经济学所描述的世界是连续而平滑的世界。但现实世界并非如此，现实世界是由具有不同市场规模的具体块状区域组成，在这种块状世界中，市场规模不同导致不同块状体之间必然存在一种非均衡力，这种非均衡力表现为一种聚集力。在这种聚集力的作用下，现实中许多经济现象在空间中的变化是不连续的，常发生突变。在这种包含聚集力的世界中，各种经济现象的变化过程与连续平滑的世界中的变化过程完全不同，可流动要素向聚集力较大地区聚集，而且这种聚集一旦开始，就将形成不断强化聚集力较大地区优势的循环累积过程。这种过程必然导致经济活动空间分布的差异，而经济活动空间分布差异必然影响区际收入水平的差异，同时在各种制度很不完善的情况下，这种过程必然导致经济资源乃至经济收入向少数富人集中的过程。

由2008年诺贝尔经济学奖得主克鲁格曼建立起来的新经济地理学，主要研究经济活动的空间分布规律，解释空间聚集现象的原因与形成机制，探讨某一地区（或某一国家）的经济发展过程。经过多年的发展，新经济地理学日趋成熟与完善，为分析和解决实际经济问题提供了大量案例。在我国经济学界，也有不少学者利用新经济地理学理论研究我国区域经济问题，然而我国新经济地理学研究仍然滞后于欧美和日本的研究。为实现区际协调发展，建立和谐社会，我们必须了解区域差距形成的原因与机制、区域经济发展趋势与方向，才能有针对性地找到解决问题的思路和办法。经济活动的空间差异必然是产生区际差距的原因，而新经济地理学正是解释经济活动空间分布的原因与机制的学科。我们翻译《经济地理学》一书，也就是从这种目的出发的。

二

库姆斯、迈耶和蒂斯编写的《经济地理学》一书是在空间经济学领域到目前为止最全面的教科书，它以通俗易懂的方式为高年级本科生和研究生介绍了最新的研究进展和研究方法。本书也是经济地理学、区域经济学、城市经济学、国际贸易以及应用计量经济学等领域的研究者不可或缺的参考书。本书利用前沿的经济理论解释了在劳动力、知识以及商品的流动性不断增强的情况下，为什么经济活动仍聚集在有限的空间范围内；区位如何持续地影响贸易和经济发展；经济一体化如何把全球转变成经济活动主要集中在大都市区域的经济空间；等等。全书共分为三篇：第1篇为事实与理论部分，第2篇为空间、贸易与聚集部分，第3篇为空间聚集程度与决定因素部分。

第1篇重点介绍了空间差异的事实以及经济思想中的空间问题。第1章重点介绍了产业革命后经济空间的变化过程。该章一方面强调了运输成本的显著降低，另一方面强调了大规模的城市化过程以及经济空间的强有力的极化过程。第 2 章讨论了与经济思想中的空间相联系的区位问题。主流经济学通常缺乏对空间的研究，这主要是由长期占主导地位的经济理论的缺陷导致的，即新古典的完全竞争和规模收益不变的范式。第 2 章以严谨的方式给出了标准的新古典模型不适用于研究商品和经济代理人同时转移现象的原因。

第 2 篇重点讨论了经典的新经济地理学理论模型。结合规模收益递增和垄断竞争，第 3 章介绍了迪克西特-斯蒂格利茨模型以及线性模型，这两个模型是新经济地理学的基础模型。在此基础上，第 4 章介绍了新贸易理论的标准模型，即迪克西特-斯蒂格利茨-克鲁格曼贸易模型以及该模型中所包含的本地市场效应。第 5 章重点讨论了引力模型的微观经济基础，两个区域或者两个国家相互交换商品，这种商品交换总量，与它们各自的经济权重成正比，与它们之间距离的平方成反比。第 6 章讨论了由克鲁格曼建立的核心-边缘模型，这也是经济学家重新对新经济地理学感兴趣的核心所在。第 7 章介绍了包含中间投入品的垂直联系模型以及区域差异的演变过程。第 8 章介绍了核心-边缘模型中的线性模型，在此基础上分析了在存在农产品贸易成本、城市成本以及异质劳动力等情况下的钟状曲线。第 9 章介绍了霍特林模型和古诺模型，并指出策略性行为并不会对在垄断竞争框架下所得出的结论有很大的影响。

第 3 篇重点介绍了新经济地理学的实证研究和数值模拟，在一定程度上是对第 2 篇的补充。第 10 章介绍了空间聚集度的度量方法，重点介绍了基尼系数、艾萨德指数、赫芬达尔指数、泰尔指数、产业聚集指数以及杜兰顿-奥弗曼的方法。第 11 章介绍了决定经济活动空间聚集以及区域生产力的要素；详细探讨了变量遗漏、固定效应、内生性等计量问题，以及一些影响工资和区域动态化的实际问题。第 12 章介绍了近年来经济地理学的实证研究，包括应用市场潜能的厂商区位的实证研究、本地市场效应检验、区域工资差异实证研究、劳动力转移检验以及外部冲击长期效应检验等。第 13 章重点介绍了理论模型的模拟问题，包括钟状曲线模拟、欧洲一体化效应模拟、法国空间经济估计模型模拟等。第 14 章为总结与评论。

本书的三位作者都是新经济地理学领域的世界知名的学者。皮埃尔-菲利普·库姆斯为法国人，1969 年出生，1996 年取得法国社会科学高等学校博士学位。现就职于巴黎经济学院、法国埃克斯-马赛数量经济研究中心。在 *Journal of Urban Economics*、*Labour Economics*、*Economica*、*Journal of International Economics* 等国际知名期刊上发表了大量论文，是 *Journal of Economic Geography*、*Journal of Urban Economics*、*Regional Science and Urban Economics* 等刊物的编委。

蒂里·迈耶为法国人，1971 年出生，2000 年获得法国巴黎第一大学博士学位。曾就职于法国巴黎第一大学和巴黎第十一大学，现为法国巴黎政治大学经济学教授。在 *Regional Science and Urban Economics*、*Journal of International Economics* 等国际知名期刊上发表了大量论文，是 *Economic Policy*、*Regional Science and Urban Economics*、*Canadian Journal of Economics* 等刊物的

编委，同时也是 *American Economics Review*、*Economica* 等知名刊物的匿名评审人。

雅克-弗朗索瓦·蒂斯为比利时人，1946 年出生，1975 年获得比利时列日大学经济学博士学位。曾就职于法国巴黎第一大学，曾为法国国立路桥大学教授，现为比利时卢万基督教大学教授。在 *International Journal of Industrial Organization*、*Journal of Industrial Economics*、*RAND Journal of Economics*、*European Economic Review*、*Journal of Urban Economics*、*Journal of Regional Science*、*Journal of Economic Geography*、*Journal of Public Economics*、*Journal of International Economics*、*Economics*、*International Journal of Game Theory*、*Journal of Political Economy* 等国际知名刊物上发表了 200 多篇论文，代表性著作有 *Discrete Choice Theory of Product Differentiation*、*Economics of Agglomeration* 等。

三

南开大学经济研究所从 2004 年开始在区域经济学专业设立了新经济地理学方向，开始了规范且严格的训练过程，且本团队已经出版了《空间经济学原理》（经济科学出版社，2005 年）、《空间经济学教程》（经济科学出版社，2006 年）、《新经济地理学原理》（第二版）（经济科学出版社，2009 年）等专著，翻译出版了《欧洲风险投资运作规程通览》（山西人民出版社，2001）、《区域和城市经济学手册（第 1 卷）：区域经济学》（经济科学出版社，2001 年）、《区域和城市经济学手册（第 3 卷）：应用城市经济学》（经济科学出版社，2003 年）等著作，这些前期工作为本书的翻译工作提供了良好的基础。本书的翻译一结束，本团队又开始翻译《演化经济地理学》。

根据以往的经验，翻译本书时挑选了一批精干的人员。因此，翻译并没有花费多少时间，校订却占了大量时间。本书的翻译安排如下：安虎森（绪论，第 1 章，第 14 章，译者后记）；颜银根（第 2 章，第 3 章，第 4 章）；徐杨（第 5 章，第 6 章）；吴艳红（第 7 章，第 8 章）；何文（第 9 章，第 10 章，第 13 章）；蒲业潇（第 11 章，第 12 章）。冯丽君、曾景、张伟、刘兴坤、李朝气通读了全书，并提出了修改意见。全书由安虎森校订并统稿。

尽管译者尽了最大的努力把书翻译好，但由于水平有限，尚有许多不足和遗憾之处，希望广大读者和同行提出宝贵意见。

安虎森
于南开园

经济科学译丛

序号	书名	作者	Author	单价	出版年份	ISBN
1	经济地理学:区域和国家一体化	皮埃尔-菲利普·库姆斯等	Pierre−Philippe Combes	56.00	2020	978 - 7 - 300 - 28276 - 3
2	公共部门经济学(第四版)	约瑟夫·E.斯蒂格利茨等	Joseph E. Stiglitz	96.00	2020	978 - 7 - 300 - 28218 - 3
3	递归宏观经济理论(第三版)	拉尔斯·扬奎斯特等	Lars Ljungqvist	128.00	2020	978 - 7 - 300 - 28058 - 5
4	策略博弈(第四版)	阿维纳什·迪克西特等	Avinash Dixit	85.00	2020	978 - 7 - 300 - 28005 - 9
5	劳动关系(第10版)	小威廉·H.霍利等	William H. Holley, Jr.	83.00	2020	978 - 7 - 300 - 25582 - 8
6	微观经济学(第九版)	罗伯特·S.平狄克等	Robert S. Pindyck	93.00	2020	978 - 7 - 300 - 26640 - 4
7	宏观经济学(第十版)	N.格里高利·曼昆	N. Gregory Mankiw	79.00	2020	978 - 7 - 300 - 27631 - 1
8	宏观经济学(第九版)	安德鲁·B.亚伯等	Andrew B. Abel	95.00	2020	978 - 7 - 300 - 27382 - 2
9	商务经济学(第二版)	克里斯·马尔赫恩等	Chris Mulhearn	56.00	2019	978 - 7 - 300 - 24491 - 4
10	管理经济学:基于战略的视角(第二版)	蒂莫西·费希尔等	Timothy Fisher	58.00	2019	978 - 7 - 300 - 23886 - 9
11	投入产出分析:基础与扩展(第二版)	罗纳德·E.米勒等	Ronald E. Miller	98.00	2019	978 - 7 - 300 - 26845 - 3
12	宏观经济学:政策与实践(第二版)	弗雷德里克·S.米什金等	Frederic S. Mishkin	89.00	2019	978 - 7 - 300 - 26809 - 5
13	国际商务:亚洲视角	查尔斯·W.L.希尔等	Charles W. L. Hill	108.00	2019	978 - 7 - 300 - 26791 - 3
14	统计学:在经济和管理中的应用(第10版)	杰拉德·凯勒	Gerald Keller	158.00	2019	978 - 7 - 300 - 26771 - 5
15	经济学精要(第五版)	R.格伦·哈伯德等	R. Glenn Hubbard	99.00	2019	978 - 7 - 300 - 26561 - 2
16	环境经济学(第七版)	埃班·古德斯坦等	Eban Goodstein	78.00	2019	978 - 7 - 300 - 23867 - 8
17	管理者微观经济学	戴维·M.克雷普斯	David M. Kreps	88.00	2019	978 - 7 - 300 - 22914 - 0
18	税收与企业经营战略:筹划方法(第五版)	迈伦·S.斯科尔斯等	Myron S. Scholes	78.00	2018	978 - 7 - 300 - 25999 - 4
19	美国经济史(第12版)	加里·M.沃尔顿等	Gary M. Walton	98.00	2018	978 - 7 - 300 - 26473 - 8
20	组织经济学:经济学分析方法在组织管理上的应用(第五版)	塞特斯·杜马等	Sytse Douma	62.00	2018	978 - 7 - 300 - 25545 - 3
21	经济理论的回顾(第五版)	马克·布劳格	Mark Blaug	88.00	2018	978 - 7 - 300 - 26252 - 9
22	实地实验:设计、分析与解释	艾伦·伯格等	Alan S. Gerber	69.80	2018	978 - 7 - 300 - 26319 - 9
23	金融学(第二版)	兹维·博迪等	Zvi Bodie	75.00	2018	978 - 7 - 300 - 26134 - 8
24	空间数据分析:模型、方法与技术	曼弗雷德·M.费希尔等	Manfred M. Fischer	36.00	2018	978 - 7 - 300 - 25304 - 6
25	《宏观经济学》(第十二版)学习指导书	鲁迪格·多恩布什等	Rudiger Dornbusch	38.00	2018	978 - 7 - 300 - 26063 - 1
26	宏观经济学(第四版)	保罗·克鲁格曼等	Paul Krugman	68.00	2018	978 - 7 - 300 - 26068 - 6
27	计量经济学导论:现代观点(第六版)	杰弗里·M.伍德里奇	Jeffrey M. Wooldridge	109.00	2018	978 - 7 - 300 - 25914 - 7
28	经济思想史:伦敦经济学院讲演录	莱昂内尔·罗宾斯	Lionel Robbins	59.80	2018	978 - 7 - 300 - 25258 - 2
29	空间计量经济学入门——在R中的应用	朱塞佩·阿尔比亚	Giuseppe Arbia	45.00	2018	978 - 7 - 300 - 25458 - 6
30	克鲁格曼经济学原理(第四版)	保罗·克鲁格曼等	Paul Krugman	88.00	2018	978 - 7 - 300 - 25639 - 9
31	发展经济学(第七版)	德怀特·H.波金斯等	Dwight H. Perkins	98.00	2018	978 - 7 - 300 - 25506 - 4
32	线性与非线性规划(第四版)	戴维·G.卢恩伯格等	David G. Luenberger	79.80	2018	978 - 7 - 300 - 25391 - 6
33	产业组织理论	让·梯若尔	Jean Tirole	110.00	2018	978 - 7 - 300 - 25170 - 7
34	经济学精要(第六版)	巴德、帕金	Bade, Parkin	89.00	2018	978 - 7 - 300 - 24749 - 6
35	空间计量经济学——空间数据的分位数回归	丹尼尔·P.麦克米伦	Daniel P. McMillen	30.00	2018	978 - 7 - 300 - 23949 - 1
36	高级宏观经济学基础(第二版)	本·J.海德拉	Ben J. Heijdra	88.00	2018	978 - 7 - 300 - 25147 - 9
37	税收经济学(第二版)	伯纳德·萨拉尼耶	Bernard Salanié	42.00	2018	978 - 7 - 300 - 23866 - 1
38	国际贸易(第三版)	罗伯特·C.芬斯特拉	Robert C. Feenstra	73.00	2017	978 - 7 - 300 - 25327 - 5
39	国际宏观经济学(第三版)	罗伯特·C.芬斯特拉	Robert C. Feenstra	79.00	2017	978 - 7 - 300 - 25326 - 8
40	公司治理(第五版)	罗伯特·A.G.蒙克斯	Robert A. G. Monks	69.80	2017	978 - 7 - 300 - 24972 - 8
41	国际经济学(第15版)	罗伯特·J.凯伯	Robert J. Carbaugh	78.00	2017	978 - 7 - 300 - 24844 - 8
42	经济理论和方法史(第五版)	小罗伯特·B.埃克伦德等	Robert B. Ekelund. Jr.	88.00	2017	978 - 7 - 300 - 22497 - 8
43	经济地理学	威廉·P.安德森	William P. Anderson	59.80	2017	978 - 7 - 300 - 24544 - 7
44	博弈与信息:博弈论概论(第四版)	艾里克·拉斯穆森	Eric Rasmusen	79.80	2017	978 - 7 - 300 - 24546 - 1
45	MBA宏观经济学	莫里斯·A.戴维斯	Morris A. Davis	38.00	2017	978 - 7 - 300 - 24268 - 2
46	经济学基础(第十六版)	弗兰克·V.马斯切纳	Frank V. Mastrianna	42.00	2017	978 - 7 - 300 - 22607 - 1
47	高级微观经济学:选择与竞争性市场	戴维·M.克雷普斯	David M. Kreps	79.80	2017	978 - 7 - 300 - 23674 - 2
48	博弈论与机制设计	Y.内拉哈里	Y. Narahari	69.80	2017	978 - 7 - 300 - 24209 - 5
49	宏观经济学精要:理解新闻中的经济学(第三版)	彼得·肯尼迪	Peter Kennedy	45.00	2017	978 - 7 - 300 - 21617 - 1
50	宏观经济学(第十二版)	鲁迪格·多恩布什等	Rudiger Dornbusch	69.00	2017	978 - 7 - 300 - 23772 - 5
51	国际金融与开放宏观经济学:理论、历史与政策	亨德里克·范登伯格	Hendrik Van den Berg	68.00	2016	978 - 7 - 300 - 23380 - 2
52	经济学(微观部分)	达龙·阿西莫格鲁等	Daron Acemoglu	59.00	2016	978 - 7 - 300 - 21786 - 4
53	经济学(宏观部分)	达龙·阿西莫格鲁等	Daron Acemoglu	45.00	2016	978 - 7 - 300 - 21886 - 1
54	发展经济学	热若尔·罗兰	Gérard Roland	79.00	2016	978 - 7 - 300 - 23379 - 6
55	中级微观经济学——直觉思维与数理方法(上下册)	托马斯·J.内契巴	Thomas J. Nechyba	128.00	2016	978 - 7 - 300 - 22363 - 6
56	环境与自然资源经济学(第十版)	汤姆·蒂坦伯格等	Tom Tietenberg	72.00	2016	978 - 7 - 300 - 22900 - 3
57	劳动经济学基础(第二版)	托马斯·海克拉克等	Thomas Hyclak	65.00	2016	978 - 7 - 300 - 23146 - 4

经济科学译丛

序号	书名	作者	Author	单价	出版年份	ISBN
58	货币金融学(第十一版)	弗雷德里克·S. 米什金	Frederic S. Mishkin	85.00	2016	978 - 7 - 300 - 23001 - 6
59	动态优化——经济学和管理学中的变分法和最优控制(第二版)	莫顿·I. 凯曼等	Morton I. Kamien	48.00	2016	978 - 7 - 300 - 23167 - 9
60	用 Excel 学习中级微观经济学	温贝托·巴雷托	Humberto Barreto	65.00	2016	978 - 7 - 300 - 21628 - 7
61	国际经济学:理论与政策(第十版)	保罗·R. 克鲁格曼等	Paul R. Krugman	89.00	2016	978 - 7 - 300 - 22710 - 8
62	国际金融(第十版)	保罗·R. 克鲁格曼等	Paul R. Krugman	55.00	2016	978 - 7 - 300 - 22089 - 5
63	国际贸易(第十版)	保罗·R. 克鲁格曼等	Paul R. Krugman	42.00	2016	978 - 7 - 300 - 22088 - 8
64	经济学精要(第3版)	斯坦利·L. 布鲁伊等	Stanley L. Brue	58.00	2016	978 - 7 - 300 - 22301 - 8
65	经济分析史(第七版)	英格里德·H. 里马	Ingrid H. Rima	72.00	2016	978 - 7 - 300 - 22294 - 3
66	投资学精要(第九版)	兹维·博迪等	Zvi Bodie	108.00	2016	978 - 7 - 300 - 22236 - 3
67	环境经济学(第二版)	查尔斯·D. 科尔斯塔德	Charles D. Kolstad	68.00	2016	978 - 7 - 300 - 22255 - 4
68	MWG《微观经济理论》习题解答	原千晶等	Chiaki Hara	75.00	2016	978 - 7 - 300 - 22306 - 3
69	现代战略分析(第七版)	罗伯特·M. 格兰特	Robert M. Grant	68.00	2016	978 - 7 - 300 - 17123 - 4
70	横截面与面板数据的计量经济分析(第二版)	杰弗里·M. 伍德里奇	Jeffrey M. Wooldridge	128.00	2016	978 - 7 - 300 - 21938 - 7
71	宏观经济学(第十二版)	罗伯特·J. 戈登	Robert J. Gordon	75.00	2016	978 - 7 - 300 - 21978 - 3
72	动态最优化基础	蒋中一	Alpha C. Chiang	42.00	2015	978 - 7 - 300 - 22068 - 0
73	城市经济学	布伦丹·奥弗莱厄蒂	Brendan O'Flaherty	69.80	2015	978 - 7 - 300 - 22067 - 3
74	管理经济学:理论、应用与案例(第八版)	布鲁斯·艾伦等	Bruce Allen	79.80	2015	978 - 7 - 300 - 21991 - 2
75	经济政策:理论与实践	阿格尼丝·贝纳西-奎里等	Agnès Bénassy-Quéré	79.80	2015	978 - 7 - 300 - 21921 - 9
76	微观经济分析(第三版)	哈尔·R. 范里安	Hal R. Varian	68.00	2015	978 - 7 - 300 - 21536 - 5
77	财政学(第十版)	哈维·S. 罗森等	Harvey S. Rosen	68.00	2015	978 - 7 - 300 - 21754 - 3
78	经济数学(第三版)	迈克尔·霍伊等	Michael Hoy	88.00	2015	978 - 7 - 300 - 21674 - 4
79	发展经济学(第九版)	A. P. 瑟尔沃	A. P. Thirlwall	69.80	2015	978 - 7 - 300 - 21193 - 0
80	宏观经济学(第五版)	斯蒂芬·D. 威廉森	Stephen D. Williamson	69.00	2015	978 - 7 - 300 - 21169 - 5
81	资源经济学(第三版)	约翰·C. 伯格斯特罗姆等	John C. Bergstrom	58.00	2015	978 - 7 - 300 - 20742 - 1
82	应用中级宏观经济学	凯文·D. 胡佛	Kevin D. Hoover	78.00	2015	978 - 7 - 300 - 21000 - 1
83	现代时间序列分析导论(第二版)	约根·沃特斯等	Jürgen Wolters	39.80	2015	978 - 7 - 300 - 20625 - 7
84	空间计量经济学——从横截面数据到空间面板	J. 保罗·埃尔霍斯特	J. Paul Elhorst	32.00	2015	978 - 7 - 300 - 21024 - 7
85	国际经济学原理	肯尼思·A. 赖纳特	Kenneth A. Reinert	58.00	2015	978 - 7 - 300 - 20830 - 5
86	经济写作(第二版)	迪尔德丽·N. 麦克洛斯基	Deirdre N. McCloskey	39.80	2015	978 - 7 - 300 - 20914 - 2
87	计量经济学方法与应用(第五版)	巴蒂·H. 巴尔塔基	Badi H. Baltagi	58.00	2015	978 - 7 - 300 - 20584 - 7
88	战略经济学(第五版)	戴维·贝赞可等	David Besanko	78.00	2015	978 - 7 - 300 - 20679 - 0
89	博弈论导论	史蒂文·泰迪斯	Steven Tadelis	58.00	2015	978 - 7 - 300 - 19993 - 1
90	社会问题经济学(第二十版)	安塞尔·M. 夏普等	Ansel M. Sharp	49.00	2015	978 - 7 - 300 - 20279 - 2
91	博弈论:矛盾冲突分析	罗杰·B. 迈尔森	Roger B. Myerson	58.00	2015	978 - 7 - 300 - 20212 - 9
92	时间序列分析	詹姆斯·D. 汉密尔顿	James D. Hamilton	118.00	2015	978 - 7 - 300 - 20213 - 6
93	经济问题与政策(第五版)	杰奎琳·默里·布鲁克斯	Jacqueline Murray Brux	58.00	2014	978 - 7 - 300 - 17799 - 1
94	微观经济理论	安德鲁·马斯-克莱尔等	Andreu Mas-Collel	148.00	2014	978 - 7 - 300 - 19986 - 3
95	产业组织:理论与实践(第四版)	唐·E. 瓦尔德曼等	Don E. Waldman	75.00	2014	978 - 7 - 300 - 19722 - 7
96	公司金融理论	让·梯若尔	Jean Tirole	128.00	2014	978 - 7 - 300 - 20178 - 8
97	公共部门经济学	理查德·W. 特里西	Richard W. Tresch	49.00	2014	978 - 7 - 300 - 18442 - 5
98	计量经济学原理(第六版)	彼得·肯尼迪	Peter Kennedy	69.80	2014	978 - 7 - 300 - 19342 - 7
99	统计学:在经济中的应用	玛格丽特·刘易斯	Margaret Lewis	45.00	2014	978 - 7 - 300 - 19082 - 2
100	产业组织:现代理论与实践(第四版)	林恩·佩波尔等	Lynne Pepall	88.00	2014	978 - 7 - 300 - 19166 - 9
101	计量经济学导论(第三版)	詹姆斯·H. 斯托克等	James H. Stock	69.00	2014	978 - 7 - 300 - 18467 - 8
102	发展经济学导论(第四版)	秋山裕	秋山裕	39.80	2014	978 - 7 - 300 - 19127 - 0
103	中级微观经济学(第六版)	杰弗里·M. 佩罗夫	Jeffrey M. Perloff	89.00	2014	978 - 7 - 300 - 18441 - 8
104	平狄克《微观经济学》(第八版)学习指导	乔纳森·汉密尔顿等	Jonathan Hamilton	32.00	2014	978 - 7 - 300 - 18970 - 3
105	微观银行经济学(第二版)	哈维尔·弗雷克斯等	Xavier Freixas	48.00	2014	978 - 7 - 300 - 18940 - 6
106	施米托夫出口贸易——国际贸易法律与实务(第11版)	克利夫·M. 施米托夫等	Clive M. Schmitthoff	168.00	2014	978 - 7 - 300 - 18425 - 8
107	微观经济学思维	玛莎·L. 奥尔尼	Martha L. Olney	29.80	2013	978 - 7 - 300 - 17280 - 4
108	宏观经济学思维	玛莎·L. 奥尔尼	Martha L. Olney	39.80	2013	978 - 7 - 300 - 17279 - 8
109	计量经济学原理与实践	达摩达尔·N. 古扎拉蒂	Damodar N. Gujarati	49.80	2013	978 - 7 - 300 - 18169 - 1
110	现代战略分析案例集	罗伯特·M. 格兰特	Robert M. Grant	48.00	2013	978 - 7 - 300 - 16038 - 2
111	高级国际贸易:理论与实证	罗伯特·C. 芬斯特拉	Robert C. Feenstra	59.00	2013	978 - 7 - 300 - 17157 - 9

经济科学译丛

序号	书名	作者	Author	单价	出版年份	ISBN
112	经济学简史——处理沉闷科学的巧妙方法(第二版)	E.雷·坎特伯里	E. Ray Canterbery	58.00	2013	978 - 7 - 300 - 17571 - 3
113	微观经济学原理(第五版)	巴德,帕金	Bade，Parkin	65.00	2013	978 - 7 - 300 - 16930 - 9
114	宏观经济学原理(第五版)	巴德,帕金	Bade，Parkin	63.00	2013	978 - 7 - 300 - 16929 - 3
115	环境经济学	彼得·伯克等	Peter Berck	55.00	2013	978 - 7 - 300 - 16538 - 7
116	高级微观经济理论	杰弗里·杰里	Geoffrey A. Jehle	69.00	2012	978 - 7 - 300 - 16613 - 1
117	高级宏观经济学导论:增长与经济周期(第二版)	彼得·伯奇·索伦森等	Peter Birch Sørensen	95.00	2012	978 - 7 - 300 - 15871 - 6
118	微观经济学(第二版)	保罗·克鲁格曼	Paul Krugman	69.80	2012	978 - 7 - 300 - 14835 - 9
119	克鲁格曼《微观经济学(第二版)》学习手册	伊丽莎白·索耶·凯利	Elizabeth Sawyer Kelly	58.00	2013	978 - 7 - 300 - 17002 - 2
120	克鲁格曼《宏观经济学(第二版)》学习手册	伊丽莎白·索耶·凯利	Elizabeth Sawyer Kelly	36.00	2013	978 - 7 - 300 - 17024 - 4
121	微观经济学(第十一版)	埃德温·曼斯费尔德	Edwin Mansfield	88.00	2015	978 - 7 - 300 - 15050 - 5
122	卫生经济学(第六版)	舍曼·富兰德等	Sherman Folland	79.00	2011	978 - 7 - 300 - 14645 - 4
123	现代劳动经济学:理论与公共政策(第十版)	罗纳德·G.伊兰伯格等	Ronald G. Ehrenberg	69.00	2011	978 - 7 - 300 - 14482 - 5
124	宏观经济学:理论与政策(第九版)	理查德·T.弗罗恩	Richard T. Froyen	55.00	2011	978 - 7 - 300 - 14108 - 4
125	经济学原理(第四版)	威廉·博伊斯等	William Boyes	59.00	2011	978 - 7 - 300 - 13518 - 2
126	计量经济学基础(第五版)(上下册)	达摩达尔·N.古扎拉蒂	Damodar N. Gujarati	99.00	2011	978 - 7 - 300 - 13693 - 6
127	《计量经济学基础》(第五版)学生习题解答手册	达摩达尔·N.古扎拉蒂等	Damodar N. Gujarati	23.00	2012	978 - 7 - 300 - 15080 - 8
128	计量经济分析(第六版)(上下册)	威廉·H.格林	William H. Greene	128.00	2011	978 - 7 - 300 - 12779 - 8

金融学译丛

序号	书名	作者	Author	单价	出版年份	ISBN
1	银行学(第二版)	芭芭拉·卡苏等	Barbara Casu	99.00	2020	978 - 7 - 300 - 28034 - 9
2	金融衍生工具与风险管理(第十版)	唐·M.钱斯	Don M. Chance	98.00	2020	978 - 7 - 300 - 27651 - 9
3	投资学导论(第十二版)	赫伯特·B.梅奥	Herbert B. Mayo	89.00	2020	978 - 7 - 300 - 27653 - 3
4	金融几何学	阿尔文·库鲁克	Alvin Kuruc	58.00	2020	978 - 7 - 300 - 14104 - 6
5	银行风险管理(第四版)	若埃尔·贝西	Joël Bessis	56.00	2019	978 - 7 - 300 - 26496 - 7
6	金融学原理(第八版)	阿瑟·J.基翁等	Arthur J. Keown	79.00	2018	978 - 7 - 300 - 25638 - 2
7	财务管理基础(第七版)	劳伦斯·J.吉特曼等	Lawrence J. Gitman	89.00	2018	978 - 7 - 300 - 25339 - 8
8	利率互换及其他衍生品	霍华德·科伯	Howard Corb	69.00	2018	978 - 7 - 300 - 25294 - 0
9	固定收益证券手册(第八版)	弗兰克·J.法博齐	Frank J. Fabozzi	228.00	2017	978 - 7 - 300 - 24227 - 9
10	金融市场与金融机构(第8版)	弗雷德里克·S.米什金等	Frederic S. Mishkin	86.00	2017	978 - 7 - 300 - 24731 - 1
11	兼并、收购和公司重组(第六版)	帕特里克·A.高根	Patrick A. Gaughan	89.00	2017	978 - 7 - 300 - 24231 - 6
12	债券市场:分析与策略(第九版)	弗兰克·J.法博齐	Frank J. Fabozzi	98.00	2016	978 - 7 - 300 - 23495 - 3
13	财务报表分析(第四版)	马丁·弗里德森	Martin Fridson	46.00	2016	978 - 7 - 300 - 23037 - 5
14	国际金融学	约瑟夫·P.丹尼尔斯等	Joseph P. Daniels	65.00	2016	978 - 7 - 300 - 23037 - 1
15	国际金融	阿德里安·巴克利	Adrian Buckley	88.00	2016	978 - 7 - 300 - 22668 - 2
16	个人理财(第六版)	阿瑟·J.基翁	Arthur J. Keown	85.00	2016	978 - 7 - 300 - 22711 - 5
17	投资学基础(第三版)	戈登·J.亚历山大等	Gordon J. Alexander	79.00	2015	978 - 7 - 300 - 20274 - 7
18	金融风险管理(第二版)	彼得·F.克里斯托弗森	Peter F. Christoffersen	46.00	2015	978 - 7 - 300 - 21210 - 4
19	风险管理与保险管理(第十二版)	乔治·E.瑞达等	George E. Rejda	95.00	2015	978 - 7 - 300 - 21486 - 3
20	个人理财(第五版)	杰夫·马杜拉	Jeff Madura	69.00	2015	978 - 7 - 300 - 20583 - 0
21	企业价值评估	罗伯特·A.G.蒙克斯等	Robert A. G. Monks	58.00	2015	978 - 7 - 300 - 20582 - 3
22	基于Excel的金融学原理(第二版)	西蒙·本尼卡	Simon Benninga	79.00	2014	978 - 7 - 300 - 18899 - 7
23	金融工程学原理(第二版)	萨利赫·N.内夫特奇	Salih N. Neftci	88.00	2014	978 - 7 - 300 - 19348 - 9
24	投资学导论(第十版)	赫伯特·B.梅奥	Herbert B. Mayo	69.00	2014	978 - 7 - 300 - 18971 - 0
25	国际金融市场导论(第六版)	斯蒂芬·瓦尔德斯等	Stephen Valdez	59.80	2014	978 - 7 - 300 - 18896 - 6
26	金融数学:金融工程引论(第二版)	马雷克·凯宾斯基等	Marek Capinski	42.00	2014	978 - 7 - 300 - 17650 - 5
27	财务管理(第二版)	雷蒙德·布鲁克斯	Raymond Brooks	69.00	2014	978 - 7 - 300 - 19085 - 3
28	期货与期权市场导论(第七版)	约翰·C.赫尔	John C. Hull	69.00	2014	978 - 7 - 300 - 18994 - 2
29	国际金融:理论与实务	皮特·塞尔居	Piet Sercu	88.00	2014	978 - 7 - 300 - 18413 - 5
30	货币、银行和金融体系	R.格伦·哈伯德等	R. Glenn Hubbard	75.00	2013	978 - 7 - 300 - 17856 - 1
31	并购创造价值(第二版)	萨德·苏达斯纳	Sudi Sudarsanam	89.00	2013	978 - 7 - 300 - 17473 - 0
32	个人理财——理财技能培养方法(第三版)	杰克·R.卡普尔等	Jack R. Kapoor	66.00	2013	978 - 7 - 300 - 16687 - 2
33	国际财务管理	吉尔特·贝克特	Geert Bekaert	95.00	2012	978 - 7 - 300 - 16031 - 3
34	应用公司财务(第三版)	阿斯沃思·达摩达兰	Aswath Damodaran	88.00	2012	978 - 7 - 300 - 16034 - 4
35	资本市场:机构与工具(第四版)	弗兰克·J.法博齐	Frank J. Fabozzi	85.00	2011	978 - 7 - 300 - 13828 - 2
36	衍生品市场(第二版)	罗伯特·L.麦克唐纳	Robert L. McDonald	98.00	2011	978 - 7 - 300 - 13130 - 6

图书在版编目（CIP）数据

经济地理学：区域和国家一体化/（ ）皮埃尔-菲利普·库姆斯，（ ）蒂里·迈耶，（ ）雅克-弗朗索瓦·蒂斯著；安虎森等译. --北京：中国人民大学出版社，2020.7
（经济科学译丛）
书名原文：Economic Geography：The Integration of Regions and Nations
ISBN 978-7-300-28276-3

Ⅰ.①经… Ⅱ.①皮… ②蒂… ③雅… ④安… Ⅲ.①经济地理学 Ⅳ.①F119.9

中国版本图书馆 CIP 数据核字（2020）第 109479 号

"十三五"国家重点出版物出版规划项目
经济科学译丛
经济地理学：区域和国家一体化
皮埃尔-菲利普·库姆斯
蒂里·迈耶　　　　　　　　著
雅克-弗朗索瓦·蒂斯
安虎森　颜银根　徐　杨　等 译
吴艳红　何　文　蒲业潇
安虎森　校
Jingji Dilixue：Quyu he Guojia Yitihua

出版发行	中国人民大学出版社		
社　　址	北京中关村大街 31 号	邮政编码	100080
电　　话	010 - 62511242（总编室）	010 - 62511770（出版部）
	010 - 82501766（邮购部）	010 - 62514148（门市部）
	010 - 62515195（发行公司）	010 - 62515275（盗版举报）
网　　址	http://www.crup.com.cn		
经　　销	新华书店		
印　　刷	涿州市星河印刷有限公司		
规　　格	185 mm×260 mm　16 开本	版　次	2020 年 7 月第 1 版
印　　张	22　插页 2	印　次	2020 年 7 月第 1 次印刷
字　　数	440 000	定　价	56.00 元